高等院校精品课程系列教材

个人理财

流程与案例

Personal Finance

Process and Case

张颖 编著

机械工业出版社
CHINA MACHINE PRESS

图书在版编目（CIP）数据

个人理财：流程与案例 / 张颖编著 . -- 北京：机械工业出版社，2021.11（2026.1 重印）
高等院校精品课程系列教材
ISBN 978-7-111-69498-4

I. ①个… II. ①张… III. ①私人投资 - 高等学校 - 教材 IV. ①F830.59

中国版本图书馆 CIP 数据核字（2021）第 220976 号

本书全面系统地讲解了个人和家庭在理财中所涉及的理财规划基础知识与基本技能，讲述了理财目标的分析和评价、理财规划方案的制订和实施、理财产品的选择与使用、理财规划的具体步骤等。本书内容设计与国际注册理财规划师的教育要求相接轨，结合中国国情增加了有关新政策、法律法规、新知识资料等且应用大量理财案例讲解我国公众关心的理财热点、难点问题，如住房、养老、财富传承等，并给出理财建议。

本书适用于高等院校财经专业的师生、专业理财规划师、投资专家、理财顾问、金融保险从业人员、工商企业财务人员、个人等。

出版发行：机械工业出版社（北京市西城区百万庄大街 22 号 邮政编码：100037）
责任编辑：王洪波 责任校对：殷 虹
印 刷：固安县铭成印刷有限公司 版 次：2026 年 1 月第 1 版第 6 次印刷
开 本：185mm × 260mm 1/16 印 张：20.75
书 号：ISBN 978-7-111-69498-4 定 价：49.00 元

客服电话：（010）88361066 68326294

作者简介

张颖，对外经济贸易大学金融学院副教授、硕士生导师，从事金融教学研究和实践工作30余年，从2006年起，率先在国内高校开设“个人理财”“个人理财流程与案例”和“私人财富管理”课程，并多次获得教育部、北京市及学校教学成果奖，2019年上线中国大学慕课“个人理财”并获得6万余人注册学习。

她发表论文50多篇，专栏文章30多篇，参编及独立出版教材及专著30多部，其中《个人理财基础》一书获得北京市2006年精品教材荣誉。2006年，作为专家组主要成员，她参与了中国银行业协会第一门执业人员资格考试用书《个人理财》的编写及后续修订工作。从2015年起，她指导的研究生蝉联教育部“全国金融专业学位研究生教育指导委员会”颁发的第一届、第二届及第三届全国金融硕士学位论文优秀论文奖，她本人获得第一届和第七届全国金融硕士教学案例大赛优秀案例奖，并入选了教育部案例库。2016年，她承担了银行业专业人员财富管理师高级教材《私人银行理论与实务》的牵头及统稿工作，是该教材的基本核心概念及理论框架给定者之一。

另外，她于2021年被教育部学位中心聘为全国金融专业学位水平评估专家，也是中国金融教育发展基金会金融理财标准委员会（Financial Planning Standards Council of China，FPSCC）特聘讲师及中国香港注册财务策划师（Hong Kong Registered

Financial Planner，HKRFP）讲师，曾被聘为第二届、第三届、第四届中国银行业协会、香港银行学会及金融时报社联合主办的“全国杰出财富管理师评选”总决赛评委，先后为包括人社部、中国银行、中国建设银行、交通银行、中信银行、招商银行、新华人寿、平安集团、银河证券、中信信托、光大银行及新加坡淡马锡旗下金融培训公司等在内的多家机构提供专业的技术支持。

PERSONAL FINANCE

引　子

当太阳再次升起的时候，生命又一次醒来，生活重新升温，不管你行进在人生的什么阶段，理财都如影随形，始终是你忠实的伙伴。让我们看看在生命周期中理财扮演的角色。

（理财第一阶段） 养育和教育投资	（理财第二阶段） 人力资本寻租	（理财第三阶段） 人力资本寻租或创业投资	（理财第四阶段） 投资、税收、保险
大学毕业以前	开始工作	工作一段时间以后	婚恋、家庭、上养老、下育小

（理财第五阶段） 投资、保险、养老理财	（理财第六阶段） 家族信托	（理财第七阶段） 财富传承	
为退休做准备	精神产品开发	告别人生	

当你需要奶粉、课本、书包和麦当劳时，已经有人为你投资，这是一个长达 18 年的无怨无悔的投资，你所吸收的物质食粮和精神食粮使你羽翼丰满，你从一份人力资源渐变为一笔人力资本。起初，你这一笔人力资本到处寻租、到处被征用。在你的投资回报可以养活自身后，基本上有两条路等着你去走：也许人力资本寻租这条路会走到退休之日，这期间人力资本的投资回报逐渐增值，但难免有反复，却丝毫不影响你的个人理财；也许你开始创业，有了自己的企业，你不仅仅要个人理财，还要公司理财，情况变

得复杂。诸多投资、税收、保险等问题交织，财产种类增加，但个人理财仍然是你生活的重要组成部分。退休之前，你所进行的储蓄、保险、房地产、基金、股票、债券甚至期货、期权、衍生产品等投资（因人而异）所产生的回报，不管盈亏，将决定你退休以后的开支水平和你告别人生后所能遗留下来的个人财富数量。

人生有涯而理财无涯。人的一生应该是这样度过的：当你回首往事时，不因不懂理财而穷困潦倒，不因不善理财而碌碌无为，不因不去理财而悔恨终身。当你即将告别人生的时候，你能骄傲地说："个人理财，养活自己，服务社会，生命因理财而精彩。"

站在个人的立场看，我需要梳理一下个人理财的常识。因为作为一个普通人，我有这方面的需求；推己及人，所有个人都需要先懂理财而后善于理财。打开个人理财之门，希望本书能助你一臂之力。

张颖

2021 年 3 月于北京望京花园

前 言

2022年，党的二十大会议提出，在过去十年我们深入贯彻以人民为中心的发展思想，在幼有所育、学有所教、劳有所得、病有所医、老有所养、住有所居、弱有所扶上持续用力，建成世界上规模最大的教育体系、社会保障体系、医疗卫生体系，人民群众获得感、幸福感、安全感更加充实、更有保障、更可持续，共同富裕取得新成效。为了实现第二个百年奋斗目标，党中央高度重视民生问题，提出“必须坚持在发展中保障和改善民生，鼓励共同奋斗创造美好生活，不断实现人民对美好生活的向往”。

为积极落实党的二十大精神进教材工作，本书在核心理念上强调“以人民为中心的发展思想”，高度重视个人理财职业道德操守，强调对客户资产的保护；在个人理财规划部分，突出家庭生命周期的规划理念，引导读者合理规划子女成长与个人养老方面的资金，助力“人才强国战略”和“健康中国”建设；在退休规划章节，详细介绍了我国人口老龄化国情和我国基本养老金供应，重点介绍了养老保险体系，让学习者更深入了解我国基本养老服务体系，更深入理解二十大报告的精神。

住房、教育、医疗、养老、减税降费等问题既是重点的民生问题，也是个人理财提供金融解决办法的业务和服务内容。明确个人理财需求以及满足理财需求的各种方式是本教材的出发点。从个人理财需求出发，我们必须掌握的基本原理有：①个人理财的目标；②生命周期理论；③个人理财需求的特征（风险偏好）。从个人理财需求的满足（或者说供给）出发，必须掌握的基本原理有：①各种金融工具的现金流基本特征；②影响理财的社会经济制度（包括社保制度、税收制度、福利制度、信用制度、遗产制度等）。

在理财的过程（满足理财需求的过程）中，理财者还需要掌握一些基本的技能型的知识，包括：①个人会计报表的编制及分析；②货币的时间价值；③个人理财规划制定与实施的流程。这些基本原理、原则就是本教材讲授的全部内容。

本教材的内容设计与国际注册理财规划师的教育要求相接轨，增加了最新个人理财知识及法律法规，共 10 章。

第 1 章“个人理财概论”。本章介绍了个人理财的发展历史和个人理财的定义；重点讲解了个人理财的执业准则，即个人理财流程与个人理财道德标准和个人理财理论基础；重点分析了与引导案例“张建国先生养老金资产配置案例：以中国建设银行为例”对应的后面各章节知识点。

第 2 章“个人理财流程”。个人理财强调标准程序，这对于保证个人理财业务严格遵守职业道德和专业操守基础上的规范执业、优质服务，为客户提供切实可行的综合理财计划具有十分重要的意义。个人理财包括以下六个步骤：①确立和界定与客户之间的关系；②收集客户信息，明确客户的理财需求和目标；③分析和评估客户财务状况；④向客户提出综合理财规划方案；⑤执行个人理财方案；⑥监控个人理财方案的执行，调整理财方案。

第 3 章“个人财务管理”。本章内容首先是编制个人财务报表，个人财务报表主要有资产负债表、现金流量表、收入支出表、个人预算表四种。其次是分析资产负债比率、收入负债比率、支出保障比率、支出收入比率、储蓄比率、净资产投资比率等常用的财务比率，以及理财成就率、资产增长率、财务自由度等综合财务比率，并根据总的致富公式进行个人理财规划。本章内容对应执业流程第三步“分析和评估客户财务状况”。

第 4 章“货币的时间价值”。个人理财，需要进行量化计算，如理财目标是否有缺口，要利用货币的时间价值技术进行计算。货币的时间价值，也称资金的时间价值，是指在无风险和无通货膨胀的条件下，货币经历一定时间的投资和再投资所增加的价值。

货币的时间价值在计算中有 5 个重要变量，即 FV、PV、PMT、R、N。每个变量都对应着理财规划中的特定因素：FV 即理财目标值；PV 即资产负债表中的现值（总资产 - 总负债 = 净资产）；PMT 即个人收支表中的年金（总收入 - 总支出 = 储蓄）；R 可以有不同内涵，如在投资规划中指与客户风险属性相匹配的资产组合收益率，在住房规划中指房价上涨率；N 指开始做理财规划的时间，越早越好。基于贴现原理，我们能够比较不同时期的货币价值，或者用来计算一个既定系列现金流的收益率。本章说明将货币的时间价值原理应用于理财规划中的几种方式：公式法、查表法、Excel 财务函数法、财务计算器法等。典型的现金流计算包括终值、现值、规则现金流——年金、不规则现金流——净现值、内部收益率等。

第 5 章“投资规划”。投资规划是指根据个人风险属性，即风险承受能力和风险容忍度，通过投资工具及资产配置服务，为客户制订方案或代替客户对其一生、某一特定阶段或某一特定事项的现金流在不同时间、不同投资产品上进行配置，以获取与风险相匹配的最优收益的过程。它可以确保财富保值增值，是“开源”，即增加理财收入以实现理财目标。

本章节响应党的二十大报告中“规范财富积累机制”的号召，推动新时代“财富积累”这一中国式现代化重大课题的研究。

第 6 章“保险规划”。根据《中华人民共和国保险法》(简称《保险法》)，保险是指投保人根据合同约定，向保险人支付保险费，保险人对于合同约定的可能发生的事故因其发生而造成的财产损失承担赔偿保险金责任，或者当被保险人死亡、伤残或达到合同约定的年龄、期限时，承担给付保险金责任的商业保险行为。

保险的理财功能还体现在：①养老金产品。在我国的“三支柱”养老模式中，第三支柱——个人账户的标志就是“税收递延保险”。②保险还具有避税功能。《中华人民共和国个人所得税法》(简称《个人所得税法》)和《保险法》都明确规定保险理赔不征税。所以，高净值客户可以通过购买大额保险产品获得税收优惠。

第 7 章“税收规划”。税收规划是在纳税行为发生之前，在不违反法律、法规的前提下，通过对纳税主体的经营活动或投资行为等涉税事项做出事先安排，以达到少缴税和递延缴纳目标的一系列谋划活动。税收规划的实质是节税，其存在的前提是不违反税法条文、会计准则等规定，符合立法意图，不是偷税漏税等违法行为。国家在制定税法及相关制度时，往往对节税行为有所预期，并希望通过节税行为引导全社会资源的有效配置与收入的合理分配。

第 8 章“退休规划”。党的二十大报告中提出，要“实施积极应对人口老龄化国家战略”。养老金短缺是全球面临的严峻问题，在中国也不例外。通常个人从退休到去世还有几十年的时间，如何在退休后保持一定的生活水平就成了每个人都要面对的现实问题。现实生活中普遍存在的通货膨胀也在不断地侵蚀个人的积蓄，如不及早计划，退休后生活水平将显著下降。退休规划是一个长期的过程，不是简单地通过在退休之前存一笔钱就能解决的。个人在退休之前的几十年就要开始确定目标，进行详细的规划，为将来退休做准备了。本章讲解我国实行的“三支柱”养老模式、养老金相关问题及如何进行养老规划。现阶段我国商业银行、保险公司、基金公司、信托公司、证券公司都已经发行或者将要发行相关商业养老产品，以满足第三支柱对理财产品的需要，实现“老有所养、老有所依、老有所乐”。

第 9 章“遗产规划”。遗产是一个人死亡时留下的所有合法财产权益和债务，遗产继承是人生需要妥善安排的最后一个重要事项。遗产规划是指理财规划师帮助客户高效率地管理遗产，并将遗产顺利地转移到受益人的手中。本章讲解了“如何把人生句号画圆”的财富传承问题以及如何通过遗产继承及家族信托、慈善安排、人寿保险等遗产传承工具完成遗产规划。

遗产规划的目的有以下三个：①最小化由遗产支付的税额，以及在一些情况下由继承人支付的税额。②详细说明一个人如何安排遗产的分配。换句话说，谁将取得什么遗产。③详细说明由谁来抚养孩子直至他们成人。这意味着即使是年轻的夫妇也需要安排某种特定的遗产规划。

第 10 章“综合理财案例：建行客户张建国先生养老金资产配置案例”，全面应用前 9 章个人理财原理，进行综合理财方案制订。

本书是一本“国际规范 + 中国实践 + 理财案例教学 + 业务流程”的教材，与国际注册理财规划师的教育要求相接轨，增加了最新个人理财知识及法律法规。此外，本书还配套了金融科技和理财的相关内容，由于篇幅所限，作为教辅资源提供给授课教师以便用于教学选择。

本书读者可以是提供理财服务的专业人士，也可以是想掌握理财技能的普通读者。此外，本书还适合作为个人理财专业人员相关资格考试的参考用书。

在本书完成之际，我要特别感谢我年迈且体弱多病的母亲袁耀君女士及父亲张德尤先生，由于编写教材工作任务繁重，导致我一次又一次地缺失对他们的陪伴，我感到非常内疚。

本书获得中央高校教育教学改革专项研究生精品教材资助，是我 35 年金融市场理论与实务经历和 26 年个人理财理论与实务经历的体现，还存在需要进一步完善的地方，欢迎各位理论界与实务界的同人提出宝贵的修订建议，以便修改和完善，修订建议请发送至：leisurean@sohu.com。

张颖

2021 年 3 月于北京望京花园

PERSONAL FINANCE

教学建议

教学目的

本教材的教学目的在于让学生掌握基于流程和案例视角的个人理财的基本知识和原理，主要包括个人理财基础、个人理财规划、个人理财流程和个人理财案例四个部分。本教材不仅介绍了当今个人理财学理论的最新发展，而且全面介绍了个人理财业务开展的实用方法，使学生能够理论联系实际，快速融入实际工作，为今后从事理财工作打下坚实的基础。

前期需要掌握的知识

金融学、经济学等课程相关知识。

课时分布建议

周次	教学内容	教学（学习）要点	课时安排（51 课时）	教学方式	其他教学建议（课程思政）
1-2	第 1 章 个人理财概论	1. 引导案例“张建国先生养老金资产配置案例：以中国建设银行为例”导出个人理财课程框架 2. 个人理财的历史发展 3. 个人理财定义 4. 个人理财准则 5. 个人理财相关制度 6. 个人理财理论基础	6	1. 讲授、教学视频、案例分析 2. 讨论：近期经济工作会议等关于住房、养老、教育及金融、财税改革热点问题 3. 讨论：财富管理和私人银行的含义是什么	1. 我国金融业发展成就与四个自信（我国金融业发展成就与中国式现代化） 2. 增加就业（“就业优先战略”） 3. 职业道德与社会主义核心价值观、中华优秀传统文化、诚信教育、法制教育 4. 共同富裕

（续）

周次	教学内容	教学（学习）要点	课时安排（51课时）	教学方式	其他教学建议（课程思政）
3	第2章 个人理财流程	1. 流程一　确立和界定与客户之间的关系 2. 流程二　收集客户信息，明确客户的理财需求和目标 3. 流程三　分析和评估客户财务状况 4. 流程四　向客户提出综合理财规划方案 5. 流程五　执行个人理财方案 6. 流程六　监控个人理财方案的执行，调整理财方案	3	1. 讲授、教学视频、案例分析 2. 讨论：互联网金融如何创新了个人理财营销	1. 客户至上，差异化服务、社会主义核心价值观 2. 习近平关于金融供给侧结构性改革的论述 3. “四个意识”“四个自信”“两个维护”（“两个确立”与“两个结合”）
4	第3章 个人财务管理	1. 基本原则 2. 个人财务报表的编制 3. 个人财务分析	3	1. 讲授、教学视频、案例分析 2. 讨论：为自己家庭编制资产负债表和收支表	1. 习近平在企业家座谈会上的讲话：关于法治意识、契约精神的论述 2. 职业道德要求 3. 核心价值观、中华优秀传统文化——诚信为本 4. 过度消费与“三观”教育 5. 科教兴国战略、人才强国战略、创新驱动发展战略
5	第4章 货币的时间价值	1. 理财规划目标 2. 理财规划计算 3. 财务计算工具 4. 货币的时间价值在理财规划中的应用	3	1. 讲授、教学视频、案例分析 2. 讨论：王先生目前有资产40万元，理财目标为：3年后购房100万元，8年后子女留学基金30万元，20年后退休基金80万元。假定投资报酬率为5%，要实现此三大理财目标，根据目标现值法，王先生退休前每年年末储蓄额为多少	1. 以客户为中心的理念 2. 弹性退休制度 3. 人口老年化 4. 共同富裕
6-7	第5章 投资规划	1. 投资与投资规划 2. 投资产品 3. 投资规划流程	6	1. 讲授、教学视频、案例分析 2. 讨论：根据我国国情及相关政策，分别对一线及二线城市房价走势进行预期 3. 讨论：如何分析政府推出的“三胎政策”	1. 满足人民对美好生活的向往 2. 顺应居民高品质住房需求 3. “三胎政策”应对人口老年化 4. 房住不炒 5. 共同富裕
8-9	第6章 保险规划	1. 个人风险、风险管理与保险 2. 保险种类 3. 保险规划程序	6	1. 讲授、教学视频、案例分析 2. 讨论：“税收递延养老保险”含义 3. 讨论：分析保险的理财功能	1. 习近平关于人口老龄化的论述 2. 我国“第三支柱”建立的意义 3. “保险姓保” 4. 绿色转型与绿色金融

（续）

周次	教学内容	教学（学习）要点	课时安排（51 课时）	教学方式	其他教学建议（课程思政）
10	第 7 章 税收规划	1. 税收种类和最优所得税的理论 2. 中国的税制结构和个人所得税制度 3. 税收规划的定义和特点 4. 税收规划的原则、步骤和基本方法 5. 税收规划实务	3	1. 讲授、教学视频、案例分析 2. 讨论：税收规划与偷税、逃税的区别 3. 讨论：新的《个人所得税法》：附加扣除的规定	1.《个人所得税法》 2. 分配制度与三次分配 3. 房产税 4. 共同富裕
11-12	第 8 章 退休规划	1. 退休规划定义 2. 养老金供求分析 3. 退休规划流程	6	1. 讲授、教学视频、案例分析 2. 讨论：我国养老保险制度的构成体系 3. 讨论：如何计算客户退休资金需求	1. 习近平关于人口老龄化问题的论述 2. 老有所依、老有所养、老有所乐 3. 我国的“三支柱”养老模式 4. 健康中国 5. 基本养老服务体系建设
13-14	第 9 章 遗产规划	1. 遗产规划定义 2. 遗产继承 3. 其他遗产规划工具 4. 遗产规划程序	6	1. 讲授、教学视频、案例分析 2. 讨论：什么是家族信托？收集一个家族信托案例 3. 讨论：什么是慈善信托？收集一个慈善信托案例	1. 和谐社会 2. 民法典 3. 三次分配 4. 慈善法 5. 共同富裕 6. 全面依法治国总体格局、中国特色社会主义法律体系
15-17	第 10 章 综合理财案例	本案例应用经济指标预测、参数设定、个人财务报表编制和分析、货币时间价值、投资规划（客户风险属性分析、资产配置等）、养老规划（养老金分析、养老金供求分析等）等个人理财流程及规划，对建行客户张建国先生家庭进行了理财规划并提供理财方案	9	1. 讲授、教学视频、案例分析 2. 讨论：一个理财规划方案主要包括哪些内容	1. 老有所依、老有所养、老有所乐 2. 职业道德 3. 法制社会 4. 中国式现代化与共同富裕
合计			51		

目 录 PERSONAL FINANCE

PERSONAL FINANCE

第 1 章

个人理财概论

死生契阔，与子成说。执子之手，与子偕老。

——《诗经》

❖ 本章提要

本章首先界定了个人理财的发展历史；其次介绍了个人理财的定义；重点讲解了个人理财的执业准则，即个人理财流程与个人理财道德标准；还讲解了个人理财理论基础；重点分析了与引导案例“张建国先生养老金资产配置案例：以中国建设银行为例”对应的后面各章节知识点。

❖ 重点和难点

1. 个人理财发展
2. 个人理财概念
3. 个人理财执业准则
4. 个人理财制度
5. 个人理财基础理论

❖ 引导案例

张建国先生养老金资产配置案例：以中国建设银行为例[一]

教材1～9章内容，就是本案例需要掌握的知识点。个人理财规划是通过个人财务管理、个人风险属性分析及货币的时间价值技术在个人理财中应用，来完成投资规划、保险规划、税收规划、退休规划及遗产规划等一生的理财规划。这可以降低家庭财务风险和财务隐忧，实现社会和谐和稳定。

通过学习，我们可以完成第10章展示的案例制作。

案例背景

张建国先生现年42岁，本科毕业，是某外企公司北京分公司的人事部职员，月薪（税前）1.6万元，身体健康，预计寿命为86岁。妻子吴永平现年38岁，大专学历，女儿出生后辞去工作在家做全职太太，预计寿命为88岁，无相应保障。女儿张小兰2000年出生，在某中学就读初中三年级。张建国及吴永平的父母均健在，且四人有退休收入。

张建国的三险一金缴存额与社会一般水平保持一致，从2002年统一开始缴纳[二]，其账户余额中，养老金个人账户余额50 000元，医疗保险账户余额9 000元，失业保险无余额累积，由于张建国使用住房公积金还贷，故他的住房公积金账户未能留有余额，企业年金账户余额20 000元。

除去基本的三险以外，张建国还拥有企业年金作为补充。企业年金账户余额20 000元，按社会普遍的缴费办法计算，企业年金按税前月工资的4%缴费，且张建国的单位同比例配款，企业年金在退休时按20%缴税并一次性领取剩余金额。此外，张建国是单位的重要员工，他还参加了员工持股计划，目前他已持有7 000股公司股票，股票市价为10.60元/股，每年分配1 000股，股票价格增长率与经济增长率保持一致。[三]

张建国及其家庭财务信息如下：现有50 000元现金存于中国建设银行的活期储蓄中，另有500 000元现金存于中国建设银行的1年期定期存款中。实物资产上，家庭拥有一辆价值150 000元的家用型轿车和位于北京市五环某小区的市值为1 250 000元的家庭住房一套，该住房还剩余250 000元贷款未偿还，这部分都使用住房公积金[四]来还款。除此之外，家庭月生活支出10 000元，支出成长率与居民消费价格指数（consumer price index，CPI）同步。

案例关键点：本案例中的养老金规划方案是基于商业银行专业理财人员视角，以客户的财务状况、风险属性为基础，结合Excel函数中“规划求解”方法和金融理财学中的“生涯仿真法”形成最优资产投资组合，并进行敏感性分析。

关键知识点：客户财务状况分析、客户风险属性分析、《金融理财师执业操作准则》

㊀ 本案例荣获第一届全国金融硕士教学案例大赛优秀案例奖并入选案例库，授奖者为全国金融专业学位研究生教育指导委员会（奖励批准号：AL2015014）；本案例由对外经济贸易大学金融学院的张颖副教授及金融专硕研究生张夏添、吴晓卉共同开发撰写；本案例只供课堂讨论之用，并无意对相关金融机构进行评价。完整案例请参考第10章。

㊁ 养老金个人缴费率为8%，基本医疗保险个人缴费率为2%，失业保险个人缴费率为1%，住房公积金个人缴费率为8%，企业年金个人缴费率为8%，企业年金部分公司按同样比例配款。

㊂ 股票只有在张建国退休时或离开公司5年后才能卖出。

㊃ 该公积金贷款利率为3.87%。

要求及《金融理财师职业道德准则》、货币的时间价值、资产配置、养老金供需计算及社会保障相关规定。

能力点：“平衡客户一生收支”的综合金融解决方案。

案例解读：人口老龄化和养老金短缺是全球都遭遇的严峻问题，因此研究如何弥补养老资金缺口具有较强的现实意义和理论价值。我国的养老金主要由三部分构成，即国家、企业及个人。国家方面，主要由基本养老保险、基本医疗保险、失业保险、住房公积金组成；企业方面，包括企业年金与员工持股计划两部分；个人方面，可以通过资产投资组合来补充养老金供给。目前，我国公共养老金和企业养老金不能够支撑公民整个老年生活所需资金，所以，金融机构针对退休前的个人养老金的个人理财就发挥了极其重要的作用，即合适的养老金管理可以弥补目前存在的养老金缺口，从而满足退休生活的财务需求，保障“老有所养”。而在养老金的理财过程之中，资产配置是重中之重。

由于我国个人理财以商业银行为主，故本案例选取最具有代表性的商业银行——中国建设银行为例。其他业务条线（如证券公司、保险公司、基金公司、信托公司）理财原理相同。本案例中的养老金规划方案是基于商业银行专业财富管理人员视角，以客户的财务状况、风险属性为基础，弥补养老金缺口，以实现养老金供需平衡，满足退休人群的养老计划与目标。

1.1　个人理财的历史发展

人类社会自从有了剩余产品就开始有了个人理财的需求，但早期的个人理财主要局限于节约开支、勤俭持家方面，这种个人理财在范围和深度方面都是十分有限的。随着人类进入现代社会，人们的生活水平有了极大的提高，在基本的温饱得到满足之后，人们又有了更多的追求，希望能够更好地规划自己的财务状况，以达到未来更高的生活目标和期望。后来，金融业的发展带来了丰富的金融产品，个人理财的需要在范围上不断扩展的同时，在时间跨度上也开始扩展到人的整个生命周期。因此，普通的理财服务已经不能够满足人们的需要，社会迫切需要一种专业的、全面的财务服务。个人理财正是为顺应人们的这种深层次理财规划需要而产生的专业活动。

20世纪90年代末，我国一些商业银行开始尝试向客户提供专业化的投资顾问和个人外汇理财服务，此后商业银行个人理财业务快速发展，理财产品日益丰富，个人理财资金规模日益扩大。2005年，中国银行业监督管理委员会（简称“银监会”）[㊀]颁布的《商业银行个人理财业务管理暂行办法》明确指出，个人理财业务是指“商业银行为个人客户提供的财务分析、财务规划、投资顾问、资产管理等专业化服务活动”。[㊁]

随着理财业务的快速发展，2018年我国银保监会在《商业银行个人理财业务管理暂行办法》基础上，修订并正式颁布了《商业银行理财业务监督管理办法》，规定了理财业务是指“商业银行接受投资者委托，按照与投资者事先约定的投资策略、风险承担和收益

㊀　现为中国银行保险监督管理委员会，简称“银保监会”。

㊁《商业银行个人理财业务管理暂行办法》，中华人民共和国银监会2005年11月颁布。

分配方式，对受托的投资者财产进行投资和管理的金融服务”。㊀

1. **个人理财在我国的发展**

与领先的个人理财专业化、个性化的产品和服务相比，我国个人理财尚处于萌芽和发展阶段，其发展可大致划分为以下两个阶段。

第一阶段，20 世纪 90 年代中期到 21 世纪初期。该阶段主要是提供咨询建议、代理客户等简单服务。商业银行业务结构缺乏创新，产品品种匮乏，产品结构不合理，风险防范难度大。该阶段个人理财业务收入在整个银行的收入中所占比例很少，我国商业银行的利润仍然大部分（80% 以上）来自传统的信贷业务。

第二个阶段，就是从 21 世纪初到 2005 年银监会的《商业银行个人理财业务管理暂行办法》出台。该阶段商业银行在已经开办了各种代理、投资业务基础上，向个人和企业推出了一些简单化的产品与服务，典型代表是结构性存款和理财规划。

第三个阶段，就是 2005 年至今，个人理财业务得到了快速发展，保险业、证券业、基金业、信托业、独立的第三方理财公司及互联网金融都开展了个人理财业务。为了规范业务，2018 年我国银保监会在《商业银行个人理财业务管理暂行办法》基础上，修订并正式颁布了《商业银行理财业务监督管理办法》，修订了个人理财业务是指“商业银行接受投资者委托，按照与投资者事先约定的投资策略、风险承担和收益分配方式，对受托的投资者财产进行投资和管理的金融服务”，为适应个人理财业务发展需求，商业银行还成立了理财子公司。

从我国个人理财业务的发展轨迹来看，银行开办的个人理财业务从无到有，个人理财产品从简到多，个人理财的投资方向从固定收益的国债到浮动收益的衍生工具、基金、信托产品等，总体而言，银行的个人理财业务目前还是“以产品为核心”，侧重于产品设计和推销，尚未发展到“以客户为核心”，侧重客户个性化需求的个人理财服务。

2. **个人理财在国外的发展**

个人理财业务在国外的发展大体上分为三个阶段。

第一个阶段，20 世纪 30 年代到 60 年代。该阶段是个人理财业务出现与初步发展的时期，最初主要是保险公司的销售人员为促进保险产品的销售，根据不同年龄、不同收入状况的客户，利用生命周期不同阶段的特征，为客户提供购买保险的建议，进而促进产品销售。直到 20 世纪 60 年代，理财业务仍主要局限于简单的委托代理活动，商业银行主要提供咨询顾问服务，其内容主要是代理客户进行投资收益分析、筹划资金安排和代办有关手续等。

第二个阶段，20 世纪 60 年代到 80 年代。该阶段，银行资产负债管理理论渐趋成熟并成为银行经营管理的主要理论依据，商业银行开始认识到为客户提供多元化服务的可能性和重要性。金融机构为了提高客户忠诚度，满足客户的实际需求，提升自身的竞争能力，普遍采用以客户为中心的经营策略。通过对客户自身特点的分析，以满足客户需求、防范风险为前提，为客户提供个性化的金融产品和金融服务。同时，银行内部也进行相关部门的职能调整，使之能够最便捷、最优化地服务客户，强调与客户建立“全面”“长期”

㊀ 《商业银行理财业务监督管理办法》，中华人民共和国银保监会 2018 年 9 月颁布。办法适用于在中华人民共和国境内设立的商业银行，包括中资商业银行、外商独资银行、中外合资银行。

的关系，个人理财业务开始向“产品化”的方向发展，融合了传统存贷款业务、投资业务和咨询顾问业务，组合式理财产品快速发展，到 20 世纪 80 年代末期已成为理财业务发展的主要产品。

第三个阶段，20 世纪 80 年代到现在。随着商业银行的管理理论从资产负债管理向客户管理的转变，银行开始根据客户的风险承受能力和风险偏好，配置各类金融衍生产品，为客户提供“量身定制”的个性化服务。理财业务逐渐成为商业银行提高客户忠诚度和银行竞争力、更好地管理客户风险、提高银行风险对冲和管理能力的重要业务方式，也成为商业银行适应市场需要的一项基本服务要求。随着美国《金融服务现代化法案》的颁布，理财业务进一步与信托业务、商业银行的基金管理业务等结合起来。

20 世纪 70 年代以来，在金融创新的浪潮中，全球商业银行个人理财业务得到快速发展。从客户的角度来说：首先，富裕人群的基数正在迅速提高，带动了对个人理财服务的需求。其次，随着全球经济与金融的发展，客户的需求不断变化。当今社会信息更趋透明化，客户获得信息的渠道增多，特别是互联网技术的飞速发展使得客户能够获得更全面的信息，从而拥有更多的选择权。最后，全球老龄化问题导致退休计划需求日益凸显。同时，科学技术的迅速发展使得人们越来越追求效率，方便快捷的服务成为日益重要的驱动力。

1.2　个人理财定义

个人理财[㊀]（personal finance planning），又称理财规划、个人财务规划、个人金融等，是个人或家庭在特定的经济社会制度中通过使用金融市场的金融工具来对其生命周期内的现金流进行跨期的调整，使调整后的现金流可以满足个人或家庭的经济生活目标。

根据美国理财师资格鉴定委员会的定义，个人理财是“制定合理利用财务资源实现客户个人人生目标的程序”[㊁]，这是从个人理财工作流程视角定义个人理财。

我国银监会早在 2005 年就颁布了《商业银行个人理财业务管理暂行办法》，首次定义个人理财业务是“商业银行为个人客户提供的财务分析、财务规划、投资顾问、资产管理等专业化服务活动”。

随着理财业务的快速发展，2018 年我国银保监会正式颁布了《商业银行理财业务监督管理办法》，明确了个人理财业务是“商业银行接受投资者委托，按照与投资者事先约定的投资策略、风险承担和收益分配方式，对受托的投资者财产进行投资和管理的金融服务”。我国目前金融业分业经营、分业监管，金融市场欠发达，个人理财业务还处于发展初期。

对客户而言，个人理财的根本目的是实现人生目标中的经济目标，降低对于未来财务状况的焦虑，实现财务尊严和自由。

对金融机构而言，个人理财主要运用全新的个人理财顾问式行销方式销售金融产品和服务。所谓个人理财顾问式行销，就是产品销售人员作为客户的理财顾问，以客户的理财目标和需求为导向，通过分析客户的财务资源状况，在帮助客户实现生活目标和理财目

㊀ 本教材“个人理财”的对象，包括个人、家庭及小微企业。

㊁ Financial Planning Is the Process of Meeting the Life Goals through the Proper Management of Your Finances, CFP Board of Standards Inc.

标的同时，实现产品的销售。顾问式行销就是以提供理财建议来推动产品销售的一种销售模式。

关于个人理财，国外学者有一种很有代表性的观点，即由 Chieffe 和 Rakes 所建立的综合理财规划模式（integrated financial planning model）。该模式的主要观点如表 1-1 所示。

表 1-1 综合理财规划模式

	当前期间（1～5 年）	未来时期（5 年以上）
经规划的财务事项	**财务管理** ● 收支预算 收入、生活费用、储蓄、贷款 ● 所得税规划 赠予、税收	**为实现目标而投资** ● 投资规划 股票和债券、共同基金、房地产 ● 退休规划 基金和养老基金
未经规划的财务事项	**应急规划** ● 保险和风险管理 应急基金、信用额度	**转移规划** ● 遗产规划 遗嘱、税务规划、信托、人寿保险、慈善事业、遗赠

资料来源：Chieffe, Rakes. An Integrated Model for Financial Planning [J]. Financial Services Review，1999(8): 261-268.

从表 1-1 中我们可以看出，Chieffe 和 Rakes 按照时间将理财规划分为当前期间与未来时期，同时按照是否经过规划将其分为经过规划的财务事项与未经过规划的财务事项。这两种划分方法相互组合就将理财规划的内容分为了四个部分，即财务管理、为实现目标而投资、应急规划、转移规划。

1.3 个人理财准则

按照国际惯例，个人理财要遵循两项准则，即个人理财执业流程及个人理财职业道德操守。

1.3.1 准则 1：个人理财执业流程

国际理财师标准委员会制定了一个完整的《理财规划执业标准》，并向国际标准化组织提出申请，将该标准注册成为 ISO 9000 质量管理体系标准之一，以方便其作为一个可度量的国际通用标准在全球推行。个人理财执业流程包括：①确立和界定与客户之间的关系；②收集客户信息，明确客户的理财需求和目标；③分析和评估客户财务状况；④向客户提出综合理财规划方案；⑤执行个人理财方案；⑥监控个人理财方案的执行，调整理财方案。个人理财流程及相关操作指南如表 1-2 所示。

表 1-2 个人理财流程及相关操作指南

个人理财流程	相关的操作指南系列
1. 确立和界定与客户之间的关系	100-1 界定服务范围
2. 收集客户信息，明确客户的理财需求和目标	200-1 确定客户个人理财目标、需求及优先顺序
	200-2 获取定量的信息和文件

（续）

个人理财流程	相关的操作指南系列
3. 分析和评估客户财务状况	300-1 分析和评估客户信息
4. 向客户提出综合理财规划方案	400-1 确定和评估其他个人理财规划
	400-2 制定个人理财规划建议
	400-3 提交个人理财规划建议
5. 执行个人理财方案	500-1 达成关于实施责任的协议
	500-2 选择用于实施的产品和服务
6. 监控个人理财方案的执行，调整理财方案	600-1 界定跟踪责任

1.3.2　准则 2：个人理财职业道德操守

个人理财职业道德操守包括：守法遵规、正直诚信、客观公正、专业胜任、保守秘密、专业精神、恪尽职守等七项内容，如表 1-3 所示。

表 1-3　个人理财职业道德操守

职业道德操守	主要内容
1. 守法遵规	1.1 以国家相关法律法规为行为准绳，遵守社会公德 1.2 遵守所属机构的管理规定和道德操守准则
2. 正直诚信	2.1 向客户提供理财服务时，应恪守正直诚信原则，不得利用执业便利为自己谋取不正当利益
3. 客观公正	3.1 诚实公平地提供服务，不受经济利益、关联关系和外界压力等影响 3.2 从客户利益出发，做出合理、谨慎的专业判断 3.3 公平合理地对待客户、委托人、合伙人和雇主，并公正、诚实地披露其在提供专业服务过程中遇到的利益冲突
4. 专业胜任	4.1 不断学习，提高自身的专业能力 4.2 参加教育培训 4.3 具备相应的专业知识和经验 4.4 能够胜任所从事的金融理财业务 4.5 完成要求的继续教育内容，保持和提高专业胜任能力
5. 保守秘密	5.1 未经客户书面许可，不得向第三方透露任何有关客户的个人信息 5.2 对雇主和客户应遵循相同的保密标准
6. 专业精神	6.1 具有职业的荣誉感 6.2 尊重和礼貌对待客户及其他理财师 6.3 与同业者充分合作，共同维护和提高该行业的公众形象及服务质量 6.4 按照金融理财标准委员会制定的各项规范和准则的要求使用 CFP①商标
7. 恪尽职守	7.1 充分计划并监督实施 7.2 为客户提供服务时应及时、周到、勤勉

① CFP：Certified Financial Planner，注册理财规划师。

1.4　个人理财相关制度

影响个人理财的经济社会制度包括：社会保障制度、税收制度、福利制度、信用制度等。

1.4.1 社会保障制度

社会保障制度中的养老保险制度、医疗保险制度对居民家庭支出影响较大。因为随着这两项支出中个人承担部分加大，个人理财资金缺口会增加，所以掌握社会保障制度的变革与特点，是个人理财的必要基础。

1. 养老保险制度

人口老龄化是当今世界各国普遍面临的重大社会问题，中国也不例外。我国人口老龄化与先期进入人口老龄化的国家相比，具有老龄化发展快、老年人口数量大、地区之间不平衡、超前于社会经济发展等特点，因此老龄化问题不容忽视。根据全国老龄工作委员会办公室 2018 年出版的《人口老龄化国情教育知识读本》，2020 年前后，我国 60 岁以上的老龄人口将达到 2.55 亿，占人口总数的 18.5%。预计到 2035 年，老龄人口将达到 4.23 亿，占人口总数的 29.1%，养老压力较大。

2019 年，中国共产党中央委员会、国务院印发了《国家积极应对人口老龄化中长期规划》，明确提出要提高应对人口老龄化的社会财富储备，从国家战略的角度明确了养老财富储备的重要性和发展方向。“十四五”规划强调了“大力发展第三支柱养老保险”的重要性。在此背景下，基金、银行、保险、信托等各个行业面向对个人养老财富储备有需求的人纷纷推出了提供第二支柱及第三支柱养老投资选择的服务，这对减少人口老龄化给社会带来的问题有重大意义。我国养老保险制度由三大支柱构成。

第一支柱：基本养老保障，即城镇职工基本养老保险制度和城乡居民基本养老保险制度两大制度，由政府主导。这两大制度均实行社会统筹与个人账户相结合的基本养老保险制度。其中社会统筹部分实行的是现收现付制，目的在于通过养老保障基金在在职和退休职工之间进行调剂，促进社会再分配。个人账户部分则实行基金积累制，目的在于缓解人口老龄化带来的养老金危机，同时建立激励机制，保持经济效率。

第二支柱：补充养老保障，即职业年金和企业年金，由国家指导、企业及单位主导。职业年金是指公职人员基本养老保险之外的补充养老保险，企业年金是指企业及其职工在依法参加基本养老保险的基础上，自愿建立的补充养老保险制度，是多层次养老保险体系的组成部分之一，由国家宏观指导、企业内部决策执行。

第三支柱：个人养老保险金制度，由个人主导。我国在个人养老保障上的制度设计探索起步较晚，2018 年，“个人税收递延型商业养老保险”的推出，标志着我国养老保险第三支柱的正式建立。所谓个人税收递延型商业养老保险，是指由保险公司等机构承保、运营的一种商业养老保险。个人在购买商业养老保险时，支付的保费可在一定限额内税前列支，同时在资金投资运营阶段对累积收益免税，只在符合规定标准领取养老金时再缴税。

当前，个人养老金不能单纯靠第一支柱和第二支柱，重在强化第三支柱。第三支柱是养老金体系中最灵活和最具效率的部分。

2. 医疗保险制度

1998 年以来，国家有关部门陆续出台文件，改革和完善医疗保险制度体系。在医疗制度改革后，由个人承担的医药费比例提高，居民家庭用于医疗和药品方面的支出有所增长，这也在一定程度上刺激了个人理财需求的增加。

1.4.2 税收制度

我国税收制度（简称“税制”）是以间接税和直接税为双主体的税制结构。我国现行税法体系是一个由各种单行的税收法律、法规和规章构成的综合体，是在原有税制的基础上，经过1994年工商税制改革后逐渐完善形成的。在2016年5月1日全国实行“营改增”，2018年1月1日起实行环境保护税后，我国现行税法体系由18个税种构成，分别是：增值税、消费税、企业所得税、个人所得税、资源税、城市维护建设税、房产税、印花税、城镇土地使用税、土地增值税、车船使用税、船舶吨税、车辆购置税、关税、耕地占用税、契税、烟叶税、环境保护税。

我国现行税种按其性质和作用大致可分为四类。

（1）流转税，包括增值税、消费税，在生产、流通或者服务业中发挥调节作用。

（2）流转税小税种，包括城市维护建设税、关税、资源税、土地增值税、烟叶税。

（3）所得税，包括企业所得税、个人所得税，主要是在国民收入形成后，对生产经营者的利润和个人的纯收入发挥调节作用。

（4）财产税和行为税，包括房产税、车船使用税、船舶吨税、环境保护税、城镇土地使用税、印花税、契税、车辆购置税、耕地占用税，主要是对某些财产和行为发挥调节作用。

现阶段，我国税收征收管理机关有国家税务总局、地方税务局和海关。海关系统负责征收和管理的项目有关税、船舶吨税等，同时代征进出口环节的增值税和消费税，其他税种都由税务部门负责征收管理。

上述18个税种，只有个人所得税、企业所得税、车船税、环境保护税、烟叶税、船舶吨税、车辆购置税和耕地占用税等税种通过全国人大立法，其他绝大多数税收事项都是依靠行政法规、规章及规范性文件来规定。这些税收法律、法规组成了我国的税收实体法体系。

1.4.3 福利制度

福利制度的内涵和外延，在最广泛的意义上，是指一切可以改善和提高人民物质生活与精神生活的社会措施，而中层意义的社会福利基本上是社会保障的同义词，一般被归为四类，即公共福利、个人福利、组织内公共福利和生活福利。公共福利指由政府支持或提供、由国家法律或政府政策加以保障的福利，包括法定假期、法定的福利项目以及计划生育方面的福利等；个人福利指由组织提供与员工选择相结合的福利项目，包括养老金、互助储蓄、辞退金、住房津贴等；组织内公共福利指完全由组织提供的全体员工中某一群体均可享受或有机会享受的福利项目，包括病假、事假、工作间休息等；生活福利指组织为员工提供的生活方面专项福利项目，包括为员工提供法律服务、心理咨询、子女教育费等。

1.4.4 信用制度

中央银行可以根据客观经济形势，使用法定存款准备金率、再贴现率、公开市场业务操作、直接信用控制、间接信用指导等货币政策工具，调控货币供应量和信用规模，使之达到预定的货币政策目标，并以此影响整体经济的运行。紧缩的货币政策会抑制证券投资需求、房地产投资需求等，造成相应的资产价格下跌；而扩张的货币政策则会刺激投资需求，支持资产价格上涨。比如，在宏观经济调控的背景下，房地产市场走向不明和股市低迷，都可能使高收入群体更多地转向保障和保值型投资。

2021 年 1 月 4 日，中国人民银行召开工作会议，提出在新的一年里要保持货币政策的总量目标合理适度，即保持广义货币和社会融资规模增速同名义经济增速基本匹配。在总量目标下更加强调灵活精准，也就是聚焦实体经济的重点领域和薄弱环节，如金融科技、绿色金融、小微企业等，结构性货币政策工具将会发挥更多作用。

在金融环境中，影响个人理财的因素主要包括利率水平、汇率水平、金融行业发展水平和开放程度等。

1. 利率水平

对于个人理财来说，利率是最基础、最核心的影响因素之一，几乎所有的理财产品都与利率有着联系，利率水平的变动对各理财产品的风险和收益状况有重要影响。利率水平的变动影响人们对投资收益的预期，从而影响其消费支出和投资意愿。利率水平的变动还会影响从银行获取的各种信贷的融资成本，投资机会成本的变化对投资决策往往也会产生非常重要的影响。此外，利率水平的高低还是投资者衡量经济形势好坏、信用状况松紧的一个重要经济指标。

利率有很多种分类方法。根据利率的形成方式，利率有官方利率和市场利率之分。官方利率是由中央银行决定的基准利率。中央银行调整基准利率，会很快传导到市场利率上。市场利率是市场资金借贷成本的真实反映，能够及时反映短期市场利率变动的指标有银行间同业拆借利率、国债回购利率等。通过观察、分析这些指标的变化，投资者可以掌握市场资金供求关系的真实变化情况，从而做出及时的反应和正确的理财决策。

根据是否考虑通货膨胀因素，利率有名义利率和实际利率之分。实际利率等于名义利率扣减通货膨胀率。只有在物价水平不变的前提下，不同的名义利率才能够真实反映投资者投资理财产品所获得的实际收益率水平的差异。如果物价水平是处在变动的状态，名义利率就不能全面、真实反映投资收益率，这时实际利率才能反映理财产品的真实收益水平。

投资者一般会基于利率的预期，判断自己持有的理财产品可能会受到怎样的影响。银行储蓄存款的收益率是利率变动的最直接反映，利率上升则引起银行储蓄存款产品的收益率同步上升。其他类产品所受的影响相对就复杂一些。一般来说，市场利率上升会引起证券价格下降，房地产市场走低；反之，市场利率下降会引起证券价格上升，房地产市场走高。对于其他固定收益银行理财产品或者储蓄类保险产品，实际上也是将未来的一个长期储蓄锁定在当前的利率水平上，如果判断当前的利率水平较高，未来利率水平将逐步下降，则这种锁定是有益的，反之则是不利的。

表 1-4 列出了利率变化对个人理财倾向产生影响的不同情况。注意，这只是一个不全面的静态分析，仅供参考。

表 1-4　利率变化与个人理财倾向

投资方式	预期利率上升		预期利率下降	
	理财倾向	理由	理财倾向	理由
储蓄	增加配置	收益将增加	减少配置	收益将减少
债券	减少配置	面临下跌风险	增加配置	面临上涨机会
股票	减少配置	面临下跌风险	增加配置	面临上涨机会
基金	减少配置	面临下跌风险	增加配置	面临上涨机会
房产	减少配置	贷款成本增加	增加配置	贷款成本降低
外汇	减少配置	人民币回报高	增加配置	外汇利率可能高

2. 汇率水平

汇率风险通常被人们所忽略，但实际上在某些特殊情况下，这对个人和家庭经济的打击是致命的，因为汇率的波动将影响到家庭资产。例如，1997 年亚洲金融危机及后来的俄罗斯、阿根廷金融危机均以当地货币大幅贬值为标志，大批个人和家庭陷入经济困境。在这种情况下，如果一个家庭资产中包含一定比例的外汇资产（相对疯狂贬值的本币具有较强支付能力），则金融危机对他们的影响就会小得多。随着国内居民购买外汇理财产品的增加，特别是 2005 年人民币汇率制度改革后，人民币汇率不断小幅走高，汇率变动对个人理财的影响越来越显著。

如果个人想要利用汇率波动进行短期理财，则需要较高的专业水平，必须在充分掌握各国经济动态的基础上对国际市场各主要货币汇率走势做出正确判断，并适时在强势和弱势的币种之间做出调整。表 1-5 列出了汇率变化对个人理财倾向产生影响的不同情况。

表 1-5　汇率变化与个人理财倾向

投资方式	预期本币升值		预期本币贬值	
	理财倾向	理由	理财倾向	理由
储蓄	增加配置	收益将增加	减少配置	收益将减少
债券	增加配置	本币资产升值	减少配置	本币资产贬值
股票	增加配置	本币资产升值	减少配置	本币资产贬值
基金	增加配置	本币资产升值	减少配置	本币资产贬值
房产	增加配置	本币资产升值	减少配置	本币资产贬值
外汇	减少配置	人民币更值钱	增加配置	外汇相对价值高

3. 金融业发展水平和开放程度

金融业发展水平和开放程度在一定程度上影响个人理财的发展。金融业越发达，开放程度越高，个人理财的发展空间就越大。近年来，随着各种证券类和保险类金融产品的不断涌现，人们已不再仅仅局限于银行储蓄存款，但是在城市家庭户均拥有人民币金融资产中，储蓄存款仍以绝对优势排在首位。造成这种状况的原因有两个方面：一是可投资的金融产品太少，国内金融市场基本上没有金融衍生产品交易，对衍生产品的应用有很严格的管制，这样投资者就缺乏必要的对冲避险工具，只能单向买入金融产品，风险较大；二是居民缺乏金融相关知识，在各种各样的金融产品面前无所适从。随着我国 2006 年年底对外资金融机构开放境内的人民币业务，外资银行的介入给国内的个人理财市场带来发展契机。

1.5 个人理财理论基础

1.5.1 基本理论

个人理财理论基础源于现代理财学。现代理财学可以指导理财者对理财实践进行深入的分析，找出症结，制订科学、正确的理财方案，利于个人或企业的顺利发展。

有经济学观点认为，现代理财学与金融市场学、投资学等共同组成了金融经济学，成为 21 世纪主流经济学发展的方向。金融市场学侧重研究宏观的金融经济问题，主要以资本市场为研究对象，探讨其形成、运行的机理以及对整个经济系统的影响。而投资学与现代理财学则侧重研究微观的金融经济问题，研究的是公司或者投资者的经济行为及其效果。现代理财学还研究目标函数及财务决策与理财目标之间的相关性两个基本问题。

就学术渊源而言，现代理财学理论的研究在很大程度上依赖于整个金融学的概念框架和理论结构，许多公司理财问题需要借助于投资学和金融市场学的学说或者技术来解决。从 20 世纪 50 年代以来理财学的发展来看，证券投资理论对理财学理论有重大影响。投资学、金融市场学中的许多重要学说，也日益成为现代理财学中的重要理论基础。理财学理论应用到个人理财中的主要有货币的时间价值、财务理论、投资理论、保险理论、税收理论、老龄金融理论、顾问式营销理论等。

个人理财学是一门新兴的科学，是以经济学为指导（追求极大化目标）、以会计学为基础（客观忠实记录）、以财务学为手段（计划与满足未来财务需求、维持资产负债平衡）的学科。既然个人理财是门科学，我们就必须以科学、理性的态度来对待，只有这样，才能达到理财的目标。

1.5.2 货币的时间价值

货币的时间价值，也称资金的时间价值，是指在无风险和无通货膨胀的条件下货币经历一定时间的投资和再投资所增加的价值。基于贴现原理，我们能够比较不同时期的货币价值，或者用来计算一个既定系列现金流的收益率。货币的时间价值是现代财务学的一个基础概念，是个人理财业务的基础理论之一，涉及所有的理财活动，是个人理财的“第一原则”。货币的时间价值从量的规定性来看，等于在没有风险和通货膨胀率为零的情况下社会平均的资金使用收益率。典型的现金流量计算包括终值、现值、规则现金流——年金及不规则现金流——净现值、内部收益率等。

1.5.3 财务理论

个人财务管理与企业财务管理的基本原则是相同的。这些原则包括借贷相等原则、流量与存量相对应原则、收付实现制原则、成本价值与市场价值双度量原则。

1. 借贷相等原则

虽然个人财务分析一般不需要像企业那样通过编制规范的会计分录来进行详细的财务处理，但在编制财务报表时也必须遵守会计复式记账法的基本方法，即“有借必有贷，借贷必相等”。借贷双方反映的内容如表 1-6 所示。

表 1-6　会计复式记账法

会计科目	借方	贷方
资产	增加	减少
负债	减少	增加
净值	减少	增加
收入	减少	增加
支出	增加	减少

2. 流量与存量相对应原则

家庭收入与支出是流量，反映一段时间内现金收支的变化；家庭资产与负债是存量，反映某个结算点时资产与负债的状况（通常以月末、季末或年末为结算日）。存量的变化是流量变化的结果，二者存在严格的对应关系，具体表现为：

期初存量 + 本期流入（收入）– 本期流出（支出）= 期末存量

当期净流入量（储蓄）= 前后期净资产差异

期初净资产 = 过去历年储蓄累积额 – 资产折旧 + 资产价值增减额（资本利得或损失）

3. 收付实现制原则

在会计核算中，根据对经济流量记载方式的不同，分为权责发生制和收付实现制。权责发生制又称应计制，即只要有经济流量发生，不论是否有现款收付，都要及时记账，交付货物或劳务时未收到现款就记“应收款”，收到货物或劳务时未支付现款就记“应付款”。收付实现制又称现金制，即有现金流入或流出时才记账。

4. 成本价值与市场价值双度量原则

非现金资产（如房产）的价值会随着市场状况的变化而变化，所以在进行财务核算时，必须注意到资产的成本价值与市场价值的差别，要同时编制两种资产负债表：以成本价值反映的资产负债表和以市场价值反映的资产负债表。

成本价值通常以购入时所支付的现金额来计算。市场价值以结算时点资产的市场价格或按市场行情评估的价值计算。对于价格具有公开性、统一性、频繁波动性的资产，如股票、债券、基金等，应按上期期末市价计入以成本价值反映的资产负债表，按结算日的收盘价计入以市场价值反映的资产负债表。对于没有可参照的公共统一的市场价格、流动性较差的资产，如房地产、汽车、收藏品等，可以不用重估调整，按成本价入账，在处分此类资产时，将其处分收益直接列入净资产变动项目。但如果此类资产市价在短期内确有大幅变化（如涨跌 10% 以上），为避免资产负债表失真，应按照当时可卖掉的价格计入资产负债表。

按成本价编制的资产负债表可以用来检查记账是否正确，因为根据这种资产负债表可以得到：本期期末净资产 – 上期期末净资产 = 当期储蓄；按市场价编制的资产负债表可以准确显示当时的实际家庭财富；根据两种报表计算出的净资产价值的差异就是账面损益，即为实现的资本利得或损失。需要注意的是，根据市场价值资产负债表，当期净资产变动额与当期储蓄不再相等，而调整为：

当期净资产变动额 = 当期储蓄 + 当期资产重估调整额 + 当期末实现资本利得或损失

1.5.4 投资理论

1. 生命周期理论

经济学理论研究约束条件下资源的有效配置。做出资源配置的主体是人或组织，因此经济学理论需要对人或者组织的行为模式做出假设。弗兰科・莫迪利亚尼（Franco Modigliani）在研究微观经济主体的消费理论时，提出了生命周期假设，认为消费者会在相当长的时间内计划消费和储蓄行为，以在整个生命周期内实现效用最大化。一个人将综合考虑其积蓄的财富、现在的收入、将来的收入以及可预期的支出、工作时间、退休时间等诸因素，决定一生中的消费和储蓄，以使消费水平在一生中保持在一个相当平稳的水平而不出现大幅波动。

莫迪利亚尼提出了财务生命周期理论。他将人一生分为青年、中年、老年 3 个阶段。在这 3 个不同阶段，个人的财务状况是不相同的。在青年阶段，收入一般较低，收入的绝大部分会用来消费，甚至举债消费，从而造成消费大于收入，难以形成较多的储蓄。在中年阶段，收入会逐渐增加，虽然消费也会有所增加，但是消费占收入的比重会降低，收入大于消费，这是形成未来退休资金积累的重要储蓄时期。在老年阶段，尽管消费有所下降，但是收入下降，又会造成消费大于收入的局面（见图 1-1）。所以，财务生命周期理论认为理性的消费者应该根据个人一生的收入来安排消费和储蓄，做到跨期平滑消费。

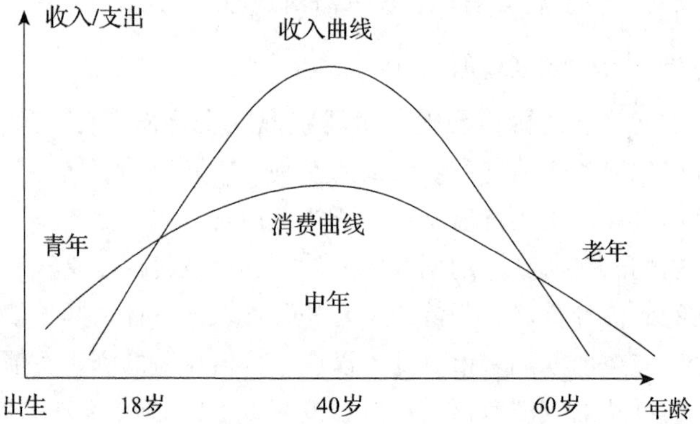

图 1-1 生命周期理论的收入 – 消费曲线

根据生命周期理论，莫迪利亚尼建立了家庭的总消费函数：

$$c_t = b_1 \times Y_t + b_2 \times Y^* + b_3 \times A_t \quad (1\text{-}1)$$

在式（1-1）中，c_t 为当期消费，Y_t 为当期收入，Y^* 为未来收入，A_t 为当期财产，b_1、b_2、b_3 分别为当期收入、未来收入和当期财产的边际消费倾向。莫迪利亚尼认为，未来收入可以看作当期收入的一个倍数，即 $Y^*=\beta Y_t$，则总消费函数可以变为：

$$c_t = (b_1 + b_2 \times \beta) \times Y_t + b_3 \times A_t \quad (1\text{-}2)$$

根据家庭生命周期理论，一个家庭的生命周期是从一对夫妻结婚建立家庭到子女出生、子女长大就学、子女完成学业到事业发展至巅峰、夫妻退休直至终老所分别经历的家庭形成期、成长期、成熟期和衰老期这四个阶段（见表 1-7）。

表 1-7　家庭生命周期表

家庭生命周期阶段	定　义	夫妻年龄层范围	家庭收支特征
家庭形成期（筑巢期）	结婚至子女出生	25～35 岁	家庭支出增加
家庭成长期（满巢期）	子女出生至完成学业	30～55 岁	收入增加，支出稳定
家庭成熟期（离巢期）	子女完成学业至夫妻退休	50～65 岁	收入巅峰，支出下降
家庭衰老期（空巢期）	夫妻退休至夫妻一方过世	60～90 岁	支出大于收入 收入以理财收入及转移性收入为主

对于购置房产的家庭而言，在筑巢期，家庭会以筹集购房首付款为主要任务，在满巢期初期，家庭会实现贷款买房的目标，在之后的满巢期和离巢期的前期，家庭会完成还贷或者实现换房的规划，在退休之前，所有房屋贷款还清，在空巢期，家庭拥有了房产这一固定资产。由此可见，住宅的生命周期和家庭的生命周期并不是重合一致的。在家庭取得劳动收入的阶段，对于房产而言，处于支出阶段，包括筹集首付款和偿还贷款。而当家庭进入空巢期没有工作收入的阶段，房产的所有权才真正为家庭所拥有，所以，对于房产的购置是家庭进入退休以前一项非常大的开支。

2. 资产组合理论

资产组合理论是由美国著名学者马科维茨（Harry M. Markowitz）提出，并由夏普（William F. Sharpe）等人加以完善发展的。马科维茨通过“预期报酬 – 方差分析”方法，提出构建证券资产组合的一般规则：在给定的预期报酬下期望组合风险最小化，或者是在给定的组合风险下期望投资收益最大化。上述要求体现了资产组合理论的基本目标。

资产组合是指使用不同的资产构成的资产组合的集合，目的是在能够承受的风险水平下获得最大的预期收益，或是在一定的预期收益下使得风险最小。在资产组合理论中，方差是用来衡量资产组合风险的指标，是实际收益与预期收益的离散程度。资产组合的方差不仅受到组合内部各资产的方差影响，还会受到组合内部各资产之间相关程度即协方差的影响。资产组合理论认为，投资者可以通过选择最佳的均值和方差组合实现期望效用最大化。

假设资产组合 P 由权重为 a 的资产 X 和权重为（$1-a$）的资产 Y 组成，预期收益率分别为 $E(R_X)$ 和 $E(R_Y)$，则资产组合 P 的预期收益率为：

$$E(R_P) = E[aR_X + (1-a)R_Y] = aE(R_X) + (1-a)E(R_Y) \quad (1\text{-}3)$$

资产组合 P 的方差为：

$$\begin{aligned}\sigma_P^2 &= E[R_P - E(R_P)]^2 \\ &= E\{[aR_X + (1-a)R_Y] - [aE(R_X) + (1-a)E(R_Y)]\}^2 \\ &= E\{a[R_X - E(R_X)] + (1-a)[R_Y - E(R_Y)]\}^2 \\ &= E\{a^2[R_X - E(R_X)]^2 + (1-a)^2[R_Y - E(R_Y)]^2 + 2a(1-a)[R_X - E(R_X)][R_Y - E(R_Y)]\} \\ &= a^2\sigma_X^2 + (1-a)^2\sigma_Y^2 + 2a(1-a)\text{Cov}(R_X, R_Y) \quad (1\text{-}4)\end{aligned}$$

$$\sigma_P^2 = a^2\sigma_X^2 + (1-a)^2\sigma_Y^2 + 2a(1-a)\sigma_{XY} \quad (1\text{-}5)$$

其中，σ_X^2 和 σ_Y^2 分别是资产 X 和资产 Y 的收益率的方差，σ_{XY} 是资产 X 与资产 Y 的收益率的协方差，它反映的是两个资产之间的相关程度：

$$\sigma_{XY} = \text{Cov}(R_X, R_Y) = E[(R_X - E(R_X))(R_Y - E(R_Y))] \quad (1\text{-}6)$$

为了更清楚地说明资产之间的相关关系对组合风险的影响，对相关系数这一概念定义如下：

$$\rho_{XY} = \frac{\text{Cov}(R_X,\ R_Y)}{\sigma_X\sigma_Y}, \quad -1 \leqslant \rho_{XY} \leqslant 1$$

- 当 $\rho_{XY}=1$ 时，资产 X 和 Y 完全正相关，$\sigma_P = a\sigma_X + (1-a)\sigma_Y$；
- 当 $\rho_{XY}=-1$ 时，资产 X 和 Y 完全负相关，$\sigma_P = |a\sigma_X - (1-a)\sigma_Y|$；
- 当 $\rho_{XY}=0$ 时，资产 X 和 Y 完全不相关，$\sigma_P = \sqrt{a^2\sigma_X^2 + (1-a)^2\sigma_Y^2}$。

可见，当两种风险资产完全正相关时，投资组合的风险与 X 和 Y 的风险呈线性关系，无论如何调整权重 a，都无法使组合收益率的标准差降为零。当相关系数为 −1 时，投资组合的风险与 X 和 Y 的风险的关系是一条有拐点的折线，可以通过选择适当的权重 a 来使资产组合的标准差为零，达到完全分散资产组合内部非系统性风险的目的，此时的资产组合相当于一个无风险组合。当两种资产的相关系数介于 −1 和 1 之间时，存在 a 使 σ_P 取得最小值，选择适当的权重 a 可以获得比两种资产中任何一种的单一风险都小的资产组合。

拓展到由多个资产组成的投资组合。假定资产组合中有 n 种证券，证券 i 的收益率为 R_i，其占整个资产组合总额的权重为 w_i，则该组合收益率为：

$$R_P = \sum_{i=1}^{n} w_i R_i \quad (1\text{-}7)$$

该资产组合 P 的方差为：

$$\sigma_P^2 = E(R_P - E(R_P))^2 = E\left\{\sum_{i=1}^{n} w_i[R_i - E(R_i)]\right\}^2 = \sum_{i=1}^{n}\sum_{j=1}^{n} w_i w_j \sigma_{ij} \quad (1\text{-}8)$$

其中，$\sigma_{ij} = E[(R_i - E(R_i))(R_j - E(R_j))]$ 是证券 i 和证券 j 的收益率的协方差。当资产组合里有 n 项资产时，协方差项有（$n^2 - n$）/2 个。协方差项随着 n 的增大而增多，当 n 超过一定数值时，单个资产的方差所代表的非系统风险可以忽略，资产组合中的非系统风险就会被分散。

在全部是由风险资产构成的资产组合中，由于组合中各个资产的权重不同而可以形成无穷多个资产组合，所有资产组合可以构成一个可行域。在“理性人”的假设前提下，投资者会选择在既定风险水平下具有最大预期收益率，或是在一定预期收益下风险最小的资产组合。这些资产组合称为马科维茨有效集。在图1-2中，A点所代表的组合具有最小方差，被称为最小方差组合。可行域在A点以上的边界部分代表有效前沿，位于有效前沿上的资产组合称为有效资产组合。

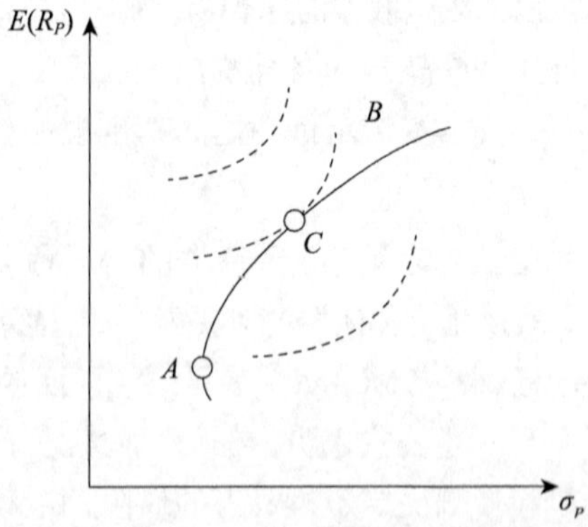

图1-2 不考虑无风险资产时的有效集

在得到有效前沿之后，不同的投资者可以根据体现个人偏好的无差异曲线来选择最适合自己的资产组合。如图1-2所示，虚线表示特定投资者的无差异曲线簇，其中一条无差异曲线与有效前沿相切于C点，表示C点所代表的组合既是有效资产组合，又是能为该投资者带来最大效用的最优资产组合。

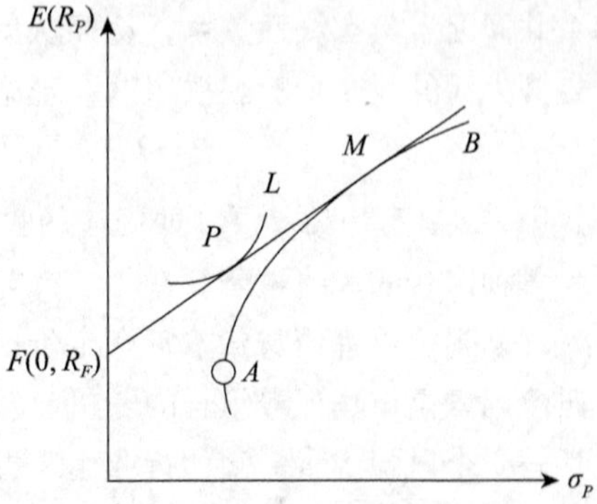

图1-3 引入无风险资产时的有效集

在实际生活中，投资者有可能投资于无风险资产中，也有可能通过借贷来增加对风险资产的投资，即卖空无风险资产。依照马科维茨理论，在引入无风险资产F的情况下，投资者的资产组合有效边界就会发生改变。如图1-3所示，由代表无风险资产的F点出发，与原来的有效边界相切的射线FM就是在引入无风险资产后的新的有效边界，切点M所代表的资产组合即为最优风险资产组合，它是新的有效边界上唯一仅由风险资产构成的资产组合，是与投资者的偏好无关，完全由市场确定的市场组合。而FM上其他任意一点都由无风险资产和风险资产组合M以一定权重再组合而成。FM被称为资本市场线（capital market line，CML），每一个投资者都会在这条线上选一点作为自己的资产组合。资本市场线可以用下面的线性方程表示：

$$E(R_P) = R_F + \frac{E(R_M) - R_F}{\sigma_M}\sigma_P \tag{1-9}$$

投资者的无差异曲线与资本市场线的切点P即为该投资者的最优资产组合。如果P点位于F和M点之间，表示投资者同时买入无风险资产F和市场组合M；如果P点位于M点的右侧，表示投资者卖空无风险资产F，原有资金与卖空所获资金全部买入风险资产组合M。

资产组合理论对个人投资决策的启示是：个人进行任何投资都存在一定风险，在投资过程中应避免过度集中于某一个投资项目，引起过度投资，增加投资风险；应通过组合投资，减少风险。掌握投资组合理论，对于个人进行多元化投资，分散风险，提高投资收益具有重要作用。

3. 资本资产定价理论

资本资产定价理论认为，投资者冒着较大的风险进行投资时，本着获取高收益原则，应当以低风险收益的原则为基础和保障，以保证最低限度地能获得市场平均收益率。这一理论首先由夏普于1964年提出，后经特瑞诺尔、莫辛等理财学家的共同努力，得以进一步完善。

资本资产定价理论的基本模型是：

$$R_j = R_i + \beta_j(R_m - R_i) \tag{1-10}$$

式中，R_j 表示第 j 种证券的必要收益率；R_i 表示无风险利率，通常以政府债券利率表示；β_j 表示第 j 种证券的 β 系数；R_m 表示市场证券组合必要收益率；（$R_m - R_i$）表示市场证券风险溢酬；$\beta_j(R_m - R_i)$ 表示第 j 种证券的风险溢酬。

上述公式表明，任何风险性资产的必要收益率等于无风险收益率加上风险溢酬，市场风险溢酬决定于投资者的风险回避程度。

4. 套利定价理论

这一理论认为，风险性资产的收益率不是同单一的共同因素具有线性关系，而是同多个共同因素具有线性关系，从而从单因素模式发展成多因素模式，以期能更好地适应现实经济生活的复杂情况。按照这一理论，证券或资产的预期收益率为：

$$R_i = b_{i1}(R_{F1} - R_i) + b_{i2}(R_{F2} - R_i) + \cdots\ b_{in}(R_{Fn} - R_i) \tag{1-11}$$

式中，b_{i1}、b_{i2}、b_{in} 为第 i 种资产的收益率对因素的敏感度；（$R_{F1} - R_i$）、（$R_{F2} - R_i$）、（$R_{Fn} - R_i$）为各种因素的风险溢酬。

套利定价理论与资本资产定价模型主要有两点区别：第一，资本资产定价理论确定的风险因素是市场证券组合的随机收益，而套利定价理论则事先不确定风险因素，它可以包括若干个风险因素，诸如行业生产力水平、通货膨胀、长期和短期政府债券收益差异、债券风险报酬等；第二，套利定价理论没有资本资产定价理论模型的许多假设条件的局限，所以，它更具有一般的适用性。

目前，虽然国内的个人理财业发展很快，但人们对其概念和内涵还研究得不多，对其所依赖的理论基础也缺乏探讨。各金融机构所从事的个人理财业务多是其原来所开展业务的功能扩展。我认为生命周期理论是个人理财的理论基础，在此理论基础上，金融机构应根据客户的生命周期来设计其产品和提供服务。以客户的财富和闲暇的终身消费为出发点，加强产品创新和服务创新，实施客户关系管理，以客户为中心，明确客户的需求和愿望，并针对客户的特点，如年龄、职业、受教育程度、收入、资产、风险偏好和风险承受能力，量身定做，提供个性化服务。

1.5.5 保险理论

1. 保险利益原则

保险利益原则是保险的基本原则，它的本质内容是若投保人以不具有保险利益的标的投保，保险人可单方面宣布合同无效；保险标的发生保险责任事故，被保险人不得因保险而获得不属于保险利益限度内的额外利益。按照保险利益原则的要求，投保人只有凭借着保险利益才可进行投保，保险人凭借着保险利益才可承保；当保险标的发生保险责任事故时，只有对该保险标的具有保险利益的人才具有索赔资格，而且所得赔偿或给付的保险金不得超过其保险利益额度。

2. 最大诚信原则

诚信就是诚实和守信用。诚实是指一方当事人对另一方当事人不得隐瞒、欺骗；守信用是指任何一方当事人都必须善意地、全面地履行自己应尽的义务。因此，最大诚信原则可表述为：保险合同当事人订立合同及在合同有效期内，应向对方提供影响对方做出订约与履约决定的全部实质性重要事实，同时绝对信守合同订立的约定与承诺。否则，受到损害的一方，可以此为由宣布合同无效或不履行合同的约定义务或责任，甚至可对因此而受到的损害要求对方予以赔偿。

3. 损失补偿原则

损失补偿原则的基本含义是，当保险事故发生并导致被保险人经济损失时，保险人给予被保险人的经济赔偿数额恰好弥补被保险人因保险事故造成的经济损失。它包括两层意思：一是质的规定，即只有保险事故发生并造成被保险人遭受经济损失时，保险人才承担损失补偿的责任；二是量的规定，即被保险人可获得的赔偿数额，仅以其保险标的遭受的实际损失为限，即赔偿恰好可以使保险标的在经济上恢复到受损以前的状态。

4. 近因原则

近因是指造成保险损失的最直接、最有效起主导作用或支配性作用的原因，是判明风险事故与保险标的损失之间因果关系，以确定保险责任的一项基本原则。按照这一原则，当被保险人的损失直接由保险事故造成时，保险人才予以赔付，即风险事故的发生与造成损失结果之间具有必然的因果关系时，才构成保险人的赔付责任。确定近因常用的两种方法：①顺序法。这种方法根据逻辑推理的思路，从第一个事件出发，分析判断下一个事件可能是什么，然后从下一个事件出发，分析判断再下一个事件可能是什么，如此进行下去，直至分析到损失为止。如果推理判断与实际发生的事实相符，那么最初事件就是最后事件的近因。②倒推法。这种方法是从最后的保险事件出发，按照逻辑顺序倒推前一个事件。也就是说，从损失分析开始，分析导致损失发生的原因是不是前一事件，如果是，则继续分析导致前一事件发生的原因，直至最初事件为止。如果追溯到最初的事件且没有中断，那么最初事件即为近因。

1.5.6　税收理论

1. 所得税与福利损失

征税所造成的成本有一些是不明显的，被称为税收的“超额负担”，它具体是指课税造成的社会效用总损失超过税款本身的部分，也被称为福利代价或超负损失。其原因在于课税扭曲了纳税人的经济决策或者说干扰了纳税人本来的自由选择。理论上可以证明，除了总额税外，所有的税收都会产生超额负担，进而帕累托最优条件被破坏，扭曲于是发生。这种情形可用公式说明：

假设有两个商品：商品 1 和商品 2。现在对商品 1 课征单位税（单位税额即为税率），而对商品 2 不课税，则：

课税后的边际替代率 = 商品 1 的税前价格 ×（1+ 税率）/ 商品 2 的税前价格

课税后的边际转换率 = 商品 1 的税前价格 / 商品 2 的税前价格

显然，由于加入了税收，边际替代率不再与边际转换率相等。

所得税也存在同样的扭曲，假如将闲暇视为与其他商品一样的正常物品的话，对收入（放弃闲暇的报酬）课征所得税，将改变闲暇与商品间的帕累托最优配置的条件。课税前，闲暇对商品的边际替代率与边际转换率相等，如式（1-12）所示。

$$\text{边际替代率}=\text{边际转换率}=\frac{\text{闲暇的价格}}{\text{某个商品的价格}}=\frac{\text{税前工资}}{\text{某个商品的价格}} \tag{1-12}$$

但是，在课税后：

$$\text{边际替代率}=\frac{\text{税后工资}}{\text{某个商品的价格}}=\frac{\text{税前工资}\times(1-\text{税率})}{\text{某个商品的价格}} \tag{1-13}$$

$$\text{边际转换率}=\frac{\text{税前工资}}{\text{某个商品的价格}} \tag{1-14}$$

显然，税后的边际替代率不等于税后的边际转换率。因为，虽然所得税使纳税人的税后工资减少，而生产者仍然以税前的工资为依据进行决策，仍然必须支付税前工资。尽管除闲暇之外的其他商品之间的帕累托最优条件还成立，但是因为闲暇与其他商品间的帕累托最优条件被破坏，超额负担必然出现。

2. 从公平原则出发的埃奇沃斯模型

埃奇沃斯（Edgeworth）的税收规则建立在以下四个假定之上：①社会福利是个人效用函数的简单加总（未加权）；②所有个人具有相同的效用函数；③效用是收入的增函数，而且这一函数是严格凹的，这意味着收入的边际效用递减；④社会总收入固定不变。我们的目标毫无疑问是使社会福利最大化，这就需要求出一种最优的收入分配（因为根据假定，效用是收入的函数）。同时，根据假定②、③，每个人的效用函数相同，且收入的边际效用递减，则最大化社会福利的收入分配必为人人收入相等，因为一人超出平均收入水平之上的货币的效用小于将这笔货币补给收入低于平均水平之另一人所得到的效用。欲使社会福利（社会总效用）最大，必使人人效用相等；欲使人人效用相等，必使人人收入相等。在这样的条件下，最优税制一定是累进性的，将富人收入转移给穷人，实现收入均等。由上观之，埃奇沃斯的税收规则在公平与效率的权衡中，主要考虑了公平。

庇古（Pigou）曾认为，埃奇沃斯的税收规则所要求的完全趋向公平的税收活动会受到逆向激励的约束，而且社会总收入固定的假设也难以成立。但是，他本人并未提出任何具体指导原则用于解决效率和公平之间的平衡问题。

3. 兼顾效率与公平的莫里斯最优税收理论

现实中的所得税税率是非线性的，比如常见的超额累进税率。在更接近现实世界的情况中，所得税的边际税率会随着所得税税基的变化而发生变化。莫里斯（Mirrlees）与戴蒙德（Diamond）1971 年在《美国经济评论》杂志上合作发表的两篇论文：《最优税收与公共生产：生产的有效性》和《最优税收与公共生产：税收规则》，以及莫里斯在 1971 年单独发表的另外一篇著名论文《最优所得税理论探讨》，这 3 篇论文奠定了现代最优税收理论的基础，并引发了一系列对最优税制的讨论，成为最优税收理论研究中的标准或参照（benchmark）。莫里斯的研究证明最适所得税税率应该呈“倒 U 形”，即从社会公平与效率的总体角度来看，中等收入者的边际税率可以适当高些，而低收入者和高收入者应适用相对较低的税率，拥有最高所得的个人适用的边际税率甚至应当是零。这一结论是基于这样的判断：在同样的效率损失情况下，政府通过提高中等收入者的边际税率，从较为富裕者那里取得更多的收入，而通过降低最高和最低收入者的边际税率，增加这两个群体的福利，从而既能实现帕累托改进，又能促进收入分配公平。

1.5.7　老龄金融理论

老龄金融是指个人、金融机构和政府等主体利用各种金融安排进行跨期资产配置，通过时间维度上的资源和福利分配，为老年生活提供经济收入和财富的管理。老龄金融的特点强调了金融资产的跨期配置，这使得生命周期理论成为老龄金融的重要理论基础。老龄金融主要包含三个方面的内容：一是养老金金融，指政府和企业为储备养老资产而进行的一系列金融活动；二是养老服务金融，包括政府、企业和金融机构为个人储备养老资产提供的一系列金融产品和服务；三是养老产业金融，指围绕养老相关产业发展需要而开展的投资融资活动。

老龄问题在本质上是金融问题，我们应该看到，金融之所以能在应对人口老龄化中发挥重要作用，是因为金融能够有效解决人在生命不同阶段跨期收入与支出平滑的问题。西方发达国家因其发达的老龄金融，比较简单地就解决了老龄化带来的养老问题。老龄金融既是金融体系的重要组成部分，也是老龄产业的重中之重，是解决老龄化问题的根本之策，也是未来整个金融产业的发展方向。长期以来，我们的金融体系主要是为政府、企业及家庭的一般投资融资需求提供产品和服务的，少有针对满足个人养老需求的金融产品的研究。个人在养老方面的金融需求完全不同于企业的金融需求，也不同于一般个人金融需求，需要用更具针对性的理论来解释人们的养老金融需求。在过去几十年间，为适应对安全性和收益性要求都很高的养老金的需要，金融创新产品应运而生，且主要集中出现在资本市场，甚至有很多金融创新产品本身就是为养老金而专门设计的。

但我国老龄金融市场存在着老龄金融理财骗局频发、社会公众老龄金融意识淡薄、老龄金融产品服务单一等问题。一些发达国家较早进入了老龄化社会，相应地，这些国家的金融理论和金融市场的发展也较早，可以为我国应对人口老龄化的金融理论创新提供借鉴。在应对人口老龄化的具体实践中，金融的作用已经受到相关部门的关注。《关于金融支持养老服务业加快发展的指导意见》《养老目标证券投资基金指引（试行）》《关于开展个人税收递延型商业养老保险试点的通知》等一系列规章和规范性文件接连出台，金融市场成为应对老龄化趋势的一支重要力量，金融机构纷纷投身养老金融领域，在为养老事业发展奠定更加坚实物质基础的同时，实现支持养老服务业发展和自身转型的良性互动。

相比于政府和金融业的实践，理论界虽然较早意识到养老金与资本市场的结合是大势所趋，但应对人口老龄化的金融理论研究往往落后于金融实践，养老服务与金融的理论研究尚未形成交叉学科。对此，应该积极推动金融理论创新，从产业融合发展的角度，以问题为导向，围绕金融服务养老展开，更好融合经济学、金融学、社会学等学科的学术范式进行研究，形成养老金融的交叉学科。这一领域的研究既要涉及“财”的问题，比如养老金资产管理等，又要涉及“物”的问题，比如养老产业投资融资等，更要涉及“人”的问题，比如养老服务业等，理论创新研究应当将养老的“人、财、物”与金融产业的细分领域进行深度融合。

1.5.8 顾问式营销理论

顾问式营销是一种起源于20世纪90年代的全新的销售概念与销售模式。顾问式营销是指销售人员以专业销售技巧进行产品介绍的同时，运用分析能力、实践能力、说服能力等完成客户的要求，并预见客户的未来需求，提出积极建议的销售方法，在过程中建立客户对产品或服务的感情及忠诚度，达到较长期稳定的合作关系。

对于理财产品的销售，顾问式销售不是着眼于一次合同的订立，而是长期关系的建立，理财销售人员要始终贯彻以顾客利益为中心的原则，真诚、主动地向客户提供服务，在了解并满足客户基本诉求的基础上，为客户创造价值，同时，当客户遇到问题时，要在最短的时间内解决问题。

❖ 本章小结

1. 个人理财又称理财规划、个人财务规划、个人金融等，是个人或家庭在特定的经济社会制度中通过使用金融市场的金融工具对其生命周期内的现金流进行跨期调整，使调整后的现金流能满足个人或家庭的经济生活目标。
2. 我国个人理财发展，与领先国家相比处于初级阶段。
3. 个人理财准则，包含个人理财流程与个人理财道德标准两部分内容。
4. 个人理财理论基础起源于现代理财学。现代理财学可以指导理财者对理财实践进行深入的分析，找出症结，制订科学、正确的理财方案，确保个人或企业的顺利发展。
5. 引导案例“张建国先生养老金资产配置案例：以中国建设银行为例”的理论依据，包括生命周期理论、终身财务模型理论及资产配置相关理论等。

❖ 习题

1. 请以能够向客户解释的方式表达“个人理财”的定义。
2. 圆满执行个人理财工作必须具备的能力是什么？
3. 个人理财是管理一个人的理财事务的过程，该说法是对还是错？
4. 个人理财师的主要职能无非就是帮助客户制定和实施个人理财规划，该说法是对还是错？
5. 列出个人理财流程的各个步骤。
6. 个人理财目标的重要性会随着生命历程的变化而变化。试举一例。
7. 对于刚刚开始工作的人来说，退休规划是无关紧要的，完全可以不加考虑。该说法是对还是错？
8. 为什么说投资规划是个人理财的最重要部分？

9. 遗产规划的目的是什么？
10. 准备一张表格，列出能够帮助人们进行个人理财的专家（如投资咨询专家、客户经理、保险代理人、房地产中介、会计师、税务规划师、律师等）的名单。准备向这些理财专家询问有关下列生命周期情景的客户可能遇到的理财问题：①刚刚独立的年轻人；②正在规划子女教育和未来自己退休生活的年轻夫妇；③即将退休的人。
11. 从国际个人理财业发展历史的角度出发，你能对我国个人理财发展谈谈自己的看法吗？
12. 请通过网络查询个人理财的相关法律知识。

习题参考答案

❖ 附录 1A　投资房产租售养老决策案例[⊖]

案例流程

A.1　案例分析

A.1.1　案例背景资料

A.1.2　养老金赤字测算

A.1.3　购房规划和敏感度分析

A.1.4　租售对比生涯仿真表

A.2　案例理论依据

A.2.1　生命周期理论

A.2.2　终生财务模型

A.2.3　资产组合理论

A.2.4　风险矩阵量化分析

A.2.5　房产的特殊属性

A.1　案例分析

A.1.1　案例背景资料

张文和李静夫妇均为呼和浩特市某大型企业职工，张文今年 35 岁，李静今年 30 岁。张文目前年税前工资为 66 600 元，即月收入 5 550 元。李静目前年税前工资为 53 280 元，

⊖ 1. 本案例由张颖、郝雨共同撰写，作者拥有著作权中的署名权、修改权、改编权。
2. 本案例严格遵循国际理财师协会、中国银保监会、中国银行业协会、中国证券业协会及相关管理部门的规定，通过金融机构真实客户的背景资料开发完成金融理财案例，具有教学案例应该具备的"真实性、可复制性、可推广性"的要求。
3. 资料来源：中国工商银行、中国建设银行、招商银行、平安保险、中信证券、人社部及呼和浩特市人社局（呼和浩特市社会平均工资）、住建部及呼和浩特市住房公积金中心、中国人民银行官网及工行建行官网（存款利率）、国家统计局官网（CPI）。
4. 研究方法：探索性单一案例研究。

即月收入 4 440 元。目前家庭年支出为 60 000 元，可用于投资风险资产的资金为 20 万元。家庭退休目标：张文与李静夫妻二人在结婚时，双方父母已经为他们购置了一套婚房，二人都计划在 25 年之后退休，并希望能够在退休后保持目前的生活水平，另外每年再增加 10 000 元的旅游和医疗费用。二人打算通过利用住房公积金贷款来实现购买第二套房的愿望，希望在退休后通过处置这套房产能够弥补养老金的不足。

假设条件：张文和李静所就职企业均为职工缴纳三险一金。假设二人退休后余寿均为 25 年，二人在这之前都未缴纳过社会保险。张文的月平均缴费工资指数为 1.5，李静的月平均缴费工资指数为 1.2。根据呼和浩特市人力资源和社会保障局发布的数据，2017 年呼和浩特市社会平均工资为 44 000 元，即月平均工资 3 700 元。根据往年指标估计，假设呼和浩特市工资年增长率为 8%，基本养老金的年增长率假设与贴现率相等，以无风险利率即一年期定期存款利率 3% 为准。通货膨胀率为 5%。房屋折旧率为 2%。假设在租售房的案例讨论中不考虑除房价和房租以外的其他相关成本费用。

A.1.2 养老金赤字测算

1. 测算张文和李静在退休时点上的基本养老金总供给

（1）首先测算张文在退休第一年能够领取的养老金金额。

张文退休上年度的社会月平均工资：

$$\mathrm{FV}=\mathrm{PV}(1+r)^{T}=3\ 700\times(1+8\%)^{24}=23\ 462.37\text{（元）}\qquad（1A\text{-}1）$$

张文的个人指数化月平均缴费工资 = 个人指数化月平均缴费工资指数 × 退休前一年度的社会月平均工资 = 1.5 × 23 462.37=35 193.56 元

张文的缴费年限为 25 年，根据基础养老金的计算公式：

$$\frac{\text{统筹地上年度职工月平均工资+个人指数化月平均缴费工资}}{2}\times\text{缴费年限}\times 1\%$$

可得到张文退休第一年可领取的月基础养老金为：

$$\frac{23\ 462.37+35\ 193.56}{2}\times 25\%=7\ 331.99\text{（元）}$$

张文当前年税前收入为 66 600 元，在社会平均工资的 60%～300% 之间，个人缴费基数为个人税前工资，缴费费率为 8%。所以，张文个人账户储存额在退休时点的终值为：

$$\begin{aligned}\mathrm{FV}&=\frac{C}{r-g}\left[1-\left(\frac{1+g}{1+r}\right)^{T}\right](1+r)^{T}\\&=\frac{66\ 600\times 8\%}{3\%-8\%}\left[1-\left(\frac{1+8\%}{1+3\%}\right)^{25}\right](1+3\%)^{25}=506\ 660.54\text{（元）}\end{aligned}\qquad（1A\text{-}2）$$

张文 60 岁退休，根据个人账户养老金计发月数表（见附录 1B）可得，计发月数为 139，则张文退休第一年的月个人账户养老金 =506 660.54/139=3 645.04 元

则张文退休第一年的基本养老金 = 基础养老金 + 个人账户养老金

= (7 331.99 + 3 645.04) × 12 = 131 724.36（元）

根据式（1A-1），张文退休前一年的工资为：

$$66\ 600\times(1+8\%)^{24}=418\ 517.93\text{（元）}$$

张文的养老金替代率为 131 724.36/418 517.93=31.47%

（2）测算张文在退休时点上能够领取的退休金总供给。

当 $r \neq g$ 时：

$$\mathrm{PV_{BEG}} = \frac{C}{r-g}\left[1-\left(\frac{1+g}{1+r}\right)^{T}\right](1+r) \tag{1A-3}$$

当 $r = g$ 时：

$$\mathrm{PV_{BEG}} = \frac{C}{1+r} \times T \times (1+r) = CT$$
$$= 131\ 724.36 \times 25 = 3\ 293\ 109\ （元） \tag{1A-4}$$

（3）测算李静在退休第一年能够领取的养老金金额。

李静的个人指数化月平均缴费工资 = 个人指数化月平均缴费工资指数 × 退休前一年度的社会月平均工资 =1.2 × 23 462.37=28 154.84 元

李静的缴费年限也为 25 年，可得李静退休第一年可以领取的月基础养老金为：

$$\frac{23\ 462.37 + 28\ 154.84}{2} \times 25\% = 6\ 452.15\ （元）$$

李静当前年税前收入为 53 280 元，在社会平均工资的 60%～300% 之间，个人缴费基数为个人税前工资，缴费费率为 8%。根据式（1A-2），李静个人账户储存额在退休时点的终值为：

$$\frac{53\ 280 \times 8\%}{3\% - 8\%}\left[1-\left(\frac{1+8\%}{1+3\%}\right)^{25}\right](1+3\%)^{25} = 405\ 328.43\ （元）$$

李静 55 岁退休，计发月数为 170，所以李静退休第一年的月个人账户养老金 = 405 328.43/170=2 384.29 元

则李静退休第一年的基本养老金 = 基础养老金 + 个人账户养老金

$$=（6\ 452.15 + 2\ 384.29）\times 12 = 106\ 037.28\ （元）$$

根据式（1A-1），李静退休前一年的工资为：

$$53\ 280 \times (1 + 8\%)^{24} = 337\ 858.11\ （元）$$

李静的养老金替代率为 106 037.28 / 337 858.11=31.39%

（4）测算李静在退休时点上能够领取的退休金总供给。

根据式（1A-4）计算可得到：106 037.28 × 25 = 2 650 930（元）

（5）测算张文李静夫妇在退休时点上的基本养老金总供给。

$$3\ 293\ 108.96 + 2\ 650\ 930 = 5\ 944\ 038.96\ （元）$$

2. 测算张文和李静在退休时点上的养老金总需求

根据式（1A-1），可得退休后第一年家庭消费支出为：

$$70\ 000 \times (1+5\%)^{25} = 237\ 044.85\ （元）$$

则根据式（1A-3），在退休时点上的养老金总需求为：

$$\frac{237\ 044.85}{3\% - 5\%}\left[1-\left(\frac{1+5\%}{1+3\%}\right)^{25}\right](1+3\%) = 7\ 536\ 393.45\ （元）$$

3. 测算在退休时点上的养老金缺口

$$7\ 536\ 393.45 - 5\ 944\ 038.96 = 1\ 592\ 354.49\text{（元）}$$

A.1.3 购房规划和敏感度分析

目前张文和李静二人在退休时点上需弥补的养老金缺口为 1 592 354.49 元。通过投资房产租售养老的方式解决养老金缺口，可以从两种途径进行讨论。一是投资一处房产在退休之后售出获得一次性的现金流来弥补养老金缺口，另一种途径是在退休之后将该房产向外出租以定期获得一定的现金流来实现养老金的供给。下面分别讨论两种途径下实现退休目标的案例分析。

方案一：2018 年呼和浩特市房屋均价为 6 500 元 /m²，为了弥补退休时点上 1 592 354.49 元的养老金缺口，考虑对房价成长率进行敏感性分析，分析在不同房价成长率下应该投资的房屋面积。

房屋的投资期限为 25 年，房价成长率为 g，房屋折旧率 d 为 2%，若考虑在 25 年后房屋售价达到 1 592 354.49 元，则：

$$\text{PV} = \frac{\text{FV}}{(1+g)^t(1+t\times d)} = \frac{1\ 592\ 354.49}{(1+g)^{25}(1+25\times 2\%)}$$

在房价成长率不同的情况下，目前需要购买的房屋面积也不同，计算结果如表 1A-1 所示。

表 1A-1 房价成长率敏感度分析

房价成长率	房屋现价（元）	房屋面积（平方米）
1%	2 483 334.83	382.05
2%	1 941 177.86	298.64
3%	1 521 034.30	234.01
4%	1 194 637.50	183.79
5%	940 453.11	144.69
6%	742 032.61	114.16
7%	586 779.84	90.27
8%	465 024.40	71.54
9%	369 323.70	56.82
10%	293 935.81	45.22
11%	234 420.27	36.06
12%	187 335.06	28.82
13%	150 005.97	23.08
14%	120 350.62	18.52
15%	96 743.91	14.88
16%	77 914.79	11.99
17%	62 867.05	9.67
18%	50 818.22	7.82
19%	41 152.44	6.33
20%	33 384.01	5.14

由表 A-1 可见，随着房价成长率的不断上升，为了达到相同的退休目标所需要投资的房产金额越来越小。如果房价保持年 10% 的增长率，则只需要购买 45.22m² 的住房即可实现退休目标。

张文和李静夫妇现有可用于投资风险资产的资金 20 万元，根据呼和浩特市的房屋贷款政策，由于拟投资房产为家庭的第二套房，首付比例为 40%，所以可以购买一套总价为 50 万元的房产，面积为 76.92m²。除了现有的资产，还需要贷款 30 万元。二人可以选择商业贷款或住房公积金贷款。由于公司已为二人缴纳住房公积金，所以如果选择住房公积金贷款，可以减少每月的还款负担，还可以合理利用住房公积金账户。公积金贷款利率为 4.5%，由于是第二套房，贷款利率上浮 10%，所以该房产的贷款利率为 4.95%。假设二人贷款 20 年，则每月需要的还款额：

PMT = PMT[RATE, NPER, PV, FV, TYPE]　　　　（1A-5）

= PMT[4.95%/12, 20×12, −300 000, 0] = 1 971.59（元）

所以，未来 20 年每月需要偿还该房贷款 1 971.59 元，即可实现购买第二套房投资的规划。

在退休时点上，家庭可以通过变卖或者出租该套房产获得养老金供给。由表 A-1 可知，购买一套现值 50 万元的房屋，未来房价成长率在 7%～8% 之间即可实现退休目标。如果房价成长率低于 7%，则预期的养老金赤字将不能得到足额补充，退休目标将不能够实现。如果房价成长率在 8% 以上，则不仅能够实现预期的退休目标，还能够获得多余的养老金补充。

方案二：目前呼和浩特市房租为月租金 21 元 /m²，如果选择将购置的房产于退休之后向外出租，考虑在不同的房租成长率下能够实现退休目标的应该购置的房产面积。房租成长率为 g，折现率为 $r = 3\%$，不考虑折旧率对房租的影响。在退休之后，每月可以得到一定的房屋租金，该租金在退休时点的现值要能够弥补养老金的缺口，则根据式（1A-5），退休后每月的房屋租金为：

PMT = PMT[RATE, NPER, PV, FV, TYPE]

= PMT[(3%−g)/12, 12×25, 1 592 354.49, 0, 1]

在得到退休时点上的 PMT 之后，需要折现到目前时点上，得到现在应投资的房屋面积。此时：

$$PV = \frac{FV}{(1+g/12)^{25\times12}}$$

最终得到房租的现值，计算出应该投资的房屋面积，如表 1A-2 所示。

表 1A-2　房租成长率敏感度分析

房租成长率	月租金现值（元）	退休首月房屋租金（元）	房屋面积（平方米）	房屋现价（元）
1%	5 248.13	6 738.03	249.91	1 624 421.37
2%	3 638.36	5 996.15	173.26	1 126 159.33
3%	2 509.60	5 307.85	119.50	776 780.02
4%	1 722.21	4 673.68	82.01	533 065.34

（续）

房租成长率	月租金现值（元）	退休首月房屋租金（元）	房屋面积（平方米）	房屋现价（元）
5%	1 175.86	4 093.50	55.99	363 955.43
6%	798.77	3 566.49	38.04	247 238.71
7%	539.91	3 091.20	25.71	167 114.38
8%	363.15	2 665.59	17.29	112 403.92
9%	243.10	2 287.15	11.58	75 244.01
10%	161.98	1 952.95	7.71	50 135.78
11%	107.44	1 659.80	5.12	33 256.76
12%	70.97	1 404.31	3.38	21 965.74
13%	46.68	1 183.04	2.22	14 448.67
14%	30.59	992.54	1.46	9 466.99
15%	19.97	829.47	0.95	6 179.96
16%	12.99	690.62	0.62	4 020.09
17%	8.42	573.00	0.40	2 606.46
18%	5.44	473.84	0.26	1 684.68
19%	3.51	390.62	0.17	1 085.71
20%	2.25	321.07	0.11	697.79

由上表可见，随着房租成长率的增长，房租收入能够弥补的养老金赤字越来越多，所需要投资的房屋面积和价格也越来越小。

如果张文李静夫妇投资一套价值 50 万元的房产，且未来房租成长率能够保持在 4%～5% 之间，就可以实现退休后的养老金供给。如果房租成长率在 5% 以上，则除了足够的养老金供给以外，还可以实现每月多余的租金用于更多的养老金补充。如果房租成长率在 4% 以下，则退休目标将无法达成，需要通过其他方式进行养老金的补充。

A.1.4 租售对比生涯仿真表

通过未来将房产出售或者出租这两种方式，都可以在房价成长率和房租成长率的某个范围内通过购买不同价值的房产来实现退休目标。如果希望将投资房产留作遗产，则选择出租方式，如果不进行遗产方面的考虑，只考虑两种方式在夫妻的退休期间为其带来的收益，分析在退休之后究竟采取租售中的何种方式来获得养老金补充，就要对房价成长率和房租成长率所在的区间进行对比分析，最终选择能够产生更多现金流的方式。

我们可以通过两种方式在购房规划以及退休规划的全部阶段内各年的现金流变化模拟出两种方式的生涯仿真表（不考虑遗产规划），通过各期的现金流得到两种方式在张文李静夫妇全生涯过程的内部收益率，比较之下可以得出哪种方式能够实现更高的收益。

在 0 期，通过 20 万元的首付款进行房产的购置，在未来的 20 年内，一方面要通过等额本息还款的方式偿还房屋的贷款余额，另一方面在退休前的 25 年内，都可以将房屋向外出租，获得一定的租金收入，租金收入随着房租成长率而变化。这套 76.92m^2 的房产目前月租金为 1 615.32 元，而公积金贷款 20 年内的每月还款额为 1 971.59 元，则每月的租金收益不仅可以用来偿还公积金账户以外的每月还款，多余部分还可以增加每月的投资性收入。在退休时点，如果选择售房，即可一次性获得售房款，出售价值由房价的成长率决定。如果选择出租房屋，则可在未来的 25 年内每期获得一定的房租收入，房租的收入由房租成长率决定。不考虑出租方式房屋在规划期以后作为遗产的剩余价值，现假设房租成长率为年 4.5%，房价成长率为年 7.5%，可以得出通过租售房两种方式实现“投资房产租售养老”的生涯仿真表以及内部收益率，如表 1A-3 所示。

表 1A-3　“投资房产租售养老”生涯仿真表

期数	购房首付款（元）	年偿还房贷金额（元）	退休前租金收入（元）	退休后售房收入（元）	退休后租金收入（元）	出售方式各期现金流（元）	出租方式各期现金流（元）
0	−200 000					−200 000	−200 000
1		−23 659	19 384			−4 275	−4 275
2		−23 659	20 256			−3 403	−3 403
3		−23 659	21 168			−2 491	−2 491
4		−23 659	22 120			−1 539	−1 539
5		−23 659	23 116			−543	−543
6		−23 659	24 156			497	497
7		−23 659	25 243			1 584	1 584
8		−23 659	26 379			2 720	2 720
9		−23 659	27 566			3 907	3 907
10		−23 659	28 806			5 147	5 147
11		−23 659	30 103			6 443	6 443
12		−23 659	31 457			7 798	7 798
13		−23 659	32 873			9 214	9 214
14		−23 659	34 352			10 693	10 693
15		−23 659	35 898			12 239	12 239
16		−23 659	37 513			13 854	13 854
17		−23 659	39 201			15 542	15 542
18		−23 659	40 965			17 306	17 306
19		−23 659	42 809			19 150	19 150
20		−23 659	44 735			21 076	21 076
21			46 748			46 748	46 748
22			48 852			48 852	48 852
23			51 050			51 050	51 050
24			53 348			53 348	53 348
25			55 748			55 748	55 748
26				1 524 585	58 257	1 524 585	58 257
27					60 878		60 878
28					63 618		63 618
29					66 481		66 481

（续）

期数	购房首付款（元）	年偿还房贷金额（元）	退休前租金收入（元）	退休后售房收入（元）	退休后租金收入（元）	出售方式各期现金流（元）	出租方式各期现金流（元）
30					69 472		69 472
31					72 599		72 599
32					75 866		75 866
33					79 280		79 280
34					82 847		82 847
35					86 575		86 575
36					90 471		90 471
37					94 542		94 542
38					98 797		98 797
39					103 243		103 243
40					107 889		107 889
41					112 743		112 743
42					117 817		117 817
43					123 119		123 119
44					128 659		128 659
45					134 449		134 449
46					140 499		140 499
47					146 821		146 821
48					153 428		153 428
49					160 333		160 333
50					167 548		167 548
IRR						10%	8%

由表 A-3 可见，在房租成长率为 4.5%，房价成长率为 7.5% 时，售房养老的内部收益率为 10%，而出租房产养老的内部收益率为 8%，说明在这种情况下，通过售房养老能够实现的养老金供给将超过出租房产养老实现的养老金供给。所以，在仅考虑张文李静夫妇“以房养老”为其带来的现金流方面来讲，选择出售房产是更优的方案。由于在正常情况下，房租成长率、房价成长率、通货膨胀率以及退休的余寿年限等相关指标都是处于变动中的，则在不同的情况下，要根据生涯仿真表进行调整，从而判断内部收益率，做出更优的选择。

A.2 案例理论依据

A.2.1 生命周期理论

莫迪利亚尼提出了财务生命周期理论。他将人的一生分为青年、中年、老年 3 个阶段。在这 3 个不同阶段，个人的财务状况是不相同的。在青年阶段，收入一般较低，收入的绝大部分会用于消费，甚至举债消费，从而造成消费大于收入，难以形成较多的储蓄。在中年阶段，收入会逐渐增加，虽然消费也会有所增加，但是消费占收入的比重会降低，收入大于消费，这是形成未来退休资金积累的重要储蓄时期。在老年阶段，尽管消费有所下降，但是收入也会下降，又会造成消费大于收入的局面。所以，生命周期理论认为理性的消费者应该根据个人一生的收入来安排消费和储蓄，做到跨期平滑消费。

为避免重复，完整文字内容请参见本书 1.5.4 节中的“1. 生命周期理论”。

A.2.2　终生财务模型

将生命周期理论运用到退休规划中，以退休时点作为目标基准点，将退休前的收入与退休后的支出统一在退休时点上，就形成了退休时点上的终生财务模型。

$$W_x(1+k)^{n-x}+\sum_{t-x}^{n}(E_t-C_t)(1+k)^{n-t}=\sum_{t=n}^{D-1}\frac{C_t^*}{(1+k)^{t-n}} \tag{1A-6}$$

式中，n 为退休时点，x 为当前时点，t 为未来某年，D 为死亡时点，W_x 为现有资产，E_t 为第 t 年收入，C_t 为第 t 年支出，C_t^* 为第 t 年净支出，k 为贴现率。

上述模型包含了两个阶段的计算，等式右端为养老金支出期，等式左端为养老金的积累期，在这一阶段，资金的积累体现在两个方面，一方面来自既有的一笔可以配置到退休规划上的投资，另一部分来自工作期间每一阶段的资金积累，这两部分在退休时点上都会形成资金的供应。

在退休规划中，理财的目标就是实现上述模型等式两端的平衡，即养老金总需求和养老金总供给的平衡。根据退休规划平衡原理，退休规划以退休时点为基准点，退休之后属于养老支出发生期，支出大于收入形成的养老金赤字金额，是退休规划需要达成的目标。即，在退休前收入大于支出的阶段，针对退休之后的养老支出在退休之前进行相应的规划，为养老金供需之间形成的赤字进行分摊，达到一生收支的平衡，如图 1A-1 所示。

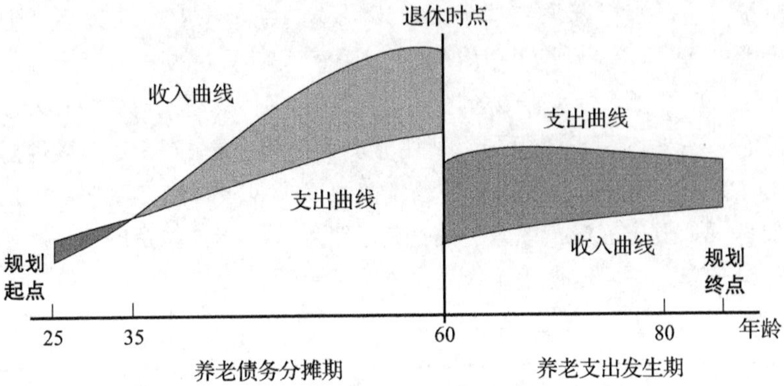

图 1A-1　退休规划平衡原理

A.2.3　资产组合理论

资产组合是使用不同资产构成的资产组合的集合，使投资者在能够承受的风险水平下获得最大的预期收益，或是在一定的预期收益下风险最小。在资产组合理论中，方差是用来衡量资产组合风险的指标，是实际收益与预期收益的离散程度。资产组合的方差不仅受到组合内部各资产的方差影响，还会受到组合内部各资产之间相关程度即协方差的影响。资产组合理论认为，投资者可以通过选择最佳的均值和方差组合实现期望效用最大化。

为避免重复，完整文字内容请参见本书 1.5.4 节中的“2. 资产组合理论”。

A.2.4 风险矩阵量化分析

在选择最优的投资组合之前，投资者首先需要测定自身的风险承受能力和风险承受态度。其次，根据自身的风险承受能力和风险承受态度，界定相应的风险属性，从而选择适合自身风险状况的资产组合。

首先，对于风险承受能力而言，需要根据风险承受能力指标（risk capacity index，RCI）进行判断。这一指标衡量的是个人客观能够承受的风险状况，包括年龄和其他因素。指标的衡量通过对个人各方面情况进行评分来实现。总分为 100 分，年龄和其他因素分别占 50 分。年龄越大，承受风险的客观能力越低，所以在衡量年龄这一因素的评分中，小于 25 岁为满分 50 分。大一岁少一分，直到大于 75 岁为 0 分。对其他因素的衡量根据以下风险承受能力评分表进行。如表 1A-4 所示。其他因素包括投资者的就业情况、家庭负担、置产状况、投资经验以及投资知识。 投资者根据自身状况对各项进行评分，最后将评分加总，得到个人的客观风险承受能力。

表 1A-4 风险承受能力评分表

得分	就业情况	家庭负担	置产状况	投资经验	投资知识
10 分	公职人员	未婚	投资不动产	10 年以上	有专业证照
8 分	工薪阶层	双薪无子女	自用住宅无房贷	6～10 年	财经类专业
6 分	佣金收入者	双薪有子女	房贷 <50%	2～5 年	自修有心得
4 分	自营事业者	单薪有子女	房贷 >50%	1 年以内	懂一些
2 分	失业者	单薪养三代	无自用住宅	无	一片空白

其次，对于风险承受态度而言，需要通过风险承受态度指标（risk attitude index，RAI）进行判断。这一指标衡量的是个人对于风险的主观态度，它包括对于本金损失的容忍度和其他的心理因素，总分也为 100 分。对于能够忍受的本金亏损的比例，衡量评分满分为 50 分。如果能忍受大于 25% 的本金损失，则为满分，如果无法忍受任何本金损失，则为 0 分，每多容忍一个百分点则评分多出 2 分。表 1A-5 是对其他心理因素的衡量，满分也为 50 分。对于其他的心理因素，按照以下风险承受态度评分表进行衡量，包括投资的首要考虑、过去的投资绩效、赔钱的心理状态、当前投资的类型和不希望选择的投资。各项评分加总之后可以得出个人主观的风险承受态度。

表 1A-5 风险承受态度评分表

得分	首要考虑	过去投资绩效	赔钱状态	当前投资	不希望的投资
10 分	短线差价	只赚不赔	学习经验	期货	无
8 分	长期利得	赚多赔少	照常生活	股票	期货
6 分	年现金收益	损益相当	情绪影响小	房地产	股票
4 分	对抗通胀	赚少赔多	情绪影响大	债券	房地产
2 分	保本保息	只赔不赚	难以入眠	存款	债券

通过对以上风险承受能力和风险态度的评分，可以得出自身在这两个风险指标方面的水平。两个指标都以 100 分为满分，分数越高的档次，个人在客观风险承受能力和主观风险态度方面的水平就越高，根据得分可以区分为 5 个档次，从而判断个人的风险属性。如

表1A-6所示。

表1A-6　风险属性分类表

得分	风险承受能力	风险承受态度
0～19分	低能力	低态度
20～39分	中低能力	中低态度
40～59分	中能力	中态度
60～79分	中高能力	中高态度
80～100分	高能力	高态度

在综合考虑个人的风险属性之后，就可以按照自身对于风险的主观态度和客观条件进行投资组合的配置，表1A-7为风险矩阵，给出了针对不同的风险属性适合的投资工具的选择。通过风险矩阵表可以将资产配置进行量化，按照不同的比例进行投资组合的选择和比例配置。

表1A-7　风险矩阵表

风险承受	工具	低能力 <20分	中低能力 20～39分	中等能力 40～59分	中高能力 60～79分	高能力 80～100分
低态度 <20分	货币	70%	50%	40%	20%	0%
	债券	20%	40%	40%	50%	50%
	股票	10%	10%	20%	30%	50%
中低态度 20～39分	货币	50%	40%	20%	0%	0%
	债券	40%	40%	50%	50%	40%
	股票	10%	20%	30%	50%	60%
中等态度 40～59分	货币	40%	20%	0%	0%	0%
	债券	40%	50%	50%	40%	30%
	股票	20%	30%	50%	60%	70%
中高态度 60～79分	货币	20%	0%	0%	0%	0%
	债券	50%	50%	40%	30%	20%
	股票	30%	50%	60%	70%	80%
高态度 80～100分	货币	0%	0%	0%	0%	0%
	债券	50%	40%	30%	20%	10%
	股票	50%	60%	70%	80%	90%

经过风险矩阵的量化分析，投资者可以得到符合自身风险属性的适合的投资组合方案，根据资产组合理论，可以得到资产组合的预期收益率和方差，从而选择最优的资产组合，其次，投资者要结合家庭的退休目标进行分析，在对家庭的养老金供需两方面进行测算之后，得到还未实现的养老金赤字。根据资产组合的预期收益率估算退休目标能否实现。如果不能够实现，还要寻求退休规划的其他途径。首先可以提高配置在养老资产上的投资比例，其次还可以增加退休规划的年限，例如提前进行养老金储蓄，或者延长退休年龄。此外，投资者还可以调整资产组合的配置，在自身风险能够承受的前提下，配置其他

种类的投资工具，如贵金属、房地产，以提高资产组合的预期收益率。投资者还可以购买商业养老保险配合实现退休目标。

A.2.5 房产的特殊属性

对于房产而言，其自身具有的一些特点也使得“以房养老”具有一定的可行性。

第一，房产具有多重利用价值，房产作为一项集实用性和投资性于一身的资产，除了具有居住的使用价值以外，还拥有为家庭创造多重收益的投资价值，例如出租房产所得的租金收益等。

第二，房产是一项家庭的永久性私有财产，能够在较长的期限内实现其价值，并能够在代与代之间实现价值的传递。所以房产可以结合退休规划形成一个期限较长的“以房养老”理财规划，实现更长时间的收益。

第三，房产还具有抵御通货膨胀的特性。在预期存在通货膨胀的状况下，房产可以实现保值甚至增值。这对于抵御退休后几十年内可能出现的通货膨胀风险有重要的作用。

第四，家庭养老方式的转变。在我国，随着独生子女政策的推行和生活压力的加大，现在的家庭结构呈现“8+4+2+1”的状态，即作为家庭核心的两个年轻人，不仅要赡养双方的四位以上老人，还要承担抚养一个小孩的重任。对于老年人而言，代际赡养的传统养老方式面临越来越大的挑战，子女的赡养能力不足可能会直接影响到老年人的生活质量。所以，当子女无力供养父母的情况出现时，老年人就要通过自身的资产来创造退休后的经济来源。在养老金不足的情况下，老年人通过自有住房实现价值的转换，为养老金提供一定的补充，不仅能够减轻子女的负担，还能够提升退休生活的质量。随着传统观念的转变，会有越来越多的老年人接受“以房养老”的方式。

第五，政府政策支持。随着养老金短缺问题越来越严峻，金融机构（如幸福人寿）推出了“住房反向按揭”[1]等金融产品。同时个人所得税改革中明确规定，今后计算个税，在扣除基本减除费用标准和“三险一金”等专项扣除外，还可以享受子女教育支出、继续教育支出、大病医疗支出、住房贷款利息和住房租金等专项附加扣除，并于 2019 年 1 月 1 日起施行。这些举措都有利于选择“以房养老”。

综上分析，对于经济状况较好的家庭，如果家庭所在地区的房地产市场没有出现较大的泡沫，城市未来发展较快，房价还有上升的空间，并且当地没有出台严格的住房限购政策，则通过这种方式来实现退休目标就有较强的可行性。这种方式不仅可以在退休之前实现一定的租金收入，还可以在退休之后将房产出售或出租实现养老金的补充。

投资房产还有利于缴存住房公积金的家庭。有很多家庭在组建时已经拥有一套婚房，在结婚之后夫妻双方的住房公积金难以得到有效的利用。此时投资房产可以使住房公积金获得比留存至退休之后领取更高的收益，住房公积金贷款购房还有低于商业贷款利率的优势。

---

[1] 白岩松访谈：“以房养老”四年试点 为何要在全国推行？央视网，2018-08-11.

❖ 附录 1B　个人账户养老金计发月数表[㊀]

退休年龄（岁）	计发月数	退休年龄	计发月数	退休年龄	计发月数
40	233	51	190	62	125
41	230	52	185	63	117
42	226	53	180	64	109
43	223	54	175	65	101
44	220	55	170	66	93
45	216	56	164	67	84
46	212	57	158	68	75
47	208	58	152	69	65
48	204	59	145	70	56
49	199	60	139		
50	195	61	132		

㊀ 资料来源：《国务院关于完善企业职工基本养老保险制度的决定》（国发〔2005〕38 号）。

第 2 章　　PERSONAL FINANCE

个人理财流程

❖ 本章提要

本章讲解国际规范的个人理财 6 个流程及具体规定，个人理财流程包括：确立和界定与客户之间的关系；收集客户信息，明确客户的理财需求和目标；分析和评估客户财务状况；向客户提出综合理财规划方案；执行个人理财方案；监控个人理财方案的执行，调整理财方案。

❖ 重点和难点

1. 分析和评估客户财务状况
2. 向客户提出综合理财规划方案
3. 执行个人理财方案

❖ 引导案例

张建国先生养老金资产配置案例：理财流程

以本教材第 1 章案例背景为例，讲解个人理财流程：①确立和界定与客户之间的关系；②收集客户信息，明确客户的理财需求和目标（见表 2-1）；③分析和评估客户财务状况；④向客户提出综合理财规划方案；⑤执行个人理财方案；⑥监控个人理财方案的执行，调整理财方案。该流程需要建立在客户关系管理（customer relationship management，CRM）信息系统的基础之上。

表 2-1　张建国先生退休规划目标表

项目	内容	资金数量范围	目标规划期限
一、基本目标			
1. 养老金	生活水平不降低	退休前消费水平的 80% 左右，一方离世后家庭消费水平下降到 60%	2033～2065 年
2. 医疗	基本医疗保障	医疗保健支出占生活支出比率以每年 1% 的速度增长	2033～2065 年
3. 住房	老有所居		2033～2065 年
二、个性化目标			
1. 旅游	退休后的前五年每年旅游	50 000 元	2033～2037 年
2. 资助子女	为子女出资买房买车	2 830 000 元	2033 年

本章将详细讲解个人理财流程，如图 2-1 所示。

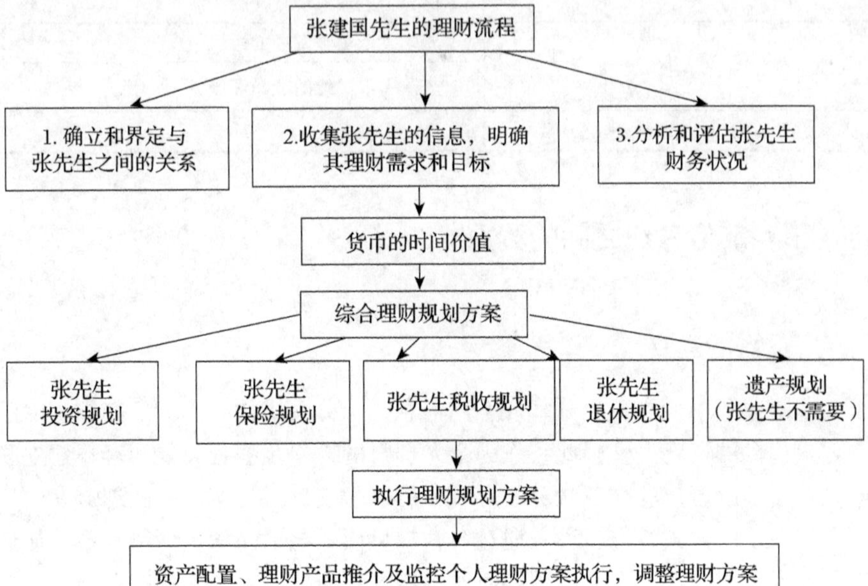

图 2-1　张建国先生养老金资产配置案例：理财流程图

2.1　概述

个人理财常常由其所采用的执业程序或者流程来界定。在第 1 章就定义了“个人理财是制定合理利用财务资源实现客户个人人生目标的程序”。个人理财强调标准程序，这对于理财师在遵守职业道德和专业操守的基础上规范执业，保证服务质量，为客户提供切实可行的综合理财计划具有十分重要的意义。

在个人理财中，执业流程确实是一个非常重要的概念。个人理财包括以下 6 个流程：①确立和界定与客户之间的关系；②收集客户信息，明确客户的理财需求和目标；③分析和评估客户财务状况；④向客户提出综合理财规划方案；⑤执行个人理财方案；⑥监控个人理财方案的执行，调整理财方案。掌握建立在客户关系管理基础上的个人理财顾问式营销技能，是从事个人理财业务的基础。

个人理财执业流程及主要内容如表 2-2 所示。

表 2-2 个人理财执业流程及主要内容

执业流程	主要内容
1. 确立和界定与客户之间的关系	1.1 界定服务范围
2. 收集客户信息，明确客户的理财需求和目标	2.1 确定客户个人理财目标、需求及优先顺序
	2.2 获取定量的信息和文件
3. 分析和评估客户财务状况	3.1 分析和评估客户信息
4. 向客户提出综合理财规划方案	4.1 确定和评估其他个人理财规划
	4.2 制定个人理财规划建议
	4.3 提交个人理财规划建议
5. 执行个人理财方案	5.1 达成关于实施责任的协议
	5.2 选择用于实施的产品和服务
6. 监控个人理财方案的执行，调整理财方案	6.1 界定跟踪责任

2.2 确立和界定与客户之间的关系

2.2.1 客户关系的建立

在个人理财业务中，能否充分掌握客户信息是十分关键的，因为所有的理财业务都必须建立在客户提供的资料上。因此，作为个人理财的第一步，首先要与客户建立联系，与客户会谈，全面了解客户的财务状况，之后才可以为之提供切实可行的理财专业建议。

建立客户关系的方式有许多种，通过与客户见面、电话交谈、网络联系、通信等形式都可以进行个人理财。这里主要介绍如何通过与客户面谈来为个人理财做准备。

1. 初次面谈的准备

在初次面谈时，个人理财规划师[⊖]应该尽量了解和判断客户的财务目标、投资偏好、风险态度和承受能力，甚至更多的信息。此外，在初次面谈时，个人理财规划师还应该尽量向客户解释个人理财的作用、目标和风险，以帮助双方在进一步的个人理财中更为有效

⊖ 个人理财规划师可以是理财服务相关专家，如银行客户经理，证券、期货、基金从业资格证持证人，保险代理人、注册会计师、税务师、房地产评估师、艺术品鉴定师及律师等，但提供综合理财规划方案的人必须是注册理财规划师，他们在通过美国 CFP 标准委员会（CFP Board of Standards）教育（education）、考试（examination）、从业经验（experience）、职业道德（ethics）的“4E”认证后执业，该认证是国际上较公认的一种金融理财职业资格认证。

地沟通。在初次面谈之前，个人理财规划师应该做好以下准备：

（1）明确与客户面谈的目的，确定谈话的主要内容。

（2）准备好所有的背景资料。

（3）为面谈选择适当的时间和地点。

（4）确认客户是否有财务决定权，是否清楚自身的财务状况。

（5）通知客户需要携带的个人材料。

2. 初次面谈中信息共享的问题

面谈时需要向客户收集的信息一般包括事实性信息、判断性信息及推论性信息。事实性信息也称为定量信息，通常是指一些关于客户的事实性描述，如客户的工资收入、年龄等。判断性信息也称为定性信息，通常指一些无法用数字来表示的信息，常常带有主观性。判断性信息包括客户对风险的态度、客户的性格特征、客户未来的工作前景等。此外，很多判断性信息并不能在客户的回答中直接得出，需要个人理财规划师加以分析和推断。这类信息我们称为推论性信息。这三类信息的区别，可以通过以下的例子来说明。表 2-3 中列出了客户对投资计划中购买股票偏好的几种可能回答以及它们所属的信息种类。

表 2-3　不同客户对购买股票偏好的回答和有关的信息类型

信息的种类	客户的回答
事实性（定量）信息	"我今年的年收入约 20 万元，预计今后每年将递减 5%。"
判断性（定性）信息	"我不希望在我的投资计划中采用股票投资。" "我从未购买过股票，但由于我哥哥去年在股票投资中遭受了巨大损失，我对在计划中采用股票表示怀疑。"
推论性信息	"我不希望承担太大的风险，而且对股票的认知有限，所以我希望能够了解一些这方面的知识后再做决定。"

资料来源：陈工孟，郑子云．个人财务策划 [M]. 2 版．北京：北京大学出版社，2008.

在个人理财的过程中，每个客户都希望知道如果按照个人理财规划师的建议去实施计划，能够获得多少收益并承担多大的风险。因此，个人理财规划师有义务向客户解释有关的基本知识和背景，以帮助其了解个人理财的作用和风险，避免个人理财方案中出现一些不切实际的期望和目标。个人理财规划师应该向客户说明的信息有以下几个方面：

（1）个人理财规划师的行业经验和资质。

（2）个人理财规划的费用和计算方法。

（3）个人理财规划过程和实施所涉及的其他人员——个人理财规划师的工作团队。

（4）个人理财规划的后续服务以及评估。

3. 进一步沟通

一般情况下，个人理财规划师很难通过一次面谈就与客户建立服务关系，客户还需要进一步的接触和沟通，以确定自己的需要以及判断个人理财规划师能否提供满意的服务。所以，对于个人理财规划师而言，第一次面谈就向客户提出全面收集信息的要求可能会使客户感到不太愉快，这项工作应该循序渐进并有效率地进行。如果客户决定请个人理财规划师为其提供个人理财规划服务，则可以让客户填写个人理财建议书（见图 2-2）。同时，还可以交给客户一些初步的数据表格，比如基本财务状况等，让其回去自行填写后交回，这样可以节约收集信息的时间。

本人 ____________

- 现要求张先生代表财智咨询公司（注册登记号为 111111）根据双方在________年______月______日会谈的内容和数据调查表提供的信息为本人提供个人理财规划服务。
- 在个人理财规划建议以书面形式出示后，本人将支付给财智咨询公司服务费 RMB________元。
- 该个人理财规划建议在以下情况下不适用：

（1）

（2）

（3）

公司签章： 签字人：

日期： 日期：

图 2-2 个人理财建议书

资料来源：陈工孟，郑子云. 个人财务策划 [M]. 2 版. 北京：北京大学出版社，2008.

2.2.2 与客户的沟通及技巧

客户比较信任形象较为职业化的个人理财规划师，通常，在会面的前几分钟，客户就会对个人理财规划师的形象有一个整体的判断。会面地点和环境以及个人理财规划师的衣着、语言和行为都会影响其形象。如果个人理财规划师的言行举止表现得轻率和漫不经心，客户就会很容易怀疑其工作能力和职业操守。因此，个人理财规划师要十分注意这方面的细节，根据不同客户的偏好来安排会面和谈话，树立自身职业化的形象，以提高双方合作的可能性。

1. 提问的技巧

有的个人理财规划师认为，客户既然来咨询，谈话的内容就应该都是正式的，于是一开始就向客户介绍宏观经济环境、个人理财规划技术等知识或是询问客户的财务目标。这种做法并不明智。事实上，许多客户在第一次进行咨询时，对未来的个人理财目标和自身的财务状况都不了解，有的客户甚至不清楚什么是个人理财规划，所以在与个人理财规划师会面时，他们常常会表现得谨慎和紧张。这时，个人理财规划师需要创造一个轻松的谈话氛围，随意（其实是经过精心策划和准备的）提出一些话题，并给予客户较多发表意见的机会，避免使用过多的专业化术语，以使客户放松不自然的情绪。个人理财规划师是需要获取信息的一方，因此除了使用专业设计的问卷以外，常常需要向客户直接提问。适当而有针对性的提问方式不仅可以引导客户提供准确和全面的信息，而且有助于拉近个人理财规划师和客户之间的距离，提高进一步合作的可能性。具体的提问方式由面谈的目的和双方的关系而定，一般而言，可以采用以下几种类型的专业问答技巧：

（1）开放式问题。如：为什么这样想、说、做、要；你或别人会如何想、说、做、要。

（2）封闭式问题。如：要不要、会不会、好不好；何人、何时、何地、何情况、何环境。

（3）感性回应问题。如：说得太好了、我很同意、请说下去，这经验太宝贵了、我也有类似经验。

（4）澄清性问题。如：你的意思是……对吗？你会……对吗？

（5）转换话题。如：你刚才已谈到……能换一换话题，谈谈你的……吗？谢谢你让我了解你的……能请你谈下……吗？

（6）引导性问题。如：如果……你会……对吗？你觉得……所以你打算……是吗？

除了提问的方式，个人理财规划师在询问时还应该注意以下几点：

首先，如果客户对问题的回答十分含糊，容易引起误解，那么个人理财规划师就应该在适当的时候重复问题。但是，有些客户对重复的问题可能会有反感的心理，这时可以改变提问的方式。比如，询问客户对投资的风险偏好就可以有两种提问方法：①A 公司的股票有着较高的升值潜力，但目前价格波动较大，您是否愿意在投资组合中选择该公司的股票？②您对股票选择的标准是什么？您在以往的股票投资中选择过成长型但风险较大的股票吗？

其次，有些客户习惯于按自己的思维表达意见，并且常常不着边际。对于这样的客户，个人理财规划师可以提醒客户注意，减慢说话的速度，集中谈话的议题，以免造成双方时间上的浪费。

再次，个人理财规划师可以用录音笔将整个会谈记录下来，以便事后进行整理，但同时也应该在事先准备好的信息收集表上做一定的记录。

最后，用中等的语速与客户交谈，吐字要清晰，否则可能会引起误解。

个人理财规划师除仔细地倾听客户的回答外，还应该在适当的时候对客户的回答进行总结和评论。恰到好处的总结和评论，能使客户感到个人理财规划师确实是在认真地收集有关信息，对自己给予了足够的重视。

2. 非语言沟通技巧

非语言沟通是指面对客户时，个人理财规划师除了语言以外的表现，即身体语言。它包括个人理财规划师的眼神、面部表情、身体姿势、手势等。

身体语言在个人理财规划师与客户的沟通中占有很重要的地位，有一半以上的信息是通过这种方式传递给客户的。良好的说话习惯和姿势可以帮助个人理财规划师获得更多有效的信息。在面对客户时要注意以下几点：

首先，交谈时眼睛要注视着客户，这表示倾听和理解客户的回答。左顾右盼和低头看表会给客户留下不专心的印象。当然也不能一直盯着客户，以免让对方觉得不太自然。

其次，面部表情要放松，无论是否同意客户的观点，尽量保持微笑。当客户提到不愉快的经历时，要表示理解和同情。

最后，保持直立的坐姿，这能够使客户感受到个人理财规划师的专心和敬业精神；相反，如果个人理财规划师随意地斜靠在沙发上，立即会使客户对他的专业性评价大打折扣。

3. 语言的专业化和法律责任

个人理财规划师作为提供金融服务的专业人员，在与客户交谈时应使用专业化的语言，在提供建议时对投资收益率等财务指标不应该给出过于明确的承诺，避免承担不必要的法律责任。个人理财规划师为客户提供建议时的语言要求极为严格，这里列出常见的几个表达要求：

第一，和客户交谈时应该用“我们”来代替“我”的使用。因为“我”是指个人理财规划师本人，而“我们”是指个人理财规划师所在的金融机构。这样在发生纠纷时，应该是以金融机构的法人身份和客户进行协调，而不是个人理财规划师本人。

第二，不要使用“保证”“肯定”“必然”等语言，应该使用“估计”和“可能”等相对模糊的词语和语句。

第三，在交谈时应尽量使用被动语态，同时尽可能少使用含有“您”字的语句来询问客户。如果使用过多的含有“您”字的提问，客户会以为要为自己的答案负责任，因而在回答问题时有所顾忌，影响双方的沟通。

2.2.3　客户市场划分

客户市场划分是指按照客户的需求或特征，将客户市场分成若干个次市场，并针对不同的客户设计个性化资产配置的过程。进行客户市场分类的首要步骤是要选定划分的依据，开展理财业务时，以“管理资产规模”为标的[㊀]，可以将客户划分为大众客户、富裕客户、高净值客户及超高净值客户，分别为其提供个人理财业务、财富管理业务及私人银行业务，满足客户差异化需求，实现金融产品和服务的营销，如图 2-3 所示。

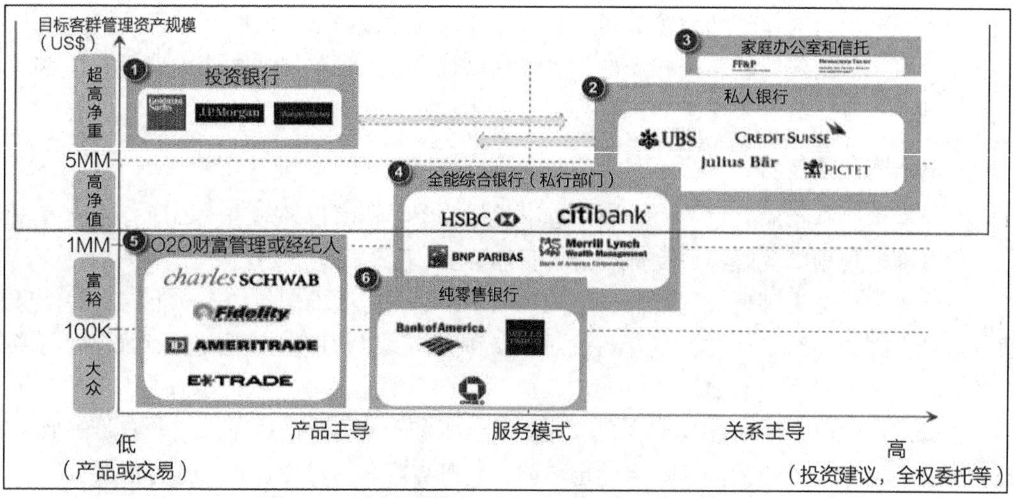

图 2-3　全球按资产规模划分业务模式简化格局

资料来源：波士顿咨询，2019。

㊀ 客户群体“管理资产规模”标的，是国际惯例最常用的客户划分标准，可以向不同客户群体提供不同的金融产品和服务。市场营销学中还可以有其他划分依据，包括：①心理特征，如性格、风险偏好等；②社会特征，如文化背景、宗教信仰、社会阶级和家庭生命周期等；③统计特征，如年龄、性别、婚姻状况、职业、教育程度等；④地理特征，如居住城市、国家、人口数量等。

零售银行为普通大众客户提供个人理财业务。在我国，当客户净资产达到一定金额（如50万元）时，称为富裕客户，此时银行便会提供财富管理业务。在发达国家，当客户净资产达到100万美元时，银行便会为客户开通私人理财账户，如瑞士银行、花旗银行；有的银行对客户净资产金额要求更高，如摩根大通私人银行的开户金额为500万美元。

根据中国银行保险监督管理委员会《商业银行理财业务监督管理办法》的相关规定，我国私人银行客户是指金融净资产达到600万元人民币及以上的商业银行客户，也称为高净值客户。具体而言，对于高净值客户的定义，各家机构有不同的划分标准，比如有的指可投资资产（包括个人金融资产和投资性房产）达到1 000万元人民币，但按照监管机构依据"向合适的客户销售合适的产品"的监管原则，高净值客户指符合下列条件之一的客户：

（1）单笔认购理财产品不少于100万元人民币的自然人。

（2）认购理财产品时，个人或家庭金融净资产合计超过100万元人民币，且能提供相关证明的自然人。

（3）个人收入在最近三年每年超过20万元人民币或者家庭合计收入在最近三年每年超过30万元人民币，且能提供相关证明的自然人。

实践中，国内各大金融机构对私人银行业务的定位不同，界定标准也有所区别。但实际资产标准大同小异，大都在800万元人民币左右。一些私人银行机构还会对其认定的私人银行客户进行进一步的划分。例如，将可投资资产规模在600万～3 000万元的私人银行客户称为高净值客户，将可投资资产规模在3 000万元以上的私人银行客户称为超高净值客户。私人银行客户的细分，目的是为不同细分的客户提供不同的服务，特别是当私人银行有境外业务需求时。

2.2.4　市场开拓

个人理财中的专业化的理财理念和技术不被多数人了解，因此其推广宣传十分必要。个人理财规划师可以通过各种宣传方式，提高公众的个人理财意识。

1. 借助线上线下技术进行个人理财拓展

金融机构为了提高业务量，每年都会进行大量的线上线下宣传活动。个人理财规划师应该注重与金融机构配合，在金融机构的安排下开展个人理财业务。

公开演讲可以有效地对个人理财进行宣传，使听众对这一行业有全面的认识，了解其专业性和作用。公开演讲时，个人理财规划师应注意以下几个问题：[1]

（1）对于一些听众不了解的内容，应该减缓语速，用不同的方式重复二至三次。

（2）不要背诵或朗读讲稿，尽量使用口头的表述方式，并可以走下演讲台。

（3）可以在演讲过程中提出一些问题，由听众来回答，或者现场为一些听众做简单的咨询并举例说明。

---

[1] AINSWORTH J H. Financial Planning: The CPAs' Practice Guide[M]. New Jersey: John Wiley & Sons, 1995: 107.

（4）在演讲的过程中，可以使用不同语调、面部表情、手势或其他身体语言来配合语言的表达，适当的身体语言可以增强演讲者的感染力。

（5）演讲的时间不应该太长，根据内容和现场观众的反应可以做适当的调整。

（6）可以使用投影仪等辅助仪器，这样可以吸引听众的注意力并加深其印象。

（7）在演讲之前，给到会的听众发放演讲的提纲。

除了通过与听众面对面的交流，个人理财规划师还可以使用广播与电视、出版物、信件及互联网等媒体来为个人理财做宣传。

2. 拓展个人理财市场

在提高现有客户服务质量的同时，个人理财规划师还应该不断发展新的客户群。在我国，随着个人和家庭收入的提高，人们开始重视对个人收入的管理和投资。个人理财规划师可以凭借自己专业化的技术和高质量的服务，吸引并形成新的客户群。

2.3 收集客户信息，明确客户的理财需求和目标

2.3.1 收集客户信息的重要性、内容和方法

1. 收集客户信息的重要性

国际理财规划师理事会标准委员会在有关的个人理财程序条款中指出："理财规划师在为客户提供理财建议服务之前，必须收集到足够的适用于客户的相关定量信息和文件资料。"信息可以通过不同的方式获得，比如与客户会面、要求客户填写调查表和问卷、收集客户的财务记录和文件等。在收集信息的过程中，个人理财规划师必须使客户了解，只有可靠、完整和准确的信息才能保证财务建议的有效性。如果客户无法提供全面的信息或者提供虚假的资料，将影响个人理财规划方案和建议的质量。如果客户无法提供所需信息中的相当部分或关键性内容，个人理财规划师就应该向客户声明，仅在所获得的信息基础上保证个人理财建议的质量，或者终止提供理财服务，以避免在个人理财规划执行的过程中出现责任纠纷。

2. 信息的内容

个人理财规划师在提供服务的过程中所需要了解的信息，主要包括客户的个人信息和宏观经济信息两大类。

（1）客户的个人信息。

客户的个人信息可以分为财务信息和非财务信息。财务信息是指客户当前的收支状况、财务安排以及这些情况的未来发展趋势等。财务信息是制定个人理财规划的基础和根据，决定客户的目标和期望是否合理，以及完成个人理财规划的可能性。

非财务信息则是指其他相关的信息，比如客户的社会地位、年龄、投资偏好和风险承受能力等。非财务信息能够帮助个人理财规划师进一步了解客户，对个人理财规划的选择和制定有直接的影响。

（2）宏观经济信息。

宏观经济信息指的是开展个人理财业务时与之相关的经济环境数据。并不是所有的宏观经济信息都会对个人理财产生影响。一般而言，个人理财规划师需要的信息主要有以下几类：

1）宏观经济状况。比如经济周期、景气循环、物价指数、通货膨胀、就业状况等。

2）宏观经济政策。比如国家货币政策、财政政策及其变化趋势等。

3）金融市场。比如货币市场及其发展、资本市场及其发展、保险市场及其发展、外汇黄金市场及其发展、金融监管等。

4）个人税收制度。比如法律、法规、政策及其变化趋势。

5）社会保障制度。比如国家基本养老金制度及其发展趋势、国家企业年金制度及其发展趋势等。

6）国家教育、住房、医疗等影响个人或家庭财务安排的制度及其改革方向。

3. 收集信息的方法

（1）初级信息的收集方法。

由于客户的个人和财务资料只能通过与客户沟通获得，所以也称之为初级信息，这是个人理财规划师进行分析和拟订计划的基础。

有些时候，个人理财规划师需要向客户的律师或保险经纪人索取相关的材料，这时他须要求客户填写授权书并签字，作为个人理财规划师索取材料时出示的凭证。

（2）次级信息的收集方法。

宏观经济信息可以从政府部门或金融机构公布的信息中获得，所以我们称之为次级信息。次级信息的获得相对容易，但由于其涉及面很广，需要个人理财规划师在平日的工作中注意收集和积累，有条件的话应该专门建立数据库，以随时调用。由于政府公布的数据有时并不完全适用于个人，所以个人理财规划师在使用时应该进行判断和筛选，才能保证个人财务规划的客观性和科学性。

2.3.2　数据调查表

1. 数据调查表的设计

一份好的数据调查表可以简单明了地在较短的时间内帮助客户提供所有个人理财规划师需要的信息。数据调查表的设计原则如下：

（1）数据调查表应该条理清晰，语言简洁易懂，为客户节约填表时间，同时也提高数据的准确程度。

（2）数据调查表的内容可以根据需要设计，但必须有逻辑性，同类信息应该归在同一栏目里。一般情况下，可以先询问客户的个人资料，比如客户的工作、健康状况等。

（3）数据调查表中的问题应该是个人财务规划所必需的，不可以出现可有可无的问题。否则，客户会因问题的繁多而感到厌烦，也有可能会认为隐私权受到了侵犯。

（4）在设计数据调查表时，要注意其格式和版面的合理性。数据调查表的页面应该留有较大的边距，使用通用大小的字体，以方便客户辨认和填写。

（5）在数据调查表中，针对特定客户的项目要专门指出，对一些专业性的术语或内容应有解释和填写示范。

（6）在数据调查表的封面上或最后要对完成数据调查表的客户表示感谢。同时，无论是否需要客户寄回数据调查表，都必须附上个人理财规划师本人及其所在公司的地址和联系方式。

2. 数据调查表的内容和填写

数据调查表的种类有很多，可以根据不同类型的客户来设计。数据调查表应该包括客户个人信息和财务信息两大方面的内容，我们根据其包含的主要内容逐一介绍。

（1）个人信息。

个人信息是一份数据调查表中不可缺少的部分。个人理财规划师可以通过这些信息，如客户的社会地位、年龄和健康状况等，从侧面了解其财务现状和未来变化方向，如表 2-4、表 2-5 所示。

表 2-4 个人信息

信息栏目	本人资料	配偶资料
姓名		
性别		
出生年月		
出生地		
健康状况		
婚姻状况		
职业		
工作单位性质		
职称		
工作稳定程度		
退休日期		
家族病史		

表 2-5 子女资料

子女姓名	出生日期	健康状况	监护人	职业

数据调查表解读如下。

1）姓名和性别。

个人理财规划师应该提醒客户工整地填写姓名，避免一些客户的字迹过于潦草而导致个人理财规划师无法辨认其姓名，造成今后沟通上的困难。

客户的性别资料可以帮助个人理财规划师判断其适用的人寿保险种类、社会保障和收入状况等。另外，在评估客户的风险态度和风险承受能力时，我们也发现了性别的重要影响。

2）职称、工作单位性质和工作稳定程度。

职称信息可以使个人理财规划师了解客户的社会地位，也从侧面反映了客户的收入状况。一般而言，不同工作单位的工作稳定程度不一样。比如，在我国，在国家机关、学校、医院工作的客户，其工作稳定程度相对较高，这表明他们收入稳定，福利待遇也较为稳定。相反，在公司任职的客户，其工作稳定程度要低一些。个人理财规划师了解到这些信息以后，才可能为客户的长期甚至是终身的财务安排进行合理而周密的策划。

3）出生年月和出生地。

客户（尤其是女士）大多数情况下都不愿意直接透露自己的年龄，但在个人财务规划中，这个信息十分重要，因为客户年龄对他们的财务目标、社会保障、保险投资种类、未来收入的变化以及风险承受能力等情况有直接的影响。显然，一个 25 岁的客户和一个 60 岁的客户，两者的财务目标有着很大的不同。前者也许更重视如何通过投资实现房地产购置计划或是教育计划，而后者则会更多地关注怎么通过养老金投资来保证退休后的生活质量。

4）健康状况。

健康状况方面的信息包括客户本人和家族的健康状况两部分。这方面的信息对客户人寿保险计划的选择和制订有着很重要的影响。

5）子女资料。

子女的数量、年龄、健康状况、婚姻状况和职业等都会对客户的各种财务安排有直接的影响。一般而言，子女的数量越多，年龄越小，健康状况越差，客户的财务负担越重，这时保险计划和教育计划对客户而言就非常重要。当然，如果客户的子女已经成年并且有一份稳定的职业，客户在子女的投资上就只需花费较少的资金。对于离异客户，子女的监护权归属也将影响其财务安排。

（2）财务信息。

个人财务报表包括资产负债表、现金流量表、收支状况表等内容。编制这些财务报表所需的数据是数据调查表的重要组成部分。

资产负债表中的“净资产”是理财资金供应的现值（PV），收支状况表中的“储蓄”是理财供应的年金（PMT）。理财资金需求是理财目标终值（FV）。当理财资金供应大于理财资金需求时，理财目标就能实现；反之，理财目标就不能实现。

更进一步理解，各财务目标，如养老金、购房换房金、教育金等是理财资金需求，社会保障、员工福利、家庭投资等是理财资金供应。当理财资金供应大于或者等于理财资金需求时，个人家庭理财目标就能实现；反之，理财目标不能实现，需要进行调整。例如，养老金短缺是全球都面临的严峻问题，解决方法理论上可以是：①增加收入；②减少支出，我国 2019 年的个人所得税大幅度降低，就是为此；③推迟目标实现，如采取 60～65 岁弹性退休方案以应对可能的养老金短缺；④降低目标，如减少旅游；⑤提高投资收益率，收益率越高，风险越大，考虑提高收益率时，一定要把控风险，如养老金、教育金要求稳健投资，一定要把规避风险放在首位，详细内容参见第 3 章。

除了客户个人信息和财务信息，客户还必须在数据调查表上清楚地填写其所有的联系方式，包括工作联系地址、家庭地址、移动或固定电话和电子邮件地址等，以方便个人理财规划师在需要时与之联系。

2.3.3 财务目标的内容和种类

客户财务目标按时间的长短可以划分为：

（1）短期目标。例如，休假、购置新车、存款等。

（2）中期目标。例如，子女的教育储蓄、按揭买房等。

（3）长期目标。例如，退休、遗产等。

在确定客户的目标与要求的过程中，由于客户本身对于投资产品和投资风险的认识不足，因此客户很有可能会提出一些不切实际的要求。针对这个问题，个人理财规划师必须加强与客户的沟通，增加客户对投资产品和投资风险的认识，共同确定一个合理的目标。表 2-6 就是一个客户的个人理财目标的内容举例。

表 2-6 个人理财目标举例

姓名：张闲　　　　日期：2021 年 5 月 5 日

时间阶段	目标	迫切性（低 / 中 / 高）	目标达到日期	所需资金来源	备注
短期	税务负担最小化				
	筹集紧急备用金				
	减少债务				
	投资股票市场				
	控制开支预算				
	其他短期目标				
中期	为购汽车、住房筹集专项资金				
	个人债务				
	提高保险保障				
	子女教育费预算				
	其他中期目标				
长期	建立退休基金				
	房地产投资				
	有效地为继承人分配不动产				
	其他长期目标				

2.4 分析和评估客户财务状况

2.4.1 宏观经济背景与客户财务状况的分析和评估

经济环境对个人理财有很大的影响，在不同的经济环境下，个人理财规划师为同一个客户提出的理财方案可能会完全不同。因此，要更好地为客户提供个人理财服务，个人理财规划师必须十分熟悉客户所在地区的宏观经济背景，才能使理财方案满足客户不同的需求。影响客户财务状况的宏观经济因素主要有两类：市场参与者和客观经济因素。前者主要包含社会保障制度、税收制度、福利制度、信用制度、金融市场发展、财政与金融政策等影响因素，后者包含经济周期、物价水平和通货膨胀率、利率及汇率、就业水平等影响因素。

2.4.2　个人财务报表分析

个人理财规划师在收集客户的财务数据后，需要对表中的内容进行财务分析，详细内容请参见第 3 章。

2.5　向客户提出综合理财规划方案

2.5.1　策略整合的必要性

具体规划策略涉及财务分析、投资规划、保险规划、税收规划、退休规划及遗产规划等各种具体的个人理财策略。每一个具体策略都是由许多备选方案和减少相关风险的方法所构成的，尽管每一个具体的策略在它所针对的领域中都是恰当、有效的，但是，个人理财规划师不可能仅仅凭一个单独的策略解决客户的全部财务规划需求。同样，也不可能有一个单独的策略可以确保客户当前的和未来的财务状况安全稳定。

个人理财规划的策略整合要求个人理财规划师对客户的实际情况与主观要求做全盘的考虑，并在此基础上将所包含的一系列基础性策略整合成一个相互关联的、具有可操作性的综合个人理财规划。这份书面的个人理财规划，可以将经过整合的个人理财规划建议传达给客户，并征求客户的意见。

2.5.2　个人理财方案的形成

个人理财规划师提出的个人理财方案只是单一的文件，但其内容是相互关联的。我们将个人理财方案形成的过程分解成以下几个步骤进行讲解。

1. 确保已掌握所有相关信息

个人理财规划师已经通过数据调查表等各种方式收集了客户的相关数据，并且对这些数据进行了初步的分析。如果个人理财规划师在收集客户信息的过程中，没有履行必要的程序或者有重大疏漏，就会导致所掌握的客户信息不真实或者不完全。因此，在正式制订个人理财计划之前，个人理财规划师应当将已经掌握的所有信息进行一次全面的回顾，必要时还可以再次与客户取得联系，以确保所掌握的相关信息真实、完整，能客观反映客户的整体财务状况。

2. 保护客户当前的财务安全

如果客户当前的财务状况存在着较大的问题，必然会增加个人理财方案的不确定性，也就直接影响到个人理财方案的执行效果。个人理财规划师需要确认以下问题，找出存在的风险并加以解决：

（1）客户是否已经有了充分的保险，包括人寿保险、医疗保险、失业保险、财产保险等。如果没有，要确定应当提出何种建议加以改善。

（2）客户是否已经订立了合法有效的遗嘱。如果还没有，个人理财规划师应当敦促客户立即订立。

（3）检查客户的资产负债状况是否正常。比如，判断客户所承担的债务是否超过了他所拥有的资产。

（4）如果客户的负债额较高，要确定应当提出何种建议来帮助客户增加资产、减少负债。

（5）检查客户的收支状况。如果客户的收支不平衡，要确定应当提出何种建议来帮助客户增加收入、减少支出，实现收支平衡。

（6）客户是否有紧急情况下的现金储备。如果没有，个人理财规划师应当提醒客户立即建立紧急现金储备，等等。

3. 确定客户的目标与要求

客户在会面的过程中将提出他所期望达到的目标，个人理财规划师可以将这些目标进行管理。

4. 利用个人理财建议来达到客户未来的财务目标

在这一步骤中，个人理财规划师可以把客户未来的财务目标分为投资目标、保险和风险转移目标、税收规划目标、退休养老目标及资产保护与遗产规划目标等。为了实现这些目标，个人理财规划师需要针对每一种目标找出合适的个人理财策略。

2.5.3 投资决策

个人理财规划师制订的个人理财方案只有经过投资决策并形成具体的投资项目后才能帮助客户实现其未来的财务目标，而投资决策的质量将直接影响到个人理财方案的最终执行效果。一般来说，投资决策是由以下三个基本步骤组成的：

第一步，确定投资于各种资产类别的合理比例。

第二步，在各资产类别中选择投资类型。

第三步，选择具体的投资品种并推荐给客户。

1. 资产分配策略

资产分配策略是指个人理财规划师根据客户的目标和风险偏好，确定客户总资产在各类投资产品之间的合理分配比例。

客户投资在各种资产类别之间的分配比例主要取决于三个因素：客户的风险偏好、客户的投资策略及经济前景。

不同的理财策略有不同的资产类型与之相适应。表 2-7 列出了不同的个人理财规划策略及与之相适应的资产类型。

表 2-7 与不同个人理财方案策略配合的资产类型

策略＼类型	现金投资	国内股票	国内定息投资	海外股票	海外定息投资	房地产
收入策略	A	B	A	C	B	B
资本增长	不适用	A	C	A	B	B

（续）

策略＼类型	现金投资	国内股票	国内定息投资	海外股票	海外定息投资	房地产
股利转移	C	A	C	C	C	C
中长期投资策略	C	A	B	A	B	B
短期到中期投资策略	B	B	B	B	B	B
风险厌恶策略	A	C	B	C	B	B

注：A代表非常适合，B代表一般，C代表不太适合。

个人理财规划师应当根据客户的风险偏好来决定具体的资产组合。表2-8是一般年份不同风险偏好客户适合选择的资产组合举例。

表2-8 不同风险偏好客户适合选择的资产组合

资产组合	现金投资	国内定息投资	海外定息投资	国内股票	海外股票	房地产
保守型	25% （20%～30%）	45% （40%～50%）	0 （0～5%）	15% （10%～20%）	0 （0～5%）	15% （10%～20%）
轻度保守型	20% （15%～25%）	40% （35%～45%）	0 （0～5%）	20% （15%～25%）	0 （0～5%）	20% （15%～25%）
均衡型	15% （10%～20%）	20% （15%～25%）	5% （0～5%）	30% （25%～35%）	5% （0～10%）	25% （20%～30%）
轻度进取型	10% （5%～20%）	15% （10%～20%）	5% （0～5%）	40% （30%～50%）	10% （10%～25%）	20% （10%～30%）
进取型	5% （0～20%）	5% （0～10%）	0 （0～5%）	50% （35%～55%）	20% （10%～30%）	20% （10%～30%）

以上表格中所列的数字是在比较理想的状况下的典型结果。从表中我们可以看出，不同的客户类型对应于不同的资产组合，所有的数字栏都包含两层数字，上面的一层数字是指标准的资产组合，下面的一层数字则是在考虑各种影响因素的情况下资产组合可能的变动范围。

⊙ 案例：董先生的理财流程案例

董先生是一家公司部门主管，妻子在一家公司做客户服务工作。夫妻俩同年出生，都已30岁有余，结婚数年暂时还没有育儿计划。两人工作忙碌，报酬也不低，月收入总和已经超过了1万元。没有孩子的他们，开销不大，每月的生活费在1 500元左右。他们身体都不错，没有医疗费用的支出。由于还有15万元的贷款未还清，加上物业管理费，他们每个月在房子上的开销共要1 800元。这样，他们每月还有7 000多元的结余。两个人的年终奖金一共是16 000元，加上定期存款的利息等，他们每年年底还有2万多元的收入，收支状况如表2-10所示。董先生是个比较偏爱投资的人，股票和基金都有涉足，不过这几年因为股票方面的损失，综合收益不是很高，离他期望的年收益率8%还有不小的差距。目前，董家有现金和活期存款3万元，定期存款13.5万元，22万元股票处于被套状态。不过，随着对股市行情的看涨，董先生想，投在股市的资金就不撤回了，而且近期正在考虑要不要再加一点资金到股票项目上。去年他投了25万元在华夏债券基金和偏债型基金上，并打算长期持有。去年底今年初，他又分两次购买了5.5万元的价值成长基金和 12 万元的富利基金。

董先生在外地老家还有两套房子，分别价值 10 万元和 4 万元。现在那两套房子处于闲置状态。家庭保障方面，董先生和妻子的公司分别为他们两个人上了保障额为 10 万元和 8 万元的意外保险，保费由公司支出。董先生的收支状况和资产负债状况表如表 2-9 和表 2-10 所示。

表 2-9 收支状况 （单位：元）

收入		支出	
董先生	8 500	房屋月供等	1 800
董夫人	2 000	基本生活开销	1 500
合计	10 500	合计	3 300
每月结余	7 200		
年度收支状况			
收入		支出	
年终奖金	16 000	保费支出	无
存款、债券利息	7 500		
合计	23 500	合计	无
年度结余	23 500		

表 2-10 资产负债状况 （单位：元）

家庭资产		家庭负债	
现金和活期存款	30 000	房屋贷款	150 000
定期存款	135 000		
股票	220 000		
基金	425 000		
房产（自用）	665 000		
房产（自用）	140 000		
合计	1 615 000	合计	150 000
家庭资产净值	1 465 000		

根据董先生的资料，个人理财规划师对其投资和资产进行了重新组合，理财组合的资金安排及其效用说明、收益计算如表 2-11 和表 2-12 所示。

表 2-11 理财项目资金来源安排 （单位：元）

序号	项目	数额	来源安排
1	保险	380 000	年终奖金
2	购买货币基金	50 000	基金账户资金
3	购买股票基金	275 000	基金账户资金
4	购买绝对收益基金	100 000	基金账户资金
5	投资股票	300 000	从定期存款转加入股票账户 80 000
6	现金和活期存款	25 000	10 000 还贷款
7	定期存款	50 000	80 000 转入股票，5 000 转入活期存款
合计		1 180 000	

表 2-12　理财组合收益计算或效用说明　（单位：元）

资金安排	项目	数额	占比	收益率	效用
提高人生保障	补充购买一些组合保险	380 000			生活保障
存款	定期存款	50 000		1.74%	
	活期存款	25 000		0.72%	
开放式基金投资组合	投资于货币基金	50 000	12%	2.50%	组合投资分散风险，收益适中
	投资于股票基金	275 000	65%	10.50%	
	投资于绝对收益基金	100 000	23%	5.00%	
	小计	425 000	100%	8.30%	
股票投资	投资于上证 50 成分股	300 000		5.00%	便于将来参与 ETF，进可攻、退可守
未来剩余资金安排	2020 年工资性月收入中的部分购买定额定期开放式基金	8 000		2.50%	合理投资获取投资收益

经过合理资产投资配置后，董先生家庭配置前后的收益对比如表 2-13 所示。

表 2-13　年度资产收益对比　（单位：元）

	原资产收益		优化配置收益	
	资产	收益	资产	收益
现金和活期存款	30 000	216	25 000	180
定期存款	135 000	2 349	50 000	870
股票	220 000	6 600	300 000	15 000
基金	425 000	15 400	425 000	35 275
年度薪金剩余	109 900	0	123 120（其中 96 000 投资定额定期开放式基金）	2 400
合计收益	24 565		53 725	
资产收益提高比例	118.7%			

2. 选择投资类型

一旦个人理财规划师确定了各种资产类型最合理的投资比例，下一步就是要分别在各资产类型中选择投资的类型。在选择投资类型的过程中，个人理财规划师要综合考虑以下因素：

（1）资本增长。个人理财规划师首先要分析历史上该类型投资的资本增长水平，进而确定客户能否从此投资中获得合理的回报以及回报的实现形式。

（2）现金收入。个人理财规划师应当分析所选择的投资类型是仅带来现金收入，还是既有现金收入又能带来资本增长。个人理财规划师还应当关注现金收入何时取得、以何种方式取得以及预期的数额等。

（3）税收支出。个人理财规划师应当事先分析与所选择的投资相关的各种税收支出，如资本利得税、个人所得税以及有关的税收减免优惠等。

（4）风险。个人财务安全的实现依赖于个人理财规划师对风险的管理。具体地说，就是在选择投资类型时，要合理确定各种投资类型在短期、中期、长期分别具有的价值的波动水平。

（5）流动性。流动性是指各种资产变现的难易程度。如果客户在某一特定时期需要用到大笔资金，必然会对资产的流动性有一定的要求，个人理财规划师在做出投资决策时必须充分考虑这一点。

（6）易管理性。投资决策做出后不可能一成不变，个人理财规划师还需要定期地对投资组合进行监控，并做出适当的调整。因此，个人理财规划师在做出投资决策之前要考虑到投资的易管理性，充分了解对投资组合进行管理的方式。

（7）成本。投资决策的制定和监控是需要成本的，个人理财规划师要充分掌握与投资相关的各种费用、佣金、管理成本等支出状况，判断所制定的投资策略是否在经济上具有可行性。

3. 选择具体的投资产品

个人的投资方式可以分为两类：一是直接投资，即通过定期储蓄、直接持股，直接拥有房地产等方式进行投资；二是间接投资，即通过专业的基金管理公司、财务公司等进行投资。这两种方式各有优缺点，具体采用哪一种要根据客户的情况确定。在确定具体的投资产品过程中应当遵循以下一些原则：

第一，对各种投资产品的回报、风险、时间范围进行量化，以便对这些投资产品进行决策与监控。

第二，在投资组合中要确保有一部分具有较好变现能力的资产作为客户的紧急基金，以防止在发生未预期的紧急事件时出现财务危机。

第三，在各种类型资产之间进行风险分散。

第四，为投资组合中的具体投资产品确定不同的投资期限，以满足客户对资金流动性的需求。

4. 人力资本与资产分配

以上所介绍的是传统的资产分配策略，即只考虑客户所掌握的经济资源。然而，在现实生活中，经济资源并不是客户所掌握的唯一资产，人力资本（human capital）也是影响客户资产分配的重要因素。个人理财规划师所确定的最优资产组合应当是包括经济资源和人力资本在内的综合资产组合，因而，在个人理财实务中引入人力资本因素有助于个人理财规划师为客户提供更加广泛而有效的专业建议。

2.6 执行个人理财方案

2.6.1 书面方案的重要性

以书面的形式向客户呈递个人理财方案是非常重要的。

第一，对于客户而言，书面个人理财方案的重要性是绝对不能被低估的，这是一种向客户传递个人理财建议的恰当媒介。

第二，对于个人理财规划师而言，当与客户打官司进行辩护时，个人理财规划师保留的与客户会面和讨论时的书面记录至关重要。当客户与个人理财规划师之间出现法律纠纷时，法官一般倾向于弱势群体客户。

第三，书面形式的个人理财方案有助于增强客户对所提个人理财方案的好感，使客户可以更方便地在阅读过程中提出进一步的问题，以便在下一次会面时进行讨论。书面报告“激发客户提问”的这种作用是个人理财程序中一个重要的积极因素。

第四，书面形式的个人理财方案可以建立一种良好的机制，促使个人理财规划师将个人理财工作的所有重要方面都考虑周全，避免遗漏，以确保个人理财工作的一致性与合理性；可以为个人理财工作中所用到的各种资料建立完整的参考索引，方便个人理财规划师将来进行复核等。

2.6.2　个人理财方案的基本要素

1. 个人理财方案的核心内容

（1）个人理财方案摘要。

一份书面的个人理财方案包含了太多的专业术语和技术细节，因而对于大部分潜在客户来说，都显得过于晦涩难懂，这可能会使客户从一开始就失去阅读下去的信心。解决这个问题的一个非常有效的办法，就是在个人理财方案报告书的开头部分设置一段包括简短的回顾、重要建议和结论的摘要。通过这个摘要对个人理财方案中所包括的重要建议和结论预先进行简要的介绍，以帮助客户对财务策划方案做更深入的了解。

（2）对客户当前状况和财务目标的陈述。

个人理财方案的第二个部分，是对客户当前状况和财务目标的陈述。此外，这一部分的内容还会涉及客户的风险偏好和客户在财务方面比较关心的其他问题。本部分的内容主要来自客户信息调查表、会谈记录以及其他途径获得的相关信息。如果本部分的内容有误，必然会导致最终财务规划建议出现偏差。

个人理财规划师在完成对客户当前状况和财务目标的陈述之后，为确保客户对本部分内容的准确理解，必须加上以下一段话：

“尊敬的客户，请您仔细检查上述信息。如果我们对您当前状况的描述有任何误解或者您对相关信息有需要补充的地方，请在进入方案的下一部分之前通知我们。因为，我们所做的财务建议都是基于以上信息的。”

（3）个人理财规划假设。

为了客观地分析客户未来的财务状况，个人理财规划师应当首先建立一系列恰当的个人理财假设。例如，一个长期个人理财方案可能需要以下方面的假设：

1）通货膨胀水平。

2）工资增长水平。

3）平均资本利得收益率。

4）养老保险缴纳水平。

5）未来消费的估计成本，比如购置房屋、汽车以及度假等支出。

个人理财规划师应当在这些假设后面，加上相应的解释和评论，这样有助于客户对个人理财方案中的计算和分析的理解。

（4）个人理财策略。

个人理财规划师会选择最有效、最合理的策略，并且通过口头和书面的形式将这些策略的具体内容传达给客户并就策略中比较晦涩难懂的部分向客户做出解释。个人理财规划师只有在确保客户已经充分理解财务规划策略的情况下，才能进入下一步——向客户说明具体的财务规划建议。

（5）个人理财具体建议。

个人理财目标的实现要通过一系列具体的个人理财建议，例如：

1）财务报表分析。

2）投资或储蓄建议。

3）养老金或保险建议。

4）合理避税建议。

5）遗产（遗嘱及委托书）建议等。

这些具体的建议可以看作实现客户财务目标的媒介，同时也是个人理财规划师工作的重心所在。由于客户自身条件和目标的不同，个人理财规划师提出的具体建议也会有很大的不同。

（6）个人理财规划预测。

一般来说，个人理财预测（基于个人理财假设所建立）放在个人理财方案报告的最后。为便于客户正确、完全地理解有关个人理财预测部分的内容，个人理财规划师也有必要对客户进行详细的解释。

2. 个人理财方案的其他内容

（1）各项费用及佣金。

根据个人理财规划师职业道德准则和专业操守规范的规定，个人理财规划师有义务向客户解释所收取的各项费用和佣金，客户也有权了解实施个人理财方案中各项具体建议的全部成本。因此，个人理财规划师应当在书面个人理财方案的正文中对这些内容进行披露。任何故意隐瞒或者将这些信息放在个人理财方案附件中不起眼的地方的行为都是绝对禁止的。披露范围包括支付给个人理财规划师的所有费用和佣金，以及支付给外部投资机构的各种费用。

（2）个人理财建议的总结。

为了让客户对前面的内容有一个清晰、全面的认识，个人理财规划师有必要在进入下一部分“执行财务规划方案之前的准备事项”之前，对涉及的各种个人理财建议进行一次总结。例如，对于到目前为止我们所涉及的各种财务规划建议，我们要做如下总结：

1）为了让您的退休生活更有保障，我们建议您每年增加养老金支出 10 000 元。

2）我们认为您目前的人寿保险还不够充足，建议增加人寿保险 300 000 元。

3. 执行财务规划方案之前的准备事项

为了顺利地执行个人理财方案，个人理财规划师需要客户遵循以下步骤：

（1）请您安排时间认真考虑我们在个人理财方案中所提出的那些建议。我们建议在下一次会面之前，给您预留大约两个星期，以便您有充足的时间来考虑我们的建议并提出问题。

（2）请您在下一次会面时，向我们提出您的问题。

（3）如果您认为我们的建议是可以接受的，请您签署授权我们执行财务规划方案的授权书。

（4）一旦收到您的指示，我们将立即准备执行财务规划方案所需要的文件，包括投资申请表、投保书等。

（5）请联系您的律师，帮助您准备相关的投资合同。

4. 执行个人理财方案的授权

客户对于执行财务规划方案的书面授权的作用在于可以从形式上规范个人理财规划师与客户之间的关系，为个人理财工作建立一个良好的法律基础，个人理财授权书的正文主要可以分为两个部分。

（1）客户声明。客户声明主要包括客户对于个人理财规划师在此前所做的工作，以及客户对于个人理财方案的理解等方面所做出的声明。例如：我已经阅读了您（个人理财规划师）的报告，并且理解了该报告；您同时还向我提供了其他的相关文件，包括内容说明书等。

（2）客户要求。客户要求包括客户希望个人理财规划师提供的各种专业服务。例如：您作为我的个人理财规划师，为我提供专业服务。

5. 免责声明

免责声明是一种用来限制和减轻个人理财规划师所负责任的表述方式，是告知客户个人理财规划师对于超出他控制范围的事件所引起的损失不承担任何责任。例如，市场的波动可能会导致以当前市场状况为基础制定的建议迅速失效。以下是针对免除责任所拟订的免责声明的例子：

（1）本个人理财方案仅用于指定的用户和指定的用途。个人理财规划师对于任何第三方因为使用本个人理财方案的部分或全部内容而引起的损失不承担任何责任。

（2）我们制订的个人理财方案基于客户所提供的关于其当前状况、需求与财务目标的信息。这些信息的摘要已经包含在书面财务规划方案中，请客户在阅读的过程中仔细检查这些信息的真实性。如果您认为其中有某些信息不能正确地反映您的现实状况或目标，请您在进行下一步骤之前提醒我们。

但是，如果个人理财规划师由于疏忽大意而造成了客户的损失，那么免责声明无法在与客户的诉讼中起到保护个人理财规划师的作用。

6. 支持文档

支持文档是为个人理财方案中的结论、预测等提供计算分析依据的一系列文件。附加财务计算和分析文档是为个人理财建议提供支持的一种重要方式。这些计算分析文件一般是放在个人理财方案的末尾。

最常用的书面个人理财方案格式是将它撰写成个人理财报告并加以评论的形式，从结构上看包括方案简介、报告主体、总结和支持文档四个部分。总的来说，个人理财方案最重要的格式要求是能够让客户通过一种清晰、有逻辑性和可理解的程序了解并实现未来的财务目标。

2.6.3 向客户呈递个人理财方案

个人理财规划师在制作出财务规划方案之后，即面临着如何将方案呈递给客户的问题。通常，向客户呈递财务规划方案包含两个重要程序：准备工作和实际呈递。

1. 准备工作

（1）准备个人理财方案的相关文档。

准备工作的第一步是准备将要呈递给客户的个人理财方案文档。下面是个人理财规划师在准备这些文件时需要注意检查的一些事项。

1）检查文字和语法错误。语言文字的错误可能导致对内容的误解，同时也影响个人理财规划师在客户心目中的职业形象。

2）制作目录。目录可以帮助客户了解方案结构和查询。

3）确保页面已经编号。页面编号可以避免内容的遗漏，保证客户所阅读方案的完整性。

4）设计前后封面。

5）整理和装订文档。

6）将全部文件的内容分为不同的部分，例如保险、遗产等。

7）在封面上注明客户的姓名。

（2）准备与客户的会面。

在准备与客户会面时，个人理财规划师应当注意以下一些事项，以确保顺利地将个人理财方案呈递给客户。

1）确保与客户会面的空间整洁和宽敞。

2）出于保密的考虑，在与客户会面的过程中，个人理财规划师必须保证客户看不到其他客户的姓名和资料。

3）在会面正式开始之前，给客户一定的时间阅读个人理财方案。

4）将个人理财方案中的一些重要问题列出一个清单，并且在与客户的会面中对这些问题进行简要的描述。这样的一个清单可以帮助个人理财规划师清晰并且有逻辑性地将个人理财方案解释给客户。

5）在进入接待室问候客户之前，个人理财规划师要确保自己的穿戴清洁整齐。

6）在会面时，个人理财规划师需要：确保客户手中有准备讨论的个人理财方案；获得列有客户问题的文件；持有在准备理财规划建议过程中要用到的各种记录、工作底稿等。

2. 实际呈递

在会面时，个人理财规划师向客户呈递个人理财方案，需要向客户解释各种成本；个人理财规划师向客户呈递个人理财方案后，应当主动邀请客户对方案提出问题并做出客户声明；个人理财规划师需获得执行个人理财方案的授权；个人理财规划师需确保时间间隔——给客户时间，以便进一步了解报告。

2.6.4　应对客户的修改要求

1. 由于对状况和目标的误解而产生的修改要求

在这种情况下，个人理财规划师应当采取如下措施：

（1）个人理财规划师应当向客户说明，自己会以书面的形式对所要求修改的内容以及引起修改的原因进行确认。

（2）个人理财规划师应当对客户要求修改时双方讨论的内容做详细的记录，并且用引号标出当时客户的问题以及个人理财规划师自己的回答。

（3）个人理财规划师应当在给客户的确认信中包含一封回信，要求客户就修改要求以及个人理财规划师提出的修改建议进行确认。

2. 由于客户不满意而引起的修改要求

在这种情况下，个人理财规划师应当采取如下措施：

（1）如果客户坚持要对方案进行修改，则个人理财规划师需要客户以书面形式证明所作的修改完全是依照客户的要求完成的。

（2）个人理财规划师应当对客户要求修改时双方讨论的内容做详细记录，尤其是对客户不愿意继续执行方案的原因要重点记录。此外，个人理财规划师的口头回复也要记录在案。

（3）在收到客户签署的修改确认信之后，个人理财规划师才可以着手进行修改。

（4）个人理财规划师应当确保自己的上级了解所做的修改，并且确保已经通过书面形式通知了上级。

以上这些措施对于个人理财规划师维护自身利益非常重要，因为这些措施可以确保个人理财规划师在客户提起的诉讼中处于一个比较有利的位置。

2.7　监控个人理财方案的执行，调整理财方案

2.7.1　客户授权

1. 获得客户授权

客户授权主要是指信息披露授权，即客户授权给他的个人理财规划师，由他们在适当的时间和场合，将客户的有关信息，如姓名、住址、保险现况等，披露给相关的人员。

2. 与其他专业人员沟通合作

在个人理财方案执行过程中，个人理财规划师可能与以下相关领域的专业人员进行沟通与合作，这些专业人员主要包括会计师、律师、房地产代理商、投资咨询人员、投资基金销售商、保险代理商或经纪人等。这些专业人员对现在的宏观经济形势、行业发展状况与整体经济走势比较了解，并且对各个投资市场和各类投资产品的结构与特点比较熟悉。由具有专业知识与经验的他们参与设计客户的投资计划，才可能使制订出来的投资计划具有可信性和可行性，满足客户的目标与要求。

3. 客户介绍信

在获得了客户的书面信息披露授权之后，个人理财规划师就可以打电话或者写信给相关的其他专业人员，安排他们与客户会谈。在这里列出一个个人理财规划师向专业人员介绍自己客户的书面介绍信的案例，如图 2-4 所示。

客户介绍信

尊敬的 C 律师：

我们写信给您，是向您介绍我们的两位客户 D 先生和 E 太太，希望您在他们的遗嘱设立和执行委托书制定方面能够给予帮助。

我们的客户拥有一家合伙制的小型公司—— F 公司。他们育有三个子女，都已长大成人，结婚生子。他们的长子受雇于 F 公司，客户有意由长子继承这家公司。因此，在他们的遗嘱中，需要写明公司的继承计划及相关事宜。

请您给 D 先生和 E 太太提供建议，帮助他们设立遗嘱，并且希望您能够向我们提供他们的遗嘱和执行委托书的复印件。

个人理财师、授权代表G签名

图 2-4 客户介绍信样本

资料来源：Introduction to Financial Planning, Financial Planning Association of Australia Limited, Page 12, 有所修改。

2.7.2 个人理财计划评估

由于宏观经济环境和客户个人状况的变化，个人理财规划师须对个人理财方案的执行和实施进行监控和评估，以便及时与客户沟通，并对个人理财方案进行调整。这种评估主要取决于以下一些因素。

1. 资本规模

如果客户的资本规模比较大，那么其个人理财方案就需要经常的监控与评估；反之，则可以相对减少评估次数。

2. 投资组合类型

积极主动型的投资资产组合可能需要更经常的监控与评估；反之，消极被动型的投资资产组合就可以相对减少监控与评估的频率。

3. 客户个人理财状况变化幅度

个人理财方案的评估频率可以是每季度评估一次，或者是半年、一年评估一次。评估频率的选择会影响到客户的利益，同时个人理财规划师也会考虑到由此给自己带来的评估成本和其他新增费用。

4. 评估辅助工具：资产组合管理和投资分析

（1）资产组合管理。可以用电脑化的资料库以及投资报告分析软件。所使用的电脑资料库应该是根据客户个人情况的变化而及时更新的。资料库的内容主要包括以下各项详细内容：所有客户的姓名、住址、电话号码、出生日期以及所持有的投资项目。

投资报告分析软件必须记录所有的现在持有和已经退出的投资项目，这些信息包括各项投资的历史收入情况以及资产组合的配置情况。其中资产配置包括所持股份数量、固定利率高低、现金数量、房地产投资或者国际投资的比重等。

（2）投资分析。资产组合投资分析的一个重要方面就是对客户资产组合中的各项投资及时进行分析。投资分析应该包括对历史投资业绩、投资管理基金规模以及最新的基金资源配置的详细情况的分析。

5. 个人理财评估步骤

对个人理财方案的评估实际上是对整个个人理财过程中所有主要步骤的重新分析与再次评价，以下这些步骤既可以用于策略评估，也可以用于投资组合评估。个人理财规划师应做到：

第一步，回顾客户的目标与需求。对于一个新客户来说，要考虑客户以下方面的个人情况：资产流动性与稳定性、社会保障状况、健康状况、对现有投资的满意程度、保险需求、遗嘱需求等，并且要关注客户的目标与需求有无变化。

第二步，评估财务与投资策略。分析各种宏观、微观因素的变化对于当前策略的影响，并且研究如何调整策略以应对这种变化及其影响。

第三步，评估当前投资组合的资产价值和业绩。判断投资组合是否可以达到目标，如果未达到目标，找出原因。判断收入是否足够，如果不足，思考如何弥补这个缺口。

第四步，评判当前投资组合的优劣。考虑各项投资的安全性和前景，观察是否出现业绩下滑的征兆或者大量投资者撤资的情况。

第五步，调整投资组合。在调整投资组合时，应该考虑交易成本（比如税负、补偿赎金等）、风险分散化需求以及客户条件的变化。

第六步，及时沟通客户。任何对理财规划以及投资组合的修改都应该获得客户的同意和认可。

第七步，检查策略是否被遵循。就是看个人理财规划师所制订的个人理财计划是否被客户遵照执行。有些客户并没有遵照原有的个人理财计划来进行投资，而是自行决定购买了某只股票或者是某份保险。一旦这种情况发生，个人理财的作用就会大打折扣。

2.7.3　客户沟通与争端处理

1. 与客户保持长期关系

在整个个人理财的执行、评估和调整的过程中，个人理财规划师都需要与客户保持及时而有效的沟通和协商。沟通手段包括面谈、电话联系、传真、电子邮件，以及其他手段。

个人理财规划师与客户之间的这种长期关系不仅有利于个人理财佣金收入增加，而且客户会将个人理财规划师引荐给自己的同事、朋友或者亲人，客观上为个人理财规划师树立了比较好的信用和声望，从而为个人理财规划师带来新的客户，大大地增加了个人理财规划师的业务规模。而许多业绩优秀的个人理财规划师都认为，真正关注客户的利益是最好的市场营销策略。

2. 解决客户投诉与争端

（1）争端发生的可能原因。

双方之间产生争端的最主要的原因之一，就是在遭受损失之后，客户往往将损失归咎于个人理财规划师的失职；另一个原因是，客户可能对报酬或者个人理财规划师应该提供的服务范围等问题有误解。

（2）争端处理与解决的原则。

无论客户与个人理财规划师之间的争端的原因是什么，这种矛盾都应该得到妥善而合理的解决。以下是理财规划时应该遵循的处理与解决争端的一些基本原则：

1）尊重客户。

2）保持诚恳与耐心的态度。

3）遵守客观与公正的原则。

4）充分了解客户的观点和要求，但不一定要接受其观点。

5）遵循公司以及行业中已有的争端处理程序。

个人理财规划师应该非常熟悉内部的投诉处理与争端解决机制，这样才能使自己灵活而有效地解决与客户之间存在的问题与矛盾，不至于使自己或者公司的信用受到损害。此外，在解决这些问题与矛盾的过程中，个人理财规划师也有机会纠正自己在个人理财业务中可能存在的疏漏和失误。

（3）争端处理与解决的步骤。

一般来说，在个人理财规划师与客户签订雇佣合同的时候，都应该列出专门的责任免除条款，个人理财规划师可以依据这一条款为自己辩护，维护自己的权益。此外，合同中还应该有双方发生争端之后，如何解决争端的条款。

个人理财服务过程中所产生的争端可以遵照以下步骤来处理与解决。

第一步，双方沟通与协调。在争端发生之后，个人理财规划师所做的第一件事情就是与客户进行联系与沟通，明确而完整地了解客户产生抱怨的原因以及客户所提出的要求，然后耐心地解释客户的疑问或者误解。应该尽量在此阶段将投诉与争端妥善地处理与解决，使得双方都能减少由此带来的成本和精力的耗费。

第二步，提交仲裁机构。如果在客户和个人理财规划师双方反复协商与讨论之后，客户仍然对处理的方法与结果表示不满，那么就只有将这一争端提交双方都认可的仲裁机构或者仲裁人来进行裁决。

第三步，诉诸法院。如果客户和个人理财规划师任何一方对裁决的结果表示不满意的话，就只能通过法律途径来解决争端。此时，个人理财规划师原来在为客户提供财务规划服务的过程中所保存的所有记录就可以作为有力的证据，使其能够免除不应承担的责任，从而使自己的权益受到法律的保护。

⊙ 案例　客户关系管理（CRM）系统的建立

理财机构客户关系管理（CRM）的战略目标是：通过客户的细化及系统化的研究，改进对客户的服务水平，提高客户的价值、满意度、获利度和忠诚度，缩减成本，寻找扩展业务所需的新的市场和渠道，为公司带来更多的利润。以下就是某营业部客户经理建立区域客户管理系统的尝试。

1. 客户基础数据

由于客户关系管理系统是建立在对基础数据充分了解的基础上的，所以起始工作就应对区域内客户资料进行摸底，如针对个人理财规则师负责的区域的大户室和中户室资产状况及客户的投资喜好做详细分析和记录。

2. 建立沟通渠道

客户关系管理系统中另一个重要的环节是“沟通渠道的建立”，只有良好和畅通的沟通渠道才能让产品得到充分、及时的推广，顺利完成整个营销过程。建立沟通渠道的主要工作是收集客户的联系方式，如每个核心客户的手机号码、非现场客户传真机号码、网上交易客户的电子邮箱等。

对此，个人理财规划师采用了与客户进行直接交流的方式，即：“某先生 / 女士，您好，我是某公司的某某，最近我们公司计划对客户提供手机短信信息服务，您是不是希望通过现在接听电话的这个手机号码接收我们的信息？如果不是，那您希望使用哪个手机号码？另外，我们还有通过传真和电子邮件进行信息服务的计划，您能否同时告诉我们怎么才能通过这些方式为您提供信息服务？”

通过这种方式，个人理财规划师基本上可以收集到各客户的手机号码、传真号码、电子邮箱等能与客户沟通的各种联系方式。上面提到的信息服务则是一个“计划”，并未承诺提供信息服务。这一交谈技巧的运用实际上为以后的工作留了一定的余地。

3. 建立客户关系管理（CRM）系统

在收集到基础数据并建立了沟通渠道之后，个人理财师着手建立区域客户关系管理（CRM）系统。根据实用性原则，结合实际工作中所需的统计指标，设计了 CRM 客户资料统计表，如表 2-14 所示。

表 2-14　CRM 客户资料统计表

NO：						日期：　　年　　月	
姓名		房间号		主资金号		手机号码	
资产总值		本年交易		本月交易		活跃程度	
资产增减		持仓比例		净收入佣金		佣金资产比	
折让比例		交易频度		资产周转率		资产盈亏	
操作手法		投资偏好		电子邮箱			
生日日期		关注等级		个人爱好			
归属资金账号							
客户意见、投诉、建议跟踪							
赠送物品							
附注							

不仅如此，该客户经理还设计了“房间周记”：采取走访房间的方式收集相关讯息，并按一定格式记录“房间周记”，记录客户到场情况、交易情况、信息动态等，如图 2-5 所示。与此同时，还将有用信息记载在客户资料统计表的附注栏目中。

房间周记

房间号	55 号	年成交额	678 万元	本周成交额	12 万元
到 场 情 况：	本周李某某基本每天到场，而且比较准时。张某某偶尔到场，贺某某周二到场一次，主要是到公司办理划账手续。其他客户本周未到场。				
记　　录：	李某某原来在某家证券机构购买股票，家里开有一个铺面，但经营比较失败。每次来营业部主要是因为在家无聊，喜欢来营业部与其他股友交流。对大盘的看法：如果反弹到一定点位，希望全部卖掉，重新选股。另据他讲，他儿子李某（同为公司大客户）经常去广州，同房间的高某某近期在深圳做生意，在深圳时间比较多，另外 56 号房间的刘某某在交谈时说自己入市资金数百万元，现在跌至数十万元，损失惨重。张某某认为近期大盘有止跌迹象，心态较好。				
建议和投诉：	李某某近期在房间里丢失一个微型收音机，自己对此不是很在意，但希望管理跟得上，以后多加注意这方面的工作，要求在房间里安排一个可以上锁的储物柜。				
记录员叙述：	成交量大的某某某、某某某客户主要采用远程交易的方式，到场较多的李某某交易量不大。建议向远程交易量比较大的客户提供更多信息。				

图 2-5　房间周记

实践表明，客户关系管理系统的建立，不仅为客户提供了个性化的信息，提高了客户服务满意度和忠诚度，最大限度地降低了客户流失率，还提高了营业部持续发展的能力。

❖ 本章小结

1. 个人理财准则，包含个人理财流程与个人理财道德标准两部分内容。本章讲解国际规范的个人理财六个流程及具体规定。
2. 确立和界定与客户之间的关系。包括客户关系的建立、与客户的沟通及技巧、客户市场划分、市场开拓等。
3. 收集客户信息，明确客户的理财需求和目标。包括收集客户信息的内容和方法、数据调查表、财务目标的内容和种类等。
4. 分析和评估客户财务状况。宏观经济背景与客户财务状况分析、个人资产负债表和现金流量表分析。
5. 向客户提出综合理财规划方案。包括策略整合的必要性、个人理财方案的形成、投资决策等。
6. 执行个人理财方案。包括整合个人理财策略并提出个人理财方案。
7. 监控个人理财方案的执行，调整理财方案。包括执行个人理财计划、个人理财计划评估、客户沟通与争端处理等。

❖ 习题

1. 初次与未来客户面谈，应该进行哪些方面的准备，注意哪些细节？
2. 与客户面谈时需要向客户了解哪些信息？这些信息可以分为哪些种类？如何收集和分析不同类型的客户信息？
3. 初次面谈时，个人理财规划师需要向客户披露哪些信息？你认为其中哪些信息最为重要？为什么？

4. 在个人理财规划的过程中，收集信息特别是客户信息为什么十分重要？
5. 结合客户风险态度识别理论和方法，谈一谈你将如何在今后的工作中评价自己客户的风险承受能力？
6. 个人理财规划师所需收集的宏观经济信息主要包括哪几个方面？这些信息对个人理财会产生什么样的影响？
7. 学习本章以后，请设计适合自己工作需要的数据调查表。
8. 客户的财务目标可以如何分类？
9. 如何帮助客户制定合理的、可实现的、相互协调的财务目标体系？
10. 什么是个人理财流程，为什么个人理财规划师应该在提供服务的时候严格遵循这个流程？
11. 向朋友、亲戚和其他人了解他们进行理财规划的步骤。他们在理财决策中如何衡量风险呢？
12. 个人理财方案的基本格式包含哪些内容？
13. 客户沟通与争端处理的原则是什么？

习题参考答案

第3章 PERSONAL FINANCE

个人财务管理

❖ 本章提要

本章内容首先是编制个人财务报表，个人财务报表主要有资产负债表、现金流量表、收入支出表、个人预算表四种。其次是分析资产负债比率、收入负债比率、支出保障比率、支出收入比率、收支平衡点、储蓄比率、净资产投资比率等常用的财务比率和理财成就率、资产增长率、财务自由度等综合财务比率，并根据总的致富公式进行个人理财规划。本章内容对应执业流程第三步“分析和评估客户财务状况”。

❖ 重点和难点

1. 基本原则
2. 个人财务报表的编制
3. 个人财务分析

❖ 引导案例

张建国先生养老金资产配置案例：财务报表制作

以本教材第1章案例背景为例，讲解财务报表如何制作。因为涉及数据，所以简化展示第1章案例背景。

张建国先生从 2002 年统一开始缴纳[1]，养老金个人账户余额 50 000 元，医疗保险账户余额 9 000 元，由于张建国使用住房公积金还贷，故他的住房公积金账户未能留有余额，企业年金账户余额 20 000 元。

张建国先生企业年金账户余额 20 000 元，企业年金按月税前工资的 4% 缴费，且张建国的单位同比例配款，企业年金在退休时按 20% 缴税并一次性领取剩余金额。他还参加了员工持股计划，目前他已持有 7 000 股公司股票，股票市价为 10.60 元 / 股，每年分配 1 000 股，股票价格增长率与经济增长率保持一致。[2]

张建国及其家庭财务信息如下：现有 50 000 元活期储蓄，另有 500 000 元一年期定期存款。实物资产上，家庭拥有一辆价值 150 000 元的家用型轿车和市值为 1 250 000 元的家庭住房一套，该住房还剩余 250 000 元贷款未归还，这部分都使用住房公积金[3]来还款。除此之外，家庭月生活支出 10 000 元，支出成长率与 CPI 同步。

张建国先生资产负债的状况如表 3-1 所示。

表 3-1　张建国先生资产负债表　　　　（单位：元）

资　产		负　债	
现金资产	50 000	流动负债	0
流动性资产	50 000		
		投资负债	0
定期存款	500 000		
限制性股票	74 200	自用房产贷款	250 000
个人养老金账户	50 000	自用负债	250 000
医疗保险金账户	9 000	总负债	250 000
住房公积金账户	0		
企业年金	20 000		
投资性资产	653 200		
		净 值	
自用住房当前市值	1 250 000	流动性净值	50 000
自用汽车当前市值	150 000	投资性净值	653 200
自用性资产	1 400 000	自用性净值	1 150 000
总资产	2 103 200	总净值	1 853 200

本章将详细讲解财务报表的制作和分析。

3.1　概述

个人财务管理主要内容是编制个人财务报表和进行个人财务分析。个人财务报表主要有资产负债表、现金流量表、收入支出表、家庭预算表四种。在进行财务报表分析时，要

㊀ 养老金个人缴费率为 8%，基本医疗保险个人缴费率为 2%，失业保险个人缴费率为 1%，住房公积金个人缴费率为 8%，企业年金个人缴费率为 8%，企业年金部分公司按同样比例配款。

㊁ 股票只有在张建国退休时或离开公司 5 年后才能卖出。

㊂ 该公积金贷款利率为 3.87%。

在分项目结构分析的基础上，分析资产负债比率、收入负债比率、支出保障比率、支出收入比率、收支平衡点、储蓄比率、净资产投资比率等常用的财务比率，以及理财成就率、资产增长率、财务自由度等综合财务比率，并根据总的致富公式进行个人理财规划。

掌握个人资产负债表、现金流量表、收入支出表、家庭预算表 4 张财务报表的编制方法。理解来源于资产负债表的“净资产”，即是家庭理财供应之一（即现值 PV）；来源于收入支出表的“储蓄”，即是家庭理财供应之二（即年金 PMT）。家庭财务报表数据由个人理财流程第 2 步获取。个人理财业务是建立在客户关系管理基础上的顾问式营销。

3.2 基本原则

个人财务管理与企业财务管理的基本原则是相同的。这些原则包括：借贷相等原则、流量与存量相对应原则、收付实现制原则、成本价值与市场价值双度量原则。

3.2.1 借贷相等原则

虽然个人财务分析中一般不需要像企业那样通过编制规范的会计分录来进行详细的财务处理，但在编制财务报表时也必须遵守会计复式记账法的基本方法，即“有借必有贷，借贷必相等”。借贷双方反映的内容如表 3-2 所示。

表 3-2 借贷相等原则

会计科目	借　方	贷　方
资产	增加	减少
负债	减少	增加
净值	减少	增加
收入	减少	增加
支出	增加	减少

3.2.2 流量与存量相对应原则

家庭收入与支出是流量，反映一段时间现金收支的变化；家庭资产与负债是存量，反映某个结算点[⊖]时资产与负债的状况。存量的变化是流量变化的结果，二者存在严格的对应关系，具体表现为：

期初存量 + 本期流入（收入）− 本期流出（支出）= 期末存量

当期净流入量（储蓄）= 前后期净资产差异

期初净资产 = 过去历年储蓄累积额 − 资产折旧 + 资产价值增减额（资本利得或损失）

3.2.3 收付实现制原则

在会计核算中，根据对经济流量记载方式的不同，分为权责发生制和收付实现制。权责发生制又称应计制，即只要有经济流量发生，不论是否有现款收付，都要及时记账，交付货物或劳务时未收到现款就记“应收款”，收到货物或劳务时未支付现款就记“应付

⊖ 通常以月末、季末或年末为结算日。

款”。收付实现制又称现金制，即有现金流入或流出时才记账。

企业会计核算时，为了准确地记载经济活动和达到资产负债表与利润表的严格对应，一般使用权责发生制。家庭核算中并不要求两表的严格对应，同时也不是对任何经济活动都记载。所以，为简便起见，个人财务分析中一般使用收付实现制。比如，刷信用卡消费时不记入支出，信用卡还款时才记入支出。这样也便于将期初与期末的现金相对照，查看有无漏记、错记。

3.2.4　成本价值与市场价值双度量原则

非现金资产（如房产）的价值会随着市场状况的变化而变化，所以，在进行财务核算时必须注意到资产的成本价值与市场价值的差别，要同时编制两种资产负债表：以成本价值反映的资产负债表和以市场价值反映的资产负债表。

成本价值通常以购入时所支付的现金额来计算。市场价值以结算时点资产的市场价格或按市场行情评估的价值计算。对于价格具有公开性、统一性、频繁波动性的资产，如股票、债券、基金等，应按上期期末市价计入以成本价值反映的资产负债表，按结算日的收盘价计入以市场价值反映的资产负债表。对于没有可参照的公共统一的市场价格、流动性较差的资产，如房地产、汽车、收藏品等，可以不用重估调整，按成本价入账，在处分此类资产时，将其处分收益直接列入净资产变动项目。但如果此类资产市价在短期内确有大幅变化（如涨跌 10% 以上），为避免资产负债表失真，应按照当时可卖掉的价格计入资产负债表。

按成本价编制的资产负债表可以用来检查记账是否正确，因为根据这种资产负债表可以得到：本期期末净资产 − 上期期末净资产 = 当期储蓄；按市场价编制的资产负债表可以准确显示当时的实际家庭财富；根据两种报表计算出的净资产价值的差异就是账面损益，即为实现的资本利得或损失。需要注意的是，根据市场价值编制的资产负债表，当期净资产变动额与当期储蓄不再相等，而调整为：

当期净资产变动额 = 当期储蓄 + 当期资产重估调整额 + 当期末实现资本利得或损失

3.3　个人财务报表的编制

资产负债表显示某一时点的家庭财务状况（存量记录），利润表显示家庭财务状况变动情况（流量记录），预算表用于计划未来收支。

3.3.1　资产负债表的编制

普通家庭的资产通常被分为三大类：自用性资产、投资性资产和流动性资产。相应地，负债也被分为自用性负债、投资性负债和消费性负债。通过对资产和负债的分类和统计，可以看到三大类资产和负债的占比情况，从资产负债表中比较直观地看到客户的理财积极性、债务管理能力、资产配置的合理性。

1. 个人资产负债表的内容

个人资产负债表的内容如表 3-3 所示。

表 3-3 个人资产负债表 （单位：元）

年 月 日

	资产科目	金额	占比（%）		负债科目	金额	占比（%）
	自用性资产				自用性负债		
1	自用住宅			1	房屋按揭贷款		
2	家具、家电等用品				1.1 商业性住房贷款		
3	汽车				1.2 住房公积金贷款		
4	衣物				1.3 商用房贷款		
5	运动器材			2	汽车贷款		
6	其他自用性资产			3	装修、家具、家庭用品贷款		
	自用性资产小计			4	大额耐用消费品贷款		
	流动性资产			5	医疗消费贷款		
7	现金			6	旅游贷款		
8	支付宝余额			7	其他自用性负债		
9	一年以下理财产品				自用性负债小计		
10	其他流动性资产				消费性负债		
	流动性资产小计			8	信用卡透支		
	投资性资产			9	小额消费性负债		
11	P2P				消费性负债小计		
12	债券				投资性负债		
13	股票			10	投资性房产的按揭贷款		
14	基金			11	实业投资的个人债务		
15	信托和理财产品			12	其他投资性负债		
16	金融衍生产品				投资性负债小计		
17	管理性或商业性投资						
18	不动产投资（如投资型房产）				负债总计		
19	贵金属或宝石或艺术品						
20	储蓄性保险及投资连结保险现金价值						
21	养老金或住房公积金或寿险保单现金价值						
22	其他投资性资产				净资产总计		
	投资性资产小计						
	资产总计				负债与净资产总计		

（1）家庭资产。家庭资产多种多样，不可能在报表中详细列出，一般做法是进行大体分类，并且主要反映有价值的资产。普通家庭的资产通常被分为三大类：自用性资产、流动性资产和投资性资产。

1）自用性资产，是当前用以维护家庭生活品质的资产。自用性资产包括增值性资产，如自用住房、空置或者用于度假的（不产生收入的）房产、艺术品收藏等，这类资产虽然当前不产生收益，但随着时间的推移自身价值可能会增加；自用性资产还包括一些非增值性资产，这类资产价值会随着其使用年限的增加而减少，如私家车、家具电器等。自用性资产主要特征：①增值性资产虽然有一定的资本增值但不产生收入；②非增值性资产主要用于家庭生活品质的维持；③可以提供使用价值；④必要时可以变卖套现。

2）流动性资产，是用于家庭日常开销和紧急情况的准备金，是流动性较强的资产，包括现金、支票账户、储蓄账户、货币市场账户和其他短期投资工具。这些金融工具之所以能称为流动性资产，是因为这些资产要么是现金本身，要么是随时可以在价值没有损失或损失极小的情况下转换为现金。通常，期限在 3 个月内、流动性强、价值变动风险很小、易于转换成已知金额现金的资产都可视为现金等价物。流动性资产主要特征：①流动性强；②安全性高；③利息收入低；④可用于近期支出和短期债务的偿还。

从有效投资的角度来看，一般不提倡家庭里拥有太多的流动性资产，因为利率较低，很难抵御通货膨胀的影响。如果在通货膨胀严重的情况下，家庭拥有大量该类资产，无疑要面对资产缩水的风险。但是，家庭为了应对不时之需，应持有一定比例流动性资产：①一般保持相当于 3～6 个月税后收入的流动资金是最佳的。假设税后月收入是 5 000 元，那么，保持 15 000～30 000 元的流动资金储备是比较合适的。②以 6 个月左右的家庭生活支出额作为现金储备水平标准，根据家庭的具体情况可以酌量增减。如子女已经成人独立，夫妻俩工作、收入长期稳定，保持三四个月家庭生活开支水平的紧急预备金即可；如果是年轻夫妻，主要收入来源是佣金提成、不稳定，子女年龄小，夫妻俩工作不稳定，平时人情来往多，建议保持至少 6 个月家庭生活开支或更高水平的紧急预备金。这里所指的生活支出必须是家庭所有的支出，包括还贷支出、保险支出、教育支出等比较刚性的支出。

3）投资性资产，是指需要保值增值、用以满足人生不同阶段理财需求的最主要的资产，其主要特征及运用包括以下几个方面：①主要目的是长期收益和资本利得；②具有一定的流动性；③长期资本升值和收益有一定的预见性（以便于客户依据所需要的投资回报对资产进行配置）；④出售套现时不会对客户的生活品质造成负面影响。

投资性资产包括：股票、基金投资、债券、金融衍生产品、理财产品、投资性房地产及其他另类投资产品等。如果说理财服务是一个科学规划客户现在及未来财务资源的过程，那么投资性资产无疑就是客户最重要的“资本”。理财规划服务中的投资规划也主要是指这部分的资产运用。

投资性资产通常可分为两类：可配置投资性资产和不可配置投资性资产。前者包括流动性相对较强的证券类投资、储蓄及房地产等资产；后者包括流动性较差、一时无法变现的投资性资产，如未上市公司或合伙企业的股权、保单现金价值、住房公积金和个人养老金账户余额等。对投资性资产进行分类是非常有必要的，因为在具体分析家庭财务状况和投资规划时，理财规划师必须了解客户资产的流动性状况和现有投资产品的分布、特征及存在的问题。

（2）家庭负债。家庭负债包括全部家庭成员与非家庭成员之间的所有债务。负债分为自用性负债、投资性负债和消费性负债。

1）自用性负债，是在购买自住房产和购车等重大消费支出时产生。自用性负债占总负债的比例，通常也被称为“自用性负债比率”，间接地表现出家庭的财富积累情况。财富积累早期的自用性负债往往是家庭最重要的负债，随着家庭资产的逐步积累，自用性负债比例逐步降低。

2）消费性负债。典型的消费性负债有信用卡未付余额（信用卡透支）和小额消费性负债。虽然信用卡的使用给现代家庭带来诸多便利，但消费者应该每期还清信用卡欠款。如果不能及时还清当期信用卡应付款总额，信用卡金融机构一般会对全部消费款从消费发生日起收取每日万分之五左右的利息。由于逾期信用卡欠款的利息高昂，理财师通常会提醒客户调整债务结构，在做任何投资以前，先还清信用卡债务。

消费性负债占总负债的比例，被称为“消费性负债率”，通常能反映出家庭财务的流动性状况。理财实践告诉我们，消费性负债率高，往往是因为家庭的流动性出现了问题，它也间接反映了客户的消费模式，比如过于超前消费，导致家庭出现入不敷出的情况。

3）投资性负债，主要包括利用财务杠杆进行投资而拥有的债务，如投资性房产的按揭贷款、用于实业投资的个人债务等。投资性负债占总负债的比例通常被称为投资性负债率，主要体现了客户的理财积极性，在一定程度上也反映了客户的风险属性。

（3）家庭净资产。家庭净资产是家庭资产减去家庭负债的净值。一般说来，在家庭的成长期和成熟期，净资产会不断累积，退休后开始减少，通过资产变现以支持消费。比如，停止养老保险缴款并开始提款，将大房子换成小房子以置换出一定的现金，甚至卖掉一些日用资产。

2. 个人资产负债的编制方法

（1）主要资产负债项目的金额计算。主要资产负债项目的金额计算如表 3-4 所示。

表 3-4　资产负债项目的金额计算　　（单位：元）

资　产		负　债	
项目	金额	项目	金额
现金	月底盘点余额	信用卡透支	签单或对账单累加
存款	月底存单存折余额	小额信贷	月底本金余额
债券	持有张数 × 月底市价（或按面额计算）	房贷、车贷	账单月底本金余额
股票	持有股数 × 月底股价	民间借贷	借据所载金额
基金	持有份数 × 月底净值	应付费用	通知单金额或原约定金额
保险资产	保单份数 × 对应现金价值		
房地产	买价或最近估价		
汽车	同类二手车行情		

（2）各项资产负债的计价方式。个人理财规划中可以采用的计价方式共有三种：历史价值、市场价值和重置价值。以历史价值计价就是按最初购买的价格计算，一般需要计提折旧。市场价值计价就是按在公平、宽松和从容的交易中别人愿意为这项资产支付的价格计算。重置价值计价就是按在新的条件下重新购买这一资产的价格计算。

自用性资产按照何种价值计价取决于客观情况：如果不准备卖掉，就按历史价值计价，如果按市场价值和重置价值计价就是错误的，因为这会增减其净资产，而一个家庭的财务状况不会因为这种账面上的减少而恶化，也不会因此增加的账面价值去购买其他资产或用于消费。但是，如果出现以下三种情况就不能再按历史价值计价：①考虑出售时；②计算财产保险额度时；③家庭对未来的计划改变时。这时，房子和汽车按照市场价值计价（减去卖出时的费用），其他资产一般按重置价值计价，对于不打算重置的资产，按市场价值减去卖出时的费用计算。

流动性资产按市场价值计价，如果要更精确，可扣除变现的交易费用（一般为市场价值的 1%～5%）。

投资性资产按照与除房子和汽车以外的资产同样的方法计价，当然，通常重置价值与市场价值会有较大差别。不同于具有成熟、完善市场的资产，如金融资产、房子、汽车等，这些资产的重置价值与市场价值较接近，差别只在于折旧与交易费用。

负债应该按照所欠金额的“当前价值”来计价，这与“市场价值”不同，因为如果利率发生变化，初始贷款本金减去已偿还本金并不等于所欠金额，这时，要重新计算平均每期摊还或贷款余额。

（3）资产负债表的编制依据。如果是第一次制作家庭资产负债表，要先把所有的资产负债凭证进行仔细整理，清点自用性资产并评估价值，以成本和市价分别记账，以后做报表的重点就在于处理资产与负债的变动额。

1）现金通过加总所有家庭成员期末手持现金额得到。

2）存款额通过加总所有存款、存单、银行卡余额得到。

3）证券类资产通过将证券账户上各类证券（各种股票、债券、基金等）余额乘上相应的市价，然后加总得到。

4）房地产价值额的确定依据分两种情况：以成本价计时，将买卖契约上的总价加上契税、共同维护基金等确定；以市场价计时，按市场比较法评估每平方米价格，乘以房地产总面积得到。

5）其他耐用消费品。如果不准备变卖，干脆不计入资产负债表。在初次编制报表时，为了确认家庭实际资产状况，可按旧货商的收购行情计算。以后可以保持不变。

6）保单现金价值。定期寿险、意外险、财产险、伤残险、医疗险等费用性质的险种，其保单的现金价值很低，可以不计。终身寿险、养老保险、子女教育年金、短期储蓄险、投资连结保险等，保单的现金价值通常以保单周年为调整基准，可将保单上所记载的解约金价值当作该年的价值。

7）负债余额。房贷、车贷、小额信贷等以最近缴款通知单所载余额减去本期还本额计算。需要注意的是，计算负债时，应将利息和本金分开计算，本金偿还为负债减少，而利息支出作为理财费用支出。

8）信托产品。符合投资性资产的特征，归类至投资性资产。

9）住房公积金账户余额和个人养老金账户余额，也可归类至投资性资产或其他投资性资产中。

10）借给亲戚朋友的钱，可以视其特点进行归类。如果是友情帮助、不计利息的，可以归类至自用性资产；如果计息，则可以归类至其他投资性资产。

3. 编制资产负债表注意事项

（1）需有表格抬头，如“X 先生家庭资产负债表”。

（2）需有截止日期，如“截至 20×× 年 × 月 × 日”。

（3）金额和占比分别标明单位“元”或者“万元”和百分比。

（4）表内金额均为该类资产的成本价格或市场价值。

（5）各类资产占比均为该类资产占总资产的比例。

（6）各类负债占比均为该类负债占总负债的比例。

（7）净资产总计为总资产减去总负债。

3.3.2 现金流量表的编制

个人现金流量表，反映了一定时期内现金与现金等价物流入和流出的情况。日常经济活动，如消费活动、投资活动及筹资活动等，是影响现金流量的重要因素，但并不是所有的经济活动都影响现金流量。

1. 个人现金流量表的内容

个人现金流量表一般是以“现金流入 - 现金流出 = 现金净流量”这一方程式为基础，采用多步式列示，最终计算并填列本期现金净流量。个人现金流量表的内容如表 3-5 所示。

编制现金流量表的目的，是提供家庭生成现金的能力和时间分布的信息，以利于正确地进行消费和投资决策。需要符合的原则有：真实可靠原则、反映充分原则、明晰性原则、及时性原则、本币反映原则、充分揭示原则。需要说明的是，如果持有外币资产，汇率变动对现金的影响要在现金流量表中单独列示。根据充分揭示原则，对于不涉及现金的投资和筹资活动，应在现金流量表的附注中反映，以说明其对财务状况的影响。

2. 个人现金流量表编制方法

现金流量表的编制主要包括记录收入和支出日记账、整理日记账等资料、确定本期现金和现金等价物的变动额、分析原因和分类编制、检验确定、附注披露、最后汇总等步骤。其中，关键的环节是确定本期现金与现金等价物的变动额，即“现金净增（减）额 = 现金与现金等价物期末余额 - 现金与现金等价物期初余额”，这一数额既是现金流量表所要分析的对象，又可以用来与现金流量表中计算出的现金净流量进行核对，以保证编制的准确性。

3. 个人现金流量表编制时注意事项

（1）不影响现金流量的投资和筹资项目。如以非现金资产偿还债务、以对外投资偿还债务、以非现金资产对外投资。

（2）对现金及现金等价物变动分析。如现金的变动额、存款的变动额、现金等价物的变动额。

通过不同时期现金流量表的对比，可以获得现金流入、流出的变动额度，并从变动的总体趋势上把握个人和家庭的财务状况。

表 3-5　个人现金流量表　（单位：元）

序号	项目	金额
1	现金流入	
1.1	工资性现金流入	
1.1.1	工资	
1.1.2	奖金	
1.1.3	津贴	
1.1.4	其他	
1.2	财产经营收入	
1.2.1	现金股利	
1.2.2	租赁收入	
1.2.3	生产经营收入	
1.2.4	其他	
1.3	不固定的现金收入	
1.3.1	劳务收入	
1.3.2	信息咨询收入	
1.3.3	其他	
1.4	债权现金收入	
1.4.1	银行存款利息	
1.4.2	国债利息	
1.4.3	向他人放贷利息	
1.4.4	其他	
1.5	收回对外投资获得的现金	
1.5.1	股票投资本金	
1.5.2	债券投资本金	
1.5.3	其他	
1.6	对外举债取得的现金	
1.7	其他现金收入	
1.7.1	退休金	
1.7.2	救济	
1.7.3	馈赠	
1.7.4	遗产继承	
1.7.5	其他	
2	现金流出	
2.1	日常消费支出	
2.1.1	饮食支出	
2.1.2	日用品支出	
2.1.3	服装鞋帽支出	
2.1.4	文化娱乐支出	
2.1.5	医疗保健支出	
2.1.6	教育支出	
2.1.7	人际交往支出	
2.1.8	各种用具支出	
2.1.9	其他	

3.3.3　收入支出表的编制

个人财务管理信息中的收支管理信息可以通过收入支出表进行分类和整理，并比较直观地观察出其收入支出的结构。收入支出表的内容如表 3-6 所示。

表 3-6 个人收入支出表 （单位：元）

年 月 日

年收入	金额	占比（%）	年支出	金额	占比（%）
工作收入			生活支出		
工资和薪金			家庭日常生活支出		
先生			衣食住行		
太太			休闲娱乐、医疗		
奖金和佣金			专项支出		
先生			子女教育支出		
太太			房屋、汽车按揭还贷		
其他劳务收入			赡养支出		
投资收入			信用卡还款		
利息收入			理财支出		
资本利得			贷款投资资产项目利息支出		
租金收入			保障保险费用		
其他投资收入			投资理财咨询支出		
其他收入			其他支出		
收入总计			支出总计		
年结余					

1. 个人收入支出表编制内容

由于收支很繁杂，所以个人收支表不需要做得太精细。该表分为三大类：收入、支出和盈余或赤字。

（1）收入。

收入即现金流入。一般把家庭收入划分为工作收入、投资收入和其他收入三大类。

1）工作收入，指家庭成员通过工作、劳务等获得的可支配收入，即完税后的收入，包括家庭成员的工资收入、年终奖、劳务收入、稿酬、个人经营所得等。其中个人经营所得包括个体工商户的生产、经营所得，企事业单位的承包经营、承租经营所得等。

2）投资收入，指家庭的财产性收入。其中包括了特许权使用费所得，利息、股息、红利、资产增值、财产租赁和财产转让所得等。在一些情况下，家庭经营所得也可以列入投资收入。

3）其他收入，是指上述两大类收入不包括的收入类别，如中奖、中彩以及其他偶然性质的所得，又如来自他人的财务支持（如父母或者离异配偶的抚养费）或财产继承、赠与等。

（2）支出。

支出即现金的付出。一般把家庭支出划分为消费支出、理财支出和其他支出三大类。

1）生活支出，包括家庭日常生活支出和专项支出两个部分。家庭日常生活支出包括衣、食、住、行、娱乐休闲、医疗等方面的支出；专项支出包括子女教育和自用房按揭贷款还款（月供）利息支出、信用卡利息支出、赡养费支出等。

2）理财支出，包括各类负债的还本付息支出、保险支出。

3）其他支出，是指上述两大类支出不包括的支出类别，如税收、捐赠、其他偶然的临时支出。

（3）盈余或赤字。

盈余或赤字是收入减去支出的一个差项，反映当期现金流动的最终结果，正值为盈余，负值为赤字。

2. 个人收支表的编制依据

尽管不可能随时记录每一笔交易，但只要保留所有收支单据及资产负债凭证，每月月底记一次账，基本上就可以掌握每月收支和储蓄变动的情况。主要收支项目的记账依据如下：

（1）工资收入及扣除额。工资转账凭单一般都列明工资收入及扣除所得税、"四险一金"，可据此算出拨入银行工资账户的现金净收入。

（2）其他工作收入。个人经营收入可根据公司和商号的盈余配发记录记账，劳务报酬、稿酬可根据领款收据记账，若无凭证，可在领款当日做一便条，注明收入来源及金额。

（3）理财收入。活期存款利息收入根据银行结息单或刷卡查询；定期存款及债券利息收入根据取息通知单或到期结息单记账；股息、红利及资本利得（损失）通过查询证券资金账户余额记账。

（4）消费支出额。这需要平时注意保留消费支出凭证，到时分类加总发票、收据金额即可得到。

（5）债务偿付支出。根据各类贷款缴款通知单金额分本金和利息分别记账。

（6）保费支出。根据保费收据或发票记账。

上述依据只有在家庭中有成员注意保留收支单据，并有记流水账习惯时才有效，如果这些都没有，可采取倒推的方式：先连续编制两期以成本计的资产负债表，然后依据"本期储蓄 = 本期净值 - 上期净值"算出储蓄，再依据"收入 - 储蓄 = 总支出"推算出总支出，最后，根据对各项支出占总支出比率的估计推算各项支出项目金额。但最好先做几个月的详细记录，据此就可以较为准确地推断全年的收支。当然，收支记录尽量详尽准确是为了未来的财务规划，如果一个家庭不会因为知道了某一特定收支项目的情况而改变消费习惯，那么详细地记录就是浪费时间。

3. 编制个人收支表时应注意事项

（1）为了便于对支出的预算和控制，在对支出项目进行统计和编制时，要将其分为两大类，一是没有弹性的开支，二是有弹性的开支。没有弹性的开支，如房贷债务偿还，可以将等额的还款分为本金和利息，利息支付视为日常理财支出，本金减少是负债的减少（这里，买房可以理解为一种强制储蓄）。同理，为养老金、教育金而投资支出，都是没有弹性的支出。做理财规划方案调整时，不能改变这部分支出。有弹性的开支，如美容、健身、度假旅游、高档家具、高档耐用消费品等方面的支出。当理财资金供应小于理财资金需求时，可压缩这部分开支。

（2）大额支出做特殊处理。对绝大多数家庭来说，购买住房和汽车都是大额支出，一般是负债，如果计入当期的收支表，就会造成当期有一项很大的负的支出，实际上支出的这笔钱很大部分并不是来自当期收入，而是过去的储蓄。因此，对此类开支的处理方式是，记录在资产负债表中，但不计入收支表。

（3）根据需要选定编制日。一般每月编制一次收支表，编制日可选在月底，也可选在发薪日或收到信用卡缴款单日，每个家庭根据自身情况做出选择，但周期必须一致。

（4）注意对账调整。由于每月只做一次账，收支不免有漏记之处，而且费用中还有估计的部分，因此，需要对期末资产负债表中的现金与收支表中的现金结余进行对比，据以核对记账的准确性，并对储蓄额进行调整：储蓄 = 期末现金 – 期初现金 + 资产增减额 – 负债增减额。

（5）区别对待资产损益。已实现资本利得（损失）计入收入（支出）项目，未实现资本利得（损失）是期末资产及净资产的调整项，不计入当期的收支表。

（6）妥善处理贷款利息偿付。房贷、车贷每月还款额应划分为本金和利息，利息作为支出项目计入现金流量表，本金不计入，作为负债减少计入资产负债表，是影响净资产和储蓄额的项目。

（7）区别保险费用支出。产险、定期寿险、健康险等无储蓄性质，保费直接列为支出项目，而终身寿险、养老保险、投资连结保险、教育年金等因可累计现金价值，具有储蓄性质，只需要把实缴保费减去当年保单现值增加额的差值作为费用，计入支出。

（8）个人收入支出表编制注意事项。

1）需有表头，如“×× 先生 20×× 年个人收入支出表”。

2）金额和占比分别标明单位“元”或者“万元”和百分比。

3）各类收入占比均为该类收入占总收入的比例。

4）各类支出占比均为该类支出占总支出的比例。

5）结余为总收入减去总支出。

3.3.4 个人预算表的编制

资产负债表和现金流量表分别从静态和动态两个方面反映个人财务状况，除此之外，还需要编制个人预算表。从某种意义上说，编制预算表更重要，这是理财规划的重要工具和工作重心，前两个表的功能在于为此提供基础和信息。就像政府、企业都要做预算一样，个人也需要做预算。编制个人预算表的目的在于以现有财务状况为基础，对未来收支进行合理计划，以实现各项生活目标。其内容如表 3-7 所示。

完整的个人预算编制需要经过三个程序：①设定财务目标；②收入、支出的初步测算；③根据初步测算结果与原定目标的差异进行预算调整。以下就按照这三个步骤展开内容。

1. 设定财务目标

财务目标可以分为相互联系的两个层次：一是长期理财目标，二是短期理财目标。不管是国内还是国外客户，长期理财目标主要有四个：一是拥有自己理想的住房，二是给子女准备足够的教育费用，三是有充分的医疗保障，四是积累足够的退休金。要实现这些长期目标必须积累足够的资金，要积累资金就要储蓄。因此，短期目标就是增加储蓄，以年为单位，是长期目标的分解和实现手段。

设定财务目标需要分段分类计算实现各项长期目标所需资金总额，然后在考虑货币的时间价值的情况下计算出以后各年的储蓄额，据此求出的当年储蓄额为当年最低储蓄标准。如，30 岁，测算考虑了货币的时间价值，60 岁退休到 95 岁终了，自己想要的生活方式需要的每期储蓄多少。

2. 收入、支出的初步测算

要实现年度储蓄目标，就需要尽可能增加收入，适当控制支出，并将剩余资金投资于生息资产。但是，这种储蓄积累不能影响到目前生活的正常进行。为此首先需要保留足够的紧急备用金。紧急备用金只能以高流动性、低收益或无收益的金融资产形式保存。

（1）紧急备用金的测算。紧急备用金主要用来应对收入突然中断或支出突然暴增的情况，以免家庭陷入财务困境。收入中断可能在两种情况下出现，一是失业，二是因意外伤害或身心疾病导致暂时无法工作，保险术语上称作“丧失劳动能力”。失业后再找到工作需要一段时间，时间长短取决于当时的经济景气状况和失业者自身的调整弹性。要找到与原来工作收入相当的工作，经济繁荣时也许 3 个月就可以，经济不景气时则需要一年半载或者更长时间。所以，应对失业的紧急备用金至少应该相当于 3 个月的固定收入，保守估计的话，需要相当于 6 个月的固定支出。固定支出 = 月生活费的支出 + 月应偿负债本息。

虽然丧失劳动能力的风险可以通过提前投保残疾保险来转移，但投保残疾保险最少有 3 个月的免责期，也就是 3 个月内无法获得理赔金。因此，投保残疾保险者最少要准备相当于 3 个月固定支出的紧急备用金，没有投保者需要更多。

如果将上述两种收入中断的可能同时考虑，取其高者，最长可达 1 年。

因为自己或家人需要紧急医疗，或因为天灾、被盗等导致财产损失，需要重建或重购支出时，短期内大额的支出可能超出当时的收入能力，应有一笔紧急备用金才能应付。具体需要多少，取决于每个家庭的具体状况。

满足紧急备用金需求的两种方式。现实中可以两种方式来筹备紧急备用金，一种是流动性高的活期存款或短期定期存款，另一种是备用贷款额度。

需要通过成本比较来决定选择何种方式。选择备用贷款额度方式不需要占用自有资金，可将资金投资于高收益金融资产，但这是要付出成本的。选择存款方式也是有成本的，那就是不能用于高收益性长期投资的机会成本。假定持有存款的收益率与长期投资的平均收益率相差 5%，也就是说，以存款方式持有紧急备用金的机会成本是 5%。如果一个家庭没有债务，每个月固定支出 6 000 元，需要准备相当于 5 个月固定支出的紧急备用金，则以存款方式持有的年成本为：

$$5\times6\,000\times5\% = 1\,500\text{（元）}$$

如果把所有的钱都做长期投资，有紧急需要时从银行贷款，银行短期信用贷款利率折合年利 12%，借入满足 5 个月支出需要的贷款成本也是 1 500 元。

$$（5\times6\,000\times12\%/12）\times5 = 1\,500\text{（元）}$$

由此可以看出，当预期长期投资机会较好和存款利率与银行短期信用贷款利率差距较小时，就选择备用贷款额度方式，否则就选择存款方式。但是，最好的方式是两者合理搭配。比如紧急备用金需求总额为 30 000 元，可以 10 000 元活期存款作为第一准备，另外再向银行申请紧急备用额度 20 000 元。现实中需要动用所有紧急备用金的概率可能较低，比如只有 30%，70% 可能需要动用的额度在 10 000 元以内，这样两者配合就是最优选择。

（2）收入的初步测算。未来收入的测算实际上就是对家庭收入未来增长状况的预测，不同收入来源的家庭，测算的难度和方式有所不同。

国家机关公务员和在大企业工作的工薪阶层，收入稳定，增长率不能设定太高，通常比通货膨胀率高 3%。

公司职员、个体经营者、自由职业者、企业主的收入与国家经济发展前景、经济周期波动及所处行业景气状况有密切关系，具有不稳定性，要根据历史和当年情况预测其增减变化。

后面（第 10 章）综合理财案例制作讲解时，就分别设置了国家机关公务员、普通企业员工等这些“个人财务特征”明显的客户，进行理财规划。

（3）支出的初步测算。支出预算要在收入测算的基础上，并达到年储蓄目标的情况下做出，即年度支出总预算 = 年度收入 – 年储蓄目标。

支出预算要具体落实到每个月，在进行月度支出预算时，首先要确定基本支出，即在基本、平均和满意的水准下维持日常生活需求的支出，与之相对的收入称为基础收入。每月确定性的收入减去基本支出和贷款本息摊还额等固定支出就是每个月的可能储蓄。可能储蓄与应有储蓄可能不完全一致，为了进行预算控制，可把活期存款当作调节库，当可能储蓄高于应有储蓄时存入，当可能储蓄低于应有储蓄时，提取活期存款，用于维持定期定额投资。如果每年的储蓄预算都有结余，可做整笔投资，用来提升长期理财目标。

支出可以分为非弹性支出和弹性支出，前者是按照过去的承诺或按规定必须进行的支出，比如贷款的每月摊还、保费的每年缴纳、房租或管理费及所得税缴纳等，这类支出的决策点在过去，在当期预算中是必须首先保证的。预算控制的重点是弹性支出。

在收入、紧急备用金、应有储蓄、非弹性支出确定以后，如果支出进行分项目预算的结果是总支出预算超出了收入预算，就需要压缩弹性支出。

3. 预算控制与差异分析

为了管控费用与储蓄，可以在银行开立三个账户：一个是定期定额投资账户，定期从工资户头转入资金，以达到强制储蓄的功能；如果有房贷，可在贷款行开一个账户，在缴款日前拨入资金供扣款，掌握房贷本息的缴付情况；在信用卡发卡银行开一个账户，所有信用卡用款缴付经此账户。三个账户相互配合，可以控制收支情况，也能随时掌握资产负债状况。

实际支出情况不可能与预算完全一致，这时就需要进行差异分析。差异分析应注意以下要点：

（1）先总再细。先看实际支出总额与预算的差异状况，如果差异不大，但有些项目预算高估，有些项目预算低估，在持续两三个月后，应根据实际支出修正个别项目预算。

（2）先大后小。如果实际支出总额超过预算 10% 以上，应就超出预算多的项目做进一步分析，可将超过预算 15% 作为追踪标准。如表 3-7 的例子所示，实际费用支出 54 840 元，超过预算接近 10%，其中娱乐、水电日用超过预算最多，是需要进一步分析的项目。

表 3-7　个人费用型支出预算及执行情况示例　　（单位：元）

支出形态	饮食	服装美容	水电日用	交通费	娱乐	医疗保健	合计
现金	28 100	4 410	7 405	3 800	7 625	3 500	54 840
信用卡	0	0	0	0	0	0	0
月预算	28 000	4 000	6 000	4 000	4 000	4 000	50 000
达成率	100%	110%	123%	95%	191%	88%	110%

（3）重点改善。如果刚开始做预算有较大差异，应制订出分期改善计划，每月选择一个重点项目进行改善。

（4）年月结合。在进行差异分析时，应将月预算与年预算执行情况结合起来，以便整体调整和控制。

（5）增加收入。对于超支情况，如果尝试了许久还是无法降低支出，就需要想办法以加班、兼职等方式增加收入。

个人财务报表的编制虽然并不复杂，但不少家庭还是难以单独完成。如果他们是理财机构的客户，就可以请理财规划师帮助其完成编制工作。

个人现金收支预算表的基本结构如表 3-8 所示。

表 3-8　个人现金收支预算表　　（单位：元）

项　目	上期实际数	本期预计数	本期实际数	本期预决算差额
收入				
1. 工资性收入				
2. 财产经营收入				
3. 不固定收入				
4. 债务收入				
5. 其他收入				
合计				
支出				
1. 饮食支出				
2. 衣服鞋帽支出				
3. 日用品支出				
4. 交通费				
5. 文化娱乐支出				
6. 医疗保健支出				
7. 教育支出				
8. 人际交往支出				
9. 各种用具支出				
10. 住房支出				
11. 投资支出				
12. 所得税				
13. 其他支出				
合计				
预算节余 （收入合计 – 支出合计）				

如果节余额为正数，则说明收大于支。如果节余额为负数，则说明入不敷出、寅吃

卯粮。因此，在编制收支预算表时，应考虑减少可有可无的需求目标，直到达到收支平衡为止。

理财是否成功，取决于个人对财务预算执行情况。

3.4　个人财务分析

个人理财规划的制定和执行是建立在财务分析的基础上，财务分析包括财务报表结构分析和财务比率分析，通过这两个方面的分析，全面把握家庭财务状况。

3.4.1　财务报表结构分析

家庭财务报表是供个人和理财规划师进行财务分析用的，不要求有非常正规的格式。同时，财务报表也只需要反映家庭财务存量和流量的主要内容，不苛求完整无缺，其内容会因每个家庭的情况不同而不同。比如未婚或刚结婚的无子女家庭财务报表比较简单，中年已婚并有子女家庭的财务报表比较复杂。也就是说，不同家庭的财务报表结构肯定有所不同，这也是金融机构要针对不同家庭因为财务报表差异导致理财规划方案不同，进而提供不同的“一对一”差异化理财服务的原因所在。

1. 资产负债结构分析

（1）资产项目分析。如前所述，在一般情况下，家庭资产可以分为自用性资产、流动性资产和投资性资产三大类。投资性资产是理财规划的重点。

现金和准现金是不带来什么收益的高流动性资产，主要满足家庭日常消费开支需要，在通常情况下，其数额应至少满足家庭三个月的开支。

生息资产是除工作收入以外的重要收入来源，但有较高的风险，所以，其持有比例应根据国内外经济情况合理调整，经济繁荣时持有比例高些，经济萧条时则要适当降低持有比例。

自用性资产在一般家庭中占有较大比重，虽然不带来收益，却是日常生活所必需的。它可以再分为两类：一类是升值性资产，如房地产和收藏品；另一类是折旧资产，如汽车、家具等。后一类资产所占比重不能太高，平时应注意控制这类支出，否则会影响到以后生活质量的进一步提高。前一类资产的持有比例并非在任何情况下都越低越好，因为其可以实现保值增值，在特殊情况下可以满足现金需求，比如，在出现财务危机时可以将其出售变现，退休时也可将大房子换成小房子以弥补退休金不足。

（2）负债项目分析。负债是由家庭过去的经济活动而产生的现有责任，这种责任的结算将会引起家庭经济资源的流出。在通常情况下。家庭总负债要小于总资产，否则就说明家庭现时财务状况相当糟糕，如果不及时采取改善措施，将面临债权人清算的危险。

负债可以分为短期（1 年以下）、中期（1～5 年）、长期（5 年以上）。中长期负债应与家庭的中长期偿债能力，即未来收入相适应，短期负债构成对家庭资产的流动性要求。为了真实反映客户的财务状况，有时需要理财规划师帮助客户估计一些数额尚未确定的债务，如当期应纳税金、应付水电气费、信用卡透支额等。

（3）净资产分析。一般来说，家庭净资产应为正，并且不低于一定数额。当然，净资产也不是越多越好，如果其占总资产的比率太高，说明家庭资产闲置严重，如果用来投资，就可以提高净资产的增长率。

只有在下述情况下家庭净资产才会增加：①取得投资收益；②接受一笔礼物或遗产；③由于某种原因，过去债务无须再还。偿还债务和用现金购买等只会改变资产负债结构，而不会改变净资产数额。

假定某客户的收入处于该地区的中上水平，并已工作多年，那么：①净资产为负，说明财务状况糟糕，应尽快偿还近期债务，同时尽快增加收入。②净资产低于年收入的一半，说明有必要控制开支，更多地进行储蓄和投资，并注意增加收入。③净资产相当于半年到 3 年的收入，如果客户年轻，则其财务状况良好，如果客户即将退休，则仍要采取措施增加净资产。④净资产相当于 3 年以上的收入，说明财务状况良好，年轻家庭可以进行一些负债投资。

（4）资产负债总体结构的动态分析。在进行资产负债结构分析时，要将资产、负债、净资产联系起来，综合分析，并要注重分析其演变状况，要注意利用以下三个重要公式：

资产 − 负债 = 净资产

以成本计的期初净资产 − 期末净资产 = 当期储蓄额

以市价计的期初期末净资产差异 = 储蓄额 + 未实现资本利得（− 损失）+ 资产评估增值（− 资产评估减值）

由此可以看出，增加资产和减少负债都是增加储蓄的途径，两者都会使净资产增加。但在储蓄或净资产不变的情况下，资产和负债也会发生变化，如将到期存款用来还债，使资产和负债同时减少，借一笔钱来投资，资产和负债同时增加。

2. 收入支出结构分析

（1）收入结构分析。家庭现金流入可以分为工作收入、理财收入及资产负债调整的现金流入。工作收入包括工资、薪金、奖金、年终加薪、劳动分红、津贴、补贴等人力资本创造的收入，通常较为稳定，但是有失业和丧失劳动能力的风险。理财收入主要包括利息、股利、资本利得、房租等资产衍生出来的收入，通常随金融环境而变化，存在投资风险。资产负债调整的现金流入包括借入款、资产变现款及债权回收款等。

理财规划师应通过计算各类收入占总收入的比例，掌握客户收入的特征，根据客户的家庭类型，发现其收入方面存在的问题和改善的余地。比如，刚踏入社会的年轻人只有工作收入，很少有理财收入，而退休的老人只有理财收入，几乎没有工作收入，两者的结构状况可以在一定程度上预示家庭未来的财务状况。

总之，不同的收入来源结构决定了家庭收入的稳定性和成长性，所以，收入结构分析对于理财规划而言，处于基础地位。

（2）支出结构分析。支出也可以进行不同分类，比如，按支出去向可以分为生活支出、理财支出和资产负债调整支出，按支出特点可以分为固定支出和临时支出，按可调整程度分为可控支出和不可控支出。

生活支出是用于衣食住行、文化娱乐、医疗健身等日常生活方面的开支；理财支出是用于借款利息、投资手续费、保险费等方面的支出；资产负债调整支出指偿还债务和投资方面的现金流出。

固定支出包括社会保障费支出、保险费支出、还贷支出、税收支出、物业费支出，餐饮、交通、水电气等日常消费支出，医疗保健支出及子女教育费支出；临时支出包括度假旅游费用、捐赠、衣物购置费、家庭添置费、娱乐费、父母生活费等方面的支出。一般而言，固定支出中的前五项为不可控支出，这部分支出在本期家庭预算中没有压缩的余地。

理财规划师应根据客户的现金流量表计算各项支出在分类支出的占比，以发现支出方面存在的问题，并提出改进方案和措施。

（3）储蓄结构分析。收支差额为盈余（赤字），反映当期的储蓄规模。对储蓄也需要注意使用以下三个公式进行结构分析。

工作收入 – 生活支出 = 生活储蓄

理财收入 – 理财支出 = 理财储蓄

现金流量变动 = 生活储蓄 + 理财储蓄 + 资产负债调整的现金净流入

生活储蓄在工作期内应为正数，若为负数，就表明入不敷出，如果没有随时可变现的流动性资产或借入款支撑，日常生活将难以维持。理财储蓄在购房、购车及缴保费阶段常呈现为负数，但退休后，只应有理财收入而没有理财支出，正的理财储蓄大于负的生活储蓄才能实现财务独立，否则就要用变现投资或处理资产的现金流入来支撑消费。

3.4.2 财务比率分析

财务比率分析可以简明地衡量客户的财务安全性、流动性、盈利性状况，反映客户的风险偏好、生活方式和价值取向，可以帮助理财规划师判断客户财务状况，进而决定个人理财规划策略。

个人理财规划中使用的财务比率可以分为两大类：一类是常见财务比率，类似于企业财务比率，根据个人理财报表中的项目直接计算出来，相对比较简单，主要用来反映和指导当前的个人财务活动；另一类是综合财务比率，比较复杂，涉及多方面、多时期，主要用于长期财务规划。

1. 常见财务比率分析

（1）资产负债比率。这类比率有三个相互联系、从不同方面反映客户负债状况的指标。

1）总资产负债比率。这一比率用来综合反映客户债务负担状况和还债能力。

总资产负债比率 = 总负债 / 总资产

这一比率的数值范围为 0～1，如果大于 1，从理论上讲，该客户已经破产。一般情况下应将其控制在 0.5 以下，以减少由于资产流动性不足而出现财务危机的可能。

2）净资产比率。这一比率也称自由权益比率或净资产偿付比率，用来反映家庭自有资产对总资产的支撑程度。

净资产比率 = 净资产 / 总资产

这一比率的数值范围也是 0～1。该比率接近 0，意味着目前的生活主要是靠借债来维持的，一旦收入下降或利率提高，很可能陷入资不抵债的破产境地。该比率接近 1，则意味着客户没有充分利用自己的信用额度，其财务结构还有通过负债进一步优化的空间。一般情况下，该比率应高于 0.5。

3）分解的资产负债比率。该比率反映总资产负债比率影响因素，可以借以进行更深入的分析。

总资产负债比率＝自用资产贷款成数 × 自用资产权数 + 融资比率 × 金融资产权数 + 消费负债占总资产比率

用符号化公式表示为：TL / TA = UL / UA×UA / TA + IL / IA×IA / TA + CL / TA

这一比率建立在资产、负债分解的基础上。如果不考虑奢侈资产，或将其计入个人自用资产，总资产和负债可做如下分解：

总资产 TA= 自用资产 UA+ 金融资产 IA

总负债 TL= 自用资产负债 UL+ 投资负债 IL+ 消费负债 CL

自用资产负债（比如住房贷款额）UL/ 自用资产市值 UA= 自用资产贷款成数。如果自用资产市值稳定，该比率会随着贷款的偿还而下降，但如果出现房地产泡沫破灭，该比率也可能会因房价大幅下跌而上升。

自用资产权数就是自用资产占总资产的比重，一般家庭购房前这一比重较小，购房后一般在 0.5～0.8。

融资比率也称杠杆比率，融资比率 = 投资负债 IL/ 金融资产市值 IA，反映通过负债进行金融投资的状况。在投资收益率高于借款利率的情况下，可以加速资产成长。

金融资产权数是金融资产占总资产的比率。在财务规划中，金融资产是最具生产力的资产，所以，这一比例越高，说明资产成长的机会就越大。

消费负债占资产比率应尽可能控制在较低的水平，在没有其他负债的情况下，不能超过总资产的一半。

（2）收入负债比率。

收入负债比率＝到期应偿债本息 / 收入

其中的收入，在用于偿债的收入可以免税的国家用税前收入；在没有这种规定的，比如我国，用税后收入。这一比率反映客户的偿债能力，是理财规划师衡量客户财务状况是否良好的重要指标。对于收入和债务支出都相对稳定的客户，可以年度为计算周期，不稳定的客户，以月度为计算周期。这一比率的经验值为 0.4 以下时，财务状况正常，也有学者认为，为保持财务的流动性，收入负债比率保持在 0.36 左右较为合适。

（3）支出保障比率。这类指标反映在发生意外情况时以客户现有资产变现来满足支出需要的能力，常用的指标有四个。

1）流动资产保障率。

流动资产保障率＝流动资产 / 月固定支出

该比率反映资产在不发生价值损失的条件下迅速变现，以应付基本支出需要的能力。流动性资产包括现金、活期存款及可以及时变现的短期债券等。这一比率的经验值为 3，即流动性资产可以满足 3 个月基本支出需要。

2）变现资产保障率。

变现资产保障率＝可变现资产 / 月固定支出

可变现资产包括流动性资产、基金、股票、定期存款及中长期债券等。当流动性资产不能满足基本支出需求时，就要动用其他需要付出一定成本的可变现资产。这一比率的经验值为 6。

3）净资产保障率。

净资产保障率＝净资产 / 月固定支出

净资产是扣除负债后家庭自有资产，包括自用资产。当可变现资产仍不能满足家庭发生变故后的基本支出需要时，有可能需要变卖部分自用资产，所以，这一保障月数更长，经验值为 12。

4）灾变保障率。

灾变保障率＝（可变现资产 + 保险理赔金 – 现有负债）/
（5～10 年生活费 + 房屋重建装修成本）

这一比率是考虑到已参加各类保险（人寿保险、财产保险）的情况下，一旦发生意外和灾变，利用现有资产和保险理赔可以维持一定时期家庭正常生活的程度，也可以用来检验现有保险是否充足。

不管是亲人突然亡故，还是因自然灾害导致房屋损毁，都会影响到家庭财务的顺利运转。人们需要准备几年的生活费，短则 5 年，长则 10 年，以实现家庭重建。如果这一比率大于 1，表明该客户的灾变承受能力较强；如果这一比率小于 1，则需要尽快提高灾变承受力，增加保险。合理的终身寿险保额应等于 5～10 年生活费加现有负债减可变现资产，若终身寿险保额太高，可投保定期寿险或意外险。

（4）支出收入比率。

支出收入比率＝总支出 TE/ 总收入 Y＝（消费支出 C+ 理财支出 F）/ 总收入 Y
＝消费率 + 财务负担率

支出收入比率用于分析家庭支出结构的合理性。按照经济学原理，消费函数可以表达为：$C=A+BY$。

A 代表基本消费，与收入无关，即使收入为 0，也必须有这种支出；B 代表边际消费率，通常在 30%～60%，过高或过低都需要调整。理财支出包括利息支出、保障型寿险、产险保费支出及投资的交易费用、顾问费用支出，投资损失视为负的理财收入，作为总收入的减项，不列入理财支出。通常，财务负担率以利息和投资交易费用支出占总支出的 20%、保障型保费支出占总收入的 10% 为合理上限，因此，合计不应超过总收入的 30%。

收支平衡点。该指标主要是用于计算如何保证现在及退休的生活水准，一个客户需要创造多少收入，才能量入为出，如果当前的收入达不到，就应当采取增收措施。

收支平衡点＝固定支出 / 工作收入净结余率

工作收入净结余指工作收入减所得税扣缴额、社保扣缴额及为了工作所必须支付的费用（如交通费、午餐费、交际应酬费等）后，能用于家计支出安排的收入。

比如，张先生每月工资 8 000 元，社保扣缴 300 元，所得税 1 000 元，交通费 500 元，快餐费 300 元，交际应酬费平均 300 元，那么其工作收入净结余为 5 600 元，结余率为 70%。如果每月固定生活开销为 3 000 元，房贷还本付息 2 000 元，可以算出其收支平衡点为 5 000÷70%＝7 142.8 元。目前收入高于平衡点收入 12%，这可以称为安全边际，即有 12% 的缓冲空间。但是，按一生的收支平衡点来考虑，每月固定开销中应包括定期定额投资（如为买房、换房、子女教育和退休做准备）。如果这部分开支每月需要 500 元，则收支平衡点收入为 7 857 元，如果这部分开支每月需要 2 000 元，则张先生就需要找一份月收入在 10 000 元以上的工作。

（5）储蓄比率。储蓄比率反映客户控制开支、增加其净资产的能力。有两个指标：一是总储蓄率，反映客户总体上积累财富的能力；二是自有储蓄率，反映客户的超额储蓄能力，这种储蓄可用于满足短期理财目标需求，这一比率的经验值为 10%。

总储蓄率＝总储蓄 / 税后收入

自有储蓄率＝自有储蓄额 / 税后收入

自有储蓄额＝总储蓄－债务定期摊还本金额－储蓄型保费支出－定期定额投资支出

（6）净资产投资比率。

净资产投资比率＝投资资产 / 净资产

该比率反映客户通过投资增加财富以实现其财务目标的能力。随着家庭的成长，这一比率应不断提高，以保证净资产有合理的增长率。这一比率的经验值为年轻客户保持在 0.2 左右，中年客户保持在 0.5 以上。

2. 综合财务比率分析

综合财务比率分析用于综合分析理财状况，以下主要介绍四个指标。

（1）理财成就率。

理财成就率＝目前的净资产 /（目前的年储蓄额×已工作年数）

该比率反映客户自开始工作、取得收入以来的理财成绩，用以发现改进的余地。这一比率的经验值为 1，越高越好。该比率高于 1，说明理财成绩理想，低于 1 说明理财成绩欠佳。比如，一个客户目前年储蓄 5 万元，已工作 5 年，目前净资产 20 万元，则其理财成就率为 0.8，理财效果不太好。

需要指出的是，理财成就率的计算公式建立在储蓄增长率与投资收益率相等这一假定的基础上，在这种假定下可以推得，已工作年限内的储蓄累计总额为目前的年储蓄额乘以已工作年数。由此可见，理财成就率不仅取决于储蓄增长率，也取决于投资收益率，如果期间有贷款和实物资产投资，那么它还受贷款利率变动和实物资产价格变动的影响。

（2）资产增长率。通过储蓄，可以使家庭资产规模不断扩大，储蓄越大，资产成长就越大，所以，将储蓄与期初资产相比，可以得到资产增长率。如前所述，储蓄可以分为生活储蓄和理财储蓄，前者取决于收入和储蓄率，后者取决于生息资产额和投资收益率。因此，有：

资产增长率＝总储蓄 / 期初总资产
＝（生活储蓄＋理财储蓄）/ 期初总资产
＝（生活储蓄 / 年收入）×（年收入 / 期初总资产）＋（生息资产 / 期初总资产）× 投资收益率
＝生活储蓄率 × 收入周转率＋生息资产比率 × 投资收益率

由此可以看出，提高资产增长率的途径有多种，提高公式中的四个比率中的任何一个都可以加速资产成长速度。理财规划师的任务之一就是通过规划，促使客户在这四个方面有所提高。

（3）财务自由度。积累退休金是个人财务规划的一个重要目标，理想的目标就是临近退休时退休金及之前投资生息资产所带来的收益足以维持退休后的各种生活开支，这时，财务自由度为1。工作期间，客户的财务自由度应当从较低水平逐步提高，向1靠近。通过计算某一时点的财务自由度，根据距离退休年限判断其是否合理，如果太低，就需要及时采取措施。也可以利用财务自由度来推算每年应有的储蓄。

财务自由度＝(目前净资产×投资收益率)/目前的年支出

如果f表示财务自由度，n表示总工作年数，r表示投资收益率，C表示年支出额，Y表示年收入，那么，上式可表示为：$f=S\cdot n\cdot r/C$。由于$C=Y-S$，因而可得出：$S/Y=f/(1+n\cdot r)$。如果想在退休时财务自由度达到1，那么，应有储蓄率为：$S/Y=1/(1+n\cdot r)$。

⊙ 案例 3-1

在投资收益率为5%的大环境下，一位25岁的客户，刚参加工作，年收入4万元，如果想在60岁时退休，那么，其应当保持的年储蓄率为：1/(1+35×5%)＝36.36%。如果他现在每年消费2万元，则其储蓄率为50%，财务自由度达到2万元×5%/2万元＝5%，已相当不错了。

一位40岁的客户，净资产已达到20万元，年家庭支出10万元，财务自由度为20万元×5%/10万元＝10%。

如果预计一个客户退休后每年消费支出5万元，要实现财务的完全自由，则退休之时，其净资产需要达到5万元/5%＝100万元。

（4）致富公式。一个人如何尽快致富，简单来说就是要尽可能加快净资产成长速度，要提高净资产增长率，就需要找出影响净资产增长率的各种因素，从这些因素入手。

净资产增长率＝净储蓄/净资产

进行因素分解后，用符号公式表示为：$g=[(1+sw)rf-il]/e$

其分解和推导过程如下：

$$g=V/E=(S+Fr-Li)/E=[S/A+(F/A)r-(L/A)i]/(E/A)=[(S/W)(W/M)(F/A)r+(F/A)r-(L/A)i]/(E/A)=[(1+sw)rf-il]/e$$

式中，g是净资产增长率；s是生活储蓄率；w是理财收入与工薪收入的比率；r是投资收益率；i是负债平均利率；f是投资性资产占总资产的比例；l是资产负债率；e是净资产占总资产的比例；V是净储蓄；E是净资产；S是生活储蓄；A是总资产；L是总负债；M是工薪收入；F是生息资产；W是理财收入。

致富公式将家庭资产负债表与现金流量表有机联系了起来。由公式可以看出，影响净资产增长率的因素有7个，其中可控因素有6个。因此，要想尽快致富，需要在以下6个方面采取措施。当然，在不同人生阶段和不同环境情况下，重点有所不同。

1）提高生活储蓄率。这是年轻人的致富重点。因为年轻人刚参加工作，净资产很少，工薪收入远大于理财收入，因而，尽快提升储蓄率是快速致富的诀窍。

2）提高投资收益率。在长期投资情况下，由于复利机制的作用，投资收益率的杠杆效应非常突出。当客户步入中年，已积累了相当规模的净资产，理财收入在总收入中所占比重不断提高时，提高投资收益率就成为快速致富的关键因素。

3）提高生息资产比重。在家庭资产中，只有生息资产能带来收入，所以，要想增加收入，除了努力工作、提高工薪收入外，就是要尽可能增大生息资产在总资产中所占的比重。年轻人可以延缓购房购车，让储蓄尽可能生利。

4）逐渐降低工薪收入相对于理财收入的比率。要迈向财务自由，就必须逐渐提高理财收入在总收入中所占比例，也就是说要降低工薪收入与理财收入的比率。随着年龄的增长，理财收入逐渐取代工薪收入是一个必经的过程，越早开始理财就能越早实现财务自由。

5）降低资产负债率。必要的负债可以提升生活质量，如果能实现较高的投资收益率，还能够加快净资产的积累速度。但负债毕竟是要偿还和付息的，其利率还是不可控的，这些对理财来说都是很不利的。所以，应尽可能少负债，特别是消费性负债，住房贷款尽可能及早还清。

6）降低净资产占总资产的比重。此处指的是要充分利用杠杆效应，当投资收益率高于负债利率时，增加投资性负债能够加快净资产的增长，这会使净资产占总资产的比重下降。

家庭财务比率可分为八大类指标：家庭偿债能力指标、家庭应急能力指标、家庭保障能力指标、家庭储蓄能力指标、家庭宽裕度指标、家庭财富增值能力指标、家庭成长性指标、家庭财务自由度指标。表 3-9 汇总了这些财务比率，列示了指标的定义、合理区间，并对不同的财务比率进行了说明。

表 3-9　家庭财务比率汇总表

指　标	定　义	合理区间	说　明
家庭偿债能力指标			
资产负债率	总负债 / 总资产	60% 以下	若是长期摊还的房贷则可接受，若是短期贷款则应立即制订并实施减债计划，以免周转不灵，陷入破产困境
流动比率	流动性资产 / 流动性负债	200% 以上	多数消费性负债是流动性负债，流动性负债 = 消费性负债 + 短期投资性负债（股票融资等）
融资比率	投资性负债 / 投资性资产	50% 以下	该指标衡量投资中财务杠杆运用程度，投资标的风险越大，融资比率应越低
财务负担率	年本息支出 / 年可支配收入	40% 以下	超过 40% 很难从银行增贷，也会影响生活水平
平均负债利率	年利息支出 / 负债总额	基准利率的 1.2 倍以下	超过标准表示运用了银行以外高利率借贷途径，负担重
家庭应急能力指标			

（续）

指　标	定　义	合理区间	说　明
紧急预备金倍数	流动性资产 / 月总支出	3～6 倍	应对失业或紧急事故的备用金；如投保了医疗险、产险，或有备用贷款信用额度，则紧急预备金可降低
家庭保障能力指标			
保费负担率	保费 / 税后工作收入	5%～15%，与工作收入的绝对值有关	只有社保不足以应付寿险与产险的需求，一般以工作收入的 10% 为合理商业保险保费预算的标准
保险覆盖率	已有保额 / 税后工作收入	10 倍以上	该指标表示保额应是收入的 10 倍以上，在风险发生时才足以给家庭带来很好的保障
家庭储蓄能力指标			
工作储蓄率	（税后工作收入 – 消费支出）/ 税后工作收入	20% 以上	税后工作收入含社保缴费收入；工作收入绝对值越高，储蓄率应越高
储蓄率	（税后总收入 – 总支出）/ 税后总收入	25% 以上	税后总收入包含工作收入及理财收入
自由储蓄率	（储蓄 – 固定用途储蓄）/ 税后总收入	10% 以上	自由储蓄率越高资金越宽裕，可用来满足短期目标或提前还债
家庭宽裕度指标			
收支平衡点	固定负担 / 工作收入净节余比率	应比目前的收入低 20% 才有缓冲空间	该指标表示要维持一定的生活水平需要多少税前收入，量出为入
安全边际率	（当前收入 – 收支平衡点收入）/ 当前收入	应大于 20%，越高越宽裕	该指标表示当收入减少或者固定费用增加时有多大的缓冲空间
家庭财富增值能力指标			
生息资产比率	生息资产 / 总资产	50% 以上	衡量家庭有多少资产可以用于满足流动性、成长性与保值性的需求；年轻人应尽早利用生息资产来累积一桶金
平均投资收益率	理财收入 / 生息资产	比通货膨胀率高 2% 以上	因资产配置比率与市场表现的差异，每年的投资收益率会有较大的波动。可选择合适的指标来比较当年的投资绩效
家庭成长性指标			
资产增长率	资产增加值 / 期初资产	10% 以上，年轻人资产基数小，资产增长率应较高	衡量家庭资产增值速度，提高储蓄率、提高生息资产比率与提高投资收益率为资产增长的着力点
净值增长率	净值增加值 / 期初净值	10% 以上，起伏会比资产增长率来得大	投资收益率高于负债利率时，利用财务杠杆才可以加速净值增长。储蓄的持续增长也是提高净值增长率的关键因素
家庭财务自由度指标			
财务自由度	年理财收入 / 年总支出	达到 100% 才能退休，合理的比率与年龄有关	30 岁以下：5%～15%　30～40 岁：15%～30%　40～50 岁：30%～50%　50～60 岁：50%～100%

注：1. 固定负担含月供、生活费。

2. 工作收入净结余比率 =（工作收入 – 所得税 – 社保费 – 通勤费 – 外食费 – 置装费）/ 工作收入。

3. 生息资产 = 流动性资产 + 投资性资产。

❖ 本章小结

1. 与企业财务管理相比，家庭财务管理具有信息不必对外公开、不受准则制度约束、不要求计提资产减值准备、不必计列折旧、两表不必严格对应、不进行收支资本化等特点，根据这些特点，个人财务管理需要遵循借贷相等原则、流量与存量相对应原则、收付实现制原则和成本价值与市场价值双度量原则。
2. 个人财务管理主要内容就是编制个人财务报表和进行个人财务分析。个人财务报表主要有资产负债表、现金流量表、收入支出表、家庭预算表四种。资产负债表有资产、负债和净资产三大项目，现金流量表有收入、支出和盈利或赤字三大项目，在编制报表时要基于准确、便利原则，从不同渠道取得各子项目的资料，用不同计价方式计算出总金额。家庭预算表的编制要依次按照财务目标设定、初步测算和调整、预算控制和差异分析进行。
3. 在进行财务报表分析时，要在分项目结构分析的基础上，计算资产负债比率、收入负债比率、支出保障比率、支出收入比率、收支平衡点、储蓄比率、净资产投资比率等分类的和常用的财务比率，以及理财成就率、资产增长率、财务自由度等综合财务比率，并根据总的致富公式进行财务规划。

❖ 习题

1. 个人财务报表主要有资产负债表、现金流量表、收入支出表、家庭预算表四种。对还是错?
2. 投资性负债率过高，说明客户偏好高风险来获取高回报。对还是错?
3. 储蓄 = 期末现金 − 期初现金 + 资产增减额 − 负债增减额。对还是错?
4. 在收付实现制下，以下哪一项需要记账（　　）。（单选题）

   A. 预计下个月中旬发放的本月工资

   B. 本月月初外出旅游向旅游团支付的现金团费

   C. 本月的孩子家教费用，三个月后付款

   D. 本月到期的未兑付的理财产品
5. 关于收入支出表，以下说法正确的是（　　）。（单选题）

   A. 债务偿付支出不需要区分本金和利息

   B. 未实现的资本利得需计入资产负债表的调整项，并计入当期的收入支出表

   C. 计算消费支出额时，需要注意保留日常消费凭证，将金额分类加总即可

   D. 当理财资金供应小于理财资金需求时，可压缩非弹性开支
6. 以下属于个人财务管理的基本原则的是（　　）。（多选题）

   A. 借贷相等原则　　B. 流量与存量相对应原则

   C. 收付实现制原则　　D. 成本价值与市场价值双度量原则
7. 讨论成本价值、市场价值的含义及在个人资产负债表中的适用情况。
8. 试述编制个人预算表的程序。
9. 请编制张先生当前的家庭资产负债表与收支表。

❖ 案例分析

张先生现年 42 岁，太太现年 40 岁。12 年前两人结婚，婚后生育两个子女，当前分别为 10 岁与 8 岁。张先生当前月收入 8 000 元，张太太 7 000 元，收入成长率估计为 3%。当前一家四口居住在 5 年前购入，位于北京市区的面积为 80 平方米，成本为 40 万元人民币，当前价值 70 万元人民币的房子内，当前还有房贷余额 20 万元，房贷利率为 5%，还有 15 年还清。张先生与张太太每月各汇回老家 1 500 元来供应父母支出。北京一家四口的开销为每月 5 000 元，支出成长率为 3%，另外还有年度性中小学学费支出共 1 万元，但当子女念大学时，要以当前学费每人每年 2.5 万元，学费成长率 5% 估计。每个子女独立后月支出可降低现值 1 000 元。全家当前都没有保险，资产只有现金 1 万元，国内股票成本 5 万元，市价 3 万元。张先生的责任是要抚养子女到大学毕业，与赡养父母预计到 85 岁（假设当前双方父母均为 70 岁），并且还想尽快换房，需要 100 万元人民币。张先生希望能在 60 岁时与太太一起退休，享受当前水平每月 5 000 元的退休生活，到 85 岁终老。请编制张家当前的家庭资产负债表与收支损益表。

资产负债表与收支损益表　　（单位：元）

收支表	金额	百分比 (%)	资产负债表	金额	百分比 (%)
先生年收入			现金		
太太年收入			股票		
家庭总收入			自用房屋		
日常开销			家庭总资产		
子女教育费					
赡养父母费			房屋贷款		
房贷支出			净值		
家庭总支出					
年收支结余					

习题参考答案

PERSONAL FINANCE

第 4 章

货币的时间价值

❖ 本章提要

本章首先介绍货币的时间价值定义及计算工具，其次应用货币的时间价值技术对个人理财目标进行可行性分析，进而为客户提供“量体裁衣、量身定制”的理财产品和服务。

❖ 重点和难点

1. 理财目标数据化
2. 理财规划计算
3. 财务计算工具
4. 货币的时间价值在理财规划中的应用

❖ 引导案例

张建国先生养老金资产配置案例：货币的时间价值

以本教材第 1 章案例为例，讲解货币的时间价值及其在个人理财中的应用。

张建国家庭规划资产配置的目标有三个，即养老金目标、医疗目标、住房目标，达成此三个目标是张建国退休后的首要任务，属于退休规划中的一部分。为此，我们需要计算出张建国的退休赤字，以弥补该赤字为前提，计算出投资的必要收益率，并进行资产的配置。其中，退休赤字 = 退休需求 – 退休供给，我们首先需要知道张建国先生的总需求，才能进行下一步的计算。张建国先生退休规划需求如表 4-1 所示。

表 4-1 张建国先生退休规划需求测算表 （单位：元）

退休规划总需求	8 451 559.25
基本生活支出	5 383 460.54
旅游支出	238 098.71
资助子女	2 830 000.00

在计算中，以现值函数（NPV）为计算依据，通过以下步骤即可得到张建国先生的整体目标需求现值：

（1）在假设中认为，生活支出和居民消费指数（CPI）同步增长，即

今年的生活支出 = 上年生活支出 × (1+CPI)

如，2016 年的生活支出 = 2015 年生活支出 ×(1+3%) = 120 000 × 1.03 = 123 600（元）。

（2）当张先生退休时，生活支出较前一年下降 20%[⊖]，所以，2033 年，当张建国 60 岁时，其生活支出为：2033 年生活支出 = 2032 年生活支出 ×(1 + CPI)×(1–20%) = 198 341.72×(1+3%)×(1–20%) = 163 433.58 元。

（3）当夫妻一方离世后，生活支出预期下降 40%，所以，2060 年生活支出 = 2059 年生活支出 ×(1 + CPI)×(1–40%) = 352 459.42×(1+3%)×60% = 217 819.92 元。

（4）退休后生活支出现值 = NPV（贴现率，退休后生活支出现金流）。

（5）旅游支出现值 = NPV（贴现率，旅游支出现金流）。

本章将详细讲解货币的时间价值及在个人理财中的应用。

4.1 概述

在个人理财过程中，需要进行量化计算，如判断理财目标是否有缺口，要利用货币的时间价值技术。货币的时间价值，也称资金的时间价值，是指在无风险和无通货膨胀的条件下货币经历一定时间的投资和再投资所增加的价值。

货币的时间价值在计算中有 5 个重要变量，即 FV、PV、PMT、*R*、*N*。每个变量都对应着理财规划中的特定因素：FV 即理财目标值；现值 PV，即资产负债表中的现值（总资产 – 总负债 = 净资产）；年金 PMT，即个人收支表中的年金（总收入 – 总支出 = 储蓄）；*R* 可以有不同内涵，如在投资规划中指与客户风险属性相匹配的资产组合收益率 *R*，在住房规划中指房价上涨率 *R*；*N*，指开始做理财规划的时间，要越早越好。基于贴现原理，我们能够比较不同时期的货币价值，或者用来计算一个既定系列现金流的收益率。本章将说明把货币的时间价值原理应用于理财规划中的几种方式：公式法、查表法、Excel 财务函数法、财务计算器法等。典型的现金流量计算包括：终值、现值、规则现金流——年金、不规则现金流——净现值和内部收益率等。

⊖ 根据金融理财惯例，假设退休生活参数时，如客户未明确表示退休所需费用，可按退休前标准的 70%～80% 估计。

4.2　理财规划目标

4.2.1　货币的时间价值概念

货币的时间价值，也称资金的时间价值，是指在无风险和无通货膨胀的条件下货币经历一定时间的投资和再投资所增加的价值。基于贴现原理，我们能够比较不同时期的货币价值，或者用来计算一个既定系列现金流的收益率。货币的时间价值是现代财务学的一个基础概念，是个人理财业务的基础理论之一，涉及所有的理财活动，是个人理财的“第一原则”。

4.2.2　理财规划目标数据化

要应用货币的时间价值技术量化，首先需要将个人理财相关元素转换为现值（PV）、终值（FV）、年金（PMT）、投资收益率（*R*/*Y*）和年限（*N*），如图 4-1、图 4-2 所示。

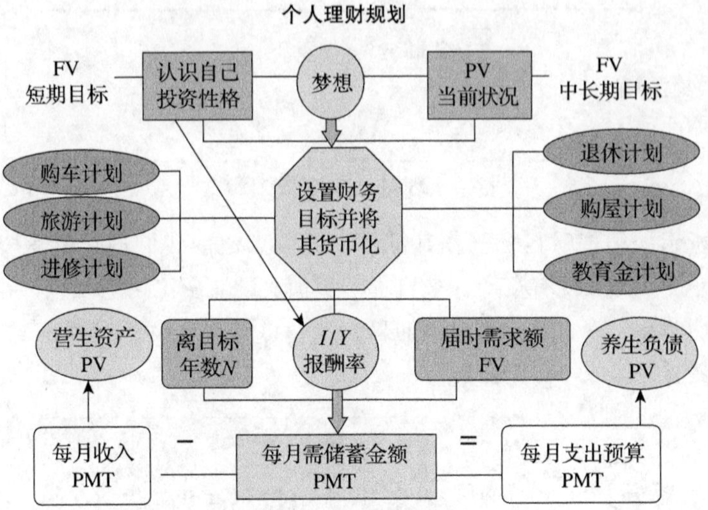

图 4-1　个人理财规划

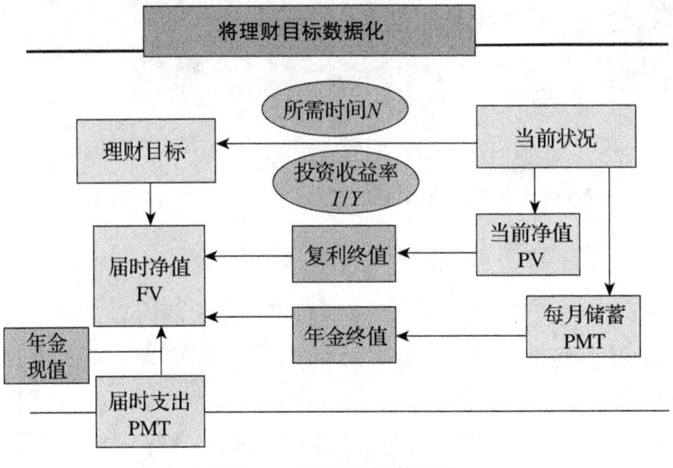

图 4-2　理财目标数据化

在个人理财中，帮助客户判断能否实现财务目标，如购房目标、教育目标、养老目标等，需要进行量化计算，即在个人理财中应用货币的时间价值技术。个人理财中应用货币的时间价值技术时，可按照以下步骤（见图 4-3）：

（1）画出时间轴。

（2）在时间轴上标出现金流量及流动方向。

（3）将已知变量标在图上。

（4）根据题意寻找未知变量。

（5）用公式法、查表法、Excel 财务函数法、财务计算器法计算最终答案。

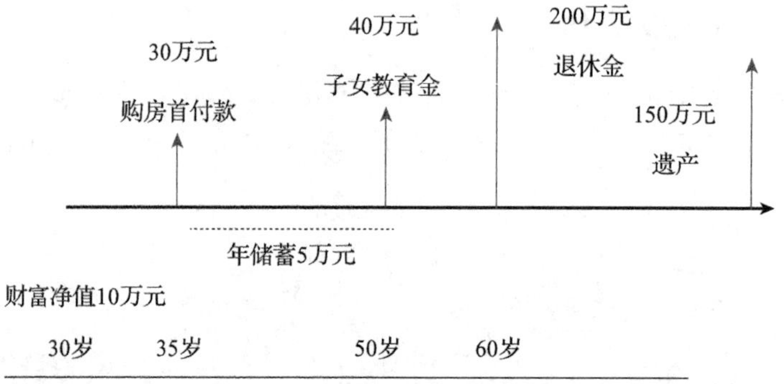

图 4-3 理财目标与现金流规划

如图 4-4 所示，把理财目标当作基准点，基准点之前我们通过累积资产来实现理财目标，是用现值 P（比如现有资产，来自资产负债表的总资产 - 总负债 = 净资产）或年金 PMT（比如每期储蓄，来自收入支出表的总收入 - 总资产 = 储蓄，储蓄是指收入中未消费的部分）来求复利终值或年金终值。

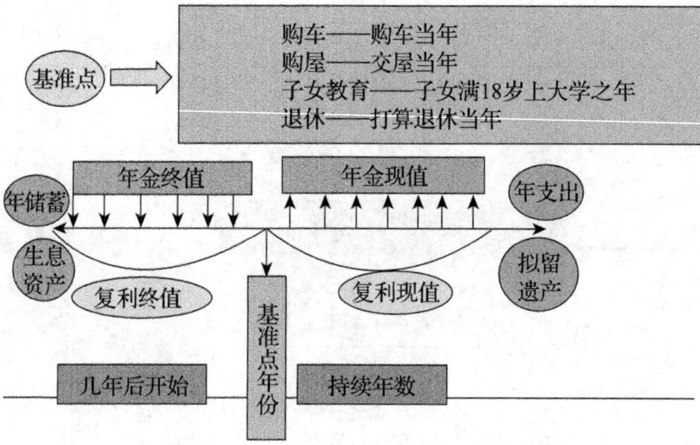

图 4-4 目标基准点

基准点之后可以理解为先借贷来实现理财目标，之后再分期摊还，是用终值（比如预留遗产额）或年金（比如每期学费、每期生活费、每期房贷）来求复利现值或年金现值。

前段现值与年金所累计的资产等于后段终值与年金的负债之时，就是理财目标可以实现的时间点。而贴现率（r）的高低，则是决定何时资产会等于负债的关键因素，个人理财中的 r 是与客户风险属性相匹配的，将在后面投资规划部分讲解。

4.3　理财规划计算

从量的规定性来看，货币的时间价值等于在没有风险和通货膨胀率为零的情况下社会平均的资金使用收益率。典型的现金流量计算包括：终值、现值、规则现金流——年金、不规则现金流——净现值、内部收益率等。

4.3.1　终值

终值是把现在或未来某些时刻之前多次支付（收入）的现金额，按照某种统一利率（也称“贴现率”）计算出的在未来某一时点的值。终值按计算利息的方法不同，可分为单利终值和复利终值。

- 单利终值计算公式为：$FV = PV(1+rn)$
- 复利终值计算公式为：$FV = PV(1+r)^n$

式中，FV 为终值，PV 为现值，r 为年利率，n 为年数。其中的 $(1+r)^n$ 被称为复利终值系数。

【例 4-1】吴女士有存款 100 万元，打算做一笔为期 10 年的投资。现有两种方式待选：第一种是存入银行 10 年期的定期存款，年利率为 7%，按单利计算；第二种是投入某货币基金产品，年利率为 6%，按复利计算。那么吴女士选择哪种方式获利更多？

复利具有利滚利的特性，可以产生投资收益倍增的效应，并且时间越长，效益越大。因此，本题中方案一的利率虽略高于方案二，但其收益反而低于方案二：

定期存款的终值：$100 \times 7\% \times 10+100 = 170$（万元）

投资货币基金的终值：$100 \times (1+6\%)^{10} = 179.084\,8$（万元）

很明显，吴女士投资复利收益的基金产品可以获得更大的收益。

4.3.2　现值

未来的货币收入在目前时点上的价值就是现值，现值既可以是未来一次支付（收入）的现金流量折算到现在的值，也可是未来某些时刻多次支付（收入）的现金流量，按某种利率贴现到现在的价值。现值可分为单利现值和复利现值。

1. 单利现值和复利现值

现值可以用符号 PV 表示。设未来的资金收入为 FV，即期利率为 r，时期为 n 年，则：

单利现值计算公式为：$PV = FV/(1+nr)$

复利现值可以从复利终值公式中导出。复利现值计算公式为：$PV = FV/(1+r)^n$

上式中的 $(1+r)^{-n}$ 称为现值系数，与贴现率和年限有关，也称为贴现因子。这个数值代表 n 年以后的 1 元钱以贴现率 r 折算到现在的值。

【例 4-2】你的姑姑允诺在你年满 25 岁时给你 10 000 元，你现在已经 20 岁，5 年期的债券的平均年收益率为 6%，那么你姑姑应该在现在给你多少钱，使其在 5 年后刚好等于 10 000 元？

$$PV = 10\ 000/(1+6\%)^5 = 7\ 472.58\text{（元）}$$

现值计算是终值计算的逆运算。简单地说，终值计算是现在一笔钱在未来某一时刻的本利和，而现值计算是将来一笔钱相当于现在多少钱。这是现金流量计算和分析中最基本最重要的换算关系。

2. 72 法则

理财中的“72 法则”是用作估计一定投资额倍增或减半所需要的时间的方法。用 72 除以收益率或通胀率就可以得到固定一笔投资翻番或减半所需时间。假设以 6% 的复利来计息，那么需要 72/6=12 年就可完成翻一番这个目标。但这个法则只适用于利率（或通货膨胀率）在一个合适的区间的情况下，若利率太高则不适用。

【例 4-3】老王打算投资 100 万元，希望在 12 年后可以变为 200 万元，那么他需要选定投资收益率为多少的金融产品才能够达到预期目标？

（1）按 72 法则算的话，这项投资在 12 年后增长了一倍，那么估算此产品年利率要在 72/12＝6（%）左右。

（2）按公式计算：FV = 200，PV = 100，$n = 12$

$$200 = 100 \times (1+r)^{12}$$

$$r = 5.946\ 3\%$$

可见 72 法则估算出的利率与公式计算出的答案基本一致。

72 法则是一个非常方便有效的工具，能够快速计算出财富累积的时间与收益率的关系，以便选择不同的投资工具。

3. 有效利率

在复利终值计算过程中，可以按年，也可以按半年、按季度、按月和按日等不同的周期计算复利。复利期间数量是指一年内计算复利的次数。例如，以季度为复利期间，则复利期间数量为 4；以月份为复利期间，则复利期间数量为 12。

使用不同的复利期间，计算出的年利率不同。例如，用季度作为复利期间，用季度利率计算出的年度利率的过程，称为年化，该年化收益率也就是按季度计算复利的有效年利率。

不同复利期间投资的年化收益率称为有效年利率或实际年利率（EAR）。

【例 4-4】假设年初投资 100 元，名义年利率是 12%，按季度计算复利，则

$$100 \times \left(1+\frac{12\%}{4}\right)^4 = 100 \times (1+\text{EAR})$$

$$\text{EAR} = 12.550\ 9\%$$

如果按月计算复利，则此项投资的有效年利率是多少？

$$100\times\left(1+\frac{12\%}{12}\right)^{12}=100\times(1+\mathrm{EAR})$$

$$\mathrm{EAR}=12.682\ 5\%$$

由此类推，如果一年计 m 次复利，则此项投资的有效年利率是多少？

$$100\times\left(1+\frac{12\%}{m}\right)^{m}=100\times(1+\mathrm{EAR})$$

$$\mathrm{EAR}=\left(1+\frac{12\%}{m}\right)^{m}-1$$

因此，名义年利率 r 与有效年利率 EAR 之间的换算公式为：

$$\mathrm{EAR}=\left(1+\frac{r}{m}\right)^{m}-1$$

式中，r 是指名义年利率，EAR 是指有效年利率，m 指一年内复利次数。

【例 4-5】两款理财产品，风险评级相同：A 款，半年期，预期年化收益率 6%；B 款，一年期，预期年化收益率 6.05%。请问，哪一款预期有效（实际）年化收益率更高些？

A 款有效（实际）年化收益率 $=\left(1+\frac{6\%}{2}\right)^{2}-1=6.09\%>6.05\%$

所以，A 款预期有效（实际）年化收益率更高些。

4. 连续复利

当复利期间变得无限小的时候，相当于连续计算复利，被称为连续复利计算。

在连续复利的情况下，计算终值的一般公式是：

$$\mathrm{FV}=\mathrm{PV}\times \mathrm{e}^{rt}$$

式中，PV 为现值；r 为年利率；t 为按年计算的投资期间；e 为自然对数的底数，约等于 2.718 2。

【例 4-6】小红打算把 20 万元存款投入某名义利率为 15% 的理财产品中，采取连续复利计息方式，则 3 年后可收回多少钱？

$$\mathrm{FV}=\mathrm{PV}\times \mathrm{e}^{rt}=20\times \mathrm{e}^{0.15\times 3}=31.366\ 2\text{（万元）}$$

因此 3 年后小红可收回 31.366 2 万元。

4.3.3　规则现金流：年金

年金是指等额、定期的系列收支。例如，分期偿还贷款、发放养老金等，都属于年金收付形式。年金是每年都发生的等额现金流量形式。若每年等额的流入（流出）量为 A，每年利率为 r，共 n 年，则 n 年的现金流量总和折算到 n 年末，为现金流量的终值，用符号 F_a 表示。年金计算可以分为年金终值计算和年金现值计算。

一般来说，每年的年金现金流的利息也具有时间价值，因此，年金终值和现值的计算通常采用复利的形式。按年金等额发生量发生时间的不同，可以分为期初年金（预付年金、即付年金、先付年金）和期末年金（普通年金、后付年金）。下面先介绍年金终值的计算。

1. 年金的终值

（1）复利期初年金终值。

每年年初发生等额的现金流量 A，利率为 r，则 n 年的现金流量按复利计算的和称为复利期初年金终值。各年现金流的终值如表 4-2 所示。

表 4-2 复利期初年金的各年现金流终值

1 年初	2 年初	…	（n−1）年初	n 年初
$A(r+1)^n$	$A(r+1)^{n-1}$	…	$A(r+1)^2$	$A(r+1)$

则 $F_a = A\dfrac{(1+r)[(1+r)^n-1]}{r}$

式中，$\dfrac{(1+r)[(1+r)^n-1]}{r}$ 称为期初年金本利和系数。

期初年金终值等于期末年金终值的（1+r）倍，即 $FV_{BEG} = FV_{END}(1+r)$

【例 4-7】吴先生 8 年后退休，他打算为退休后准备一笔旅游基金。理财经理为他推荐一款固定收益率为 7% 的基金产品，吴先生决定每年存入 5 000 元。那么吴先生退休后能获得多少旅游基金？

$$FV = \frac{5\ 000[(1+0.07)^8-1]}{0.07} = 51\ 299（元）$$

吴先生在退休后可以有 5 万多元的资金去自由旅行。

（2）复利期末年金终值。

每年年末发生等额的现金流量 A，利率为 r，则 n 年的现金流量按复利计算的和称为复利期末年金终值。各年现金流的终值如表 4-3 所示。

表 4-3 复利期末年金的各年现金流终值

1 年末	2 年末	…	（$n-1$）年末	n 年末
$A(r+1)^{n-1}$	$A(r+1)^{n-2}$	…	$A(r+1)$	A

则 $F_a = A\dfrac{(1+r)^n-1}{r}$

式中，$\dfrac{(1+r)^n-1}{r}$ 称为期末年金本利和系数。

根据例 4-7，如果客户的年金在每年期末获得为 1 000 元，利率为 8%，则 10 年后这笔年金的终值为：

$$1\ 000 \times \frac{(1+0.08)^{10}-1}{0.08} = 14\ 486.56（元）$$

偿债基金。偿债基金是指为使年金终值达到既定金额，每年应支付的年金数额。

【例 4-8】拟在 5 年后还清 100 000 元债务，从现在起每年末等额存入银行一笔款项。假设银行存款利率为 10%，每年需要存入多少元？

由于有利息因素，不必每年存入 20 000 元（= 100 000÷5），只要存入较少的金额，5 年后本利和即可达到 100 000 元，可用以清偿债务。

根据年金终值计算公式：

$$F_a = A\frac{(1+r)^n - 1}{r}$$

可知：

$$A = \frac{F_a \times r}{(1+r)^n - 1}$$

式中的 $\frac{r}{(1+r)^n - 1}$ 是期末年金终值系数的倒数，称为偿债基金系数。它可以把年金终值折算为每年需要支付的金额。偿债基金系数可以根据年金终值系数求倒数确定。

$$A = 100\ 000 \times 1/6.105 = 100\ 000 \times 0.163\ 8 = 16\ 380\text{（元）}$$

因此，在银行利率为 10% 时，每年存入 16 380 元，5 年后可得 100 000 元，用来还清债务。

2. 年金的现值

将每年等额的现金流量 A 按一定贴现率折算到现在，称为年金现值。按年金等额发生量发生的时间，可以分为期初年金现值和期末年金现值，贴现率通常采用复利形式。年金现值用符号 P_a 表示。

（1）复利期初年金现值。

每年初发生等额的现金流量 A，利率为 r，则 n 年的现金流量按复利计算的现值和称为复利期初年金现值。各年现金流的现值如表 4-4 所示。

表 4-4　复利期初年金的各年现金流现值

1 年初	2 年初	…	（n–1）年初	n 年初
A	$A/(r+1)$	…	$A/(r+1)^{n-2}$	$A/(r+1)^{n-1}$

则 $P_a = A\frac{(1+r)^n - 1}{r(1+r)^{n-1}}$

式中，$\frac{(1+r)^n - 1}{r(1+r)^{n-1}}$ 称为期初年金现值系数。

【例 4-9】6 年分期付款购房子，每年初付款 50 000 元，设银行利率为 10%，该项分期付款相当于一次现金支付的购价是多少？

$$P_a = 50\ 000 \times \frac{(1+0.10)^6 - 1}{0.10(1+0.10)^{6-1}} = 239\ 539\text{（元）}$$

（2）期末年金现值。

期末年金又称普通年金。普通年金现值，是指为在每期期末取得相等金额的款项，现在需要投入的金额。每年末发生等额的现金流量 A，利率为 r，则 n 年的现金流量按复利计算的现值和称为复利期末年金现值。各年现金流的现值如表 4-5 所示。

表 4-5 复利期末年金的各年现金流现值

1 年末	2 年末	…	($n-1$) 年末	n 年末
$A/(r+1)$	$A/(r+1)^2$	…	$A/(r+1)^{n-1}$	$A/(r+1)^n$

则 $P_a = A\dfrac{(1+r)^n-1}{r(1+r)^n} = A\dfrac{1-(1+r)^{-n}}{r}$

式中，$\dfrac{1-(1+r)^{-n}}{r}$ 称为期末年金现值系数。

【例 4-10】假设以 10% 的利率借款 200 000 元，投资于某个寿命为 10 年的设备，每年至少要收回多少现金才是有利的？

据普通年金现值的计算公式可知：

$$P_a = A\frac{1-(1+r)^{-n}}{r}$$

$$A = 200\ 000 \times 10\% / [1-(1+10\%)^{-10}]$$

$$= 32\ 549.08（元）$$

因此，每年至少要收回现金 32 550 元，才能还清贷款本利。

4.3.4 不规则现金流：净现值和内部收益率

1. 净现值（NPV）

净现值是指所有未来现金流（包括正现金流和负现金流在内）的现值之和。净现值为正值，说明投资能够获利，净现值为负值，说明投资是亏损的。

$$\text{NPV}=\sum_{t=0}^{T}\frac{C_t}{(1+r)^t}$$

对于一个投资项目，如果 NPV>0，表明该项目在 r 的收益率要求下是可行的，且 NPV 越大，投资收益越高；相反地，如果 NPV<0，表明该项目在 r 的收益率要求下是不可行的。

【例 4-11】已知一个投资项目要求的收益率和现金流状况是：初始投资 10 000 元，共投资 4 年，如果贴现率为 5%，未来四年每年的现金流如下所示。求这个投资项目净现值，问是否能够盈利。

（单位：元）

年　度	现　金　流
1	2 000
2	3 000
3	4 000
4	5 000

$$\text{NPV}=\sum_{t=0}^{T}\frac{C_t}{(1+r)^t}=-10\,000+\frac{2\,000}{1.05}+\frac{3\,000}{1.05^2}+\frac{4\,000}{1.05^3}+\frac{5\,000}{1.05^4}=2\,194.71(\text{元})$$

$$\text{NPV}=2\,194.71>0$$

初始资本 10 000 元，显示为负数，是因为这笔钱对于投资者来说是支出，后面的现金流 2 000 元、3 000 元、4 000 元、5 000 元显示为正数，是因为这些现金流对于投资者来说是收入。

结论：该投资可以盈利。

2. 内部收益率（IRR）

内部收益率又称内部回报率，是指使现金流的现值之和等于零的利率，即净现值等于 0 的贴现率。当某项目的 r 为 IRR 时，该项目不亏也不赚，此时的 r 表示贴现率，也就是项目成本。

$$\text{NPV}=\sum_{t=0}^{T}\frac{C_t}{(1+\text{IRR})^t}$$

对于一个投资项目，如果 $r<\text{IRR}$，表明该项目有利可图；相反地，如果 $r>\text{IRR}$，表明该项目无利可图。其中 r 表示融资成本。

【例 4-12】接例 4-11，该项目的内部收益率为：

$$\begin{aligned}\text{NPV}&=\sum_{t=0}^{T}\frac{C_t}{(1+\text{IRR})^t}\\&=-10\,000+\frac{2\,000}{1+\text{IRR}}+\frac{3\,000}{(1+\text{IRR})^2}+\frac{4\,000}{(1+\text{IRR})^3}+\frac{5\,000}{(1+\text{IRR})^4}=0\\&\Rightarrow \text{IRR}=12.83\%>5\%\end{aligned}$$

结论：该项目值得进行投资。

4.4　财务计算工具

财务计算工具包括财务系数表、财务计算器、Excel 财务函数。

4.4.1　财务系数表

利用财务系数表计算现值、终值简单快捷，但利率和年限必须是整数。如，投资 1 000 元，利率 5%，年限 10 年，通过查表得出复利终值为 1 629 元，如附录 4A 复利终值系数表所示。计算复利现值时，参考复利现值系数表，如附录 4B 复利现值系数表所示。计算普通年金终值时，参考普通年金终值系数表，如附录 4C 复利年金系数表所示。计算普通年金现值时，参考普通年金现值系数表，如附录 4D 普通年金现值系数表所示。

4.4.2　财务计算器

财务计算器是理财规划中最方便全面可靠的计算工具，比财务系数表更精确。财务计算器有惠普 HP12C、德州仪器 TI BAII Plus、卡西欧 FC200V 等。其功能和操作大同小异，这里以德州仪器的财务计算器为例，讲解其在理财规划计算中的应用。

1. 基本功能

（1）主要功能按键：主键都印在键上，比如右上方[ON/OFF]键，表示开关机，可直接操作。

（2）次要功能按键：按键上方的次要功能键，可以按[2ND]键（切换键）+ 主键调用。比如[2ND][PMT]表示调用[BGN]功能。

（3）货币的时间价值操作键：[PV]为现值；[FV]为终值；[PMT]为年金；[N]为期数；[I/Y]为利率。请注意：一定要先输入数字，再按功能键，即如果 PV=100，在使用计算器时，先输入 100，再按[PV]键。

（4）显示小数位数的设置：默认值为显示小数点后两位数字，之后按[2ND]可以调用 FORMAT 功能，屏幕出现 DEC = 2.00 的字样，若要更改为 4 位小数，则输入 4，再按[ENTER]，则出现 DEC = 4.000 0，表示已更改成功。小数位数设置将保持有效，开关机并不需要重置，若要重新设置，必须使用 FORMAT 功能才会改变。考试中的理财问题涉及金额较大，一般以万元计，最好设置为 4 位小数，这样就可精确到元。

（5）日期键：在计算利息时需要计算持有存款或债券的天数。在已知购入日、卖出日和相隔天数中任意两个数字的情况下，通过使用计算器的日期键可以算出第三个变量。例如，已知购入日为 2005 年 7 月 30 日与卖出日为 2005 年 11 月 13 日，按[2ND][DATE]调用 DATE 日期功能，出现 DT1 = 12–31–1990，此为原始设定值。输入 7.300 5 [ENTER]会显示 DT1=7–30–2005。接着按向下键[↓]，出现 DT2=12–31–1990（即为原始设定值），输入 11.130 5 [ENTER]显示 DT2=11–13–2005，按向下键[↓]，出现 DBD=0.000 0，按[CPT]得出 106，即为两个日期相隔 106 天。

（6）重新输入：数字重新输入按[CE/C]键；若是一般计算需要重新设置，则按[2ND][CPT]键调用 QUIT 功能，计算器显示 0.000 0，退出到主界面。

（7）[PV][FV][N][I/Y][PMT]五个货币的时间价值功能键中会存有上次运算的结果，如果只是按[OFF]或[CE/C]是无法清除其中的数据的。清空方法是按[2ND][FV]调用 CLR TVM 功能即可。

（8）功能键中数据的清除：[CF]是输入现金流量计算 NPV 和 IRR 的功能键，它通常会存有上次输入的现金流量。如果需要清空，则必须进入[CF]后再按[2ND][CE/C]键来调用 CLR WORK 功能。其他功能键中数据的清除也可运用同样方式清空数据，比如[BOND]键中的数据，也是先进入[BOND]键再使用[CLR][WORK]键清空数据。

（9）清除数据：清除储存单元中保存的所有数据，应先按[MEM]键，再按[CLR][WORK]键；如果需要清除所有数据，包括恢复计算器内所有的设置，则直接按[RESET]键（[2ND][+/–]），换言之就是计算器的格式化。

（10）一般四则运算：括号与一般代数运算规则相同，必须对称，否则无法算出正确值，算式列完后按[=]可以求出答案，用[ANS]可以调出前一个计算结果。

（11）数学函数计算：操作顺序是先输入数字，再输入该函数所代表的符号。比如 e^3 就应先按 3 再按[e^x]；要计算 $\sqrt{6}$，就应当先按[6]，再按[$\sqrt{x}$]。

（12）付款与复利计算设置：[P/Y] 表示每年付款次数，再按[C/Y]表示每年计算复利的次数。计算器中[P/Y] 与[C/Y]默认值均设定为 1，如果每月付款一次，每季计算复利一次，就应修改设定为 P/Y = 12，C/Y = 4。一般建议 P/Y 与 C/Y 均设定为 1。这种情况下计算每月付款额（PMT）时，就输入 $i/12$（月利率），$N \times 12$（月数）的数据进行计算。

（13）名义年利率换算为有效年利率：同样的名义年利率随着复利频率的不同，有效年利率也会不同。功能键[ICONV]（[2ND]）可以完成名义年利率向有效年利率的自动转换。

【例 4-13】名义年利率为 8%，按季计算复利，相应的有效年利率是多少？

（1）按[ICONV]键屏幕显示 NOM=0.000 0。输入 8 [ENTER]，显示 NOM=8.000 0，表示名义年利率为 8%。

（2）按两次向下键[↓]，显示 C/Y=1.000 0，由于是按季度计算复利，所以一年是 4 次，则按 4 [ENTER]。

（3）按向上键[↑]显示 EFF=0.000 0，接着按[CPT] 键得出 EFF = 8.243 2，这表示有效年利率为 8.243 2%。

2. 货币的时间价值的计算功能

（1）货币的时间价值的输入顺序。

1）以财务计算器做货币的时间价值的计算式，[N][I/Y][PV][PMT][FV]的输入顺序不会影响计算结果。

2）当按题目里变量的顺序输入时，如果没有用到[TVM]功能键要输入 0，可以把上次输入的数据覆盖掉。或者可以在输入每个变量的数据之前，按[CLR][TVM]键清除以前的数据。

3）Excel 表格的财务函数设置顺序一般是[I/Y][N][PMT][PV][FV]。

（2）现金流量正负号的决定。

1）以客户的角度来确定正负：现金流出记为负数，现金流入记为正数。[PMT][PV][FV]一般通过理解题目意思来决定正负符号。比如，某人投资 100 元，即为现金流出，记为 −100；而某人年末收到 100 元年金，即为现金流入，记为 100。

2）在一个货币的时间价值算式中，现金流应有负有正，否则在求值中[I/Y]和[N]会出现 Error 提示，无法计算出正确答案。一般情况下利率[I/Y]以及期数[N]都为正数。

（3）货币的时间价值（TVM）的计算。

1）输入顺序一般为数字在先，变量键或功能键在后。输入负数时，一般先输入数字再按[+/-]键。比如需要输入 -100，则先输入 100，再按[+/-]。输出答案时按[CPT] + 变量键，即可求出答案。

2）在[P/Y]（每年付款次数）和[C/Y]（每年复利次数）都设置为 1 的情况下，若是期数以月计算，则要输入月利率，年金部分也为月现金流量。

【例 4-14】银行为客户周太太提供了某收益率为 8% 的货币型基金，投资期限为 6 年，如果她拟投资 100 万元购买该基金产品，那么周太太届时可累计收回多少现金？

解析：此题为已知现值求终值。按键如下：

8 [I/Y]，6 [N]，0 [PMT]，-100 [PV]；

[CPT] [FV] = 158.687 4

预计周太太 6 年后可以获得 158.687 4 万元现金

【例 4-15】周太太向银行客户经理提出希望再投资一笔钱，到期可以获得 100 万元作为 10 年后为儿子购房的首付。于是客户经理为周太太提供了某理财产品，年化收益率为 7%，那么周太太现在应该投资多少钱？

解析：此题为已知终值求现值。

7 [I/Y]，10 [N]，0 [PMT]，100 [PV]

[CPT] [PV] = -50.834 9

周太太现在需要花费 50.834 9 万元来进行投资。

（4）期初年金与期末年金的设置。

1）设置期末年金：按[2ND] [PMT]，如果屏幕显示 END，表示设置默认为期末年金。

2）设置期初年金：再按[SET]键（[2ND] [ENTER]），显示 BGN，这表示已修改为期初年金。一般此时计算器的屏幕会出现小字显示的 BGN，就意味着计算器将用期初年金的模式进行计算。

3）如果希望再恢复到期末年金计算模式，就只需要继续按[SET]键（[2ND] [ENTER]），屏幕上的 BGN 就消失了。

4）在通常情况下，生活费、房租与保险费是先支付的，属于期初年金；收入的取得、煤气费和房贷本息的支出、利用储蓄来投资等通常计为期末年金。通常情况下假设都发生在期末，若试题中特别注明每月投资发生在期初，则以试题假设为准。

【例 4-16】肖老板现有存款 30 万元，他希望用 5 年的时间累积 120 万元作为他第二家分店的启动资金，现理财顾问为他推荐一款投资收益率为 10% 的理财方案，按月计息，为了达到目标，肖老板每月还应定期定额投资多少钱？

解析：

此例题为已知终值与现值求年金。

10/12=0.833 3 [I/Y]，5×12=60 [N]，–30 [PV]，120 [FV]，

[CPT] [PMT] = –0.912 2

由上述可知肖老板每月应定期定额投资 9 122 元即可达到预期目标。

（5）债券价格、债券到期收益率的计算。

债券价格的计算：已知债券买入日期、债券卖出日期、债券面额、债券票面利率、债券到期收益率，可以算出债券的价格。

债券到期收益率的计算：已知债券买入日期、债券卖出日期、债券面额、债券票面利率、债券的价格，可以算出债券的到期收益率。

1）按[BOND]键，出现 SDT=，为债券买入日。比如 3/30/2009 买入债券，则应输入 3.300 9 [ENTER]。

2）按[↓]，会出现 CPN=，为债券的票面利率（也称息票率）。比如票面利率为 5%，应输入 5 [ENTER]。

3）按[↓]，出现 RDT=，为债券卖出日，比如卖出日为 1/30/2010，就应当输入 1.301 0 [ENTER]。

4）按[↓]，出现 RV=，为债券的票面金额，通常情况下，票面金额为 100，就应当输入 RV=100，[ENTER]。

5）按[↓]，出现 ACT 表示 1 年中包含的实际天数，比如国库券，就可用[SET]变更为一年 360 天。

6）按[↓]，出现 2/Y 代表年付息 2 次，1/Y 代表年付息 1 次。

7）按[↓]，出现 YLD=，表示债券的到期收益率。如债券的到期收益率为 5%，应输入 5 [ENTER]。

8）按[↓]，出现 PRI=，表示债券的价格。按[CPT]，得出 PRI=，即为现在购买该债券的价格。

9）按[↓]，出现 AI=0.000 0，表示债券的应计利息。若已知债券购买价格 PRI=105，则可在 YLD= 处按[CPT]，求出 YLD=，即债券的到期收益率。

【例 4-17】客户刘太太拟在 2014 年 3 月 30 日购买国债，并于 5 年后（2019）赎回。国债票面金额为 100 元，票面利率为 10%，每半年付息一次。客户经理告诉刘太太现在柜台卖出价为 115.68 元，那么刘太太这 5 年的预期投资收益率是多少？

解析：

从上述条件中已知买入与赎回时间、票面利率以及卖出价，现在客户经理需要帮助刘太太计算出她的投资收益率。

先清空计算器，按[BOND]键，出现 SDT=，输入 3.301 4 [ENTER]；

按[↓]，出现 CPN=，输入 10 [ENTER]；

按[↓]，出现 RDT=，输入 3.301 9 [ENTER]；

按[↓]，出现 RV=100；

按[↓]，出现 ACT；

按[↓]，出现 2/Y ；

按[↓]，出现 YLD=，由于此数据为需要计算出来的量，所以不需要输入数据直接执行下一步骤；

按[↓]，出现 PRI=，输入 115.68 [ENTER]；

按[↓]，出现 AI=0.000 0；

接下来再按两次[↑]，则回到了 YLD 处；

按[CPT]，出现 YLD=6.295 8，即债券的到期收益率 YTM 为 6.3%。

最后可知刘太太购买债券的到期收益率为 6.3%。

（6）房贷本息摊分函数 AMORT。

1）先用等额本息偿还方法运用[PMT]键算出月供额；

2）再运用 AMORT 函数来求得某一期的本息和：进入[AMORT]键，P1 代表开始期数，P2 代表结束期数，如果是计算某一期的，则是输入 P1=P2= 该期数。若是要计算从第 1 期到第 *N* 期的累积额，则输入 P1=1，P2=*n*。

【例 4-18】梅先生有一笔为期 20 年的房屋贷款，金额为 300 万元，贷款利率为 7.6%，他选择的是每月本利平均摊还，请问梅先生在第 30 期付款中的本金、利息与贷款本金余额为多少？前 30 期总共需还本利共多少？

解析：

7.6/12 = 0.633 [I/Y]，20 × 12 = 240 [N]，300 [PV]，0 [FV]

[CPT] [PMT] =-2.435 2

运用 AMORT 函数进行摊销运算。进入[AMORT]键（[2ND] [PV]），P1= 30 [ENTER]，按[↓]，出现 P2= 30 [ENTER]，按[↓]，得出 BAL=282.378 4。因此第 30 期结束后贷款本金的余额为 282.378 4 万元。

再按[↓]，得出 PRN =-0.642 7，此为第 30 期应还的本金额 6 427 元。

再按[↓]，得出 INT = -1.792 5，此为第 30 期的利息额 17 925 元。

之后再连按[↓]返回到 P1，修改为 1 [ENTER]，表示从第一期到第 30 期的累积额：PRN = -17.733 2 表示前 30 期累积还款 17.733 2 万元。INT = -55.322 8，表示 30 期共累积了利息 55.322 8 万元。

（7）现金流量的输入、净现值（NPV）与内部收益率（IRR）的计算

1）按 CF 键，出现 CF0=0.000 0，这时应输入期初的现金流量。一般情况下期初都是投资资金，所以要输入负数。

2）按向下键 ↓，出现 C01=0.000 0，输入第一期的现金流量，按 ENTER。

3）然后再按 ↓，出现 F01=0.000 0，这表示该现金流量连续出现的次数。如果该现金流连续出现多次，输入次数 + ENTER。例如，从第一期到第五期现金流量相同，则输入 F01=5；如果只出现 1 次，输入 1 ENTER。

4）然后再按 ↓，输入下一期的现金流量，依此类推。

5）若当期有现金流入，比如年金收入、投资获得净利或获得借款，则输入正数。若有现金流出，如缴保费、成本投入，则输入负数。

6）将所有的现金流量都输入完毕后，算净现值时用 NPV 键，算内部收益率时用 IRR 键。

①净现值的计算。按 NPV 键时，显示 I=0.000 0，输入相应的投资收益率后，按 ENTER。按向下键，显示 NPV=0.000 0，此时按 CPT 可得出净现值的金额。

②内部收益率的计算。按 IRR 键时，显示 IRR=0.000 0，此时按 CPT 可得出内部收益率。

7）一般情况下，NPV>0 时，表示该投资方案可行。有几个投资方案供评估时，选择 IRR 最高的投资。

【例 4-19】尹小姐加盟了一家面包店，当时投资了 200 万元，每年大概可收回 14 万元，8 年后她以 260 万元转让，假设折现率为 7%，那么尹小姐的净现值与内部收益率分别为多少？

解析：尹小姐的现金流如下。

期初投资 200 万元，支出 200 万元，为负数，–200 万元。

前七年每年获得 14 万元，为正数，14 万元。

第八年获得的 14 万元，以及最后的转让款 260 万元，为正数，274 万元。

按 CF 键，出现 CF0 = 0，输入 –200 ENTER，表示了她期初投资 200 万元。

按 ↓，出现 C01 = 0，输入 C01 = 14 ENTER。

按 ↓，出现 F01 = 0，输入 F01 = 7 ENTER。表示现金收入 14 万元连续出现了 7 次。

按 ↓，出现 C02 = 0，输入 C02 = 14+260 = 274 ENTER。

按 NPV 键，显示 I = 0，输入 7 ENTER。

按 ↓，显示 NPV = 0，按 CPT，得出 NPV = 34.920 5 万元。因为净现值 > 0，说明这个项目是可行的。

内部收益率的计算。延续上题，输入 CF 值后，按 IRR 键，显示 IRR=0，按 CPT，得出 IRR = 9.656 3%。

因此，内部收益率 9.656 3% > 投资成本（贴现率）7%，表示该项目可行。

4.4.3 Excel 财务函数

Excel 软件中的财务函数为计算货币的时间价值提供了便利。Excel 财务函数功能包括利率函数、终值现值函数、年金函数、内部收益率函数等，集财务系数表法与财务计算器法的优势于一体，能够迅速又准确地计算出相关财务结果，同时也能够方便地将各个工作表格计算出来的数字相互链接方便最终结果的计算。

1. Excel 财务函数方法

（1）打开 Excel 电子表格，在菜单中选择【公式】的功能。

（2）选择插入【函数】中的【财务】。

（3）在财务函数中选择需要用的终值、现值或年金函数。

1）FV 终值函数。

2）PV 现值函数。

3）PMT 年金函数。

4）NPER 期数函数。

5）RATE 利率函数。

（4）输入剩下四个变量：比如 RATE 要输入 10% 或者 0.1 ；TYPE 中 1 表示期初，0 表示期末；输入数字的时候，投资、存款、生活费用支出、房贷本息支出等为现金流出，输入负号；收入，赎回投资、借入本金等为现金流入，输入正号。输入完所有数字之后按确定键即可求出所需函数。

【例 4-20】林红打算为自己存一些退休金，现有存款 30 万元打算都投入某收益率为 6% 的货币基金产品，之后听从客户经理的推荐，准备再定额投资此产品 8 年，即每年年末再投入 10 万元。问最终林小姐可以累积多少养老金？

解析：

FV(6%, 8, −10, −30, 0) = 146.790 121 3

8 年后可以取出 146.79 万元养老金。

2. Excel 财务函数说明

（1）Excel 常用财务函数说明（PV 与 FV），如表 4-6 所示。

表 4-6　Excel 常用财务函数说明（PV 与 FV）

现值函数 PV	终值函数 FV
PV（*i*，*n*，PMT，FV，0/1） 其中：*i* 为折现率 *n* 为时间期数 PMT 为每期的现金流量 FV 为期末资产价值 0 代表普通年金现值 1 代表期初年金现值	FV（*i*，*n*，PMT，PV，0/1） 其中：*i* 为投资收益率 *n* 为时间期数 PMT 为每期的现金流量 PV 为期初资产价值 0 代表普通年金终值 1 代表期初年金终值

（2）Excel 常用财务函数说明（PMT 与 PPMT），如表 4-7 所示。

表 4-7　EXCEL 常用财务函数说明（PMT 与 PPMT）

每期现金流量 PMT	第几期的偿还本金流量 PPMT
PMT（i，n，PV，FV，0/1） 其中：i 为折现率或贷款利率 n 为时间期数 PV 为期初资产价值 FV 为期末资产价值 0 代表普通年金现值 1 代表期初年金现值	PPMT（i，n_i，n，PV，FV，0/1） 其中：i 为折现率或贷款利率 n_i 为第几期时间期数 n 为时间总期数 PV 为期初资产价值 FV 为期末资产价值 0 代表普通年金现值 1 代表期初年金现值

（3）Excel 常用财务函数说明（NPER 与 RATE），如表 4-8 所示。

表 4-8　Excel 财务函数说明（NPER 与 RATE）

所需的期数 NPER	所需的收益率 RATE
NPER（i，PMT，PV，FV，0/1） 其中：i 为折现率或贷款利率 PMT 为每期现金流量 PV 为期初资产价值 FV 为期末资产价值 0 代表普通年金现值 1 代表期初年金现值	RATE（N，PMT，PV，FV，0/1） 其中：N 为时间期数 PMT 为每期现金流量 PV 为期初资产价值 FV 为期末资产价值 0 代表普通年金现值 1 代表期初年金现值

（4）Excel 财务函数说明（IRR 与 NPV），如表 4-9 所示。

表 4-9　Excel 财务函数说明（IRR 与 NPV）

内部收益率 IRR	净现值 NPV
IRR（资产 CF0，现金流量数列 C1，C2，…，CN） 现金流量为正数表示当期有储蓄，为负数表示当期为负储蓄 退休规划时工作期通常为正数，退休期为负数，算出 IRR 即为达成退休规划所需要的收益率	NPV（i，投资 CF0，现金流量数列 C1，C2，…，CN） 现金流量为正数表示当期有回收，为负数表示当期为资金投入 通常用在比较两个投资方案何者划算时，NPV 越高者越划算

1）**IRR 内部收益率函数**：现金流量为正数，就表示现金流入，负数为流出；运用 Excel 财务函数来计算内部收益率比财务计算器要便捷许多。

在退休规划中，工作期现金流如果设定为正数，那么退休期则为负数，计算出的 IRR 就是实现退休规划所需要的收益率。

2）**NPV 净现值函数**：NPV 通常用于比较两个投资方案哪个更优，NPV 越高的方案越划算。

【例 4-21】邹太太投资 10 000 元在某金融产品，并在接下来 8 期中每期现金流量如下表所示，折现率为 10%，请用 Excel 财务函数计算出它的内部收益率与净现值。

期数	现金流量（元）
1	0
2	100
3	200
4	400
5	800
6	1 600
7	3 200
8	6 400

解析：

IRR 用 Excel 计算，如下图所示。

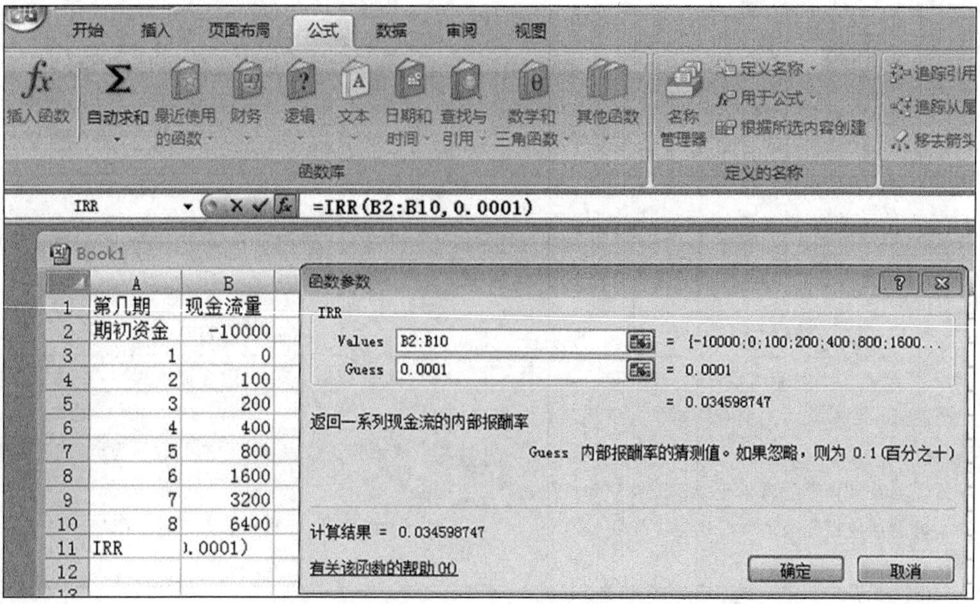

NPV 用 Excel 计算，如下图所示。

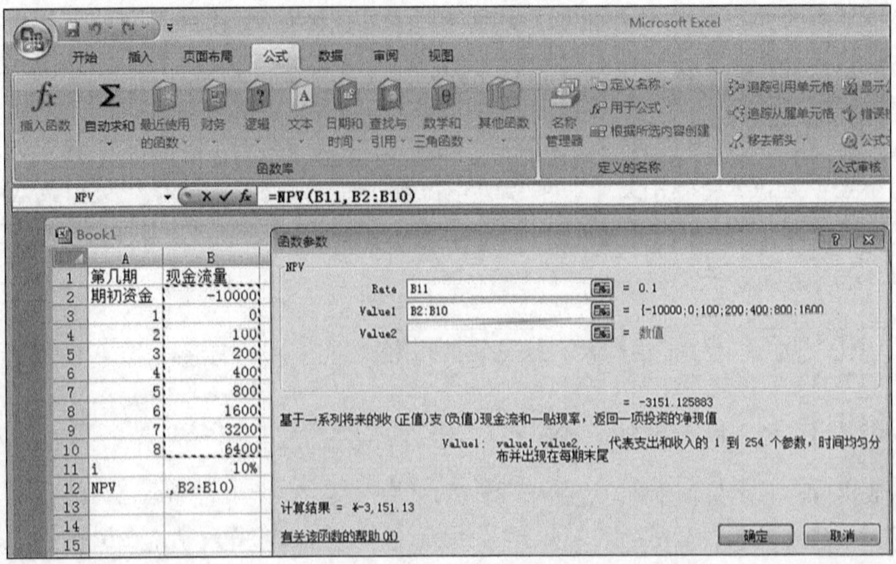

从上图可看出：IRR＝3.4%，NPV＝–3 151，因此此项投资是非常不合算的。

（5）理财目标方程：检验理财目标合理性。

当前的可投资额 × 复利终值系数 + 未来的年储蓄能力 × 年金终值系数＝理财目标

【例 4–22】理财目标是 5 年后累积 100 万元创业资金，当前可投资额 30 万元，投资收益率 6%，每年储蓄 10 万元。

FV（6%，5，–10，–30，0）=96.5

96.5 < 100，理财目标无法达成。

（6）现金流量正负号的决定，如表 4-10 所示。

表 4-10　现金流量正负号的决定

现金流出输入负数	现金流入输入正数
1. 投资为现金流出	1. 赎回投资为现金流入
2. 还贷款本息为现金流出	2. 获得贷款为现金流入
3. 付房租与保费为现金流出	3. 保险满期为现金流入
4. 整笔投资 PV 为负数	4. 赚取收入为现金流入
5. 定期定额投资 PMT 为负数	5. 负债额 PV 为正数
6. 本利摊还额 PMT 为负数	6. 理财目标 FV 为正数
7. 退休后年支出 PMT 为负数	7. 年金给付 PMT 为正数

4.5　货币的时间价值在理财规划中的应用

4.5.1　子女教育规划

【例 4–23】孩子 10 年后读大学，届时大学学费为每年 2 万元，连续四年。教育金投资产品的年收益率为6%，如果采用定期定额投资的方式，需要每年投资多少钱能达到孩子届时上学的目标？或者采用现在一次性投资的方式，需要投资多少钱？（不考虑学费成长率）

解析：

利用目标基准点法，将孩子上学第一年设为基准点。

（1）首先应计算出孩子大学四年总学费在第一年的现值。由于学费交到最后一年即已缴费完成，所以FV=0，学费每年2万元，即PMT=2，N为4年，求PV。值得注意的是此部分年金为期初年金。

- [2ND][PMT]，再按[SET]键（[2ND][ENTER]），显示BGN，这表示已修改为期初年金
- 6 [I/Y]，4 [N]，–20 000 [PMT]，0 [FV]；[CPT][PV] = 73 460

这意味着在孩子读大学第一年应有73 460元即可保证4年的学费。

（2）再计算每年应投资多少钱可达到FV=73 460。定额定投为期末年金。

【先将计算器重新调回期末模式 [END] 】

- 6 [I/Y]，10 [N]，0 [PV]，73 460 [FV]
- [CPT][PMT] = –5 573.26

这表示，如果以定额投资的方式，只要保证每年投资5 573元钱即可保证孩子未来读大学的学费支出。

（3）若打算采取一次性投资，那么：

- 6 [I/Y]，10 [N]，0 [PMT]，73 460 [PV]
- [CPT][PV] = –41 019.68

这表示，如果在期初一次性投资，则需要投资41 020元即可达到预期目标。

4.5.2　退休规划

【例4–24】张女士25岁，30年后退休，退休后每年开销现值5万元，生活20年。通胀率为3%，投资收益率工作期为8%，退休后为5%，现有资产5万元，问张女士每年应储蓄多少钱可以达到退休目标？

- 3 [I/Y]，30 [N]，0 [PMT]，–5 [PV]，[END]，[CPT][PV] = 12.136 3

现在5万元现值30年后届时值为12.14万元。

- 5–3=2 [I/Y]，20 [N]，–12.1363 [PMT]，0 [PV]，[BGN]
- [CPT][PV] = 202.414 8

退休后支出为期初年金，用BGN，退休后的投资收益率5%减去通货膨胀率3%，等

于实际获得的投资收益率 2%，即用简便算法算出折现率（5% - 3%=2%），算出所需退休金总额 202.41 万元。

从现在至退休还有 30 年，在退休的时刻需要的资金为 202.41 万元，需要计算从现在开始每年储蓄多少钱。未来需求金额就是 FV = 202.41 万元，实际投资收益率 = 投资收益率 - 通货膨胀率 = 8%–3% = 5%，即 I/Y=5%，现有金额为 5 万元，即 PV = –5，储蓄 30 年，即 N = 30，求解 PMT。

- 5 [I/Y]，30 [N]，–5 [PV]，202.414 8 [FV]
- [CPT] [PMT] = –2.721 4，算出所需年储蓄为 27 214 元

❖ 本章小结

1. 货币的时间价值，也称资金的时间价值，是指在无风险和无通货膨胀的条件下货币经历一定时间的投资和再投资所增加的价值。
2. 讲解了将货币的时间价值原理应用于理财规划中的几种方式：公式、查表、Excel、计算器等。
3. 典型的现金流量计算包括：终值、现值、年金及净现值、内部收益率等。

❖ 习题

1. 在客户的生命周期中，现金流量往往是先负后正的。对还是错？
2. 在进行退休规划时，IRR 为达到退休规划目标的必要收益率。对还是错？
3. 在 Excel 的终值函数的参数中，0 代表期初年金，1 代表期末年金。对还是错？
4. 当前可投资额 30 万元，投资收益率为 6%，每年储蓄 10 万元可在 5 年后达到 100 万元的理财目标。对还是错？
5. 每年年初支出 50 000 元，共六年，利率为 10%，该项支出的现值为（　　）。（单选题）

   A. 217 763 元　　B. 239 539 元　　C. 245 479 元　　D. 187 500 元
6. 某客户购买了一款固定收益产品，年利率为 7%，每年存入 5 000 元，8 年后一次性取出，取出的金额为（　　）。（单选题）

   A. 51 299 元　　B. 47 943 元　　C. 54 890 元　　D. 31 200 元
7. 以下属于理财目标中的短期目标的是（　　）。（多选题）

   A. 购车计划　　B. 旅游计划　　C. 教育金计划　　D. 进修计划
8. 鲍勃·吉布森（Bob Gibson）在公司年度圣诞节晚会上得了一等奖。这笔奖金是现金，他有 3 种选择来处置这笔奖金：

   （1）目前领取 1 000 元；

   （2）在以后的 3 年间，每年年末领取 400 元；

   （3）在第 1 年年末领取 500 元，第 2 年年末领取 400 元，第 3 年年末领取 300 元。

   问题是：

   1）如果在利率水平分别是 6%、10%、12% 的情况下，他应该如何选择？

2）如果在 1 年期、2 年期、3 年期的利率水平分别是 6%、6.5% 和 7% 的情况下，哪种选择最好？

9. 袁氏夫妇预计 10 年以后要换价值 100 万元的房屋，届时当前房屋价值 60 万元，目前还有 20 万元的房贷，假设房贷利率 5%，还有 15 年还清。当前房贷本利摊还每月 1 582 元。10 年后换房出售旧房时，还剩下 5 年，则到时需贷款多少？

习题参考答案

❖ 附录 4A　复利终值系数表

n/r	1%	2%	3%	4%	5%	6%	7%	8%
1	1.010	1.020	1.030	1.040	1.050	1.060	1.070	1.080
2	1.020	1.040	1.061	1.082	1.103	1.124	1.145	1.166
3	1.030	1.061	1.093	1.125	1.158	1.191	1.225	1.260
4	1.041	1.082	1.126	1.170	1.216	1.262	1.311	1.360
5	1.051	1.104	1.159	1.217	1.276	1.338	1.403	1.469
6	1.062	1.126	1.194	1.265	1.340	1.419	1.501	1.587
7	1.072	1.149	1.230	1.316	1.407	1.504	1.606	1.714
8	1.083	1.172	1.267	1.369	1.477	1.594	1.718	1.851
9	1.094	1.195	1.305	1.423	1.551	1.689	1.838	1.999
10	1.105	1.219	1.344	1.480	1.629	1.791	1.967	2.159
11	1.116	1.243	1.384	1.539	1.710	1.898	2.105	2.332
12	1.127	1.268	1.426	1.601	1.796	2.012	2.252	2.518

❖ 附录 4B　复利现值系数表

n/r	1%	2%	3%	4%	5%	6%	7%	8%	9%
1	0.990	0.980	0.971	0.962	0.952	0.943	0.935	0.926	0.917
2	1.980	0.962	0.943	0.924	0.907	0.890	0.873	0.858	0.842
3	0.971	0.943	0.915	0.889	0.864	0.840	0.816	0.794	0.772
4	0.961	0.924	0.888	0.855	0.822	0.792	0.763	0.735	0.708
5	0.951	0.906	0.863	0.822	0.784	0.747	0.713	0.681	0.650
6	0.942	0.888	0.838	0.791	0.746	0.705	0.666	0.630	0.596
7	0.933	0.870	0.813	0.760	0.711	0.665	0.623	0.583	0.547

（续）

n/r	1%	2%	3%	4%	5%	6%	7%	8%	9%
8	0.923	0.853	0.789	0.730	0.677	0.627	0.582	0.540	0.502
9	0.914	0.837	0.766	0.703	0.645	0.592	0.544	0.500	0.460
10	0.905	0.820	0.744	0.676	0.614	0.558	0.508	0.463	0.422
11	0.896	0.805	0.723	0.650	0.585	0.527	0.475	0.429	0.388
12	0.887	0.789	0.701	0.625	0.557	0.497	0.444	0.397	0.355

❖ 附录 4C　普通年金终值系数表

n/r	1%	2%	3%	4%	5%	6%	7%	8%
1	1.000	1.000	1.000	1.000	1.000	1.000	1.000	1.000
2	2.010	2.020	2.030	2.040	2.050	2.060	2.070	2.080
3	3.030	3.060	3.091	3.122	3.153	3.184	3.215	3.246
4	4.060	4.122	4.184	4.246	4.310	4.375	4.440	4.506
5	5.101	5.204	5.309	5.416	5.526	5.637	5.751	5.867
6	6.152	6.308	6.468	6.633	6.802	6.975	7.153	7.336
7	7.214	7.434	7.662	7.898	8.142	8.394	8.654	8.923
8	8.286	8.583	8.892	9.214	9.549	9.897	10.260	10.637
9	9.369	9.755	10.159	10.583	11.027	11.491	11.978	12.488
10	10.462	10.950	11.464	12.006	12.578	13.181	13.816	14.487
11	11.567	12.169	12.808	13.486	14.207	14.972	15.784	16.645
12	12.683	13.412	14.192	15.026	15.917	16.870	17.888	18.977
13	13.809	14.680	15.618	16.627	17.713	18.882	20.141	21.495

❖ 附录 4D　普通年金现值系数表

n/r	1%	2%	3%	4%	5%	6%	7%
1	0.990	0.980	0.971	0.962	0.952	0.943	0.935
2	1.970	1.942	1.913	1.886	1.859	1.833	1.808
3	2.941	2.884	2.829	2.775	2.723	2.673	2.624
4	3.902	3.808	3.717	3.630	5.546	3.465	3.387
5	4.853	4.713	4.580	4.452	4.329	4.212	4.100
6	5.795	5.601	5.417	5.242	5.076	4.917	4.767
7	6.728	6.472	6.230	6.002	5.786	5.582	5.389
8	7.652	7.325	7.020	6.733	6.463	6.210	5.971
9	8.566	8.162	7.786	7.435	7.108	6.802	6.515
10	9.471	8.983	8.530	8.111	7.722	7.360	7.024
11	10.368	9.787	9.253	8.760	8.306	7.887	7.499
12	11.255	10.575	9.954	9.385	8.863	8.384	7.943
13	12.134	11.348	10.635	9.986	9.394	8.853	8.358
14	13.004	12.106	11.296	10.563	9.899	9.295	8.745

第5章　PERSONAL FINANCE

投资规划

❖ 本章提要

本章首先定义了投资规划的相关概念，其次分析了各类投资产品的属性。应用投资产品进行投资规划，要考虑投资工具是否适合客户的风险属性和财务目标，能否帮助客户实现财富保值增值。

❖ 重点和难点

1. 投资规划的定义

2. 投资产品：5.2.1 现金管理类、5.2.2 固定收益类、5.2.3 权益投资类、5.2.4 另类投资类、5.2.5 跨境投资类、5.2.6 保险类

3. 投资规划流程

❖ 引导案例

张建国先生养老金资产配置案例：投资规划及资产配置方案

以本教材第 1 章案例背景为例，讲解投资规划及资产配置方案。

根据张建国先生的风险属性、财务状况、退休需求目标等，所做出的适合张先生的资产配置方案如表 5-1 所示。

表 5-1　资产配置产品分配比例

产品名称	配置比例
定期存款	18.984%
乾元货币市场（北京分行）第 021 期理财产品	25.84%
“乾元－保本型”第 020 期理财产品	15.504%
凭证式（三期）国债	10.336%
华夏沪深 300A 基金	4.879%
长信量化中小盘基金	2.091%
个人账户黄金业务	9.71%
龙胜福瑞 1 号两全保险（分红型）	12.656%
合计	100%

通过一系列规范程序形成的退休规划方案在当时阶段是最适合张建国先生家庭的，但也会因年龄、家庭情况、资产总额、投资偏好、市场环境的变动而随之变动。这就要求专业理财人员根据现实情况的变动灵活调整客户的退休规划及资产配置，以满足客户变化后的要求。

本章将详细讲解投资规划与投资产品。

5.1　概述

投资规划是理财规划师为客户制订方案或代替客户对其一生或某一特定阶段或某一特定事项的现金流，在不同时间不同投资产品上进行配置，以获取与风险匹配的最优收益的过程。在制定投资规划时，首先要考虑的是投资工具是否适合客户的风险属性和财务目标。要做到这一点，就要熟悉各种投资产品的特性和投资基本理论。投资规划的目标是帮助客户实现财富保值增值。按照个人理财流程规划，每类投资产品对应一个投资规划。如：对证券产品进行流程规划，就形成了证券投资规划；对外汇产品进行流程规划，就形成了外汇投资规划；对房产进行流程规划，就形成了房地产投资规划；对艺术品进行流程规划，就形成了艺术品投资规划；对教育金进行流程规划，就形成了教育金投资规划；对养老金进行流程规划，就形成了养老金投资规划。投资产品是指理财机构在为客户提供资产配置或个人理财等类型的服务过程中所用到的金融产品。这些产品的主要功能在于帮助客户实现其资产的保值或增值。理财机构有能力为客户提供全面的、定制化的服务是因为它们能够凭借其对金融市场及相关领域的广泛涉足和参与，以较高的效率整合和设计产品。

5.2　投资产品

在理财业务中，各类投资产品的主要作用是服务于理财机构为客户提供的资产配置。资产配置是分散化投资理念的具体体现，是为了实现一定的投资目标而将财富配置到不同类型的资产中。若要真正体现分散化投资的理念，则应该根据各个具体资产之间在价格或价值方面的相关性进行归类，使不同资产类别之间具有较低的相关性。

按照上述标准，投资产品可分为现金管理类、固定收益类、权益投资类、另类投资类、跨境投资类和保险类六大类产品。

5.2.1 现金管理类

1. 定义

现金管理类产品是同时兼顾了流动性和收益性的定期短期或者活期的低风险金融产品。流动性、风险性和收益性是金融产品的三个基本属性。现金管理类产品在流动性方面具有的特征是流动性高，在风险性方面具有的特征是风险程度低。为了保持较高的流动性和较低的风险，产品发行人将所有投资人的资金募集起来后，通常只通过有限的渠道进行配置，而且可配置的额度和时间也受到较大的约束，从而使得现金管理类产品的收益性比较低。

现金管理类产品具有较高的流动性，比较适合客户在日常工作、生活中遇到的高频次和小额度的支付结算等活动。在日常工作、生活中，小额度的消费行为和支付行为通常是一些快捷完成的流程，常用现金或者现金等价物作为支付手段。如果这些流程的完成需要较长的时间和步骤，那么用户的使用体验会比较差。为了改善用户体验，现金管理类产品必须具备较高的流动性，至少应能够保障日常的消费或支付行为以较快的速度和简洁的流程来完成。

在金融市场的众多产品中，现金本身的流动性应该是最强的。但是，如果持有的现金规模过大，超过了一定时期内工作、生活中的消费或支付所需，那么持有者将付出一定程度的机会成本。现金本身是不会产生利息或者盈利的，但是通货膨胀率是有可能存在的。如果通货膨胀率持续大于零，则持有现金的机会成本就大于零。从这个角度上来看，现金本身并不是现金管理最合适的工具，也不应该是唯一的工具。

为了对冲持有现金的机会成本，人们应该将现金投资于另外一些与现金一样具有较高流动性，同时又能提供一定投资收益的金融产品。这类产品的投资收益是现金管理类产品收益性的体现。现金管理类产品能够产生一定的收益，其背后的经济机制是商业银行等金融机构通过发行现金管理类产品并将投资者的现金募集起来后，拿出一部分资金投资于机构间市场中的一些中短期的低风险金融工具，从而获取一定的投资收益。这些低风险金融工具通常包括金融机构间的同业拆放、短期回购、剩余期限短于一年的国债、央行票据等。

通常而言，这些金融工具能够提供的投资收益率往往略高于现金管理类产品投资者获得的投资收益，其原因主要有两个。一是现金管理类产品的发行人因提供了资产管理服务而从投资收益中收取一部分费用；二是为了保证现金管理类产品的流动性，必须将所募集的资金的一部分以现金形式进行配置，以应对随时有可能发生的赎回行为。因此，配置于低风险金融工具的资金额度就降低了，所以整个产品所获得的收益也降低了。

2. 传统现金管理类产品

传统现金管理类产品主要包括现金、活期存款、通知存款、定期存款等。提供这些产品是商业银行的传统业务。

通常情况下，四个产品中现金的流动性最强，可以在主权货币流通区域内发挥支付结算的功能。

活期存款没有固定的期限，客户（储户）可以随存随取。随着信息技术的发展，利用活期存款作为支付手段的应用场景越来越广泛，并且能够应对较大额度的临时支付行为，所以活期存款的流动性也比较高。但是，活期存款的收益率却比较低，通常是金融市场中的基准利率。

通知存款的流动性略低，是因为当客户需要将存款变现时，必须在一定时间之前给商业银行发出通知，以便商业银行做好资金准备。这段从产品转换为现金的时间通常需要一天或者七天，取决于产品的属性。这段时间的存在，使得通知存款的流动性略低于活期存款。然而，这段时间的存在，也使得商业银行在配置客户的存款时有了更加精确的时间安排，便于精准地调配资金，从而也使存款中更大比例的资金可以投资到一些期限稍长、收益率较高的短期投资工具中。在这种情况下，通知存款的收益率通常高于现金或者活期存款的收益率。

定期存款是银行与存款人双方在存款时事先约定期限、利率，到期后支取本息的存款。定期存款可用于结算或从定期存款账户中提取现金。存款人若临时需要资金，可办理提前支取或部分提前支取。定期存款的期限通常包括一年、三年或五年等。相对而言，定期存款的流动性在传统的现金理财工具中是最低的，这是因为定期存款的期限是存款人和银行之间事前约定的。由于存款的期限已经确定，所以银行可以明确这笔存款的使用期限，从而可以选择与之相匹配的资金配置方式，取得更高的投资收益。因此，定期存款的收益率通常要高于通知存款和活期存款的收益率。随着金融创新的发展和信息技术的进步，定期存款的类别越来越丰富，某些类型的定期存款也具有较强的流动性。例如，存款人可以在定期存款到期之前与银行商定把存款提取出来。但是，随着流动性的提高，定期存款的收益率也会降低。

3. 新型现金管理类产品

传统现金管理类产品基本上是由商业银行提供的标准产品。随着金融市场的发展和创新，非银行金融机构逐渐可以提供一些新型现金管理类产品。在中国境内的金融市场中，新型现金管理类产品主要包括货币市场基金、短期理财基金、货币型资产管理计划、货币型信托以及大额可转让定期存单等。

随着金融市场产品创新的不断推进，会有更多的新型现金管理类产品出现。在此过程中，基金公司和证券公司逐渐成为新型现金管理类产品的重要提供者，而商业银行凭借其规模效应和各种资源，也在新型现金管理类产品市场中扮演重要的角色。

货币市场基金是指投资于货币市场内的短期金融资产的投资基金。具体的投资对象包括剩余期限在一年以内的政府债券和企业债券、商业票据、银行定期存单和活期存款、央行票据以及中短期限的逆回购等。货币市场基金通常由专门的公募基金公司发行，无论是申购还是赎回都较为便利，同时申购的最低限额也比较低。由于货币市场基金所投资的金融工具都是流动性较高且风险较低的货币市场工具，所以基金本身也具有较高的流动性，风险程度低。随着信息技术的发展，一些货币市场基金在某些支付结算场景中甚至达到了银行活期存款的效果，流动性更高，但是又能保持相对较高的收益性，所以受到众多投资者的青睐。

短期理财基金也是基金公司发行的现金管理类产品，其在流动性上比货币市场基金稍差，原因在于其规定了产品的投资期限。常见的投资期限有 14 天、30 天或者 60 天。在基金投资方向层面，短期理财基金与以上的货币市场基金基本相同。由于短期理财基金募集的资金有较为明确的期限，所以基金公司可以对所募集的资金进行较为精确的期限安排和匹配，便于在规定的风险水平下实现更高的投资收益。

货币型资产管理计划与货币型信托在流动性、收益性和风险性上与以上的货币市场基金和短期理财基金基本一致，只不过是产品的发行人不同。在中国的金融市场中，货币型资产管理计划通常是由证券公司发行的，而货币型信托则是由信托公司发行的。这些非银行金融机构通过金融产品创新，提高了市场竞争力。这对产品的投资者而言是有利的，主要体现在满足既定的流动性、风险性要求并能够提供相对较高的投资收益。

大额可转让定期存单简称大额存单，是由银行业存款类金融机构，面向非金融机构投资人发行的记账式大额存款凭证。简言之，就是银行发行的金额较大的存款产品。投资人包括个人及非金融机构，认购起点分别为 30 万元及 1 000 万元。大额存单在风险性上与银行存款几乎没有差别。在流动性方面，由于该存单不记名且可转让，所以大额存单的流动性通常要高于定期存款。同时，由于大额存单是定期的，所以与定期存款一样能够提供较高的利率。

5.2.2 固定收益类

1. 定义

固定收益类产品，也称为固定收益证券，是承诺未来还本付息的债务工具以及相关的金融衍生产品的总称。固定收益类产品在金融市场中存在的历史最长，品种和门类也繁多。最初的固定收益类工具是指那些在产品条款中约定了未来还本付息的确定时间和额度的产品，换言之，产品在未来所产生的现金流是明确和固定的，所以有“固定收益证券”之名。但是，随着金融市场产品创新的步伐不断推进，越来越多的固定收益类产品在发行之初是无法确定其未来现金流的确切时间和额度的，但是这些产品都与市场总体利率水平密切相关，所以也都属于固定收益类产品。例如，浮动利率债券的未来现金流额度是无法提前确定的，可赎回债券和可转换债券的未来现金流的时间和额度在当前时刻也无法准确地知道，但是这些产品都属于固定收益类产品。

要注意的是，以上将“固定收益”解释为可以明确产品未来的现金流的时间和额度，是指产品的条款或者投资融资双方在合约中将未来现金流明确。但是，在实际的金融市场中，未来是不确定的。即使合约或协议有明确规定，但是在各种条件或事件影响下，融资人或发行人也有可能违约，从而使得投资人收回的投资少于产品或合约规定的额度。这就是固定收益类产品中的信用风险。具体而言，固定收益证券的信用风险有两类，一是债券等基础类产品的发行人无法按时足额还本付息，二是固定收益类衍生产品交易对手无法履约。

除了信用风险，利率风险也是固定收益类产品的主要风险。利率风险的含义是市场利率水平变化导致固定收益产品的价值发生变化的可能性。例如，对于普通的固定利率债券，其价格与市场利率水平通常呈现出反向关系，即当市场利率水平下降时，该债券的价格有很大可能会上涨，而当市场利率水平上升时，该债券的价格则有下降的趋势。

利率风险和信用风险是固定收益类产品的最主要风险。除了二者之外，还有一些比较次要的风险，包括再投资风险、流动性风险以及通货膨胀风险等。

2. 基础产品

固定收益类产品中的基础产品主要包括普通的债券和一些货币市场工具，其产品结构较为简单，不包含衍生产品结构。其中，货币市场工具在本质上与5.2.1中的现金管理类产品是一样的，所以这里主要介绍各种普通债券，主要包括政府债券和公司债券。

（1）政府债券。

政府债券是政府机构发行的债券，具体可以分为国债、政府机构债券和地方政府债券。政府债券通常是以国家或者政府的信用作为担保的债券，所以其信用级别高，信用风险较低，某些国债甚至被视为无信用风险的债券。

但是，不同的国家有不同的政府体系，这使得一个主权国家内不同的政府债券的信用风险可能有一定的差别。例如，在一些联邦制的国家中，联邦政府拥有国家级别的信用，而地方政府的信用级别可能比较低，并且与其自身的财务和经济状况有密切的关系。而在一些中央集权式的国家中，中央政府通常是地方政府实质上最后的担保人，因此地方政府几乎与中央政府拥有相同级别的信用等级。

在国债的风险中，信用风险极低，主要风险是利率风险，国债价格也逐渐成为反映市场利率水平和变化的主要指标。一个国家的中央政府发行国债，所募集的资金通常比较大，而且通常有一定发行时间规划，发挥着定期发行国债来调节金融市场运行的功能。在一些主要发达国家或者一些主要金融中心，国债是流动性高、成交活跃的金融产品。例如，美国拥有世界上最大的、流动性最好的国债市场，发行的国债品种多样，规模庞大，债券条款也比较标准化，很容易在市场上进行流通。中国的国债市场规模也比较大，但是二级市场交易的规模占发行规模或者存量规模的比重却比较小，大多数国债被作为资产配置的工具而长期持有到期。二级市场成交不活跃会在一定程度上导致国债的价格发现或者估值面临一定的困难。

政府机构债券是由政府部门（除财政部以外）或其所属机构发行的债券。例如在美国，提供居民住房抵押贷款的联邦国民抵押贷款协会和联邦住房贷款抵押集团，以及提供小额农业信贷服务的农场信贷系统等机构发行的债券就是政府机构债券。在中国，虽然没有明确意义上的政府机构债券，但中央政府部门所属机构、国有独资企业或国有控股企业所发行的债券以及三大政策性银行所发行的政策性金融债券，信用级别都很高，从性质上来说都具有政府机构债券的特征。

地方政府债券代表地方政府的信用，所募集的资金用于弥补地方政府临时性的收支不平衡或者当地的长期资本投资。地方政府有不同程度的税收权利，能够以此作为未来还本付息的支撑。同时，在中央集权的政府体系中，地方政府的债务在一定程度上能够获得中央政府的信用担保，所以地方政府债券的信用级别也比较高。目前我国部分地方允许个人投资者投资地方政府债券。

（2）公司债券。

公司债券是企业为筹措资金而发行的债券。由于公司经营可能存在较大的风险，在投资公司债时，投资者更关注其信用风险。正因如此，公司债券通常也被称为信用债券。按照偿债的优先级不同，公司债券可分为优先债、一般性的债务和次级债。在公司破产清算时，优先债能够首先获得偿付，之后是一般性的债务，然后是次级债，最后是股权。因此，同一家公司发行的公司债券，其信用级别会由于偿债优先级的不同而有差别。

在中国的金融市场中，公司债券是由股份有限公司或有限责任公司发行的债券。在发行审核时，我国的公司债券采用核准制，由中国证券监督管理委员会负责审核，发行人和保荐人通过市场询价确定发行价格。与公司债券比较类似的一类信用债券是企业债券。企业债券是由中央政府部门所属机构、国有独资企业或国有控股企业发行的债券。企业债券的发行也实行审核制，由发展改革委员会负责审核。在中国，公司债券和企业债券的最大交易市场是银行间市场。金融机构对公司债券的配置需求比较高，其原因在于公司债券能够提供较高的利率。公司债券是基于公司或企业信用的债券。它们的信用级别相对国债而言是比较低的，即信用风险比较高。面对较高的信用风险，发行人只有提供较高的利率，才能吸引投资者来承担额外的风险。

3. 固定收益类衍生产品

由于固定收益类产品的主要风险是利率风险和信用风险，所以，作为风险管理工具的固定收益类衍生产品，其标的通常是各个利率或者信用指标。比较典型的固定收益类衍生产品包括以利率为标的的利率远期、利率期货、利率互换和利率期权，以及以信用为标的的信用违约互换、全收益互换以及信用利差期权等。以信用为标的的衍生产品通常也称为信用类衍生产品。

固定收益类衍生产品的主要功能是进行风险管理。对于固定收益证券中存在的利率风险，可以用利率远期、利率期货或者互换进行全面的对冲，也可以利用利率期权将一部分风险进行对冲。对冲的效果是把利率风险转移给衍生产品的交易对手。该交易对手有可能是想要通过主动承担该利率风险的手段，以期获得一定的投资收益，也有可能是自身也有利率风险管理的需求，且充当该交易对手刚好能够把利率风险对冲掉。信用类衍生产品也类似，既可以作为信用风险管理的工具，也可以作为获得信用风险暴露和预期收益的手段。

固定收益类衍生产品无论是在交易所场内市场，还是在场外市场，都有很大的成交规模。根据国际清算银行发布的数据，在全球金融衍生产品市场中，固定收益类衍生产品的交易规模是最大的，其中利率类衍生产品的成交规模占据绝大比例。场内交易的固定收益类衍生产品以利率期货和利率期权为主，全球各大金融市场中的交易所内有着品种繁多的利率类衍生产品。目前，中国的场内交易的利率类衍生产品只有在中国金融期货交易所上市交易的五年期国债期货和十年期国债期货。场内交易的利率类衍生产品都是标准化的产品，而且通常是通过集合竞价或连续竞价来形成价格的，所以其价格发现功能较强，衍生产品的价格能够指导其他固定收益类产品的交易。场外交易的固定收益类衍生产品在成交规模上通常大于场内成交的规模，但是由于场外产品大都不是标准化的，而且通常是通过多次询价达成交易，所以其价格的参考意义略低。

4. 固定收益类结构化产品

固定收益类结构化产品也被称为结构型债务工具，是将基础性的债务工具、衍生产品以及其他金融资产进行拆分、重新组合，改变原有债务工具的回报结构而形成的。由于这类产品仍采用债务工具的形式，因此这类产品仍属于固定收益类产品，但是，由于产品的结构设计复杂多变，其风险收益特征往往与基础性的债务工具相差甚远，因此该类产品往往作为单独的投资品种。

固定收益类结构化产品从结构设计上大体可以分为两类。一类是在债务工具中嵌入金融衍生产品，另一类是基于某个资产池所衍生出来的证券化产品。

（1）嵌入金融衍生产品。

债务工具中嵌入衍生产品的最常见形式是嵌入相对简单的期权。常见的产品包括可赎回债券、可回售债券、可转换债券和可交换债券。这类债券通常称为含权债券。

其中，可赎回债券中的可赎回权利是指债券的发行人有权在债券到期之前的特定时刻以事先约定的价格将债券买回。在该债券中，权利属于债券的发行人。发行人提前赎回债券的主要原因是，当市场利率水平持续降低时，通过提前赎回债券然后再发新债，可以降低融资成本。与可赎回债券相反的是可卖回债券，其中的可卖回权利是指债券的投资者有权在到期前的特定时刻按照事先约定的价格将债券卖还给发行人，从而提前收回投资。投资者提前收回投资的主要原因在于，当市场利率持续上升时，通过提前收回投资然后投资新的债券，可以获得更高的利息收入。

可转换债券的转换权是指债券的投资者有权在到期前的特定时刻以一定的转股价格将一定量的债券转为同一公司发行的普通股。投资者行使转换权，通常是因为将债券转换成股权后所获得的收益更高。因此，可转换债券是普通债券与股票看涨期权多头的结合。可交换债券在结构上与可转换债券基本是一致的，只不过其中的权利是让投资者将债券换成另外一家公司的股票。

另外一种嵌入衍生产品的设计方式是将固定收益证券的收益通过一些特殊的金融衍生产品与其他资产相联结，形成收益联结型债务工具。例如，逆向浮动利率票据的未来利息收入与某个基准利率的变动联结在一起，当基准利率下降时，该产品的利息收入提高，反之则降低。

（2）资产证券化。

资产证券化是将资产打包在一起，并以证券的形式出售、获得现金的方式。从发行人的角度来看，可将资产证券化视为通过发行证券化产品募集资金并购买一系列相关的资产形成资产池，而这些资产所带来的投资收益将成为该证券化产品未来的投资回报。从投资者的角度来看，通过投资于证券化产品，投资者可以用较小规模的资金，来获得某一类流动性较差，但是收益相对较高且稳定的资产的风险暴露，而且证券化产品本身由于是标准化的，所以具有较高的流动性。从这个意义上来看，资产证券化的过程实质上是一个将低流动性资产变成高流动性资产的过程。

资产证券化产品有一些特殊的制度设计和产品设计，其中关键的设计包括风险隔离和信用增强。风险隔离是指大多数资产证券化过程都需要设立一家新的实体（special purpose vehicle，SPV），资产的原始持有者将要被证券化的资产（即基础抵押资产）真实出售，剥离出资产负债表，卖给 SPV。SPV 再以该资产未来的现金流作为抵押发行证券，或者用发行证券所募集的资金来购买该资产。基础抵押资产剥离出原始持有者后，原始持有者不再承担该资产的风险，实现了风险隔离。信用增强是指资产证券化产品可以经由第三方金融机构来担保还款，或者购买信用违约互换等方法来实现信用增级，或者通过安排储备资金、实行超额抵押、设计证券的优先 / 次级结构等方法来实现内部信用增级。

常见的资产证券化产品包括房地产抵押贷款支持证券（mortgage-backed security，MBS）以及更一般的资产支持证券（asset-backed security，ABS）。ABS 的典型代表是商业银行开发的资产支持商业票据（asset-backed commercial paper，ABCP）和现金债务抵押证券（cash collateralized debt obligation，Cash CDO）。

ABCP 与传统商业票据的共同之处在于都是短期本票，期限一般在 90～180 天之间；特殊之处在于它是有担保的，即以一定的金融资产作为担保发行。这里作为担保的金融资产，就是证券化过程中的基础抵押资产。ABCP 通常没有活跃的二级市场，且通常也没有优先级或次级的多层次结构安排。

现金 CDO 的基础资产大多是一些债券以及银行贷款，且大部分的 CDO 是基于 ABS 证券再次衍生出来的，即通过对证券化产品进行第二次证券化而得到的。CDO 被创造出来，通常用于套利，即发行者以较低的价格购入债券等工具，经过现金流和风险重构之后形成新的证券，再以较高的价格出售。此外，同一个 CDO 的基础抵押资产组合中，各个资产在性质上可能存在较大的差异，相关性通常也较低。

5.2.3 权益投资类

1. 定义

权益类投资是指将投资的资金转换成特定企业所有权的过程，投资者则称为企业的所有者或者股东。权益类投资的收益，主要体现在企业所有权所衍生出来的收益，包括获得企业经营收益分配而产生的收益和所有权转让带来的收益，以及剩余索取权，即在企业破产清算时在偿还优先级别更高的各项债务后对剩余资产的所有权。资产对应着企业资产负债表中的所有者权益，代表着对企业的所有权以及企业资产的剩余索取权。此外，大多数权益类资产的所有者拥有对企业经营决策的投票权，可以通过投票行为影响企业的重大经营决策，在一定程度上决定企业在未来的经营方向和方式，从而对企业未来的资产价值和经营业绩产生一定的影响。

按照是否可以在公开的交易所内进行交易，权益类资产可以分为公开上市股票和非公开的企业股权。公开上市股票是将企业的股权等额划分为一定的股份，每一股代表一定额度的所有权。股权划分成股份后，部分或所有股份可以在股票交易所中公开交易，投资者可以用不同额度的资金来购买该股份，从而获得对该企业一定额度的所有权，这样的企业称为上市公司。此外，公开上市股票可以随时在交易所中进行交易转让，使得股份持有者可以便捷地把持有的上市公司所有权转换为现金。因此，公开上市股票通常具有良好的流动性。

非公开的企业股权通常不会将其所有者权益进行等额的划分。如果企业的所有者是多个独立的法人或（和）自然人，那么企业股权通常按照一定的标准（如出资额）进行划分，各个所有者占有一定的比例。非公开的企业股权通常也称为私人股权或私募股权（private equity，PE），虽然它在大类资产中属于权益类资产，但是在私人银行的产品类别中通常属于另类投资产品。由于没有在股票交易所内挂牌上市，非公开的企业股权通常流动性较低。投资者若要退出投资，通常需要主动寻找第三方投资人，具体包括兼并收购、股权转让、管理层收购或者公开发行上市等。由于非公开企业股权与公开上市股票在投资策略上有很大的差别，所以在某些情况下非公开企业股权被视为一种相对独立的资产类别。

2. 普通股和优先股

普通股和优先股的主要差别在于股东投票权的有无以及实现投资收益的方式。普通股的股东拥有正常的投票权，可以通过投票行为在一定程度上影响公司的重大决策。此外，作为一种投资工具，普通股具有两个主要特点，分别是剩余追索权和有限责任。剩余追索权是指股东对公司资产和收益的追索权，股东行使该权利的顺序位于债权方之后，在众多投资者中排最后一位。当公司清算资产时，普通股股东只有在其他索偿人如税务部门、公司员工、供应商、债务持有者和其他债权人都得到应得的补偿之后，才能对剩余资产享有索取权。对于处于清算中的公司，普通股股东只对扣除利息和税收之后的运营收益享有索取权。公司管理层可以将剩余收益以现金股利的形式发放给股东，也可以将其投资到公司的业务中以期增加股票的价值。有限责任是指公司经营失败时，股东的最高损失是其原始投资。与非公司制企业（如合伙企业）不同的是，公司制企业的债权人对公司股东的个人财产不享有索偿权，股东的最大损失只不过是所持有的股票变得一文不值，但股东个人对公司债务不负有任何责任。

优先股是同时具有权益类资产和固定收益类资产特征的证券。优先股与普通债券的相同之处有两点。首先，优先股能够向持有者承诺每年支付一定的收益。由于优先股没有明确的到期期限，所以它更像是一种无限期的债券，即永续债。其次，优先股的持有者没有参与发行人公司的决策的权利，就像普通债务人一样。然而，优先股与普通债券也有一定的差别。作为一种权益类资产，优先股的股利分配并非发行人的义务，发行人保留着向优先股股东支付股利的自主权。此外，优先股的股利通常是累积的。“优先”的含义在于发行人向普通股股东支付股利之前需要首先全部付清优先股的股利。债务则与之不同，发行人或者债务人有义务向债权人支付利息，若无法支付，则公司会进入破产程序。有些优先股可以由发行者赎回，称为可赎回优先股；有些优先股可以按特定比例转换为普通股，称为可转换优先股；此外，还有一些优先股的股利与当前市场利率水平挂钩，类似于浮动利率债券，称为浮动利率优先股。

普通股与优先股的一个差别是普通股股东对于发行人的重大决策有投票权。通常情况下，所持普通股占公司总股本的比例越高，其投票的权重也越大。对于一些股东充分分散化的上市公司，持有股份比例超过10%时就有可能成为公司的大股东，从而对公司的重大决策有很强的影响。例如，当某些个人或者外部企业为了实现资产配置、战略投资或者市场竞争等目的而通过二级市场或者其他渠道购入大量普通股时，其投资的意图更容易实现。然而，对于一些特殊的公司，投票权的大小可能与普通股持股比例不一致。例如，对于一些科技创新型公司或公开上市的家族企业，其创业者或领导者可能持股比例不高，但是其公司章程赋予其较高的投票权，让其有更高的决策权。如此设计的目的在于确保创业者或者领导者能够保持该公司的经营风格，创业者或领导者已经成为该公司的象征，只有这样的设计才能让公司的价值保持以往的增长。

3. 股票价格指数

（1）定义。

股票价格指数是反映一篮子股票价格变化的指标。在规模较大的股票市场中，上市交易的股票数量成千上万，各有不同行业和经营模式，所以各自的价格变化不可能完全同步。但是，对于大多数股票而言，其长期趋势基本类似。为了反映该长期的、平均的变化趋势，人们可以按照一定的标准选择一篮子股票构成股票组合，以该股票资产组合的市值变化作为市场总体变化的反映，再通过对该组合的市值进行定基和标准化，就得到了股票价格指数。

由此可以看到，股票价格指数在本质上是一个股票组合市值的反映。按照不同的组合标准来构造股票组合，就可以得到不同的股票价格指数。例如，如果在成千上万只股票中选择市值最高的前几十只股票或者前几百只股票构成股票组合，并计算股票价格指数，就得到了能够反映整个股票市场行情变化趋势的综合型指数。这类指数的典型代表包括北美市场中的道琼斯工业平均指数、标准普尔 500 指数、纳斯达克指数，欧洲市场中德国的 DAX 指数和英国金融时报指数（FTSE），以及亚洲市场中的日经 225 指数和恒生指数。中国 A 股市场中的主要综合型指数包括沪深 300 指数、上证综指和深证成指。

除了综合型指数外，也可以按照细分行业或者某些指标进行股票组合构建并计算相应的股票价格指数。例如反映银行业上市公司股票行情的银行指数，以及反映市场高风险股票行情的高贝塔指数等。

（2）投资工具。

作为权益类产品，股票价格指数也可以成为投资的标的。但是，与普通股或者优先股等不同，投资股票价格指数需要其他工具。投资普通股或者优先股，可以直接在二级市场中买入，也可以在首次公开发行或再融资时进行申购。换言之，普通股和优先股是可交易的资产。但是，股票价格指数本身是无法直接交易的。若要投资于股票价格指数，可以直接根据指数公司发布的指数成分构成比例来主动构建相应的资产组合，但是，大多数投资者会通过一些特殊的工具实现指数投资的目标。这些工具包括指数基金和指数衍生产品。

1）指数基金。

指数基金是通过募集资金并投资于特定指数的成分股，以期基金的收益完全复制指数收益的基金。指数基金通常是权益类被动投资的首选工具。从指数复制策略上来看，指数基金可以分为完全复制型指数基金和增强型指数基金。完全复制型指数基金的投资策略较为简单，即完全按照指数的成分股构成和权重来构建股票组合，所以指数收益与基金收益之间的差别（跟踪误差）比较小，误差的来源主要是交易成本、基金运营成本和基金管理费。由于这类基金是被动型投资，所以管理费较低。增强型指数基金则是在将大部分资金用来完全复制指数之外，还拿出少部分资金进行积极投资，以期获得比指数基金更高的投资收益。

按照交易机制，指数基金可以分为封闭式指数基金、开放式指数基金、交易型开放式指数基金（ETF）和上市型开放式基金（LOF）。

2）指数衍生产品。

指数衍生产品是以特定的股票价格指数为标的资产的金融衍生产品。在交易所市场内交易的指数衍生产品主要有股指期货、股指期权以及基于指数 ETF 的期权，而在场外交易的指数衍生产品则门类较多，既有结构简单的远期合约和收益互换等，也有结构较为复杂的指数联结型结构化产品。

指数期货是基于股票价格指数而衍生出来的期货产品，产品合约标准化，在交易所内集中交易。保证金交易机制、充足的流动性以及双向交易机制使得股指期货成为众多权益类投资者进行风险管理的首选工具。此外，股指期货还被用于增强指数基金和 Alpha 套利基金或策略中。在全球各大主要的股票市场中都有股指期货交易，而且成交活跃程度很高。中国的股指期货市场中的品种有沪深 300 股指期货、上证 50 股指期货和中证 500 指数期货。

指数期权是以股票价格指数或者 ETF 为标的的期权。在交易所内交易的指数期权都是标准化的期权合约。期权是比期货更加精细化的风险管理工具，在股指期权上衍生出来的交易策略更加丰富繁多。中国的主要的股指期权是在上海证券交易所内上市的华夏上证 50ETF 期权。

指数类衍生产品市场作为权益类资产市场中的一部分，其成交活跃程度与基础资产本身的成交不相上下。在一些高度发达的金融市场中，基础类资产市场例如股票市场已经成为长期投资的工具，而在其上衍生出来的衍生产品市场则成为风险转移的工具。从这个意义上讲，基础资产市场可以视为价值市场，而衍生产品市场则可视为风险市场。对于一个专业的、高端的投资者，二者缺一不可。

在投资指数时，要特别注意的是明确指数的调整方法。由于权益类资产通常会发放股利，当股利以现金的形式发放给持股人之后，公司的市值就会相应地下降，而其股票价格也会有一定幅度的下降。对于这一点，有些股票价格指数会进行调整，也有些指数不进行调整。如果指数不进行调整，就有可能出现由于众多公司集中发放现金股利而导致指数下跌，但是实际上股票价格可能没有变化的情况。这种情况下，投资金融衍生产品可能受到指数下跌带来的影响，但是若通过指数基金进行投资，由于指数基金跟踪指数的方式是买入成分股，基金本身能够拿到股票的分红并反映在净值上，所以基金的收益会略高于指数的收益。

5.2.4　另类投资类

1. 定义

另类投资产品是相对于传统投资产品而言的。传统投资产品主要包括公开上市公司的股票、政府或企业发行的高信用级别债券以及商业银行提供的传统现金类管理工具。传统投资产品之外的资产类别或者金融产品，几乎都可以称为另类投资产品。

随着金融市场的发展和居民财富规模的提高，另类投资产品的种类也越来越多，在不同的发展阶段有不同的范围。市场发展早期，另类投资产品主要包括一些信用风险较高的高收益债券、新兴市场中的股票和债券类资产以及房地产投资信托基金等。后来，另类投资产品越来越广泛，包含的具体门类越来越多。

在当前的金融市场中，另类投资产品已经不再局限于资产类别的划分，也包含基于各种资产类别的特定投资方式而形成的产品。总体而言，另类投资产品可以做两个层面的分类，第一个层面是资产类别层面，第二个层面是投资策略层面。

2. 资产类别层面的分类

按照资产类别的不同对另类投资产品进行分类，可以将其分为两大类型，分别是实物类产品和金融类产品。

（1）实物类资产。

作为另类投资产品的实物类资产内容较为广泛，主要包括土地（农场和林场）、房地产（住宅和商业地产）、大宗商品（贵金属、原油与有色金属等）、艺术品（书画、手稿）和古玩、邮票及红酒等。这些具体的实物类资产通常都具备特有的定价逻辑。例如，大宗商品是全球定价的，从长期趋势上看，供给和需求是影响价格的最主要因素，但是短期价格会受到市场交易情绪的影响。大宗商品的供给是可变的，而且大宗商品本身会因为作为众多生产制造活动的原材料而产生价值。与此相应的是艺术品和古玩，作为投资品种，艺术品和古玩的供给通常是明确不变的，甚至会因为资产本身的毁损而使需求减少。此外，艺术品和古玩通常就是终端产品，没有其他的商品或资产作为其价值参考。

实物类资产作为另类投资产品，通常有不同的交易方式，每个子类别有其独特的交易市场、工具和规则。例如，投资大宗商品的方式可以是直接从事大宗商品贸易，也可以是通过电子化的集中交易市场或者衍生产品市场来获得相应的风险暴露，或者是通过大宗商品类的指数基金或者 ETF。而投资艺术品和古玩等通常需要通过拍卖竞价的方式进行实物的买卖和交割。对于土地和房地产，既可以直接购买，也可以通过房地产信托投资基金等金融工具投资。交易便捷程度的不同以及可用工具的多寡，使得不同的实物类资产在流动性上有很大差异。

（2）金融类产品。

以金融工具为存在形式的另类投资产品，除了常见的高收益债券、新兴市场资产和房地产投资信托之外，还包括私募股权和证券化产品。

私募股权是指通过非公开方式募集资金并将其投资于非上市公司的股权或者上市公司的非公开交易股权。与私募股权相类似的另类投资包括天使投资、风险投资（venture capital，VC），它们都投资于同样性质的股权，只不过是在企业发展的不同阶段进行投资。其中，天使投资是指在企业处于非常早期阶段，甚至只有一个概念、创意而尚未有一个完整产品的时期就进行投资。天使投资的额度较低，部分天使投资人还给所投资的企业提供一定的指导和帮助。风险投资是指在企业经过一定发展阶段，有了相对成熟的产品或者已经开始将产品推向市场这个阶段才进入的。风险投资的额度通常远远大于天使投资的额度，但是换取的股权比例不一定更大，主要原因是企业的估值已经提升，而天使投资所持股份已经有较高的价值。私募股权通常选择在企业形成了一定的规模、所处的行业已经较为规范，或者已经有较为稳定的盈利模式之后才进入的。这时企业的估值通常比风险投资进入时更高了，所以私募股权投资的额度通常要更大，才能获得相应的股权比例。无论是天使投资、风险投资还是私募股权，后者通常都可以成为前者的退出方式。如果在企业的多次再融资阶段不退出，则有可能是期望通过在企业上市后退出或者长期持有，获取股权投资产生的股息作为投资收益。

天使投资、风险投资和私募股权投资的风险都比较高，其中天使投资的风险最高。但是，由于天使投资的额度比较低，所以对于持有大量资金的投资人，可以天使投资的方式将资金投资于大量的不同性质或者类似性质的企业中，实现分散投资，以期众多投资中的一个或少数几个企业能够带来高额的投资收益，弥补其他股权投资的亏损。

除了私募股权外，类似的高风险另类投资产品还包括重振资本（turnaround financing, TF）。重振资本是指业绩不佳的企业投资。这类企业一般处于传统行业，出现财务危机或者处于重组当中，但仍具有长期的市场生存能力。如果能够摆脱危机或者成功重组，那么这类投资也能产生较高的投资收益。这类投资其实类似于当一家上市公司面临破产时或者处于危机边缘时，部分投资者仍然购买其股票，因为这个时候的股票价格相比以往已经处于很低水平，所以一旦反弹，投资收益会非常可观。

作为另类投资的证券化产品其实与本章中固定收益类中的结构化产品基本相同，都是指以各类信贷资产作为抵押而发行的标准化证券。证券化产品的基础抵押资产是多种多样的，包括信用卡贷款、房地产抵押贷款、上市公司或企业的应收账款、特定市场的债券甚至证券化产品本身。

3. 投资策略层面的分类

在投资策略层面，传统投资产品与另类投资产品的本质区别在于投资追求的目标不同。

传统投资产品，典型代表是股票型、债券型、货币市场型的共同基金，其追求的投资目标是相对收益。只要基金的投资收益或净值超过了某个市场基准，例如某个市场指数，那么这只基金就是好的投资，不管基金到底盈利还是亏损。这类产品的主要风险是跟踪误差风险，即产品净值对市场基准的偏离的风险。在投资策略上，这类产品通常是买入并持有，各个产品之间的策略差别在于如何在成千上万个可用投资工具中选择合适的工具。

与此相比，另类投资产品追求的是绝对收益，典型代表是对冲基金。随着金融市场的发展，属于对冲基金的产品越来越多，而且产品的性质各不相同，所以很难给对冲基金总结出几个基本的特征。在众多属于对冲基金的产品中，部分是没有对冲操作的，也有部分不属于严格意义上的基金。对冲基金这个名词逐渐成为一个没有严格定义而外延广泛的概念。

与传统的投资策略追求相对收益不同，另类投资产品追求的是绝对收益。在这个业绩衡量标准中，产品带来的盈利越高越好，若产品带来亏损，则该产品就是一个业绩不好的产品，无论总体市场是否出现大幅的波动。也就是说，追求绝对收益的另类投资产品，或称为对冲基金，其业绩的基准是现金。

根据具体的策略类型不同，对冲基金可以分为以下五个类型，分别是股票对冲策略、套利策略、事件驱动策略、宏观对冲策略和管理期货。

（1）股票对冲策略。

股票对冲策略通常以二级市场中交易活跃的上市公司股票作为交易工具。具体的策略主要包括多空策略、市场中性策略和卖空策略。

其中，多空策略通常是通过选择相关性较高的两只股票，在做多一只股票的同时做空另外一只股票。例如，市场中有两家航空公司的股票 A 和 B，则可以做多 A 股票的同时做空 B 股票。之所以这么做，其根源在于从长期来看两家公司的股票价格是协整关系，从而二者的差会经常在一个合理的区间内波动。如果偏离了该区间，那么可以实施多空策略，并且在股票价格的差回到合理区间时获得收益。

市场中性策略与多空策略在操作上基本类似，通常也需要做多一部分股票的同时做空另外一部分股票。其中，市场中性是指该策略所购建的股票组合（包含多头和空头）的市场风险（也称为系统性风险）几乎为零，市场的方向性涨跌对该策略组合的净值几乎没有影响。策略获利的来源是通过承担市场风险之外的非系统性风险所获得的。例如，市场中有两个汽车制造公司，其股票分别为 A 和 B，两家公司都在研发电动汽车。若通过分析和研究发现 A 公司将有较大可能获得汽车用电池的技术专利，那么合适的操作策略是买入 A 公司的股票并卖出 B 公司的股票。之所以卖出 B 公司的股票，是担心当股市大盘持续下跌时，即使 A 公司有利好，也无法阻挡大盘的下跌。在卖空 B 股票之后，若大盘下跌，则没有利好支撑的 B 股票将下跌得比 A 股票快。因此做空 B 股票的盈利要高于大盘下跌导致 A 股票的亏损。除了做空股票之外，还可以通过一定期货、期权来实现市场中性。

卖空策略是指通过卖空上市公司股票获得收益。在股票市场中，大多数投资者的交易方式是选择合适的股票或者选择合适的买入时机，等到股票升值之后卖出。卖空策略则反其道而行。为了实现盈利，需要在卖空之前对目标股票有较为深入的研究和分析，要用足够充分的证据来做出卖空策略。一旦股票价格如期下跌，其过程通常非常快。

（2）套利策略。

对冲基金常用的套利策略包括可转债套利、固定收益证券套利、波动性套利等。可转债套利是指通过可转换债券和对应的股票的交易来实现的套利交易。具体而言，可转换债券中内嵌有一个股票看涨期权，当市场价格发生偏差以致可转债的转股价格低于标的股票的价格时，就可以买入可转债、执行债转股并卖出股票，或者买入可转债的同时融券卖出该股票，然后等待时机卖出债券并买回股票平仓。

固定收益证券套利的种类较为丰富，例如常规的通过债券回购融入资金再买入债券，只要短期利率持续低于中长期利率，那么这样的策略就能获得相应利差，而通过滚动回购操作则能够提高杠杆，从而放大利差的收益。此外，基于利率期限结构的变化规律，可以通过长短期限债券的多空组合来获利，或者通过同时交易国债现券和国债期货进行套利。

波动性套利通常通过交易期权来进行。期权的波动性交易策略也有多种，包括跨式组合、宽跨式组合、蝶式组合和鹰式组合等。期权价格除了受到标的资产价格的方向性变化影响之外，短期内还会受到股票价格波动率变化的影响。在通常情况下，对波动率的预测要比对价格变化方向的预测更加准确。基于对波动率变化方向的预测，可以进行波动率套利。波动率套利通过期权组合，把标的资产的方向性风险对冲掉了，只留下波动性风险。

（3）事件驱动策略。

事件驱动策略是利用特定资产在特定事件发生之前或之后的明显无效率的定价而获利的交易策略。对冲基金常用的事件驱动策略主要包括合并套利和困境证券投资。

合并套利（merger arbitrage，MA）是通过交易两家即将合并的上市公司的股票并通过两只股票价格之差的变化来获利的套利策略。合并套利的前提是有公司合并事件的发生，所以属于事件驱动策略。具体而言，投资者将买入定价过低的股票并同时做空定价过高的股票，等待价格回归合理价值后平仓获利。当并购方发布收购上市公司（目标公司）方面的公告时，其收购的价格通常会比目标公司当时股价要高。高出的部分称为控制溢酬（control premium，CP），反映了并购交易无法达成的风险。并购交易既可以是现金交易，也可以是换股。套利者的交易策略通常是买入目标公司的股票，同时卖出并购者的股票。当并购达成时，目标公司的股票价格将上升并接近并购价，而并购者的股票价格通常不会上涨太多（具体情况要分析两家公司的基本面）。如果并购交易没达成，那么两只股票价格都可能下跌，且并购者的股票价格有可能下跌得更多。

困境证券（distressed securities，DS）指发行人（公司或企业）面临较大的经营困境，以致其股权或债务的价值出现明显缩水的股票和债券。例如，面临财务危机甚至濒临破产的公司，其股票的价值可能已经出现了大幅的下跌，而其发行的债券也因为该公司信用评级大幅下降而发生大额贬值。困境证券出现时，市场波动比较大，难免会出现一定的非理性交易，致使证券的价格可能明显低于其合理价值。当这种情况出现时，投资者可以用较低的价格买入该困境证券，承担一定的风险，以期获得较高的收益。困境债券是比较合适的工具，因为债券具有较高的索偿级别，而公司的资产比较易于计算，所以更易于发现是否存在交易机会。

（4）宏观对冲策略。

宏观对冲策略投资于那些价格受到重大经济政策显著影响的资产，投资的领域覆盖全球范围内的主要金融市场。通过选择适当的进入和退出时机以及合适的投资工具，宏观对冲策略相当于通过主动承担系统性风险来获得较高的期望收益。在金融市场中，能够反映系统性风险的基本变量是利率、汇率和股票价格指数。与这三个基本变量密切相关的金融工具，都可以成为宏观对冲策略的投资工具。

与汇率变化密切相关的宏观经济政策主要是一国或一个经济区域的中央银行发布和实施的货币政策。典型的例子是美联储定时开展的议息会议以及会后发布的会议公告，通常能够在短时间内对美元的价格产生重大的影响。如果密切关注并及时获取该信息，并可以对该信息做出快速和合理的判断，则可以在短时间内获得较高的投资收益。外汇交易可以放较高的杠杆，从而有可能将投资收益放大多倍。如果适当使用外汇衍生产品，就可以既把风险控制在既定范围内，又能获得较大的收益增长空间。

在宏观对冲策略中，主权国家债券是与利率水平密切相关的投资工具。主权国家债券通常是在境外市场或者离岸市场交易的，但是在岸市场也有较大的交易量。目前北美和西欧的金融市场具有较大规模的主权国家债券交易，流动性良好。此外，还有种类繁多的利率类衍生产品，也是宏观对冲策略的合适工具。交易利率类工具的宏观对冲策略依然是密切关注一国或一个区域的央行的货币政策和相关信息。例如，欧债危机期间，欧洲央行多次降低基准利率水平的政策以及实施欧洲版量化宽松政策，对欧元区主权国家的债券有很大的影响，价格发生很大的波动。在此期间，美联储的加息进程也受到一定的冲击，使得美元计价的债券也受到重大影响。利率类投资工具价格发生如此大幅的变动，使得一些宏观对冲基金获得了丰厚的投资收益。

一国的货币政策和财政政策对其股票市场也会产生重大影响，并反映在股票价格指数上。与股票价格指数相关的金融工具也非常丰富，而且市场流动性非常高，是进行宏观对冲的合适工具。例如，美联储量化宽松政策的退出并逐渐进入加息进程，使得大量境外资金流回美元市场并配置美元资产，美国股票市场随着进入了缓慢而稳定的上涨趋势中。这时通过在美国金融市场购买指数基金、指数期货等资产，能够获得相当可观的收益。

除了利率、汇率和股票价格指数之外，贵金属和原油由于具有较强的金融属性，并且是全球定价的大宗商品，所以对宏观经济政策和事件也有敏感的反应，是实施宏观对冲策略的合适工具。

总体而言，宏观对冲策略要基于对特定宏观经济政策或重大事件的准确判断，并在此基础上选择对该政策或事件反应较为敏感的资产作为工具进行投资，同时也要选择相关金融工具把非必要的风险进行对冲。

（5）管理期货。

管理期货（managed futures，MF）是一类由商品交易顾问（commodity trading advisors，CTA）提供的投资工具或资产门类。在欧美的金融市场中，CTA 是在证券监管部门注册后才能从业的专业投资者和资金管理者。CTA 通常以交易所场内交易的大宗商品衍生产品和金融衍生产品为主要投资工具，以其专业的投资策略进行主动交易。在早期，CTA 通常以期货交易为主，凭借其在期货领域的专业知识、技能和历史业绩来募集资金并进行期货投资。因此，其发行的基金通常称为管理期货。随着金融市场的发展，场内交易的金融衍生产品除了期货之外，期权也是重要的品种，二者的交易量几乎相当。所以期权也成为部分 CTA 的投资工具。

管理期货与普通的股票型投资策略有较大的差别。在股票型投资中，如何选择适当的股票是一个关键的问题，也是影响投资业绩和反映管理人技能的关键因素。在管理期货中，品种选择问题则较为简单，大多数 CTA 都会选择那些成交活跃的期货和期权品种进行交易。CTA 面临的最关键问题是择时，即交易时机的选择，包括建仓时机和平仓时机的选择。此外，CTA 进行期货交易，相比股票交易，还需要考虑杠杆水平的控制和交易方向的判断。无论是期货还是期权，都可以便捷地进行做空，如果判断正确，即使市场行情下跌，CTA 也能带来可观的收入。在股票交易中则不然，大多数金融市场对于融券交易都有很大的制度或者政策限制，使得做空行为面临不同程度的困难。

随着信息技术的进步和交易所交易系统的改进，越来越多的 CTA 将其交易策略编写为计算机程序，通过计算机来自动控制交易的实施和风险管理，同时也可以利用计算机来进行策略的开发和评估。计算机辅助的自动化交易越来越成为管理期货的主流。

由于管理期货是由 CTA 提供的资产类别，其中蕴含了专业投资者的择时交易决策，所以管理期货的历史收益与其他类别的大类资产价格变化的相关性比较低，甚至是负相关的，这使得管理期货成为分散化投资时必不可少的工具。

5.2.5　跨境投资类

1. 定义

跨境投资类金融产品的主要功能是让投资者获得以外币计价资产的风险暴露。这些金融产品可以是前述四大类金融产品中的任何一类，例如以外币计价的存款、境外金融市场中的债券和股票以及相关的金融衍生产品等。通过投资于跨境投资类金融产品，投资者不仅获得了特定资产的风险暴露，还获得了外币汇率的风险暴露。因此，跨境投资类产品的风险是双重的。由于本节前面部分已经对各类资产的特征和交易机制进行了阐述，下面将从汇率风险的角度重点阐述跨境投资类产品，即将跨境投资类金融产品视为大类资产中的汇率类资产。

汇率类资产之所以能够称为大类资产中的一类，主要是因为汇率本身与其他资产类别在价格变化上具有较低的相关性，从而在资产配置时可以作为实现分散化投资的重要工具。通常情况下，汇率是两种货币之间购买力的比较，在本质上反映了两国之间宏观经济发展的形势。在本币流通范围内，宏观经济形势的变化能够影响到当地金融市场中的利率、股票价格等基本变量，从而影响以该货币计价的资产的价值变化；若需要对冲宏观经济变动带来的系统性风险，可以选择在金融市场中进行特定的战术性资产配置。然而，从全球化的视野来看，以上资产配置行为并没有把风险完全规避，原因在于以本币计价的资产价值变动并没有反映全部的风险，没有把本币对外币的汇率变化作为一类重要的风险进行相应的管理。例如，在某国的金融市场中，宏观经济增长速度持续下滑，导致股票市场行情趋势性下跌，中央银行为了刺激经济发展，多次降低市场利率水平。在此条件下，将更多的资产配置于固定收益类资产，特别是信用级别高的债券是比较合理的。然而，从更大视角来看，宏观经济形势走弱通常伴随着本币的贬值，因此，在资产配置时，除了更多配置于固定收益类产品之外，还应该重点配置一部分资金于外币资产，以对冲本币贬值的风险。这就是跨境投资类产品的重要功能之一。

除了对冲风险之外，跨境投资类产品还可以让投资者获得更多的资产配置选择，从而实现更大范围的分散化投资。例如，假设在未来一段时间内，汇率市场不会发生明显的波动，或者本币通过某种政策机制与外币挂钩联动。这种情况下，跨境资产配置的主要动机并非汇率风险管理，而是获得以外币计价资产的风险暴露。虽然经济全球化的趋势日益明显，但是不同货币对应的金融市场之间可能尚未实现完全的相关。这种情况下，如果境外金融市场趋势向好，那么通过跨境投资类产品将部分资产配置于外币计价资产可能是一个分散投资的合理方法。例如，欧洲债务危机以来，欧洲金融市场特别是股票市场波动加大，在此期间，美国的股票市场由于前期的量化宽松政策使宏观经济逐渐复苏而走出上涨的趋势。对于欧洲的投资者来说，利用跨境投资类产品将资产配置于美元市场特别是美国股票市场，就是一个比较合理的选择。

2. 工具和机制

对于一部分投资者，在全球化资产配置时面临的主要问题之一，是如何将资产或资金在不同金融市场之间进行跨境流动。资产的跨境流动受到一国或地区的金融政策特别是外汇政策的影响。某些国家或地区虽然其主权货币的汇率已经实现了自由流动，但是对于大额资产或资金的跨境进出而言，仍然在时间或者额度上有一定的限制。对于中国境内的投资者而言，人民币的跨境流动受到中国人民银行相关法律法规和政策的管理。这些法律法规和相关政策为人民币的跨境流动提供了一系列的工具和机制，让投资者可以合法地将人民币资金配置到境外金融市场中。

这些工具和机制主要包括通过 QDII（合格境内机构投资者）、QDLP（合格境内有限合伙人）、沪港通、深港通等通道对接的各类境外产品。各私人银行利用这些工具和机制，研发各类跨境金融投资产品，满足国内客户境外投资、资产全球配置的需求。

（1）QDII（合格境内机构投资者）。

根据《合格境内机构投资者境外证券投资管理试行办法》（中国证券监督管理委员会令第 46 号），合格境内机构投资者，是指符合试行办法规定的条件，经中国证券监督管理委员会批准在中华人民共和国境内募集资金，运用所募集的部分或者全部资金以资产组合方式进行境外证券投资管理的境内基金管理公司和证券公司等证券经营机构。

QDII 具有以下四个特点。首先，QDII 拓宽了境内投资者投资渠道。QDII 按照监管要求投资于境外市场，在全球寻找投资机会，分享不同地区经济增长带来的证券市场收益。其次，QDII 受汇率市场影响更加直接。QDII 投资收益受境外市场及汇率市场双重影响。再次，双重监管。中国证监会和国家外汇管理局依法按照各自职能对境外证券投资实施监督管理。最后，QDII 是通过委托境外证券服务机构代理来实现境外资产的交易的。

根据目前的政策，QDII 的可投资范围局限于境外证券市场，主要是境外公开市场发行的产品。

（2）QDLP（合格境内有限合伙人）。

合格境内有限合伙人（qualified domestic limited partner，QDLP）是按照监管要求，在境内注册，面向境内投资者募集人民币基金，并投资于境外市场的企业组织形式。

QDLP 通常在境外机构注册。为了方便日常工作的运作，所注册的境外机构应在境内注册分支机构或联络机构。QDLP 面临的一个问题是税费高，QDLP 除在境外投资缴纳境外相关税费外，资金结汇返回境内时，还需按国内标准缴纳所得税，税费相对较高。

目前 QDLP 的可投资范围也是局限于境外二级市场，投资策略以境外对冲基金为主。

（3）沪港通。

沪港通是上海证券交易所（上交所）与香港联合交易所（港交所）之间的互联互通机制。通过沪港通，中国境内投资者可以投资于在港交所上市的特定股票，而境外投资者也可以投资于在上交所上市的特定股票。随着中国金融市场与境外其他金融市场的合作越来越紧密，未来可能还会出现类似的机制，让境内外的各个金融交易所之间通过类似的机制实现互联互通。

目前从沪港通的运行情况来看，沪港通是我国资本市场对外开放的重要内容，境内投资者可通过沪港通投资香港股票市场，境外投资者可通过沪港通投资境内 A 股市场。沪港通对每日的交易额度有一定的限制。对于投资者买卖额度的限制指当日买卖轧差额度，而非累计额度。

（4）QFII 及 RQFII。

根据中国国家外汇管理局的定义，QFII 是 qualified foreign institutional investors（合格的境外机构投资者）的首字母缩写。RQFII（RMB qualified foreign institutional investors）是指人民币合格境外投资者。QFII 制度是指一个国家在货币没有实现完全可以自由兑换，以及资本项目尚未开放的情况下，有限度地引进外资、开放资本市场的一项过渡性制度。这种制度要求外国的投资者必须符合一定的条件，在得到该国有关部门的审批通过后，汇入一定额度的外汇资金，并转换为当地货币，通过严格监管的专门账户投资当地的证券市场。

无论是 QFII 还是 RQFII，都实施额度管理。国家对合格投资者的境内证券投资实行额度管理，合格投资者在取得证监会资格许可后，经国家外汇管理局批准获取一定投资额度。同时，QFII 和 RQFII 均执行资格准入。对申请合格投资者的资格进行准入，并制定了一系列托管、资金运作和交易等方面的要求。

根据目前的政策，QFII 和 RQFII 可投资股票、债券、基金、权证、股指期货以及中国证监会允许的其他金融工具。合格投资者可以参与新股发行、可转换债券发行、股票增发和配股的申购。

5.2.6　保险类

1. 定义

保险类产品是指保险公司以保险合同为形式提供的各类有形或无形的产品和服务。对于客户而言，保险产品能够为其提供一些管理纯粹风险的手段和工具。纯粹风险是指那些通常只能带来生命、财产损失而不会带来收益的风险，例如“新冠”疫情、衰老、死亡或者实物资产的折旧或毁损等。这些风险的发生会使当事人或者其家属等相关人员的正常生活受到不同程度的冲击。保险产品的功能主要是在这些风险发生后给约定的受益人提供一定的经济补偿，以期在一定程度上缓冲受益人所受到的冲击。

在实际的金融市场中，保险公司提供的产品和服务已经不再局限于以上所述的针对纯粹风险的保险产品，还包括金融市场投资的工具，例如各种类型的理财产品或者资产管理产品。然而，从大类资产的角度来看，这些产品在本质上属于本章前面所述的各类资产，保险公司只不过提供了另外一种形式或者投资工具。只有针对纯粹风险的保险产品，才是保险公司提供产品的特色。所以，本小节主要阐述针对纯粹风险的保险产品。

保险产品主要分为两个类别，分别是财产保险和人身保险。保险人按保险合同的约定，对所承保的财产及其有关利益因自然灾害或意外事故造成的损失承担赔偿责任。财产保险包括财产保险、农业保险、责任保险、保证保险、信用保险等以财产或利益为保险标的的各种保险。人身保险则是以人的寿命和身体为保险标的的保险，当人们遭受不幸事故或因疾病、伤残、年老以致丧失工作能力、死亡或年老退休时，根据保险合同的约定，保险人对被保险人或受益人给付保险金或年金，以解决其因病、残、老、死所造成的经济困难。

保险公司之所以能够承担风险事件发生后的给付或者赔付责任，主要原因在于卖出了大量、同质的保险产品，对应于大量、同质的个体风险，然后通过保费的集中来解决小量发生的给付或赔付行为。随着保险行业的发展，保险公司逐渐突破同质化产品的约束，为其高端客户提供更加个性化的产品。其中，大额保险就是典型的代表。

2. 大额保险

大额保险，是指投保的保险金额较大、保障倍数较高的人寿保险，投保时需要进行契约调查，了解投保人的资产情况、身体健康状况等。大额保险也是高净值人士进行财富保护和传承的重要工具。大额保险具有保额高、保单现金价值高的特点。

大额保险的主要功能有四个方面。首先，家庭保障。大额保险具备一般人寿保险所具备的高保障倍数的功能，可以有效保障作为受益人的家庭成员的利益以及规划指定受益人的传承安排。其次，税收优化。按照《中华人民共和国保险法》的规定，凡指定了受益人的，保险给付不计入遗产总额，保险赔付不作为缴纳遗产税的资金来源。再次，规避债务风险。在一定条件下，保险能够实现避债的功能，实现个人或企业经营风险与家庭财产的有效隔离。最后，安全稳健、保值增值。保险资金运作稳健，通过专业资产管理，可实现保值增值功能。

高净值人士购买高额保险通常是出于财富传承等目的。近几年在财富传承领域，大额保险更是与私人信托相结合，在遗产传承、财富创造等领域，为客户提供了丰富的选择。

5.3 客户风险特征

个人理财的核心是根据理财者的资产状况（财务分析）与风险偏好来实现客户的理财目标。客户的风险偏好影响给客户量身定制的“投资组合”，进而影响投资的收益。

5.3.1 客户的风险属性

对于理财规划师而言，各国金融监管当局和理财规划师认证组织对其职业道德要求中一项十分重要的原则是，在考察客户的投资目标、接受损失的资产实力、接受风险的心理倾向等各方面因素后，对自己的客户提供适合的金融产品和个人理财规划方案，使这种产品和个人理财规划方案在客户可接受的风险基础上为其提供最大化的收益。事实上，金融学中资产分配理论告诉我们，如果不把客户的风险态度（理论中我们用投资者的绝对风险厌恶系数或相对风险厌恶系数来度量）代入方程，就无法帮助客户进行正确的资产配置。因此，客户的风险属性对投资规划而言是十分重要的概念。

风险属性包括两个方面。一个是风险承受能力，代表客户的各种客观条件可以承担风险的能力，与个人财富、教育程度、年龄、性别、婚姻状况和职业等客观因素密切相关。另一个是风险承受态度，代表客户面对风险时的主观决策。风险承担意愿愈高，代表客户比较愿意为了增加多一点的报酬而负担较高一点的风险。在投资理财活动中，根据个人的条件与个性，投资者面对风险表现出来的态度基本有五种：冒险型、积极型、稳健型、保守型和消极型（见表 5-2）。

表 5-2　不同风险类型的投资者

类型	理财倾向	风险承受能力	获利期待
冒险型	注重如何让资产快速增值，像赌徒般地追求高报酬，可接受高风险	高	高报酬
积极型	积极积累财富，愿意承担较高风险，接受新推出的金融商品	中高	中高报酬
稳健型	稳定地积累财富，承担适度风险，追求稳定报酬	中	中等报酬
保守型	以稳定为首要考虑因素，追求低风险，可容忍低报酬	低	较低报酬
消极型	以安定为先，讲求保护本金不受亏损及保持资产的流动性	极低	低报酬

5.3.2　客户风险属性的评估

风险属性是个人风险管理和个人投资规划的重要考虑因素，理财规划师通常必须在相对较短的时间内评估客户的风险属性。评估方法可以是定性的，也可以是定量的。定性评估方法主要通过面对面的交谈来收集客户的必要信息，但没有对所收集的信息进行量化。这类信息的收集方式是不固定的，对这些信息的评估是基于直觉或印象的，所以理财规划师的经验和技巧起着至关重要的作用。定量评估方法通常采用有组织的形式（如调查问卷）来收集信息，进而可以将观察结果转化为某种形式的数值，用以判断客户的风险属性。在实务中，多数理财规划师会根据实际需要，综合使用定性方法和定量方法，发挥各自的优势。

下面就客户投资目标、对投资产品的偏好、实际生活中的风险选择、风险态度的自我评估等方面介绍一些最常见的评估方法。

（1）客户投资目标。理财规划师首先必须帮助客户明确自己的投资目标。例如，可以询问客户对资金流动性、本金安全性、增值、对冲通货膨胀、当前收益率和避税等方面的相对重视程度。客户所做的回答隐含着风险属性，如果客户最关心本金的安全性或流动性，则该客户很可能是风险厌恶者；如果客户的主要目标是避免通货膨胀或者避税，则该客户很可能是风险追求者。当然，我们不能仅仅根据投资目标去判断客户的风险属性。许多期望避税的人实际上是风险厌恶者，某人设定的投资目标可能不符合实际的风险属性，要注意两者之间的不相容性。从某种意义上说，客户的风险属性是评估其投资目标合理性的基础。

如果理财规划师通过调查发现，客户的风险态度与其风险承受能力不吻合，就应该根据职业道德和行为操守，引导客户适当调整个人的投资目标，使之更符合实际的风险属性，而不能简单地按客户要求给出投资建议，以确保自己的佣金收入。

（2）对投资产品的偏好。衡量客户风险属性最直接的方法是让客户回答自己偏好的投资产品。实施该方法的步骤因人而异，最简单的一种形式是向客户展示各种可供选择的投资产品，然后询问他希望如何将投资资金分配到不同的投资产品中去。这些投资产品往往按照风险程度高低进行排序。比如，“如果你意外获得一笔巨额资金，在以下投资产品中，你将如何分配：银行定期存款（ ）%、储蓄型保险产品（ ）%、企业债券（ ）%、共同基金（ ）%、不动产投资（ ）%、股票（ ）%等，各项之和要求等于100%”。可供投资的资金可以是实际的，也可以是虚构的。一般来说，人们对于虚构资金的使用会比实际资金的使用更为大胆。理财规划师也可以让客户将可供投资的产品从最喜欢到最不喜欢排序，或者给每一产品进行评级，不同级别代表客户对风险的偏好程度（如低、中、高）不同。

调查结果的准确性取决于客户对不同投资产品的风险和预期收益的熟悉程度。由于很多客户可能缺少这方面的信息，甚至缺乏最基础的知识，理财规划师最好向客户说明财务知识。

（3）实际生活中的风险选择。尽管过去的投资绩效并不能保证未来的投资绩效，但经验表明，用过去的行为表现预测未来不失为一种简单有效的方式。这是实际生活中的风险选择法的理论基础，即通过收集客户生活中的实际信息来评估风险属性。以下一些生活方式特点可以用来评估特定客户对待经济风险的态度。

对于当前的投资组合构成，可以着重了解和分析：该投资组合的风险有多大？总资产中投资于银行存款、国债、保险、共同基金、股票等各占多少比例？如果购买年金，是固定年金还是变额年金？客户对当前投资组合的满意程度如何？如果对该组合进行调整，是朝更稳健的方向还是朝更冒险的方向调整？

客户的负债与总资产比例，即负债比例，也是衡量风险属性的一项指标。如果负债比例较高，则该客户具有追求风险的倾向；如果负债比例较低，则为风险厌恶者，至于高、低界限，取决于特定的客户群体，要根据具体情况而定。

从人寿保险金额与年薪的对比情况看，两者之比越大，客户对风险的厌恶程度越高。

从工作任期和变动频率来看，自主跳槽的意愿是判断风险属性的指标。因此，可以询问客户在过去10年或15年中变更过几次工作，如果超过三次，则很可能是风险追求型的。某人在找到新工作之前就辞去原有工作或在中年跳槽都是非常重要的信息。

从收入变化情况看，风险追求者的年薪可能波动很大，并且不一定呈上升趋势。理财规划师还需要了解：客户是否曾经下岗，失业持续时间多长？在失业期间，该客户是接受了每个工作机会，还是一直等到自己满意的工作为止？重新就业后该客户的薪水是多少？如果薪水低于原有水平，则可以认为该客户是风险厌恶者。

从住房抵押贷款类型来看，愿意承担浮动利率抵押贷款而不是固定利率抵押贷款可能是追求风险的倾向。如果客户选择固定利率抵押，该项抵押贷款是否在清偿之前锁定在保证利率的水平？如果是，则表明厌恶风险的倾向。

（4）风险态度的自我评估。这种方法主要通过提示或明确客户对待风险的态度来判断其风险属性，可以采取定性方法，也可以采取定量方法，提问方式也是多种多样的。首先，可以询问客户整体性的问题，比如，“你认为自己是风险厌恶者还是风险追求者？如果采用10分制，你将给自己打几分？其中1分表示完全的风险厌恶者，10分表示完全的风险追求者”。其次，可以询问客户对决策做出的反应。比如，做出风险投资决策后是否难以入睡？是否将风险视为机遇而非危险？投资决策是否经过深思熟虑？从风险投资中获得 5 000 元是否比从稳健投资中获得 5 000 元更觉得高兴？是否非常担心失去已有的财富？是否愿意借款进行金融投资或项目投资？是否认为不冒险就可能获得成功？

用风险态度的自我评估法来评估客户风险属性的主要问题在于，人们倾向于将自己最好的一面展示给他人，被人们崇尚的特征很可能被夸大。比如，很多人可能认为风险厌恶是无能的表现，风险追求是勇敢、有活力的表现，从而很可能夸大自己的风险属性，对此，理财规划师在实务中必须给予足够的重视。

（5）概率与收益的权衡。许多评估方法属于这一类，本书将讨论三种方法：确定或不确定偏好法、最低成功概率法、最低收益法。这些方法都属于定量方法，至少需要考虑以下四个因素中的一个，即损失概率、收益概率、损失金额和收益金额。

1）确定或不确定偏好法。一个最普通的方法是向客户展示两项选择，其一是确定的收益，其二是可能的收益。比如，让客户二选一：① 1 000 元的确定收益；② 50% 的概率获得 2 000 元。风险厌恶者一般选择①，风险追求者倾向于选择②。

2）最低成功概率法。这种方法通常设计一个两项选择题，一个选项是无风险收益（如 1 000 元），另一个选项是有风险的，但潜在的收益较高（如 2 000 元），同时列示五个成功概率，即 10%、30%、50%、70% 与 90%。问被调查者在多大的成功概率下，认为两个选项是无差异的。被调查者所选的成功概率越高，说明其风险厌恶程度越高。

3）最低收益法。有些问题要求客户就可能的收益而不是收益概率做出选择。比如，“某项投资机会，结果是有 50% 的可能损失个人的 1/3 净资产，有 50% 的可能获得一笔收益。你愿意承担此项风险的最低要求收益是多少”。注意，评估这类问答时必须考虑客户的个人净资产水平。

理财规划师可以借鉴以上介绍的评估方法，结合实际情况设计适合我国国情的风险属性调查表。

5.4　投资规划流程

制定投资策略先要确定投资目标和可投资财富的数量，再根据对风险的偏好，确定采取稳健型还是冒险型的策略。

5.4.1　确定投资目标

投资规划应该围绕理财目标而制定，投资规划只是理财规划中的子规划，投资目标实际上也就是理财规划中包含的一些子目标。

由于个人的环境、目标、态度和需求各不相同，所以每个人的目标可能有很大不同。但大多数人的目标都可以分成如下一些类型。

（1）出于以下目的的资本积累：

1）应付突发事件。

2）家庭大额消费和支出。

3）子女教育和个人职业生涯教育需要。

4）一般性投资组合以积累财富。

（2）防范个人下列风险：

1）过早死亡。

2）丧失劳动能力。

3）医疗护理费用。

4）托管护理费用（或者长期护理费用）。

5）财产与责任损失。

6）失业。

（3）提供退休后的收入。

投资目标的确定过程实际上是一个当前理财目标的分析过程，判断哪些理财目标是需要通过投资来实现的，或者说理财目标的哪个部分需要投资来实现。比如，做一个退休规划，退休后的资金准备就是一个理财目标，而这个理财目标有一部分是通过社会养老金和个人商业养老保险实现的，其不足部分需要通过投资实现，这个不足部分就是一个投资目标。通过数量分析，计算要达到理财目标需要的投资收益率，客观判断当前为实现理财目标而配置的资产是否能够在当前的投资状态下达到期望的目标。

设定目标的过程：

1）记录投资目标，对目标按重要性排序。

2）确定所需要的投资金额。

3）决定投资资本需要的时间。

4）定期评估自己的目标。

设定目标时应该关注的问题：

1）投资目标不能达成的原因。

2）愿意为达到目标付出的初始投资。

3）达到目标需要的初始投资资金。

4）投入资金的初始时间。

5.4.2 评估风险承受能力

每个人对于风险的承受能力都是不一样的，一般可以通过风险测试以及根据客户的年龄与资产状况进行判断。风险是指由于投资而导致的损失或者是背离自己期望值的可能性。通常来说，在投资过程中，愿意承受的风险越大，投资的潜在收益率也就越高。高的收益率一般是用更高的投资风险换来的。影响金融产品风险的因素有很多，比如公司债券的收益率和该公司的业绩，一旦由于经济衰退或是公司经营管理出现问题，导致公司没有办法支付债券的利息甚至本金，那么购买该债券的人就会面临巨大的损失。政府债券或者货币市场基金所面临的风险较小，同时收益率也相对较低。风险更高的股票在价格上的波动也更明显。

5.4.3 根据目标和风险承受能力确定投资计划

要制订一个完善的可执行的投资计划，首先就需要根据投资目标和风险承受能力来确定投资策略。投资策略从根本上说是根据投资目标和风险承受能力确定的一个主观期望；而投资计划则是以主观期望为中心，根据金融市场的客观状况，建立分散化的资产组合，使风险调整后的收益最大化。投资计划的制订是整个投资规划的最重要的部分，是投资目标能否实现的关键。在制订投资计划的时候要参考多方面的情况，既要保障投资目标的实现，又要意识到投资风险的客观存在，注意投资风险的规避和分散。因此，在做投资计划之时，需要注意以下三个方面：

（1）明确目标，回避不必要的风险。

（2）不要太依赖特定的方法，要同时考虑多种方法，这在投资组合中通常被称为资产分配。

（3）充分理解投资组合中每一个金融工具的内容。

5.4.4　实施投资计划

投资计划的实施是非常简单明了的——只需要根据自己的计划书进行就可以了。一份完整的计划书是非常有价值的文件，不过一旦不能够完成制订的计划，那么这份计划书就没有任何价值了。

金融市场往往是瞬息万变的，在实施投资计划的时候，要注意对选择的投资产品进行紧密的跟踪，在偏离期望时要做详细的记录，以期能够最大限度地控制风险，减少不必要的损失。

5.4.5　监控投资计划

投资规划中最重要的一步是保障投资计划的实施。一旦制订了完整的投资计划，就需要不断地评估投资策略和方法，适时调整资产组合，保障投资计划的可行性。一般来说，投资者需要在每半年或者每年有一次投资的总结。不仅是看在过去的时间内是否完成了期望的目标，而且要评估一下生活状况的改变对达成投资目标的影响。比如一份新的工作、结婚、离婚和生子等，都会对计划有巨大的冲击，这些冲击有可能是正面的，也有可能是负面的，但不论如何都应该被考虑到投资计划中去。因为这些事件的发生可能会影响到可用的投资金额，也可能直接影响到投资目标和风险承受能力，任何一个事件被忽略都有可能影响到最终目标的实现。

另外，国家政策和相关法律的改变、经济环境的变迁、新的金融产品的出现都会影响到现有投资计划的实施。所以，在这类客观环境变更时，都需要重新审视自己的投资计划。在这个过程中，一些新的方案就可能被制订到投资计划中。只有严密地监控投资计划，并根据需要不断地调整投资计划，才能保障投资目标的顺利实现。

❖ 本章小结

1. 理解投资规划相关概念。
2. 掌握各类投资产品属性，应用投资产品进行投资规划，以实现财富保值增值。
3. 投资产品包括：现金管理类、固定收益类、权益投资类、另类投资类、跨境投资类、保险类等。个人理财规划师可以按照个人理财流程，为客户制订投资规划方案。投资规划是个人理财的一个重要规划。

❖ 习题

1. 3 年期的贴现债券的面值是 1 000 元，发行价格是 901.94 元，则该债券的收益率是（　　）。（单选题）

   A. 3.10%　　B. 3.25%　　C. 3.50%　　D. 3.75%

2. 下面哪一种情况是以折价方式卖出债券（　　）。（单选题）

   A. 债券息票率大于当期收益率，也大于债券的到期收益率

   B. 债券息票率等于当期收益率，也等于债券的到期收益率

   C. 债券息票率小于当期收益率，也小于债券的到期收益率

   D. 债券息票率小于当期收益率，但大于债券的到期收益率

3. 下列（　　）投资组合，适合即将退休的投资人。（单选题）

   A. 定存＋公债＋票券＋保本投资型产品　　B. 绩优股＋指数型股票型基金＋外币交易

   C. 认股权证＋小型股票基金＋期货　　D. 投机股＋房产信托基金＋黄金

4. 以下哪一项不属于对冲基金策略？（　　）。（单选题）

   A. 管理期货　　B. 股票对冲

   C. 债券对冲　　D. 宏观对冲

5. 以下哪些产品属于另类投资？（　　）。（多选题）

   A. 私募股权　　B.PE/VC

   C. 资产证券化　　D. 房地产投资信托

6. 以下哪些是固收类产品要承担的风险？（　　）。（多选题）

   A. 利率风险　　B. 流动性风险

   C. 信用风险　　D. 通货膨胀风险

7. 以下哪些属于固定收益类结构化产品？（　　）。（多选题）

   A. 可交换债券　　B. ABS

   C.MBS　　D. 可赎回债券

8. 请举出五个在个人理财规划设立目标时应注意防范的风险。

9. 客户的风险属性有哪两个维度？

10. 讨论跨境投资类产品的主要功能。

11. 简述投资规划的含义。

习题参考答案

❖ 案例分析　客户王先生基金投资案例

案例流程

1. 设定理财目标
2. 分析自己的财务状况
3. 认清自己的投资性格或风险承受度
4. 确定储蓄额目标
5. 选择基金投资标的
6. 执行申购基金操作与确认进场时机
7. 控制每月消费金额，将储蓄额作基金定投
8. 定期检视调整投资组合，提高基金投资收益率
9. 临近目标达成期限前，调整投资组合，提高流动性，降低风险

1. 设定理财目标

（1）理财目标。

2020 年，基金投资受追捧，现年 30 岁的小王先生准备通过投资基金产品完成理财规划。其理财目标是准备 1 年后购车、2 年后结婚、3 年后生子、5 年后购房、20 年后子女上大学、30 年后退休。

（2）目标需求的金额。

1）先决定以目前物价水平达成目标所需要的现金流，如表 5C-1 所示。

2）设定通货膨胀率、车价、房价、学费增长率来计算现金流出。

3）通过计算，得出达成目标所需累积的终值。

表 5C-1　王先生以目前物价水平达成目标所需要的现金流

理财目标	预计实现时间（年）	整笔需求额现值（元）	每年需求额现值（元）	持续时间（年）	费用增长率（%）	复利终值系数	届时需求额终值（元）
购车	1	60 000	0	0	0	1.000 0	60 000
结婚	2	50 000	0	0	3	1.060 9	53 045
生子	3	0	10 000	22	3	1.092 7	240 394
购房	5	500 000	0	0	4	1.216 7	608 350
子女高教	21	0	20 000	4	5	2.786 0	222 880
退休	30	0	40 000	20	5	4.321 9	3 457 520

（3）订立理财目标应注意事项。

1）如果费用增长率不同，现值目标不能相加。达成目标的年限不同，终值目标金额也不能相加。

2）订立理财目标要合理可行。合理指要考虑通货膨胀率。可行指达成目标概率在五成以上。长期投资合理收益率假设以风险承受度可定在 4%～12%。理财目标须依人生际遇的阶段动态调整。

2. 分析自己的财务状况

（1）编制资产负债表。小王目前的总资产为 31 万元，都是金融资产，其中存款占

35.49%，国债与上市股票各占 32.26%，如表 5C-2 所示。

表 5C-2　王先生的资产负债表

资产科目	金额（元）	比率（%）	负债净值科目	金额（元）	比率（%）
现金及活存	10 000	3.22	投资用房产房贷	0	0
定期存款	100 000	32.26	自住用房产房贷	0	0
国债	100 000	32.26	负债总额	0	0
上市股票	100 000	32.26			
投资房产	0	0	净值总额	310 000	100
自住房产	0	0			
资产总额	310 000	100	负债与净值总额	310 000	100

（2）编制现金流量表。小王目前的年收入总额为 13 万元，年支出总额为 10.4 万元，年净现金流量为 2.6 万元，收支结余占收入的 20%，如表 5C-3 所示。

表 5C-3　王先生的现金流量表

收入科目	金额（元）	比率（%）	支出科目	金额（元）	比率（%）
工资津贴所得	100 000	100	食品饮料烟酒	30 000	28.85
劳务收入所得	20 000	20	衣着	10 000	9.62
利息股息所得	10 000	10	家庭用品	10 000	9.62
房租收入	0	0	房租	24 000	23.08
			交通费与通信费	10 000	9.62
收入总额	130 000	130	教育与娱乐费	10 000	9.62
			医疗与保险费	10 000	9.62
			房贷本息摊还	0	0
净现金流量	26 000	20	支出总额	104 000	100

3. 认清自己的投资性格或风险承受度

风险承受度与投资收益率。高报酬对应高风险，低报酬对应低风险；无法忍受净值剧烈波动的投资者，购买风险高的股票型基金不要超过三成；可以忍受上下起伏的投资者，不妨把三年内用不到的钱，全部投在股票型基金来获取资本增值利益；试算收益率的简单方法是：以 3% 的定存利率与 11% 的股票收益率依比重加权平均。

（1）可承受投资风险的问卷测评，如表 5C-4 所示。

表 5C-4　投资风险的问卷测评表

项目	数据	评分标准	得分
年龄	30 岁	60 岁以上给 0 分，每减 1 岁加 1 分，最高 30 分	30 分
可忍受本金损失	15%	0% 给 0 分，每增加 1% 给 1 分，最高 20 分	15 分
2 年内流动需求	15%	占投资 100% 给 0 分，每减 5% 加 1 分，最高 20 分	17 分
目前货币比率	30%	100% 为 0 分，每降低 10% 给 1 分，最高 10 分	7 分
投资额年支出倍数	3 倍	每增加 1 倍给 1 分，10 倍以上给最高分 10 分	3 分
投资经验	8 年	无经验 0 分，每增加 1 年经验加 1 分，最高 10 分	8 分
总分			80 分

（2）投资风险与投资工具的搭配，如表 5C-5 所示。

表 5C-5 投资风险与投资工具的搭配

投资风险	极高	中高	中低	极低
类型描述	冒险型	积极型	稳健型	保守型
主要投资基金类型	小型股票基金 精选型基金	大型股票基金 指数型基金	偏债型基金 债券型基金	货币市场基金 保守型基金
财务杠杆扩大信用	融资债券 一至两倍	以理财型房贷机动运用	自有资金操作	自有资金操作
操作期间	短期	中短期	中长期	中长期
利益来源	短线差价	波段差价	长期利益	长期利益
预期平均收益率	12%～15%	8%～12%	4%～8%	2%～4%
一年最大本金损失	40%～60%	20%～40%	0%～20%	0% 以下

货币市场基金、债券型基金、股票型基金等投资工具各有不同的收益性、风险性与流动性，认识清楚才能根据自己的投资性格规划出较有机会达成预定收益率的投资组合。如果大盘股 11%，小盘股 13%，国债 6%，货币市场基金 3%；小王风险评分 80 分，资产配置如表 5C-6 所示，预计平均收益率为 10.4%。

表 5C-6 风险评分与基金资产配置比重表

风险评分	小型股基金	大型股基金	债券型基金	货币型基金	平均收益率（%）
收益率（%）	13	11	6	3	
0~10 分	0	10	70	20	5.90
11~20 分	0	20	60	20	6.40
21~30 分	0	30	50	20	6.90
31~40 分	10	30	40	20	7.60
41~50 分	10	40	30	20	8.10
51~60 分	10	50	30	10	8.90
61~70 分	20	50	30	0	9.90
71~80 分	20	60	20	0	10.40
81~90 分	20	70	10	0	10.90
91~100 分	20	80	0	0	11.40

4. 确定储蓄额目标

由前三步数据，可以计算出王先生的理财目标缺口，即应该增加的储蓄金额，如表 5C-7 所示。

表 5C-7　王先生需要储蓄金额　（单位：元）

理财目标	几年后实现	目标需求额终值	复利现值系数	达成目标应投资额
购车	1	60 000	0.905 8	54 348
结婚	2	53 045	0.820 5	43 522
生子	3	240 400	0.743 2	178 660
购房	5	608 326	0.609 8	370 929
子女高教	21	222 880	0.125 2	27 907
退休	30	3 457 520	0.051 4	177 704
可储蓄年数	30		应投资额	853 070
投资收益率	10.40%		已投资额	310 000
年金现值系数	0.109 6		应储蓄额现值	543 070
应提高收入	25.80%		应有年储蓄额	59 539
应降低支出	32.25%		目前年储蓄额	26 000
			应增加储蓄	33 539

5. 选择基金投资标的

基金绩效与基金评鉴，如表 5C-8 所示。

表 5C-8　基金绩效与基金评鉴

基金资料	基金绩效	基金评鉴
特质	单纯揭露基金净值报酬	多重考量基金报酬与风险
适用者	适合投资老手	适合投资入门者
主要来源	晨星绩效评价、财经媒体	财经媒体
使用原则	1. 短中长期绩效交叉分析 2. 善用各项风险衡量指标 3. 依据市场多空选择基金 4. 只比较同类型基金	1. 灵活利用最新的基金评鉴报告 2. 选择产品线完整的基金公司 3. 依景气循环选择评鉴最佳的基金 4. 选择适合自己风险属性的明星基金

6. 执行申购基金操作与确认进场时机

（1）要注意选择基金公司。

（2）要注意选择基金组合。

7. 控制每月消费金额，将储蓄额作基金定投

收入－储蓄目标＝支出

小王应有基金定投金额每月 5 000 元，大盘股（指数型）基金 3 000 元，小盘股基金 1 000 元，国债型基金 1 000 元。

8. 定期检视调整投资组合，提高基金投资收益率

9. 临近目标达成期限前，调整投资组合，提高流动性，降低风险

PERSONAL FINANCE

第6章

保险规划

❖ 本章提要

本章首先论述保险的基本原理及其对实现个人理财目标的基本功能，着重强调保险产品的保险功能。其次着重介绍人寿保险、健康保险、重大疾病保险、伤残收入补充保险、财产保险的基本原理及如何应用保险产品进行保险规划，以实现风险转移和合理避税。

❖ 重点和难点

1. 个人风险、风险管理与保险
2. 保险种类
3. 保险规划流程

❖ 引导案例

一生需要的数张保单

在财富积累到一定程度后，人的最大需要是安全与保障，通过保险来保障创造财富的人，成为财富管理的一个基础。

人的一生中需要多少张保单呢？在经济发达的香港地区，人们这样安排自己的保险规划：大学生刚毕业时，一般要为父母买一张保单，这样一旦自己遭遇不测，父母的晚年依然能够得到赡养；第二张保单买给自己，提供意外和疾病的保障；结了婚，再买一份保单，即使自己出了意外，爱人仍能正常生活；等有了孩子，第四张保单——儿童的意外保险或者疾病保险也是家庭不可缺少的；接下来第五张保单是给孩子准备的教育费用；等有了一定经济基础，买了房子和车，就需要为车房购买保险；30岁以后，开始为自己买一份养老保险，为晚年的生活未雨绸缪。

在人生的不同阶段，由于承担的责任不同，所以需要安排不同的保险保障。刚工作时，经济条件有限，一般对意外险的需求多些；成家立业以后，家庭的责任感重了，对健康更加关注，买大病保险的比较多，此外还会考虑人寿保险。商业保险的投入，可以作为社会保险的一个必要补充，起到雪中送炭的作用。

本章将详细讲解保险规划。

6.1 概述

保险是在社会经济互助原则下建立起来的一种经济补偿机制，简单地说，就是共同出资，分担风险。风险是指造成损失的可能性。单从一个家庭、一个时期来看，风险的发生具有偶然性，但从整个社会范围、比较长时期来看，风险发生也可以说是必然的。所以，对风险造成的损失进行补偿就非常必要。

风险的出现可能影响到财产或生命的安全，个人理财的首要目的就是防范风险，确保财产安全。保险正是达到此目标最重要而且最根本的手段。所以，家庭投保的目的就是通过合理的保险规划，以较小的代价来对冲风险，维护财产和人身安全。

6.1.1 风险

1. 风险的定义

保险源于风险的存在。在人的一生当中，常常会面临一些意想不到的风险。所谓风险，就是指在特定的时间内、特定的客观情况下，某种收益或者损失发生的不确定性。

2. 风险的分类

风险可以被分为两类，即投机风险和纯粹风险。投机风险是指风险事件最后的结果可能是导致损失，可能是获益，也可能是既没有损失也没能获益。购买股票就是投机风险的一个例子。纯粹风险是指风险事件最后的结果只有损失或不损失两种情况。这种情况下，没有获益的可能，最佳结果是保持“现状”。

纯粹风险的基本类型主要有四种：

（1）人身风险，指的是个人失去收入能力而导致收入或财产损失的风险。

（2）财产风险，指的是由于损害、破坏或偷盗等造成财产损失的风险。

（3）责任风险，指的是在与人交往的过程中，由于自己的行为而导致他人损失时需承担责任的风险。例如，当理财规划师因疏忽而向顾客提供一些不当的建议，导致了顾客的损失，理财规划师就可能面临被顾客起诉的风险。

（4）由于第三者过错带来的风险，指的是由于第三者的作为或不作为而遭受损失的可能性。例如，当雇用承包商来整修房子，而承包商对房子造成了损坏，业主就会由于承包商未能履行职责而遭受损失。

个人进行风险管理规划时，是对纯粹风险进行管理，即保险。但是并不是所有纯粹风险都可以进行保险，需要具备的条件在后面论述。

3. 个人风险类型

个人风险的类型包括收入损失和巨灾损失。

（1）收入损失指的是个人由于失业、伤残、早逝或离异等不可预见和灾难性的情况而面临的收入损失的可能性。

1）失业。一个人被解雇，就会失去财务支持。如果失业期较短，这一问题可以通过创立应急基金来解决。但是，如果失业期延长，家庭就会感到难以应付。

2）伤残。伤残，特别是在完全和永久性伤残的情况下，后果非常严重。在这种情况下，伤残者不但不能带来收入，而且他自己还需要财务支持以满足他的需要。幸运的话，在某些情况下，伤残者可以通过不同形式的保险得到补偿，从而使伤残不至于成为永久的问题。

3）死亡。当某人过早地死亡时，其带来收入的能力就枯竭了。这种情况一旦发生，会特别严重地影响依靠这个人来提供财务支持的家庭。幸运的是，在大多数情况下，由死亡引起的财务问题可以通过保险来解决。

4）离异。离异不仅是一件令人心碎的事情，它还可能对离异双方的财务稳定性产生损害性的影响。婚姻存续期间，由于夫妻双方彼此分担很多开支，支出变得更为经济。但是，离婚后，他们将不得不单独承担他们的花费，因此他们的支出将会增加，这使他们的财务负担更加沉重。例如，离婚前，夫妻俩外出旅行时可以只要一辆车；但在离婚后，双方各自都需要一辆车。这增加了他们的个人支出。此外，如果一方必须同时支付另一辆车的常规维护费用，他的财务负担将更加沉重。

（2）巨灾损失是指个人可能会面临风险，并在财务上承受灾难性的损失，包括大病、灾害、责任等。

1）大病。严重的疾病需要一个人支付巨额的医疗费用，这将严重影响家庭的财务稳定。疾病使人身体衰弱不能工作，而他的医疗支出却逐步增加。典型的情况就是这个人身患癌症、中风和心脏病这样危急的疾病。这样的人需要长期的财务支持。幸运的是，在大多数情况下，执行合适的保险方案可以使这些灾难得到补偿。

2）灾害。个人的财产可能会遭受火灾或者被盗等严重损害，例如，房屋通常是一个人拥有的主要资产。如果房子遭受火灾，可能会导致致命的、不可挽回的损失。另一个例子是当个人的汽车被盗，会引起重大损失。同样地，在很多情况下，这种性质的风险可以通过保险得到保障。

3）责任。个人的财产也可能被用来补偿由于责任给他人带来的损失。例如，如果一个专业人员为客户提供了错误的建议，因此造成了顾客的损失而被顾客起诉，专业人员就可能破产，除非他受到职业保证保单的充分保护。

6.1.2 风险管理

1. 风险管理的定义

风险管理是指发现顾客面对的风险敞口并对其进行管理以消除产生的损失或使之最小化的一种系统性方法。

风险管理过程很重要。理财规划的主要目的在于确保顾客生前和死后的理财目标的实现。在一切正常的完美世界中，合适的规划和执行足以实现这些目标。但是，“天有不测风云”，事故、疾病、危机、灾难及其他不愉快的事件会形成冲击而使最完美的计划偏离轨道。风险管理过程的目的就是中和或者使类似事件的影响最小化。

2. 风险管理的原则

（1）不要冒你无法承受的风险。如果一个确定的损失对你来说有严重的后果，那么你就不能冒能够带来这种损失的风险。例如，一幢房屋的拥有者可能会因火灾而遭受重大损失，所以他不应该保留这种风险；相反，他应采取一种像火灾保险这样的适当技术来寻求保障。反之，如果损失较小，对个人几乎没有影响，那么保留这种风险可以说是合理的。

（2）考虑概率因素。如果概率很高，求助于保险可能是不可行的。这是因为相对于所提供的保障，保险费有可能太高而不值得投保。

（3）不要因为小收益而冒大风险。根据这项原则，如果采用风险管理技术的成本比风险事故发生所带来的损失结果小，那么当事人就应该实施风险管理技术。例如，多数火险保单的保险费都不是很高，而火灾对一个家庭的影响却可能非常重大。在这种情况下，业主应该承担购买一份合适的火灾保险的费用以获得完全的保障，从而不至于“小事聪明，大事糊涂”。还有另外一个原则是重大损失原则，它提倡为会造成较为严重后果的风险优先投保，其次才去为那些可能造成较轻微后果的风险投保。

这三项原则必须始终同时考虑。有时候，当其中一项原则指出要采用某项技术时，另一项原则却可能建议采用其他的技术。这种情况下，理财规划师有责任为客户提供一致的建议，以便客户做出合适的决定。

3. 风险管理技术

主要有五种风险管理技术，即风险自留、风险回避、风险减少、风险分担、风险转移。

（1）风险自留。这是一种个人自留风险的技术。有时是在一种消极的基础上被保留的，因为个人没有意识到风险，或者选择忽视风险发生的可能性。风险自留的一个例子是买了一所房子但不购买任何火灾保险，认为火灾发生的可能性很小，而且他承担得起这种风险。有时，风险被保留是因为个人没有选择。例如，许多的汽车险保单中都规定了自负额，要求保险人自己承担免赔额条款中规定的一定限额的损失。

（2）风险回避。这是一种通过完全避免风险事故的发生来消除风险可能性的技术，如考虑到游泳时有溺水的危险就不去游泳。但并不是所有的风险都可以回避或应该进行回避，如人身意外伤害，无论如何小心翼翼，这类风险总是无法彻底消除。

（3）风险减少。这是一种采取措施降低损失发生频率或损害程度的技术。例如，由于约翰可能认为不去驾驶他的摩托车是件难以忍受的事，那么，他就会采取更多的防范措施，诸如安全驾驶并在驾驶时总是戴上安全头盔。这些措施将会极大地减少事故发生的概率，并且即使发生了事故，也会极大地降低其损害的严重性。

（4）风险分担。在使用这种技术时，个人主要通过与其他人分担风险来使损失最小化。一旦遭受损失，这将减轻负担。

（5）风险转移。风险转移是指通过某种安排，把自己面临的风险全部或部分转移给另一方。通过转移风险而得到保障，是应用范围最广、最有效的风险管理手段。保险就是转移风险的风险管理手段之一。

6.1.3　保险

1. 保险定义

风险保障功能的核心是指通过保险将经济主体面临的不确定的、巨大的损失转化为确定的、零星的支出，这种转化虽然从表面上看并没有改变资金总量，没有创造财富，但由于作出了及时的资金补偿，维持了生产、生活的延续性，所以对于每个参与者以及整个社会都是有价值的。

《中华人民共和国保险法》定义：保险，是指投保人根据合同约定，向保险人支付保险费，保险人对于合同约定的可能发生的事故因其发生而造成的财产损失承担赔偿保险金责任，或者当被保险人死亡、伤残或者达到合同约定的年龄、期限等条件时承担给付保险金责任的商业保险行为。

保险是建立在风险共担或损失分摊的观念基础上的。按照这一观念，所有承担着相似风险的个人把一定数额的资金放到共保组织中，形成的基金被用来补偿每一位参与者遭受的任何由风险造成的损失。这一基金可能由个人管理，也可能交由专业公司来管理。前者就是所谓互助保险，专门进行资金管理的公司则被称作保险公司。

2. 可保风险的标准

可保风险必须满足下面的七个条件。

（1）损失程度较高。

潜在损失不大的风险事件即使发生，其后果也完全在人们的承受限度以内，则这类风险根本无须采用“保险”的方式。如日常生活中的一些本身价值很低的小物品，即使丢失或意外受损亦不会给人们带来过大的经济困难和不便。但对于那些潜在损失程度很高的风险事件，如火灾、盗窃等，一旦发生，就会给人们造成极大的经济困难。对此类风险事件，保险便成为一种有效的风险管理手段。

（2）损失发生的概率较小。

可保风险还要求损失发生的概率较小。这是因为，损失发生概率很大意味着纯保费相应很高，加上附加保费，总保费与潜在损失将相差无几。如某地区自行车失窃率很高，有 40% 的新车会被盗，即每辆新车有 40% 的被盗概率，若附加营业费率为 0.1，则意味着总保费将达到新车重置价格的一半。显然，这样高的保费使投保人无法承受，而保险也失去了转移风险的意义。

（3）损失具有确定的概率分布。

损失具有确定的概率分布是进行保费计算的首要前提。计算保费时，保险人对客观存在的损失分布要能做出正确的判断。保险人在经营中采用的风险事故发生率只是真实概率的一个近似估计，是靠经验数据统计、计算得出的。因此，正确选取经验数据对于保险人确定保费至关重要。有些统计概率，如人口死亡率等，具有一定的“时效性”。对这种经验数据，保险人必须不断做出相应的调整。

（4）存在大量具有同质风险的保险标的。

保险的职能在于转移风险、分摊损失和提供经济补偿。所以，任何一种保险险种，必然要求存在大量保险标的。这样，一方面可积累足够的保险基金，使受险单位能获得十足的保障；另一方面根据“大数法则”，可使风险发生次数及损失值在预期值周围能有一个较小的波动范围。换句话说，大量的同质保险标的会保证风险发生次数及损失值以较高的概率集中在一个较小的波动幅度内。显然，距预测值的偏差越小，就越有利于保险公司的稳定经营。这里所指的“大量”，并无绝对的数值规定，随险种的不同而不同。一般的法则是：损失概率分布的方差越大，就要求有越多的保险标的。保险人为了保证自身经营的安全性，还常采用再保险方式，在保险人之间分散风险。这样，集中起来的巨额风险在全国甚至国际范围内得以分散，被保险人受到的保障度和保险人经营的安全性都得到提高。

（5）损失的发生必须是意外的。

损失的发生必须是意外的和非故意的。所谓“意外”，是指风险的发生超出了投保人的控制范围，且与投保人的任何行为无关。如果由于投保人的故意行为而造成的损失也能获得赔偿，那么将会引起道德风险因素的大量增加，违背了保险的初衷。此外，要求损失发生具有偶然性（或称为随机性）也是“大数法则”得以应用的前提。

（6）损失是可以确定和测量的。

损失是可以确定和测量的，是指损失发生的原因、时间、地点都可被确定以及损失金额可以测定。因为在保险合同中，对保险责任、保险期限等都做了明确规定，只有在保险期限内发生的、保险责任范围内的损失，保险人才负责赔偿，且赔偿额以实际损失金额为限，所以，损失的确定性和可测性尤为重要。

（7）损失不能同时发生。

这是要求损失值的方差不能太大。如战争、地震、洪水等巨灾风险，发生的概率极小，由此计算的期望损失值与风险一旦发生所造成的实际损失值将相差很大。而且，保险标的到时势必同时受损，保险分摊损失的职能也随之丧失。这类风险一般被列为不可保风险。

3. 保险的基本术语

（1）保单。

保险合同的简称。保险合同是一种手段，创立了被保险人和保险公司之间的合同关系。一份保险合同的三个基本要素：

第一，它涉及的是可强制执行的法律活动。如果保险公司违背了在损失情况下赔偿的承诺，被保险人可以借助法律手段来寻求救助。

第二，存在要约和承诺。当申请人把申请表同保险费一起交给保险公司时，就做出了要约，当保险公司签发保单时，就意味着要约被接受了。

第三，保险合同有对价的支持。对价指的是由订立合同的当事人中的一方提供给另一方的利益，用以交换另一方作为报答提供的利益。在一份保险合同中，被保险人支付的保险费和保险公司对在某一特定损失发生时进行赔偿的承诺构成对价。

（2）可保利益原则。

这意味着保单持有者必须在他与保险标的之间建立经济上的联系。换言之，他必须证明如果保险标的发生风险事故会给他带来经济上的损失。可保利益的存续时间，也就是保单持有者符合申保条件或有权索赔的时间，视相关的保险合同类型而定。

（3）射幸合同。

在这种合同中，保险人对合同义务的履行取决于偶然因素，各当事人之间的金钱交换有很大的不同。但是，保险和赌博仍然具有本质的区别。

（4）附和合同。

这种合同的条款和条件是由保险人制定的，投保人没有能力也没有权力做出任何修改或完善。投保人要么拒绝要么完全接受。基于这一性质，法庭在条款有争议的情况下以对被保险人有利的方式来进行解释。因为保险公司是合同的制定者，有能力使条文清楚，被保险人却无法控制合同条款。

（5）双务合同。

双务合同是指合同双方分别承担权利和义务的合同；单务合同则指合同双方只有一方负有义务，另一方只享受权利而无须承担任何义务的合同。保险合同属于双务合同。

（6）损失赔偿原则。

除人寿保险和人身意外伤害保险外，保险合同通常是建立在损失赔偿原则基础上的。这种契约提供了一种机制，通过它，保险公司提供经济补偿仅使被保险人恢复到与损失发生前一样的财务状况。应用这一原则，是为了确保被保险人不会因标的的损失而得到额外利益。这可以防止被保险人故意造成标的的损失以从中获益。

赔偿原则不适用于人寿和人身意外伤害保单。这是因为法律承认人类生命的价值是无限的，保险人有责任在损失发生时支付任何数目。这种保单称为给付型保单。

（7）合同的构成及条款。

保险合同包含以下部分及条款：

1）告知条款由被保险人或申请人的申请或提供的信息组成。

2）保险协议规定的内容是保险标的、保险金额和承保范围。

3）责任部分明确在保险范围之外的风险，不受合同保障。

4）条件条款规定的是保障开始所必须满足的条件。

5）附加条款和批单不是保单的正式内容，而是添加在合同后面的额外保障。“附加条款”常用于人寿和健康险保单。它们可能包括（保险人）对于伤残、意外死亡给付，或重大疾病保障等情况而豁免保险费（这些附加条款会在后面的课程中介绍）。“批单”通常在财产和责任保单中使用。例如，房主保单通常就含有批单，为诸如珠宝或者昂贵的艺术品等个人财产提供额外的保障。

6）共同保险条款可以在某些住院医疗和外科手术保险的保单中找到，它规定在发生保险事故所致的损失时，被保险人将自己承担事先约定的一定比例或一定金额的费用支出。

（8）保险人。

保险人就是保险公司，是保险业的主要组成部分，由保险人来承担保险事故的赔偿责任。保险公司的组织形式有股份有限公司、相互保险公司等许多种。《中华人民共和国保险法》规定，保险公司应当采取下列组织形式：①股份有限公司；②国有独资公司。如中国人民保险公司（财产）、中国人寿保险公司、中国再保险公司、中华联合财产保险公司和中国进出口信用保险公司、平安保险、太平洋保险及太平保险等。这些保险公司都在不同程度地综合经营，并与互联网技术结合拓展业务。

（9）保险代理人和经纪人。

保险公司雇用的代理人和经纪人。公司同某些代理人签有合同以限制出售其他公司的保险产品。

保险代理人和经纪人之间有显著的不同。代理人是保险公司的法定代表，而经纪人则代表投保人的利益。

代理人和经纪人在能够为顾客做的事情上有所不同，区别如下：

1）代理人有能力约束保险。例如，当顾客买了一辆新车并通知了保险代理人，如果代理人告诉顾客他已经被保险了，那么之后顾客发生事故，保险公司有赔偿的责任。经纪人则不能代表保险公司，如果经纪人告诉顾客其拥有约束保险时，其实是他自己在为顾客保险，直到保险被经纪人接洽的一家保险公司承保为止。换言之，即使顾客雇用了经纪人，填写了投保申请书并签发了支票，但并不意味着他被保险公司承保。

2）代理人和经纪人的另一个区别是责任不同。例如，假设顾客在申请投保某种人寿保险时告诉代理人他经常抽烟，如代理人忘记了告诉保险公司这个情况（保险公司出的是非抽烟者的保单），保险公司将依照这个条件承担责任。但是，如果这件事是经纪人做的，保险公司一旦发现你的抽烟习惯，可以取消这份保单。

（10）保险公估人。

保险公估人，是指向保险人或被保险人收取费用，为其办理保险标的查勘、鉴定及估价与赔款的理算、洽商，并予以证明的人。其作用就在通过他们具有的专业知识技能而获得双方当事人的信任，使当事人在订约或履约中拥有客观可靠的依据。

保险公估人既非保险人的代表也非被保险人的代表，而是具有独立法律地位的“人”。保险公估人没有最后决定权或裁决权。保险公证与司法公证不同，保险公证不具有法律上的效力，仅使当事人双方以此为依据确定赔偿金额。

（11）承保。

在各种形式的保险中，保险人必须决定它可以给谁保险，然后决定保险费率。这一职能叫作承保，即决定风险是否可以接受，保险费率如何决定的过程。当一个人提交对保险单的申请时，这一申请将交给公司来进行核保。保单签发后，就认为风险已被保险公司接受，从而从被保险人转移到公司身上。

（12）投保人。

也叫保单所有者，就是支付保险费的人。投保人可以是被保人、受益人或者其他第三者。如果您为儿子买了保险，则您是投保人，您儿子是被保人。

（13）被保人。

被保险人，就是保险的对象。如果此人出现意外，则按合同赔偿金额赔偿给受益人。

（14）受益人。

就是保单的受益者。如果被保险人出现意外，所赔金额就是给受益人的。

（15）保险金额。

保险公司赔偿的最大金额，有时简称为保额。

（16）保费。

也就是保险费，投保人向保险公司支付的费用。

（17）缴费方式。

缴纳保险的方式可以是一次性缴纳（趸缴），也可以是分期缴纳（期缴），如按月、按季、按年等方式分期缴纳。

（18）保单期限。

保险有效的时期。过了保险期后保单自动失效。保单期限有可能是一生（直到死亡）。

（19）保险费率。

所缴保费与保险金额的比率。保险费率越低，则保险效果越好，但相应这种风险也越小。

（20）年金。

是指在终身或特定期限内，付给一个人（或多个人）的一笔约定款项。

（21）理赔。

就是被保险人发生保险事故时，保险公司赔偿保险金额给受益人的行为。

（22）续保。

保单期限到期后，可按原约束的条件和金额等继续订立保险合同，称为续保。

（23）退保。

取消保险合同，退返所缴保费（需扣除部分费用）。有些保险可到期返还保险费，我们也可称其为退保。

4. 保费计算

保费是投保人向保险人购买保险所支付的价格，是保险金额与保险费率的乘积。因此，保费的多少是由保险金额的大小和保险费率的高低来决定的。用公式来表示，则为：

$$P = wQ$$

式中，P 代表纯保险费，Q 代表保险金额，w 代表费率。

因此，赔偿保险金的费率 w 越大，纯保险费 P 越大；保险金额 Q 越大，纯保险费 P 亦越大。

（1）保费结构。

所谓“保费结构”是指保险公司如何将所收保费作分配，除了应付保险公司营运所需费用外，还要用于保户的理赔和解约。一般说来，保费可分成“纯保费”及“附加保费”。

纯保费，是用来支付客户各种理赔金、生存金或满期金等项目，所以可再分成生存保险金（支付满期保险的财源）及死亡保险金（支付死亡保险的财源）；附加保费，是指营业费用，主要为公司经营成本，也就是维持保单有效所需的费用。

（2）保费计算基础。

保险费率是如何计算出来的呢？保费是根据保险公司的费率表得出的，而费率表是由下面的项目精算出来的。

1）年龄。年纪越大，保费越贵。同样是男性，30岁和60岁买健康险而支付一样的保费是不合理的，所以保费随年龄不同而异。大部分的寿险保费都是以被保险人的年龄为保费计算基础，但是“意外险”却是以被保险人的“职业类别”为保费计算基础。因为在同一个工作环境下，任何年龄层的人发生意外的概率是相等的，因此工作危险性越低的人，所缴的保费也就越低，反之，所缴的保费也就越高。

2）性别。女性寿命比男性长，因此，女性保费通常会比同年龄的男性便宜。

3）保险种类。保险种类也是影响保费的重要因素之一，购买同保额的纯保障险及生死合险，价格就可能相差好几倍。

4）预定死亡率或发生率。预定死亡率指的是“经验生命表”中所载各年龄经验死亡率，称为预定死亡率。各家保险公司都会根据此表计算自己的费率。发生率通常是指根据条款所定的保障的发生率，例如根据某一或某些疾病罹患率或住院发生率等。

5）预定投资收益率。保险费缴给保险公司之后，扣除各种准备金、营业费用及再保险的费用后，剩下的部分为保险公司可使用的部分。保险公司用此笔资金投资股票、各类基金或债券等，根据以前的业绩制定出一个获利率，称为预定投资收益率。

6）准备金。准备金是保险公司为了遵守保险法及财政部规定，用以清偿未来各种保险金给付责任的准备金额及保户在未来理赔、解约时的现金准备。

7）预定附加费用。预定附加费用是指公司的行政费用、制作保单的成本、员工薪水、各项服务费、业务员佣金、奖金等。

6.2 保险种类

保险可以划分为：人寿保险、健康保险、财产保险及银保产品。

6.2.1 人寿保险

人寿保险由以下几种组成：定期人寿保险、终身人寿保险、养老保险、投资连结保险、年金保险。定期人寿保险、终身人寿保险又称为死亡保险，即在被保险人死亡发生时，保险公司将依照约定给付保险金的保险。

1. 定期寿险

投保人每年缴纳一定保费，定期寿险可以在一段特定时期内提供死亡风险保障。一旦投保人在特定的时期内死亡，他的亲属将获得一定数额的赔偿。定期保单纯粹用于提供保障，没有投资价值。在这类保险中，保费被作为费用支出，不产生任何现金价值。定期保单有以下特点：第一，可以续保。在保单期满之时，允许投保人不必出具任何健康证明就可以将保险期限延长一个特定的时期（依据年龄限制）。第二，保单可转换。即投保人将保单转换成相应的保险，如终身寿险、养老保险或者投资连结保险，而不必出具可保性证明。

定期保单有两个不足之处。首先，随着投保人年龄的增长，保费会越来越高，并且可能还会引发一系列问题，即当某个年龄段的人最需要保险的时候，他们却无法承担费用而不得不中止保单。其次，该种保单只持续一个特定时期而不能终其一生，因此无法给投保人提供终身保障。定期保单可再细分为以下几类：

（1）一般定期保险。

定期死亡保险契约涵盖特定的数年。投保人每年缴纳相同保费。举例来说，一个五年期的保单，保险金额是 5 万美元，在这五年内每年都将缴纳相同的费用，只有在续保时才会做出一定调整。

（2）保额递减定期保单。

保额递减法是指在保费保持不变的前提下所提供的保障及支付赔偿金数量递减。它们通常被用于确保一旦借贷人死亡，其抵押贷款能够得以偿还。

（3）保额递增定期保单。

保额递增法是指保险金额在特定的时间内逐年递增，这种保单可以避免通货膨胀带来的购买力的下降。

（4）可变保额定期保单。

在这类保单里，保险金额在某个固定时期内根据一些特定因素而变化。一个例子便是信用卡保险。它保证保单持有人（投保人）一旦死亡，其信用卡账户中所欠债务将用保险票据来偿付。

2. 终身保险

终身保险，是一种不定期的死亡保险。只要投保人按时缴纳保费，自保单生效之日起，被保险人不论何时死亡，保险人都给付保险金。

例如，小平在 20 岁时投保 15 年期的定期险，保额 200 万元，如果小平在 20～35 岁期间死亡则可以获得 200 万元理赔，如果在 35 岁之后死亡，则因为超过保险期间所以保险公司不予理赔。

终身保险是指“在保险契约中，订立保险期间为被保险人终身，因此不论何时，只要被保险人死亡发生，保险将依照契约所约定的金额立即给付保险金”。

例如，小平在 20 岁时投保缴费 20 年的终身保险，保额 200 万元，小平在缴费 20 年到 40 岁之后就不用再缴保险费 ，但是终身都享有 200 万元的保障。也就是说小平从他缴费开始，不论何时死亡，都将获得理赔。

终身保险有如下几个特点：

（1）终身保障。

终身保险为投保人终身或是 100 岁以前提供保障。实际上，它提供的就是终身的保障。

（2）固定保费。

终身保险的保费在一定时期内保持不变，不论死亡率费用多少。实际上，当保费确定之后，在投保人的每个年龄段内，其所缴保费要高于实际需要的费用。这种超额缴费将持续若干年，这多出的一部分终身寿险的费用被用作投资以获得收益，加上已付保费的固定部分一起组成保单的现金价值。因此在随后的几年内，当死亡率费用和其他费用超过保费时，尽管从现金价值部分所支付的数额有所不同，但投保人仍然支付和以前相同的保费。

（3）连续缴费或是限期缴费。

保费的支付可以建立在连续缴费或是限期缴费的基础上。前者要求投保人定期缴纳一笔固定的保费直至死亡或行使了不丧失价值权。在诸多可采用的终身寿险的缴费方式中，这种形式最大程度地提供了死亡保障，而在已付的保费中每一美元的储蓄量是最小的。这是因为通过延续支付，承保人可用于投资的数额不断减少。限期缴费的终身寿险提供投保人终身的保险，然而规定保费的支付（是固定的）可以在15～30年的范围内变化，或者至预先确定的年龄。这都要依保单的种类不同而定。限期缴费的极端形式终身寿险就是趸交保费。大体上说，在相同因素的条件下，限期缴费保单的保费比连续缴费保单的要高。

（4）参与分红终身寿险保单及不参与分红终身寿险保单。

终身寿险允许投保人选择参与分红终身寿险保单及不参与分红终身寿险保单。一份盈利性保单就是参与分红保单，允许投保人分享承保人所赢得的利润。通常来讲，这会通过承保人在保单附件上宣布一定红利金额来实施。红利金额可以每年宣布，也可以在一个特定时期结束的时候宣布。当然，红利的多少取决于承保人的投资状况。非营利性保单则是不参与分红终身寿险保单。因此，投保人并没有权利分享任何利润。在相同因素的条件下，营利性保单的保费要高于非营利性保单的保费。

3. 养老保险

又称生死合险。是将定期保险与生存保险混合，同时兼顾了死亡保障与储蓄的功能，因此在普通寿险中是属于保费较贵的一种。被保险人于保险期间死亡或于保险期间届满时仍生存，保险公司将依照契约所约定的金额给付保险金。

例如，小平在20岁时投保15年期的养老保险，若小平在20～35岁期间死亡则可以获得一笔死亡理赔金；若小平在35岁之后仍然生存，则还可以获得一笔生存保险金。养老保险保单有以下特点：

（1）到期日。

在一定时期后，该保单行将期满，如果客户想要谋求终身保障则无法使用该保单。保险期限可在10年至25年间或更长（至投保人65岁为止）。当保单到期的时候，满期金额通常和保险金额相同或更多。这笔金额将付给仍生存的投保人。

（2）有规则的定期固定保费或是趸交保费。

由于养老保险的目的储蓄成分多过保障，大部分的保费收入被用于投资，而且保险责任范围小于终生寿险（在相同因素条件下），因此，尽管当投保人年老的时候确定的保费会略高，其增长率也远远低于终身寿险的保单，后者较高的保险金额是由于死亡率成本占了保费的大部分。

（3）参与分红保单及不参与分红保单。

如终身寿险一样，养老保险保单可以分为分红和不分红两种。由于这份保单的主要目的是储蓄，所以分红保单由于其可以获得承保人经营的利润而变得更加流行。

（4）养老保险的理财功能。

1）用来为孩子的教育提供资金。孩子是被保人，父母是保单拥有者。这种保单可以以某个特定时期计算。举个例子，当孩子准备接受高等教育的时候，保单将期满，票据贴现为其教育提供资金。诉诸这一办法的一个好处就是它迫使父母每年留出一些钱支付保费用于孩子今后的教育所需。

2）可以为投保人的退休所需提供资金。以系统性的方式支付保费，投保人的退休基金就得以建立，这份保单将被计时至投保人退休之日。养老保险是投资的一个形式，并且可以组成投保人有价证券投资的一部分。实际上，趸交保费保单已经很受欢迎。

4. 投资连结保险

该保单提供了保障和投资两种功能。同传统的现金价值保单相比，投资连结保险更为透明，因为其储蓄账户、保障账户和投资账户是分离的，并且要各自出具明细账单，定期呈送给投保人。通过这些账单，投保人可以了解保单的死亡保障利益、投资账户收益、期间发生的费用以及所支付的保费。实际上，死亡保障费用、保单费用以及保单成立费用都将在账单中反映出来。该保单非常灵活，因为它拥有以下机制：

（1）只要保单的现金价值，保费可以变额，也可以越日清算。

（2）死亡保额可以增加或减少（受可保性的限制）。

（3）客户可以付满保费以便使用更多金额用来投资而不需另外申请新的保单。

（4）可以随时进行现金提取，对超出价值保费上限的部分可以用来增加现金价值。通常来讲，每股的购得价格基于卖出价格，其卖出价格基于投标报价。卖出价格通常比投标报价高5%。

（5）与传统保单的大部分投资风险都由投保人承担不同，投资连结保险的投资风险由保单持有人承担，他不得不自行决定投资账户并且对自己的决定和投资账户的收益情况承担风险。投资连结保险提供了和股份信托同样的多种基金形式。因此，一个人可以选择各种各样的基金形式，诸如证券投资基金、固定收入的基金、现金基金、份额基金或者其他多种形式的基金。

5. 年金保险

年金保险可以提供固定的定期给付直至投保人死亡。因此，年金投保人必须在年金给付开始之前支付保费，以存取足够多的资金。

年金保险是用来为退休人员提供退休后收入的。退休的最大财务隐忧就是退休人员耗尽其积蓄和资产而丧失经济来源，这一问题可由年金保险解决。年金保险主要就是为老年人失去工作能力所产生的经济风险提供一个保障，由于安全性是年金保险最重要的要求，所以保费会被投资于比较安全的诸如政府债券和高评级债券等项目中。

保费支付形式可由年金投保人决定，有两种方式：①即期年金保险。投保人在与保险人订立了保险合同，并一次性支付了所有保费以后，立即从保险人那里领取年金的保险。②递延年金保险。投保人与保险人订立保险合同后，迟延一段时间，从保险人那里领取年金的保险。递延年金保险既可以采取一次缴清保费的方式，也可以采取分期缴清保费的方式。

例如，小林在30岁时购买递延年金保险，在契约中约定缴费期满20年之后，小林可以每年领回10万元，直到小林过世为止，即小林在50岁时就可以开始领取保险金，直到小林逝世为止。

可见，支付这种年金的方式有两种：可在合同生效日一次性付清或分期累计付款。年金种类：

（1）个人即期年金。被保险人以趸交的形式缴纳保费，即期开始领取年金。

（2）定期年金。在约定的期限内，无论被保险人是否生存均给付保险年金。这种形式不适用于希望终生给付的客户。

（3）保证年金。只要被保险人依然生存或者是保险单约定的期间未届满，保险公司就将一直支付年金，直到被保险人死亡或是约定的期间届满。

（4）联合生存年金。被保险人中有两人或两人以上生存便支付保险金，直至保险人中有一个人死亡。一旦某一个人死亡，便停止给付年金。

（5）联合和最后生存者年金。被保险人中，只要两人或两人以上的人中还有一个人生存便继续给付年金，直到最后一个生存者死亡才停止给付。

6. 人寿保险保费的影响因素

在保险方面制定建议的时候，消费者考虑的主要因素就是其支付的保费。这一因素是很重要的，然而保险经纪人也需要考虑其他因素，诸如承保人的缴费能力、服务质量、产品特性等。

在通常状况下，保费由以下因素决定：

（1）死亡给付。这在很大程度上取决于人们的预期寿命。

（2）费用开销。

（3）信贷利息。

（4）行政管理费用。

7. 人寿保险保单中的条款

出于传统大众接受的道德观念及习惯，在寿险保单中经常可以见到以下条款：

（1）标准条款。当没有人寿保单必须采用的标准保单形式时（与财产及其他分类保单不同），还有数条保险标准性条款可以采用，以下是最常见的条款：保单必须是完整的合同。用保单文件中限制的条件和合同术语，可以减少争议。

（2）宽限期条款。宽限期通常是在人寿保单保费到期后30天的一个期限内，允许投保人在该期限内交费。如果投保人在宽限期内死亡，承保人有义务以略少金额（除去未付保费）将死亡收益支付给受益人。依据规则来讲，如果保费没有按时缴纳，合同将会失效。但是，合同在宽限期内仍有效力。这项条款是为了防止并非有意的合同失效。

（3）自杀条款。在大多数情况下，在保单开始生效的一段特定时期内（一般为两年），自杀是不在保险责任范围内的。在这段免责的时期过后，由自杀而导致的死亡是受保险合同保障的。这项免责条款是用来保护承保人的，以防有人图谋以自杀骗取保险金。

（4）不可抗辩条款。一份人寿保险合同从生效日开始的一段时期称为可抗辩时期（通常为两年）。投保人不能对保险人误报或误述，否则保险人拒绝任何一项索赔。可抗辩期不长于自签订合同之日起的两年，在一些情况下更短。证明是否欺诈的责任在保险人。这个条款是作为保证合同在这段时期后加入合同中的。

（5）复效条款。很多失效的人寿保险保单可以被恢复效力。然而，复效通常不是无条件的，复效条款允许投保人在合同失效后的一段时间内对保单进行复效，投保人通常必须补缴所欠缴的保费，并且必须提供可保性证据。复效条款可以允许投保人不重复抗辩期及自杀免责期，除此之外，它使投保人不必因年度不同而以更高的成本购买新的保险。

（6）所有权条款。该条款赋予保单持有人特别的权利。一个拥有人寿保险保单的人，也许不是被保险人。举例来说，一个企业可能为它的企业业主和重要员工购买人寿保险，在整个计划的过程中，可以肯定的是还有其他人，而非被保险人是保单所有者。只要有极为明显的保险利益，几乎任何人都可以拥有一张关于人寿或其他的保单，不管谁拥有保单，保单拥有人确定受益人（记住，持有人不一定是被保险人，收益归属保单持有者而非被保险人）。所有人有权转让保单，获取现金及红利。比如说，指定受益人或以保单为抵押进行贷款，若被保险人死亡，贷款人就成为保单持有者。也就是说，债务将被偿还。另一个例子就是教育保单。父母是保单持有人，孩子是被保人。一个保单持有人可以让与保单、收取现金价值及股息、取得保单贷款及重新指派保单受益人等。保单贷款条款，也就是保单持有人可以以保单为抵押向保险人贷款。

（7）受益人条款。受益人被指定在被保险人死后获得合同中规定的全部或部分金额。该条款允许保单持有人指定不止一个受益人，多种保护类别也是被允许的。一个人可以被指定为首要受益人或次顺位受益人。首要受益人就是被指定首先接受保险金额的人，如果首要受益人不能（无法找到或已经死亡）或不愿接受保险金（可能由于财产税的复杂烦琐），次顺位受益人就可以被指定接受财产。有数种方式可以指定一个次顺位受益人（再让与范围之上的），这些方式允许被保险人确定谁将最终取得保险金。对受益人进一步分类是将其分为可变更受益人和不可变更受益人。大多数被指定的受益人都是可变更受益人。持有人可以在生存的时候根据自己的意愿变更受益人。然而，有时候持有人会指定一个不可变更的收益人（比如在一些遗产计划当中）。当一个人被指定为不可变更受益人时，任何合同的更改都必须经过受益人的同意。如果不可变更受益人在被保险人之前死亡的话，保单权益通常交还被保险人或保单持有人。

（8）年龄误告条款。意味着一旦被保人的年龄被宣告有误，这份保单也不会被撤销。它应该是有效的，除非被保人死亡，死亡收益金应当根据被保人实际年龄重新核算。比如说如果被保人年龄比宣告的要大，一旦其死亡，保险额应当根据其实际年龄而减少。

（9）延期条款。延期条款赋予保险公司在保单持有人提出现金价值给付的请求后，拖延支付现金价值六个月的权力。这一条款在经济危机急需大量现金的时期可以保证保险人的融资稳定性并使保险人免受相似请求的冲击。

（10）保单可以是参与分红或不参与分红保单。分享保单或带利保单，是指根据额外保费起的作用可以参与分享保险公司经营成果的保单。这些盈余依据每年的评价来加以确定。这些盈余分配给保单持有人，红利由以下几种组成：

1）现金红利：以现金形式支付给保单持有人。

2）复归红利：意味着赔偿金不会立刻以现金的形式给出而是复存进保单中以提高保险金额或是增加保险责任。继承红利可以以简单红利（不带利息）和复合红利（带利息）的形式存在。

3）预期保费削减红利：这项红利可以削减保单持有人应付的保费，在有些情况下，这是一笔极大的数目，使得保单持有人不必再付保费。

4）到期或极限红利：就是指保单期限被延长。如果一份保单到期或终止，保险公司将支付红利，提供给保单今后继续至终身的保费。

保险公司必须将一定比例的分配红利或累计利润分配给分享保单的持有者。分配红利的余额分给保险公司的股东。

在无分红寿险的保单中，保单持有者不分享保险公司的利润。因为在分红寿险保单中没有附加红利的保费通常更低些。无分红终身寿险保单及养老保单就是这种保单的两个例子。

这两种保单的主要区别在于在分享保单中的死亡赔偿金额是否包括红利。

6.2.2 健康保险

健康保险是以被保险人因疾病所导致的医疗费用以及收入损失的发生为保险金给付条件的保险，包括伤害保险、重大疾病保险、伤残收入补偿保险等。在商业保险中，保险人较少单独经营健康保险，而是常常将健康保险作为一种附加险，与人寿保险和意外伤害保险组合办理。

1. 伤害保险

又称意外险，是针对外力造成的伤害、死亡给予保障。“被保险人在保险期间内，因意外伤害事故致其身体蒙受伤害而致残或死亡时，依照契约，给付保险金。”

例如，小王在25岁时购买寿险50万元，意外险100万元，若小王在保险生效之后因车祸身亡，则小王的保险受益人可以获得150万元，但是若小王是因为疾病（心脏病、高血压、癌症等）造成身故，则小王的保险受益人只能领取50万元寿险保险金。

健康保险为被保险人的疾病或事故风险提供了一定程度的保障。每个人都会住院或寻求医疗服务，费用较高，会增加家庭理财资金需求。合适的健康保险可以缓解这种局面。

除此之外，很多雇主为他们的雇员提供医疗保险。如果雇员可以得到保单给他们带来的好处，也许他们就觉得不再需要其他医疗保险了。然而，以下因素应该被考虑到：雇主提供的医疗保险不够便利，一旦雇员中止与该雇主的雇佣关系就无法再享受该项福利。

两种保险金的给付方式：

（1）住院及手术保险承保特定时间段的医疗及住院费用。

（2）住院保险在住院期间的每一天里都支付固定的保险金，直到住院天数的最大可支付期限。

2. 重大疾病保险

此类保险为投保人发生保单规定范围内的重大疾病提供保障，无论期间发生多少的医疗费用，保险人都给付固定数额的保险金。这笔钱可以为处在危机中的家庭提供及时的财务支持。在中国，重大疾病保险一般承保十四种重大疾病。采取这种保险形式的客户，首先应熟悉保单术语。可以被承保的大病包括心脏病、中风、癌症、冠心病、肾炎、肺炎及主要器官的移植等。采取这样的保单，被保人需要采取额外的警惕来阅读保单术语，特别是定义其所承保的重大疾病的术语。例如，很多保单单独拒绝承保癌症。

3. 伤残收入补偿保险

一个人最大的担忧之一就是发生使其伤残的事。在某些场合或从经济角度来说，完全及持续的伤残所造成的后果比死亡还糟糕。这不仅使其无法支撑家庭，而且其自身还需要经济支持，导致这个家庭经济状况更加恶化。

为了减少伤残带来的影响，保险经纪人会建议客户选择伤残收入补偿保险。一旦客户伤残，这项保险会有规律地给付补偿。某些保单承保意外事故，而某些保单承保意外事故和疾病。一旦完全持久性伤残发生，可以一次性付清或分期给付保险金。伤残收入补偿保险同其他保单中的伤残收入补偿的批单（附加条款）不同，后者通常以附加条款的形式附加于人寿保险单，而且其伤残给付额与死亡给付额一般相同。伤残给付通常规定有一个观察期，对永久伤残的定义也是依票据而异。一项最通常的定义是这样的：如果投保人不能从事任何职业或者其丧失视力或听力或失去双手或双脚或单手及单脚，完全永久性伤残可被认定发生。保单通常只保至一定年龄，如 60 岁或 65 岁。

（1）伤残收入补偿保险的一般特点。

1）保单可以由个人或团体购买。

2）大多数的保单都规定有观察期条款，也就是说，保险金在伤残发生后一段时期才开始支付。观察期因保单不同而不同。联合收益条款列出可以削减支付的保费，一旦被保人在其他伤残收入补偿保险保单下受保，那么这一保单下的补偿便可以减少。这一项是为了防止被保人被过度补偿。最大收益期指一个特定时期，在该时期中收取的保费最高，在之后的时期中保费递减。

3）保险公司在传统上使用三种对伤残的职业定义，如果投保人无法工作便认为他（她）是伤残的。

①对于任何职业。这项定义是最苛刻的。也就是说，一旦被认定为伤残，就是指无法在任何职业领域工作。

②在任何该人适合或可能适合的领域。这项定义的约束没有那么严格，因为它将工作局限于该人期望从事的工作。这也许包括对投保人之前的教育、培训及经验加以考虑。

③在他（她）自己的工作领域。这项自我工作领域的定义是最自由的，因为一旦无法在之前从事的工作领域工作，该人即被认定为伤残。

所谓的收益期可以是短期（通常是从 6 个月至 2 年）或长期（直到 65 岁之前或终其一生）。很多保单有收益期条款，特别规定了收益支付的时间。

（2）伤残收入补偿保险的支付能力影响因素。

在寻求最多保单的过程中，支付能力是重要的一条。在伤残收入补偿保险保单中支付的保费依赖于提供的收益性质及投保人的相关特点。以下因素是很重要的：

1）被保人的职业。白领员工通常在一个更高的概率上被提供更好的服务，享受比蓝领工人更长的收益。

2）免责期及收益期的范围。赔偿金越高，保费越高。

3）所使用的三种对伤残的职业定义。定义越自由，保费越高。所以，选择在他（她）自己的工作领域比对于任何职业要贵得多。

（3）伤残收益金的确定。

另外一项考量就是决定客户要求获得多少伤残收益金，一家保险公司将确定的最大的保险额的数量是建立在投保人的收入基础上的。通常保险额的最大值为保单生效时期内投保人所得收入的60%～80%。该数量不包括投资所得收益及其他未得到的收入。然而，承保人往往利用未取得的收入来降低他们将要负责的保险额的数量。

以下是可以使用的方法：

1）首先确定每月支出。

2）加上由于伤残造成的额外支出。

3）根据事实上你不需要支出的与维持生活有关的费用做一些调整（如衣服、交通费）。

4）从这笔款项中去掉所有收入来源，比如说投资收入。同样去掉另外一些伤残保障来源（比如说，源于团体保险计划）。剩下的数额大体与你应该投保的数额相等。

6.2.3 财产保险

财产保险是指以财产及其相关利益为保险标的的保险，包括物质财产保险、责任保险、信用保险、保证保险、农业保险等。它是以有形或无形财产及其相关利益为保险标的的一类补偿性保险。

1. 与个人理财相关的两个保险种类

（1）物质财产保险。

这是将各种有形的物质财产作为保险标的的财产保险。物质财产保险的主要类别有家庭财产保险、运输工具保险、货物运输保险、农业保险、工程保险。家庭财产保险的类别有普通家庭财产保险、房屋保险、机动车辆保险等。

（2）责任保险。

责任保险是指以被保险人的民事赔偿责任作为保险标的的保险，即替被保险人承担对第三者的损害赔偿责任。责任保险一般是以各种附加险的形式与其他保险产品共同出售的，但是也存在着一些可以单独办理的责任保险。责任保险的主要类别有公众责任保险、产品责任保险、雇主责任保险、职业责任保险。

2. 人寿保险与财产保险的特点

（1）保险金额确定方式。

由于人的身体和生命无法用金钱衡量，所以人寿保险的保险人在承保时，是以投保人自报的金额为基础，参照投保人经济状况、工作性质等因素来确定保险金额；财产保险是补偿性保险，保险金额依照投保标的的实际价值确定。

（2）保险期限。

除意外伤害保险和短期健康保险外，大多数人寿保险险种的保险期限都在 1 年以上。这就要求在保费计算中要考虑利率因素，不仅包括利率的绝对水平，还要考虑利率未来的波动走势。除工程保险和长期出口信用险外，财产保险多为短期（1 年及 1 年以内），计算保费时一般不考虑利率因素。

（3）储蓄性。

长期人寿保险所交纳的纯保费中，大部分被用于提存责任准备金。这部分资金是保险人的一项负债，保险单在一定时间后具有现金价值，投保人或被保险人享有保单抵押贷款等一系列权利，这是一般财产保险所不具有的。

（4）超额投保与重复投保。

保险中的补偿原则规定：所获的补偿金额不应超出实际损失金额，即不允许通过保险补偿而获利。事实上，此原则仅限于财产保险。因为人身保险的保险标的具有特殊性，保险利益难以用货币衡量，保险人只能在签发保单时，根据实际情况，对保险金额加以控制。而且投保人可同时在几家保险公司进行投保，一旦发生保险合同规定的事故，他可同时在几家保险公司获得保险金的给付。

（5）代位求偿。

代位求偿是指当损失由第三方造成时，保险人在履行赔偿义务后，有权以被保险人的名义向第三方进行追偿，投保人或被保险人相应地让渡出这一权利。这同样是根据补偿原则——被保险人不能从中获益而规定。但这一原则仅在财产保险范围内有效，在人身保险中，投保人或被保险人既能从保险公司获得保险金，又同时可从肇事者处获取赔偿，而保险人仅有提供保险金的义务，没有从肇事者处索取赔偿的权利。

3. 财产保险的理财目的

财产保险在风险管理过程中解决了关键性问题，原因如下：

风险管理旨在保护客户的财产安全。一般来说，客户的财产有住房、车辆、珠宝等财富。他们面临诸多的风险，比如火灾、爆炸、雷电、地下暗火、机动车造成的损害、动物造成的损害、盗窃等。为了减少这些后果造成的风险，财产保险成为经常被采用的一项解决措施，尽管不是唯一的。

这些考虑到的损失风险对于客户财产来说是灾难性的。举个例子，一个客户的主要财产是房屋，如果房子被烧了，就会引起其严重的财产损失，除非他购买了相关保险。

6.2.4 风险管理领域的几种保险

在本书中，几种风险管理领域的保险将被讨论：①家庭财产保险；②汽车保险；③旅游保险；④职业责任保险。

（1）家庭财产保险。

家庭财产保险包括了由于一些特定的危险事故，比如自然灾害、火灾、水管泄漏等，以及盗窃等蓄意行为造成的对个人财物的损失损害。保险对象能够扩展到一些特殊的项目，像古董、视听教材系统等。

（2）汽车保险。

在中国，拥有一辆汽车被认为是很重要的事。由于加上牌照的费用成本高昂，汽车对于大多数人来讲是主要的财产。此外，汽车的使用使客户寻求对由于疏忽驾驶而造成的伤害的保险。这就需要重要的汽车保险来降低风险。事实上，中国有许多省份的法规都明确规定：所有的机动车必须投保汽车保险，以应对给第三者及行人所造成的伤害或死亡所承担的无限责任。

（3）旅游保险。

旅游保险是用来预防旅游中可能发生的事故的一种短期的保险类别。一些保单可以为一些特别的旅程承保，一些可以为旅行的一段特定时期承保。旅游保险的好处：

1）医疗费用，包括撤离的费用。这些保险包括游客在旅游中突然发病时的医药费、住院费、护理费以及外科手术费等。

2）个人事故。承保被保险人在旅行时由于事故而引发的伤害以及死亡。

3）个人财产。包括被保险人所有的财产损失的保险。通常会有一个最高的赔偿限度，赔偿金通常有所折扣。

4）现金与旅行支票。其赔偿限额通常限制在一定的金额以内。

5）取消成本。包括由于生病或死亡而不得不取消的在交通或住宿上发生的费用。

6）个人责任。承保因个人的行为、言语以及疏忽导致的第三方人身伤亡或财产损失的赔偿责任。

（4）职业责任保险。

依据有关的合同和民事侵权法律，特定职业的人对于因疏忽而造成其客户的损失负赔偿责任。这种索赔对于当事人本身来讲是严重的财务负担。因此，我们建议特定职业的人选择可化解这种风险的职业责任保险。

特定职业的人通常包括：律师、医生、财务顾问、会计师、工程师、建筑师、保险经纪人、公司高级管理人员等。对于他们来说，职业责任保险是非常重要的。

6.3 保险规划程序

6.3.1 制定保险规划的原则[⊖]

个人参加保险的目的是保障个人和家庭生活的安全、稳定。从这个目的出发，我们在投保时主要应掌握以下原则：

（1）转移风险的原则。投保是为了转移风险，在发生保险事故时可以获得经济补偿。从这个原则出发，必须首先分析家庭的主要风险是什么，怎样合理地把这些风险转嫁给保险公司。

⊖ 陈工孟，郑子云．个人财务策划 [M]. 北京：北京大学出版社，2003：225.

（2）量力而行的原则。保险是一种契约行为，属于经济活动范畴，投保人必须支付一定的费用，即以保险费来获得保险保障。投保的险种越多，保障范围越大。但保险金额越高，保险期限越长，需支付的保险费也就越多。因此投保时要根据自己的经济实力量力而行。应该根据自身的年龄、职业和收入等实际情况，力所能及地适当购买人身保险，既要使经济能长时期负担，又能得到应有的保障。

（3）分析需要。谨记投保前的三个考虑因素：一是适应性。根据需要保障的范围来考虑购买的险种。二是经济支付能力。三是选择性。在有限的经济能力下，为成人投保比为儿女投保更实际，特别是家庭的“经济支柱”。

（4）利用免赔额。自留能力越强，免赔额就越高。买保险的主要目的是预防那些重大的、自己无法承受的损失。免赔额过低，固然可以使各种小损失都能得到赔偿，但在遇到重大损失时，却得不到足够赔偿，这是得不偿失的。

（5）综合投保。如果你准备购买多项保险，应尽量以综合方式投保。综合投保可避免各单独保单间可能出现的重复，从而节省保费，得到较大的费率优惠。

6.3.2　保险规划主要步骤

1. 确定保险标的

制定保险规划的首要任务，就是确定保险标的。保险标的是指保险对象的财产及其有关利益，或者人的寿命和身体。投保人可以以其本人、与本人有密切关系的人、他们所拥有的财产以及他们可能依法承担的民事责任作为保险标的。

一般说来，各国保险法律都规定，只有对保险标的有可保利益才能为其投保，否则，这种投保行为是无效的。所谓可保利益，是指投保人对保险标的具有的法律上承认的利益。可保利益应该符合三个要求：

第一，必须是法律认可的利益。如果投保人投保的利益的取得或者保留不合法甚至违法，那么这种利益不能成为可保利益。

第二，必须是客观存在的利益。如果投保人投保的利益不确定，或者仅仅是一种预期，就不能成为一种可保利益。

第三，必须是可以衡量的利益。这样才能确定保险标的的大小，并以此来确定保险金额。

对于财产保险，可保利益是比较容易确定的，财产所有人、经营管理人、抵押权人、承担经济责任的保管人都具有可保利益。人寿保险可保利益的确定就要复杂一些，因为人的生命和健康的价值是很难用经济手段加以衡量的。所以，衡量投保人对被保险人是否具有可保利益，就要看投保人与被保险人之间是否存在合法的经济利益关系，比如投保人是否会因为被保险人的人身风险发生而遭受损失。通常情况下，投保人对自己以及与自己有血缘关系的家人或者亲人，或者有其他密切关系的人都具有可保利益。

购买适合自己或家人的人身保险，投保人有三个因素要考虑：一是适应性。自己或家人购买人身险要根据需要保障的范围来考虑。二是经济支付能力。购买寿险是一种长期性的投资，每年需要缴存一定的保费，每年的保费开支必须取决于自己的收入水平。三是选择性。个人或家人都不可能投保保险公司开办的所有险种，只能根据家庭的经济能力和适应性选择一些险种。在有限的经济能力下，为成人投保比为儿女投保更实际，特别是家庭的经济支柱，因为其生活的风险比小孩要高一些。

2. **选定保险产品**

人们在生活中面临的风险主要可以归纳为人身风险、财产风险和责任风险。而同一个保险标的，会面临多种风险。所以，在确定保险需求和保险标的之后，就应该选择准备投保的具体险种。

比如对人身保险的被保险人而言，他既面临意外伤害风险，又面临疾病风险，还有死亡风险等。所以，投保人可以相应地选择意外伤害保险、健康保险或人寿保险等。而对于财产保险而言，同一项家庭财产也会面临着不同方面的风险。比如汽车，面临着意外损毁或者是失窃的风险，这时投保人可以相应地选择车辆损失保险、全车盗抢保险，或者是二者的组合。

投保客户只有在专业人员的帮助下，准确判断自己准备投保的保险标的的具体情况（比如，保险标的所面临的风险的种类，各类风险发生的概率，风险发生后可能造成损失的大小，以及自身的经济承受能力），进行综合的判断与分析，才能正确选择适合自己的保险产品，较好地回避各种风险。

在确定购买保险产品时，还应该注意合理搭配险种。投保人身保险可以在保险项目上进行组合，如购买一个至两个主险附加意外伤害、重大疾病保险，使人得到全面保障。但是在全面考虑所有需要投保的项目时，还需要进行综合安排，应避免重复投保，使用于投保的资金得到最有效的使用。这就是说，如果投保人准备购买多项保险，那么就应当尽量以综合的方式投保，因为这样可以避免各个单独保单之间可能出现的重复，从而节省保险费，得到较大的费率优惠。

3. **确定保险金额**

在确定保险产品的种类之后，就需要确定保险金额。保险金额是当保险标的的保险事故发生时，保险公司所赔付的最高金额。一般说来，保险金额的确定应该以财产的实际价值和人身的评估价值为依据。

财产的价值比较容易计算。对一般财产，如家用电器、自行车等财产保险的保险金额由投保人根据可保财产的实际价值自行确定，也可以按照重置价值即重新购买同样财产所需的价值确定。对特殊财产，如古董、珍藏品等，则要请专家评估。购买财产保险时可以选择足额投保，也可以选择不足额投保，由于保险公司的赔偿是按实际损失程度进行赔偿的，所以一般不会出现超额投保或者重复投保。一般说来，投保人会选择足额投保，因为只有这样，当发生意外灾难时，才能获得足额的赔偿。如果是不足额投保，一旦发生损失，保险公司只会按照比例赔偿损失。比如价值 20 万元的财产只投保了 10 万元，那么如果发生了财产损失，保险公司只会赔偿实际损失的 50%。也就是说，如果实际财产损失是 10 万元，那么投保人所获得的最高赔偿额只能是 5 万元，这样会使自己得不到充分的补偿，因而不能从购买保险产品中得到足够的保障。

理论上，人的价值是无法估量的，因为人是一种社会性生物，其精神的内涵超过了其物质的内涵。但是，仅从保险的角度，可以根据诸如性别、年龄、配偶的年龄、月收入、月消费、需抚养子女的年龄、需赡养父母的年龄、银行存款或其他投资项目、银行的年利率、通胀率、贷款等，计算虚拟的“人的价值”。

在保险行业，对“人的价值”存在着一些常用的评估方法，如生命价值法、财务需求法、资产保存法等。需要注意的是，这些方法都需要每年重新计算一次，以便调整保额。因为人的年龄每年在增大，如果其他因素不变，那么他的生命价值和家庭的财务需求每年都在变小，其保险就会从足额投保逐渐变为超额投保。如果他的收入和消费每年都在增长，而其他因素不变，那么其价值会逐渐增大，原有保险就会变成不足额投保。所以每年请保险专业人士检视投保客户的保单是十分必要的。

科学计算保障额度的方法：根据生命价值法、遗属需求法两种不同的计算方式，可以科学地计算出家庭所需要的保障额度。

（1）生命价值法（又称净收入弥补法）。

寿险需求（应有保障额）= 个人工作期收入现值 – 个人工作期支出现值

（2）遗属需求法 。

寿险需求（应有保障额）= 遗属一生支出现值 – 已累积的生息净值

⊙ 案例 6-1

用生命价值法计算保险需求

假设被保险人现年 30 岁，年收入为 10 万元，个人年支出为 3 万元，打算 60 岁退休。

假设收入成长率＝支出成长率＝储蓄利率，不考虑货币的时间价值。如果被保险人现在死亡，则未来一生的净收入会减少（10 万元 – 3 万元）×（60–30）＝210 万元，这个数额就是按照生命价值法计算的应有保额。

如果考虑货币的时间价值，投资收益率为 3%，那么，考虑折现因素，持续 30 年每年 7 万元净收入的现值＝PV(3%, 30, 7)＝137.2 万元，是被保险人年收入的 13.72 倍，这是考虑货币的时间价值按照生命价值法计算的应有保额。

4. 明确保险期限

在确定保险金额后，就需要确定保险期限，因为这涉及投保人的预期缴纳保险费的多少与频率，所以与个人未来的预期收入联系尤为紧密。

对于财产保险、意外伤害保险、健康保险等保险品种而言，一般多为中短期保险合同，如半年或者一年，但是在保险期满之后可以选择续保或者是停止投保。但是对于人寿保险而言，保险期限一般较长，比如 15 年甚至到被保险人死亡为止。在为个人制订保险计划时，应该将长短期险种结合起来综合考虑。

5. 明确影响应有保额的因素

（1）年龄。年龄越大，工作年限就越短，未来工作收入的现值就越小，因此，应有保额也越低。

（2）个人支出占个人收入的比例。个人支出占个人收入的比重越大，净收入就越少，一旦个人不存在，对家庭的负面影响也就越小，因此，所需的保额也越低。

（3）个人收入的成长率。个人收入成长率越高，折现率愈低，生命价值越大，因此，应有保额也就越高。

（4）投资收益率。投资收益率越高，折现率越高，生命价值越低，因此，应有保额也就越低。

6. 使用遗属需求法计算保险需求

仍然采用上述例子的条件。

假设收入成长率＝支出成长率＝储蓄利率，不考虑货币的时间价值，如果被保险人现在死亡，遗属还要生活 50 年，每年的生活开支是 5 万元，目前可变现资产为 20 万元，按照遗属需求法，保额总需求＝5 万元 ×（80－30）－20 万元＝230 万元。

由于遗属需求法可以方便地调整原来生涯规划中不足或超出的部分，所以，经常采用这种方法计算应有保额。

如果考虑货币的时间价值，遗属未来生活开支的现值 PV（3%, 50, 50 000, 0, 1）=132.5 万元，扣除实质净值或可变现资产净值 20 万元，应有保额＝132.5 万元 -20 万元＝112.5 万元，是被保险人年收入的 11.25 倍。

使用遗属需求法计算的保额需求与前面使用生命价值法计算的保额需求，差异不大。

应注意的是，收入通常是期末领，因此，多用期末年金，支出通常要在期初就准备好，因此多用期初年金。

7. 选择保险需求计算方法的原则

在客户未婚、没有依赖人口时，可以根据生命价值法计算所需保额。在开始工作时，针对未来收入能力进行投保。投保时不需要专门考虑收入成长率，可以在以后职位升迁或加薪时加买保额。

生命价值法的原理是以理赔金弥补保险事故发生引起收入下降的负面影响，因此，通过生命价值法计算出来的保额需求一般不需要扣除过去已累积的资产净值。遗属需求法的原理是以理赔金保障遗属未来生活开支所需，由于已累积的资产净值可以供养遗属生活开支，所以，通过遗属需求法计算出来的保额需求一般需要扣除过去已累积的资产净值。

遗属需求法在结婚、生子、购房时要针对增加的家庭生活费与负债额加买保险；生命价值法在大幅加薪时才需要加买保险。

对于以自我为中心的客户而言，更适合用生命价值法计算应有保额；对于以家庭为中心的客户，更适合用遗属需求法计算应有保额。

对于生命价值法，可以根据夫妻的净收入分别计算其所需保额；对于遗属需求法，通常先算出家庭的总保额需求，然后根据夫妻的收入比例进行分摊。

6.3.3　客户保险规划举例

客户保险规划可以按照客户的收入或家庭状况分类，下面将以案例形式介绍几种以经济收入的高低作为标准，细分市场条件下的保险规划，看看在各自不同的经济条件与家庭状况下，所制定的可能的保险规划。

1. **低收入单身客户保险计划**

这里的单身客户是指年纪较小但已经济独立，未婚但余钱又不多的年轻人。这些年轻的单身客户没有赡养父母或者抚养子女的家庭负担，但是一般经济收入也不是很高，而且消费欲望较强，开销较大，常常会出现开支困难。这时如果能适当买一些保险，不仅可以养成储蓄的习惯，而且由于年纪较轻，保费较便宜，相比之下买保险也比较合算。

年轻的单身客户买保险应该以储蓄性寿险为主，适当搭配一些意外伤害保险。但是也要注意不要买得太多，因为作为年轻人，一方面经济支付能力有限，另一方面总免不了有其他的花销。这时购买保险主要有两个目的：一是要形成一种基本的生活保障；二是要养成储蓄的习惯。等到经济条件和其他状况发生了变化以后，仍然可以对其保险计划进行调整和修改。

⊙ **案例 6-2 保险规划 1**

邹先生，24 岁，月薪 2 000 元，单身，有社会医疗保险，无家庭负担，自己想存钱但自我控制能力不强，而且朋友较多，花销较大，往往存不下钱。所以，他想通过购买某种或者某些保险，强迫自己储蓄一部分钱，以备不时之需，同时取得一定的经济保障。

根据他的个人情况，其购买保险的需求主要是储蓄性需求，所以应该选择人身保险，且以寿险为主。其具体保险规划如表 6-1 所示。

表 6-1 保险规划 （单位：元）

投保险种	缴费期	每年保险费	保险金额
终身人寿保险	10 年	504.0	50 000
意外伤害保险	每年	172.4	40 000
每年总缴保险费 676.4 元，基本保险金额为 9 万元			

通过购买这种保险产品组合，邹先生获得的具体保障如下：

（1）如果客户退保，客户可取回人寿保险的现金价值，而取回的金额是根据保证金额和红利的总和计算的，其具体金额如表 6-2 所示。

表 6-2 退保可取回的金额 （单位：元）

已供年限	保证价值	预期价值（红利）(假设回报约 5%)	总值
10 年	4 945	4 038	8 983
20 年	9 890	12 132	22 022
40 年	17 980	45 554	65 334

（2）如果意外死亡或高度残疾，可最少获得保险金 9 万元给付；如果部分残疾，可以按比例获得保险金给付，最高为 4 万元。在这种保险规划下，邹先生每年大约要花 676.4 元买保险，这无形中养成了强迫储蓄的习惯。

这是一个比较简单的案例，当然邹先生还可以对自己的财产进行投保，此时就需要根据自己的情况综合考虑保险产品的选择和保险金额的确定，这时保险规划的制定就会复杂得多了。

2. 高收入家庭保险规划

⊙ 案例 6-3 保险规划 2

刘先生，40 岁，经理，没有医疗及养老保险；刘太太，32 岁，家庭主妇，没有医疗与养老保险；儿子，7 岁，小学一年级。

这个家庭中丈夫收入稳定，每月总收入为 8 000 元。随着夫妻俩年龄的增大，保障相应要减少，而养老的需求逐渐增加，保险规划时应该把这一需求考虑进去。其家庭保险的侧重点应放在刘先生的养老及医疗保险上。另外，由于家庭条件较好，可考虑购买储蓄型的寿险。儿子还需 11 年的学习费用，因此儿子的保险应着重考虑教育、婚嫁的保障。

刘先生的保险规划主要侧重于养老、医疗、意外伤害保险。具体保险规划如表 6-3 所示。

表 6-3 刘先生的保险规划 （单位：元）

保险产品	缴费年限	每年保险费	保险金额
终身人寿保险	25 年	3 702.0	200 000
重疾保险	25 年	1 704.0	200 000
住院医疗保险	每年	197.6	每日 150
每年总缴保险费 5 603.6 元，基本保险金额为 40 万元			

通过购买保险，获得具体保障如下：

（1）如果客户退保，客户可取回人寿保险的现金价值，而取回的金额是根据保证金额和红利的总和计算的，其具体金额如表 6-4 所示。

表 6-4 退保可取回的金额 （单位：元）

已供年限	保证价值	预期价值（红利）(假设回报 6%～7%）	总值
10 年	13 374	20 593	33 967
20 年	34 401	79 577	113 978
25 年	53 895	144 008	197 903

（2）死亡或高残给付 20 万元。

（3）部分残疾按比例给付保险金，最高 20 万元。

（4）如果住院治疗，每日给付 150 元。

这样，刘先生每年缴纳保险费 5 603.6 元，通过制定比较好的保险规划，家庭具有了比较完备的保险保障。

6.3.4 保险规划的风险

在进行保险规划的时候，会面临很多风险。这些风险可能来自投保客户所提供的资料不准确、不完全，或者是来自对保险产品的了解不够充分。保险规划风险体现在以下几个方面。

1. 未充分保险的风险

这种风险既可能体现在对财产的保险上，也可能出现在对人身的保险上。比如，如果对财产进行的保险是不足额保险，结果造成损失发生时所获得的保险金赔偿不足，未能完全规避风险；或者是在对人身进行保险时保险金额太小或保险期限太短，同样有可能造成一旦保险事故发生，不能获得较为充分的补偿。

2. 过分保险的风险

这种风险同样可能发生在财产保险和人身保险上。比如，对财产的超额保险或重复保险。由于保险公司在赔偿时，是根据实际损失来支付保险赔偿金，这种超额保险或者重复保险并没有起到真正的保障作用，反而浪费保费。

这种风险还可能发生在制订保险产品组合计划时。因为各个保险公司所提供的不同保险产品虽然主要保险合同不一样，但是可能存在某些保险内容的重叠，造成保险过度或者重复，而有些保险内容却又可能发生遗漏，形成保险空白。

3. 不必要保险的风险

有些风险可以通过自保险或者说风险保留来解决，比如对平时由于感冒或牙痛等类似的小灾小病所需的医疗费用支出，人们自己承担风险这种处理办法反而更为方便和简单，还可以节省费用，取得资金运用收益。对于应该自己保留的风险进行保险，是不必要的，也会增加机会成本，造成资金的浪费。

此外，一般说来保险市场上的保险产品种类多样、名目繁杂，保险费率的计算和保险金额的确定都比较复杂，这也增加了保险规划的难度。所以，制订一份恰当而有效的保险计划，应该在相关专业人士的帮助和指导下进行。

❖ 本章小结

1. 保险规划是完备的理财规划不可缺少的一部分。购买保险是一种风险投资，从风险性、保障性、可靠性和获利性来考虑，购买保险是一种最安全可靠的投资手段，是一种理想的理财方式，同时也是一种合理避税的有效途径。
2. 个人参加保险的目的是保障个人和家庭生活的安全、稳定。从这个目的出发，我们在投保时主要应掌握转移风险和量力而行等原则，通过一定的步骤做出行之有效的保险规划。
3. 保险规划工具主要可以划分为两大种类，即人身保险和财产保险。人身保险是以人的寿命和身体为保险标的的保险。人身保险又可分为人寿保险、年金保险、健康保险、伤害保险（意外险）等。财产保险是指以财产及其相关利益为保险标的的保险，包括物质财产保险、责任保险、信用保险、保证保险、农业保险等。它是以有形或无形财产及其相关利益为保险标的的一类补偿性保险。
4. 互联网保险的五种经营模式：传统保险公司自营互联网保险业务、第三方电子商务平台保险、互联网保险公司、保险中介代理、网络互助保险。互联网保险优势：降低成本、信息透明、便于互动和打破上门销售的限制。

❖ 习题

1. 保险的概念是什么？
2. 解释财产保险在理财过程中的重要作用。
3. 以下哪一项不属于风险管理技术？（　　）。（单选题）
   A. 风险自留　B. 风险回避　C. 风险量化　D. 风险减少
4. 以下关于投资连结保险的说法错误的是？（　　）。（单选题）
   A. 可为投保人提供终身保险
   B. 该保单提供了保障和投资两种功能
   C. 同传统的现金价值保单相比，投资连结保险更为透明
   D. 可以提供固定的定期给付直至投保人死亡
5. 以下哪一项不属于保单三要素？（　　）。（单选题）
   A. 涉及的是可强制执行的法律活动　B. 要与标的产生经济联系
   C. 存在要约和承诺　D. 保险合同有对价的支持
6. 以下哪些属于人寿保险？（　　）。（多选题）
   A. 养老保险　B. 重疾险　C. 年金保险　D. 投资连结保险
7. 以下哪些因素会影响保费？（　　）。（多选题）
   A. 年龄　B. 性别　C. 保险种类　D. 准备金
8. 保单就是保险合同。对还是错？
9. 所有意外的损失都是可保的。对还是错？
10. 简述风险管理的原则。
11. 简述生命价值法和遗属需求法的含义。

习题参考答案

PERSONAL FINANCE

第 7 章

税收规划

❖ 本章提要

本章首先明确了税收规划是在纳税行为发生之前，在不违反法律、法规的前提下，通过对纳税主体的经营活动或投资行为等涉税事项做出事先安排，以达到少缴税和递延纳税目标的一系列筹划活动。其次讲解了税收规划相关概念，介绍了个人所得税相关知识，以达到在遵守我国相关法律基础上应用税收策略完成税收规划，减少支出的目的。

❖ 重点和难点

1. 税收种类和最优税收理论
2. 中国的税制结构和个人所得税制度
3. 税收规划的定义和特性
4. 税收规划的原则、步骤和基本方法
5. 税收规划的具体实务操作

❖ 引导案例

张建国先生养老金资产配置案例：税收规划

分析张建国先生的收支储蓄情况，找出每年可用于退休规划的现金流。收支储蓄表由三大部分组成，即收入、支出及储蓄。首先，我们要计算出张建国先生的家庭可使用收入，而该家庭可使用收入主要来源于张建国先生实发工资，如表 7-1 所示。

表 7-1 张建国实发工资计算表 （单位：元）

	月平均值	年平均值
税前收入	16 000.00	192 000.00
养老保险缴费	1 253.52	15 042.24
医疗保险缴费	313.38	3 760.56
住房公积金缴费	1 253.52	15 042.24
失业保险金缴费	156.69	1 880.28
所得税	1 375.72	16 826.67
企业年金缴费	640.00	7 680.00
实发工资	11 007.17	131 768.01

张建国先生的月实发工资计算过程如下所示。

1. 首先需要计算出张建国的三险一金缴费额

三险缴费额 = 缴费基数 × 各自相应的费率。缴费基数取当月税前工资与上年度当地月均收入的三倍中的较小值计入缴纳。具体对北京工作的张先生而言，北京月平均工资为 5 223 元 / 月[⊖]，其税前工资 16 000 元 > 3×5 223 元，取 3×5 223 元 =15 669 元为缴费基数。

养老保险缴费额 = 缴费基数 × 养老保险缴费费率 = 15 669×8% = 1 253.52（元）

医疗保险缴费额 = 缴费基数 × 医疗保险缴费费率 = 15 669×2% = 313.38（元）

公积金缴费额 = 缴费基数 × 住房公积金缴费费率 = 15 669×8% = 1 253.52（元）

失业保险金缴费额 = 缴费基数 × 失业保险金缴费费率 = 15 669×1% = 156.69（元）

企业年金的缴费额与三项基本保险的缴费方式不同，企业年金不存在缴费基数的比较，企业年金缴费额 = 税前工资 × 企业年金费率。则张建国的企业年金缴费额为：

企业年金缴费额 = 税前工资 × 企业年金费率 =16 000×4% = 640（元）

2. 各项税费的计算

张建国先生涉及了工资薪金所得的征税及限制性股票所得的征税，两种税均适用于个人所得税累进税率表。计算方法如下：

工资薪金所得税 =（缴费基数 – 三险一金缴费额 – 免征税额）× 适用税率 – 速算扣除数

张建国月工资薪金所得税

=（16 000–1 253.52–313.38–1 253.52–156.69–3 500）×25%–1 005 = 1 375.72（元）

年工资薪金所得税 = 月工资薪金所得税 ×12 = 16 508.64（元）

限制性股票所得税 = 每年发放股数 × 市值 /12× 适用税率 ×12

张建国限制性股票所得税 =1 000×10.6/12×3%×12=318（元）

⊖ 数据来源：北京市人社局 2014 年公布的数据。

所得税 = 工资薪金所得税 + 限制性股票所得税

　　= 16 508.64+318=16 826.64（元）

3. 计算实发工资

月实发工资 = 月税前工资 − 月三险一金缴费额 − 月工资薪金所得税 − 企业年金缴费额

　　= 16 000−1 253.52−313.38−1 253.52−156.69−1 375.72−640=11 007.17（元）

年实发工资 = 月实发工资 ×12− 限制性股票所得税

　　= 11 007.17×12−318=131 768.04（元）

特别注意，张建国先生做理财规划税收方案是在 2013 年，用的是当时的税率表，见本章附录：工资薪金个人所得税税率表。

本章将详细讲解税收规划。

7.1 概述

2018 年 8 月 31 日，第十三届全国人大常委会第五次会议表决通过了关于修改个人所得税法的决定，决定自 2019 年 1 月 1 日起施行。

此次个税改革首先将工资薪金、劳务报酬、稿酬和特许权使用费 4 项所得纳入综合征税范围，实行按月或按次分项预缴、按年汇总计算、多退少补的征管模式。其次是完善个人所得税费用扣除模式。一方面合理提高基本减除费用标准，将基本减除费用标准提高到每人每月 5 000 元；另一方面设立子女教育、继续教育、大病医疗、住房贷款利息或者住房租金、赡养老人等 6 项专项附加扣除。再次是优化调整个人所得税税率结构。以现行工薪所得 3%～45% 七级超额累进税率为基础，扩大 3%、10%、20% 三档较低税率的级距，相应缩小 25% 税率级距，保持 30%、35%、45% 三档较高税率级距不变。

个人理财就是要与所在国家和地区的法律法规相结合，我们目前做个人理财税收方案时，就要依据 2019 年 1 月 1 日起施行的《中华人民共和国个人所得税法》，体现个人理财业务“本土化”。

7.1.1 所得税基本知识

1. 税收的种类

税收是国家为了实现其职能，凭借政治权力，按照法律规定，参与国民收入中剩余产品的分配，强制、无偿、固定地取得财政收入的一种形式。[㊀]

一国的税制模式一般可以分为单一税制和复合税制。在税收的历史上，曾经有人积极主张实行单一税制，但它始终只是在理论上存在，世界各国并未实行，因此在税收学上也称为单一税论。复合税制是国家选择多种税，使其同时存在、相互协调、相互补充，而成为的有机税收体系。当今世界各国都实行复合税制。

㊀ 曼昆 . 经济学原理：微观经济学分册 [M]. 梁小民，梁砾，译 .6 版 . 北京：北京大学出版社，2012.

复合税制可以按主体税种的选择划分为不同的结构类型。主体税种是一个国家税制结构中占据主要地位，起主导作用的税种，其特征是在同一征税权主体设置的税种中收入比重最高，主体税种决定一个税制结构的性质和主要功能。一般来说，税收按性质和作用大致可分为四大类㊀：

第一大类是流转税，包括增值税、消费税，在生产、流通或者服务业中发挥调节作用。

第二大类是流转税小税种，包括城市维护建设税、关税、资源税、土地增值税、烟叶税。

第三大类是所得税，包括企业所得税、个人所得税，主要是在国民收入形成后，对生产经营者的利润和个人的纯收入发挥调节作用。

第四大类是财产税和行为税，包括房产税、车船使用税、城镇土地使用税、印花税、契税、车辆购置税、耕地占用税、船舶吨税、环境保护税，主要是对某些财产和行为发挥调节作用。

这些税种中，有的可充当主体税种，有的则永远只能充当辅助税种。税收发展的历史表明，只有一般财产税、所得税和多阶段课征的流转税、关税以及增值税才能充当主体税种，这是由这些税种的性质决定的。从理论上讲，一个复合税制结构中可只有一个主体税种，也可有两个、三个甚至多个主体税种，因此，复合税制结构类型可划分为单主体税的税制结构、双主体税的税制结构、多种税并重的税制结构。就单主体税的税制结构看，有个人所得税为主体的税制结构、法人所得税为主体的税制结构、全值流转税为主体的税制结构、增值税为主体的税制结构和财产税为主体的税制结构。

2. 税收的效应

税收效应是指政府课税所引起的各种经济反应。税收效应在理论上常分为正效应与负效应、收入效应与替代效应、中性效应与非中性效应、激励效应与阻碍效应等。在实际分析中，根据需要，税收的效应还可进一步分为储蓄效应、投资效应、产出效应、社会效应、心理效应等。

（1）正效应与负效应。

某税的开征必定使纳税人或经济活动做出某些反应。如果这些反应与政府课征该税时希望达到的目的一致，税收的这种效应就称为正效应；如果课税实际产生的经济效果与政府课税目的相违背，税收的这种效应则称为负效应。

政府课征某税究竟是在产生正效应还是在产生负效应，可用课征该税取得收入的环比增长率来测定。用公式表示如下：

$$\text{收入环比增长率} = (\text{本期收入} - \text{上期收入}) / \text{上期收入} \times 100\%$$㊁

如果政府课征该税的主要目的是筹集财政收入，上式中收入环比增长率为正时，则该税产生的效应是正效应；如果比率为零或为负，则说明该税没有产生正效应甚或产生了负效应。

如果政府课征该税的主要目的不是筹集财政收入，而是限制经济活动向原有方向发展或促进其向新的方向发展，那么上式中收入环比增长率为负时，则该税产生的效应为正效

㊀ 王素荣．税务会计与税务筹划 [M]. 6 版．北京：机械工业出版社，2017.

㊁ 王美涵．税收大辞典 [M]. 沈阳：辽宁人民出版社，1991.

应，如果比率为零或为正，则说明该税无效应或产生了负效应。

（2）收入效应与替代效应。

从税收对纳税人的影响来看，一般可产生收入效应或替代效应，或两者兼有。所谓税收的收入效应，是指课税减少了纳税人可自由支配的所得和改变了纳税人的相对所得状况。税收的收入效应本身并不会造成经济的无效率，它只表明资源从纳税人手中转移到政府手中。但因收入效应而引起纳税人对劳动、储蓄和投资等所做出的进一步反应则会改变经济的效率与状况。

税收的替代效应是指当某种税影响相对价格或相对效益时，人们就选择某种消费或活动来代替另一种消费或活动。例如对某种商品课税可增加其价格，从而引起个人消费选择无税或轻税的商品。税收的替代效应一般会妨碍人们对消费或活动的自由选择，进而导致经济的低效或无效。

（3）中性效应与非中性效应。

中性效应是指政府课税不打乱市场经济运行，即不改变人们对商品的选择，不改变人们在支出与储蓄之间的抉择，不改变人们在努力工作还是休闲自在之间的抉择。能起中性效应的税我们称之为中性税。中性税只能是对每个人一次征收的总额税——人头税，因为人头税不随经济活动的形式变化而变化，所以它对经济活动不会产生什么影响。但由于人头税涉及所有人，它可能会影响到纳税人家庭对人口多少的规划。所以，即使是人头税，在一般情况下，也不可能是完全中性的。可以肯定地说，在现代社会，完全意义上的中性税是根本不存在的。

与中性效应相反，非中性效应是指政府课税影响了经济运行机制，改变了个人对消费品、劳动、储蓄和投资等的抉择，进而影响到资源配置、收入分配和公共抉择等。几乎所有的税收都会产生非中性效应，因而现代社会的税收均属非中性税收。

（4）激励效应与阻碍效应。

税收激励效应是指政府课税（包括增税或减税）使得人们更热衷于某项活动，而阻碍效应则是指政府课税使得人们更不愿从事某项活动。但政府的课税是产生激励效应还是产生阻碍效应，取决于纳税人对某项活动的需求弹性。弹性少，则政府课税会激励人们更加努力地工作，赚取更多的收入，以保证其所得不因课税而有所减少；弹性大，则政府课税会妨碍人们去努力工作，因为与其努力工作，赚取收入付税还不如少赚收入不付税。

3. 最优税收理论

（1）征税的成本。

征税的成本是什么？一些成本是明显的。政府从纳税人手中收税，然后将其用于公共服务。显然，政府提供的公共服务并不能正好等于每个纳税人缴纳的税收，可能高于或低于他的缴税额。对政府来说，需要对征税进行监督，对不缴税给予处罚，从而需要提供税务稽查服务，因此对征税的行政成本是有约束的。而对纳税人而言，要花费时间去申报纳税，一些人还要雇用税务顾问，因此存在纳税成本。

征税所造成的成本有一些则是不明显的，被称为税收的“超额负担”，它具体是指课税造成的社会效用总损失超过税款本身的部分。它也被称为福利代价或超负损失。其原因在于课税扭曲了纳税人的经济决策或者说干扰了纳税人本来的自由选择。理论上可以证明，除了总额税外，所有的税收都会产生超额负担，进而帕累托最优条件被破坏了，扭曲于是发生。这种情形可用公式说明：

假设有两个商品：商品 1 和商品 2。现在对商品 1 课征单位税（单位税额即为税率），而对商品 2 不课税，则：

课税后的边际替代率＝商品的税前价格 ×（1+ 税率）/ 商品 2 的税前价格

课税后的边际转换率＝商品的税前价格 / 商品 2 的税前价格

显然，由于加入了税收，边际替代率不再与边际转换率相等。

所得税也存在同样的扭曲，假如将闲暇视为与其他商品一样的正常物品的话，对收入（放弃闲暇的报酬）课征所得税，将改变闲暇与商品间的帕累托最优配置的条件。课税前，闲暇对商品的边际替代率与边际转换率相等。

$$\text{边际替代率}=\text{边际转换率}=\frac{\text{闲暇的价格}}{\text{某个商品的价格}}=\frac{\text{税前工资}}{\text{某个商品的价格}}$$

但是，在课税后：

$$\text{边际替代率}=\frac{\text{税后工资}}{\text{某个商品的价格}}=\frac{\text{税前工资}\times(1-\text{税率})}{\text{某个商品的价格}}$$

$$\text{边际转换率}=\frac{\text{税前工资}}{\text{某个商品的价格}}$$

显然，税后的边际替代率 - 税后的边际转换率。因为，虽然所得税使纳税人的税后工资减少，而生产者仍然以税前的工资为依据进行决策，仍然必须支付税前工资。尽管除闲暇之外的其他商品之间的帕累托最优条件还成立，但是因为闲暇与其他商品间的帕累托最优条件被破坏，超额负担必然出现。

所得税如何累进才能够既体现公平又兼顾效率？20 世纪 70 年代之后，最优税收理论关注的焦点就在于最优所得税，特别是所得税税率的确定问题，以实现对公平和效率的兼顾。1996 年诺贝尔经济学奖得主英国经济学家莫里斯，以征税当局与纳税人之间信息不对称为假设前提，颠覆了将个人所得税的超额累进税率视为理所当然的成见，提出了最优所得税税率应该是“倒 U 形”的看法，即边际税率随收入先上升而后下降。最优税收理论研究还包括商品课税与所得课税的比较研究。20 世纪 90 年代以来，最优税收理论的研究重点主要有：一是逃避税和税收征管因素对税制设计的影响；二是对已有的最优税收理论进行计量检验。这里介绍几项关于优化所得税的研究。

（2）从公平原则出发的埃奇沃斯模型。

埃奇沃斯的税收规则建立在以下四个假定之上：①社会福利是个人效用函数的简单加总（未加权）；②所有个人具有相同的效用函数；③效用是收入的增函数，而且这一函数是严格凹的，这意味着收入的边际效用递减；④社会总收入固定不变。我们的目标毫无疑问是使社会福利最大化，这就需要求出一种最优的收入分配（因为根据假定，效用是收入的函数）。同时，根据假定②、③，每个人的效用函数相同，且收入的边际效用递减，则最大化社会福利的收入分配必为人人收入相等，因为一人超出平均收入水平之上的货币效用小于将这笔货币补给收入低于平均水平之另一人所得到的效用。欲使社会福利（社会总效用）最大，必使人人效用相等；欲使人人效用相等，必使人人收入相等。在这样的条件下，最优税制一定是累进性的，将富人收入转移给穷人，实现收入均等。由上观之，埃奇沃斯的税收规则在公平与效率的权衡中，主要的是考虑了公平。

庇古曾认为，埃奇沃斯的税收规则所要求的完全趋向公平的税收活动会受到逆向激励的约束，而且社会总收入固定的假设也难以成立。但是，他本人并未提出任何具体指导原则用于解决效率和公平之间的平衡问题。

（3）兼顾效率与公平的莫里斯最优税收理论。

现实中的所得税税率是非线性的，比如常见的超额累进税率。在更接近现实世界的情况中，所得税的边际税率会随着所得税税基的变化而发生变化。莫里斯与戴蒙德 1971 年在《美国经济评论》杂志上合作发表的两篇论文：《最优税收与公共生产（一）：生产的有效性》和《最优税收与公共生产：税收规则》，以及莫里斯在 1971 年单独发表的另外一篇著名论文《最优所得税理论探讨》，这 3 篇论文奠定了现代最优税收理论的基础，并引发了一系列对最优税制的讨论，成为最优税收理论研究中的标准或参照。莫里斯的研究证明最适所得税税率应该呈"倒 U 形"：从社会公平与效率的总体角度来看，中等收入者的边际税率可以适当高些，而低收入者和高收入者应适用相对较低的税率，拥有最高所得的个人适用的边际税率甚至应当是零。这一结论是基于这样的判断：在同样的效率损失情况下，政府通过提高中等收入者的边际税率，从较为富裕者那里取得更多的收入，而通过降低最高和最低收入者的边际税率，增加这一群体的福利，从而既能实现帕累托改进，又能促进收入分配公平。

7.1.2　所得税的基本框架

1. 所得税的课税范围

所得税课税范围的确定，涉及税收管辖权的问题。税收管辖权是主权国家在征税方面所拥有的权力。国际公认的确立和行使税收管辖权的基本原则有两个：一是属人主义原则；二是属地主义原则。通过这两个原则确定居民与非居民的界限，实践中，各国政府大多同时按属人主义原则和属地主义原则确立和行使税收管辖权，只是强调重点不同。

按照国际惯例，通过上述两个原则确定居民与非居民。居民负有无限纳税义务，而非居民只负有有限纳税义务。

2. 所得税的税基

所得税的税基包括确认应税收入和规定所得宽免范围和费用扣除项目。

3. 所得税的税率

税率是按照计税依据征税的比例或者额度，税收的固定性特征是通过税率体现的。税率是税收制度的核心要素，是计算应纳税额的尺度。在计税依据已经确定的前提下，国家征税的数量和纳税人的负担水平就取决于税率，国家一定时期的税收政策也体现在税率方面。

税率通常有 3 种主要形式：第一种是以相对量形式规定的征收比例，即比例税率和累进税率，适用于从价计税的税种；第二种是以绝对量形式规定的固定征收额，即定额税率

(又称税额标准)，适用于从量计征的税种；第三种是复合税率，即定额税率与比例税率相结合的税率。

按照税收负担划分，税率还可以区分为名义税率和实际税率、平均税率和边际税率。

(1) 定额税率、比例税率、累进税率。

定额税率又称固定税率，是指根据课税对象的计量单位直接规定固定的征税数额。征税对象的计量单位可以是重量、数量、面积、体积等自然单位，如吨、升、平方米、立方米等，也可以是专门规定的复合单位。这是一种特定形式的税率，它一般适用于从量定额征收，故又称为固定税额。定额税率的特点是，税率与课税对象的价值量脱离了联系，不受课税对象价值量变化的影响。

比例税率是从价计税时按照计税依据计算应纳税额的法定比例，通常采用固定的百分比的形式。比例税率的特点是，税率不随课税对象数额的变动而变动，这就便于按不同的产品设计不同的税率，可以使税收收入随经济情况变化而变化，具有一定的弹性，同时对同一类征税对象或者纳税人实行等比负担，有利于鼓励规模经营、平等竞争，而且应纳税额计算简便。但是，这种税率在调节收入分配、财产分布等方面的作用不如累进税率。比例税率主要分为统一比例税率和差别比例税率。统一比例税率是指一种税只设一个税收比例的税率，所有纳税人都要按照同一个税率纳税。差别比例税率是指一个税种设有两个以上的比例税率，税率是根据不同的征税项目分别设计的。

累进税率又称累进税制，指征收比例随着计税依据数额增加而逐级提高的税率，即根据计税依据的数额或者相对比例设置若干级别，分别适用由低到高的不同税率。累进税率的主要特点是，税收负担随着计税依据数额的增加而递增，能够较好地体现纳税人的税负水平与税负能力相适应的原则，可以更有效地调节纳税人的收入、财产等，正确处理税收负担公平问题，多在所得课税、财产课税中应用。累进税率主要有全额累进税率、超额累进税率两种形式。全额累进税率是累进税率的一种，指按照计税依据的全部数额累进征税的累进税率，即随着征税对象数额的增加，税率逐步提高，全部税基适用最高一级的税率。而超额累进税率则是把征税对象按数额大小划分成不同等级，对每个等级由低到高分别规定税率，各等级分别计算税额，而后相加即为应征税额。

(2) 名义税率和实际税率。

名义税率是税法上规定的税率。因税率制度、计税依据、减税、免税、加成加倍征税等原因造成纳税人的实际税率与税法规定的税率不相等，故将税法中规定的税率称为名义税率。

实际税率又称“实际负担率”，指实征税额与实际收益额的比例。实征税额是应征税额扣除减免税额以后缴纳的税额。例如某纳税人某月份销售某种产品取得收入 10 000 元，产品税税率为 10%，经批准减征税额 30%，则实征税额为 700 元，实际税率为 7% (=700 元 ÷10 000 元 ×100%)。实际税率和名义税率有时是相等的，有时不等。实际负担率是纳税人实际缴纳的税额同其实际收入的比率，是衡量纳税人实际负担程度的主要标志。国家在制定税法时应尽量使名义税率接近实际税率。

(3) 平均税率和边际税率。

在理解税制对收入分配和激励的影响后，理解累进的含义十分重要。理解累进的关键在于区别平均税率和边际税率。平均税率是指全部税额与全部收入之比。边际税率是指再增加一些收入时，增加这部分收入的纳税额占增加收入的比例。超额累进税率中每一级的税率都是所属级次的边际税率。边际税率通常也指累进税率表中的最高一级税率，即最后一级税率。边际税率不能真实反映纳税人的实际负担水平。边际税率过高，会对经济造成不良影响，因此边际税率的高低应适度。

7.1.3　我国现行所得税制度

1. 我国税制概览

我国税制是以间接税和直接税为双主体的税制结构。我国现行税法体系是一个由各种单行的税收法律、法规和规章构成的综合体，是在原有税制的基础上，经过 1994 年工商税制改革逐渐完善形成的。2016 年 5 月 1 日全国实行“营改增”，2018 年 1 月 1 日起实行环境保护税后，我国现行税法体系由 18 个税种构成，分别是：增值税、消费税、企业所得税、个人所得税、资源税、城市维护建设税、房产税、印花税、城镇土地使用税、土地增值税、车船使用税、船舶吨税、车辆购置税、关税、耕地占用税、契税、烟叶税、环境保护税。

我国现行税种按其性质和作用大致可分为四类。

（1）流转税，包括增值税、消费税，在生产、流通或者服务业中发挥调节作用。

（2）流转税小税种，包括城市维护建设税、关税、资源税、土地增值税、烟叶税。

（3）所得税，包括企业所得税、个人所得税，主要是在国民收入形成后，对生产经营者的利润和个人的纯收入发挥调节作用。

（4）财产税和行为税，包括房产税、车船使用税、城镇土地使用税、印花税、契税、车辆购置税、耕地占用税，主要是对某些财产和行为发挥调节作用。

现阶段，我国税收征收管理机关有：国家税务总局、地方税务局和海关。海关系统负责征收和管理的项目有关税、行李和邮递物品进口税、船舶吨税，同时代征进出口环节的增值税和消费税，其他税种都由税务部门负责征收管理。

上述 18 个税种，包括个人所得税、企业所得税、车船税、环境保护税、烟叶税、船舶吨税、车辆购置税和耕地占用税等税种通过全国人大立法，还有多数税收事项是依靠行政法规、规章及规范性文件来规定。这些税收法律、法规组成了我国的税收实体法体系。

除上述税收实体法外，我国对税收征收管理适用的法律制度，是按照税收管理机关的不同而分别规定的：

（1）由税务机关负责征收的税种的征收管理，按照全国人大常务委员会发布实施的《中华人民共和国税收征收管理法》执行；

（2）由海关机关负责征收的税种的征收管理，按照《中华人民共和国海关法》及《中华人民共和国进出口关税条例》等有关规定执行。

上述税收实体法和税收征收管理法律制度构成了我国现行税法体系。

2. 中国现行个人所得税制度框架

（1）纳税义务人。凡在中国境内有住所的个人、个体工商户，在中国境内有所得的境外人员，均为个人所得税的纳税义务人。

（2）扣缴义务人。以支付所得的单位或者个人为扣缴义务人，扣缴义务人依照法律、行政法规的规定，履行代扣、代收税款的义务。

（3）征收范围。个人所得税的纳税人分为居民纳税人和非居民纳税人。在中国境内有住所，或者无住所而一个纳税年度内在中国境内居住累计满 183 天的个人，为居民个人，居民个人需要为从中国境内和境外取得的所得缴纳个人所得税。在中国境内无住所又不居住，或者无住所而一个纳税年度内在中国境内居住累计不满 183 天的个人，为非居民个人。非居民个人需要为从中国境内取得的所得缴纳个人所得税。

（4）征税项目。

下列各项个人所得，应当缴纳个人所得税：

1）工资、薪金所得。

2）劳务报酬所得。

3）稿酬所得。

4）特许权使用费所得。

5）经营所得。

6）利息、股息、红利所得。

7）财产租赁所得。

8）财产转让所得。

9）偶然所得。

居民个人取得前款第一项至第四项所得（综合所得），按纳税年度合并计算个人所得税；非居民个人取得前款第一项至第四项所得，按月或者按次分项计算个人所得税。纳税人取得前款第五项至第九项所得依照规定分别计算个人所得税。

（5）税率的确定。

个人所得税的税率：

1）综合所得，适用 3%～45% 的超额累进税率，税率如表 7-2 所示。

表 7-2　个人所得税税率

（综合所得适用）

级数	全年应纳税所得额	税率（%）
1	不超过 36 000 元的	3
2	超过 36 000～144 000 元的部分	10
3	超过 144 000～300 000 元的部分	20
4	超过 300 000～420 000 元的部分	25
5	超过 420 000～660 000 元的部分	30
6	超过 660 000～960 000 元的部分	35
7	超过 960 000 元的部分	45

注：1. 本表全年应纳税所得额是指居民个人取得综合所得，以每一纳税年度收入额减除费用六万元以及专项扣除、专项附加扣除和依法确定的其他扣除后的余额。

2. 非居民个人取得工资、薪金所得，劳务报酬所得，稿酬所得和特许权使用费所得，依照本表按月换算后计算应纳税额。

2）经营所得，适用 5%～35% 的超额累进税率，税率如表 7-3 所示。

3）利息、股息、红利所得，财产租赁所得，财产转让所得和偶然所得，适用比例税率，税率为 20%。

表 7-3　个人所得税税率

（经营所得适用）

级数	全年应纳税所得额	税率（%）
1	不超过 30 000 元的	5
2	超过 30 000～90 000 元的部分	10
3	超过 90 000～300 000 元的部分	20
4	超过 300 000～500 000 元的部分	30
5	超过 500 000 元的部分	35

注：本表全年应纳税所得额是指以每一纳税年度的收入总额减除成本、费用以及损失后的余额。

（6）应纳税所得额的计算。

1）居民个人的综合所得，以每一纳税年度的收入额减除费用 60 000 元以及专项扣除、专项附加扣除和依法确定的其他扣除后的余额，为应纳税所得额。

2）居民个人的工资、薪金所得，以每月收入额减除费用 5 000 元后的余额为应纳税所得额；劳务报酬所得、稿酬所得、特许权使用费所得，以每次收入额为应纳税所得额。

3）经营所得，以每一纳税年度的收入总额减除成本、费用以及损失后的余额，为应纳税所得额。

4）财产租赁所得，每次收入不超过 4 000 元的，减除费用 800 元；4 000 元以上的，减除 20% 的费用，其余额为应纳税所得额。

5）财产转让所得，以转让财产的收入额减除财产原值和合理费用后的余额，为应纳税所得额。

6）利息、股息、红利所得和偶然所得，以每次收入额为应纳税所得额。

7）劳务报酬所得、稿酬所得、特许权使用费所得以收入减除 20% 的费用后的余额为收入额。稿酬所得的收入额减征 30%。

8）捐赠，个人将其所得对教育、扶贫、济困等公益慈善事业进行捐赠，捐赠额未超过纳税人申报的应纳税所得额 30% 的部分，可以从其应纳税所得额中扣除；国务院规定对公益慈善事业捐赠实行全额税前扣除的，从其规定。

9）专项扣除，包括居民个人按照国家规定的范围和标准缴纳的基本养老保险、基本医疗保险、失业保险等社会保险费和住房公积金等；专项附加扣除，包括子女教育、继续教育、大病医疗、住房贷款利息或者住房租金、赡养老人等支出。

专项附加扣除标准是：规定纳税人的子女接受学前教育和学历教育的相关支出，按每个子女每年 1.2 万元标准定额扣除；纳税人接受学历或非学历继续教育的支出，在规定期间可按每年 3 600 元或 4 800 元定额扣除；住房贷款利息方面，纳税人本人或配偶发生的首套住房贷款利息支出，可按每月 1 000 元标准定额扣除；住房租金根据纳税人承租住房所在城市的不同，按每月 800 元到 1 500 元定额扣除；赡养老人支出方面，纳税人赡养 60 岁以上父母的，按照每月 2 000 元标准定额扣除，其中，独生子女按每人每月 2 000 元标准扣除，非独生子女与其兄弟姐妹分摊每月 2 000 元的扣除额度；在大病医疗支出方面，纳税人在一个纳税年度内发生的自负医药费用超过 1.5 万元部分，可在每年 8 万元限额内据实扣除。

【例 7-1】张某 10 月份工资总收入 20 000 元，专项扣除的保险和公积金共 22%，即 4 400 元。另有首套房贷款利息 1 500 元，抚养子女 2 个（双方分别扣除 1 个），独生子女赡养父母。另有劳务费 20 000 元，稿酬 10 000 元。计算应纳税额。

专项扣除＝20 000×22%＝4 400（元）

专项附加扣除＝1000 + 1 000 + 2 000＝4 000（元）

计税收入＝20 000 + 20 000×（1–20%）+ 10 000×（1–20%）×70%＝20 000 + 16 000 + 5 600＝41 600（元）

应税所得额＝41 600 – 4 400 – 4 000 –5 000＝28 200（元）

适用税率 25%，速算扣除数 2 660 元

应纳税额＝28 200×25%–2 660＝4 390（元）

7.2 税收规划的基本内容、原则及步骤

7.2.1 税收规划基本内容

1. 税收规划定义

税收规划是在纳税行为发生之前，在不违反法律、法规的前提下，通过对纳税主体的经营活动或投资行为等涉税事项做出事先安排，以达到少缴税和递延纳税目标的一系列筹划活动。[⊖]税收规划的实质是节税，但其存在的前提不仅是不违反税法条文、会计准则等规定，还应符合立法意图。国家在制定税法及有关制度时，往往对节税行为有所预期，并希望通过节税行为引导全社会资源的有效配置与收入的合理分配。因此，税收规划是在税收法律许可的范围内，以税收政策为导向，通过财务活动的合理安排，为达到税后收益最大化的目标而采取的行为。

显然，以下两种情况不应属于我们研究的税收规划：

（1）通过违法、违规来减轻税负的行为，如偷逃税款。

（2）虽不违法但不符合立法意图的减税行为。

2. 税收规划的特性

第一，税收规划具有合法性。合法性是税收规划的本质特点，是税收规划与偷税行为区别开来的根本所在。税收规划的合法性意味着规划是在尊重法律，不违反法律、法规的前提下进行的。纳税人在不违法的前提下，当存在多种可选择的纳税方案时，可以利用对税法专业知识的熟练掌握和实践技术，选择低税负方案，以达到降低税负的目的。

第二，税收规划具有筹划性，这是税收规划的显著特征。筹划是指事先进行计划、设计、安排。纳税人在进行筹资、投资、利润分配等经营活动前，往往会把这些行为所承担的相应税负作为影响最终财务成果的重要因素来考虑，趋利避害，选择最有利的方式。一

⊖ 李国珍. 个人税收与筹划 [M]. 长春：吉林大学出版社，2011.

般来讲，税收规划是在经营行为发生前进行的，具有事前性，但并非总是如此。税收规划可分为事前、事中、事后三部分，做好后两部分筹划也很重要。

第三，税收规划具有目的性。目的性是指纳税人做规划具有很强的减轻税负、取得节税收益的动机。其有两层意思：一是使税负降低。降低税负意味着经营行为只负担了较低的税收成本，也就有可能获得更高的投资回报。二是延迟纳税时间。大额所得纳税行为向后推延，多数情况下可以在一定时期内减轻税收负担，同时还会获得资金的时间价值。总之，纳税人要进行规划，目的就是降低税收成本，以达到总体收益的最大化。

第四，税收规划具有专业性。专业性不仅指规划是专业性很强的跨税收学、法学、财务管理的综合性学科，而且指从事规划业务的专业人员应具有专业技能，需要较丰富的从业经验。

第五，税收规划具有风险性。

3. 税收规划的基本内容

税收规划由于其依据的原理不同，采用的方法和手段也不同，主要可分为三类，即避税规划、节税规划和转嫁规划。

（1）避税规划，即纳税人采用“非违法”的手段，获取税收利益的规划。其特点：①非违法性；②有规则性；③前期规划性；④后期的低风险性；⑤避税性。

（2）节税规划，即纳税人采用“合法”手段，利用税收优惠和税收惩罚等倾斜调控政策，获取税收利益的规划。其特点：①合法性；②有规则性；③经营的调整性；④后期无风险性；⑤倡导性。

（3）转嫁规划，即纳税人采用纯经济的手段，利用价格杠杆，将税负转给消费者或转给供应商或自我消转的规划。其特点：①纯经济行为；②以价格为主要手段；③不影响财政收入；④促进企业改善管理，改进技术。

4. 税收规划与偷税、避税的区别

税收规划的基本特点之一就是合法性，而偷税是违法的，是要追究法律责任的。因此正确区分税收规划和违反税法的涉税行为是非常重要的。

偷税就是纳税人采取欺诈手段，故意不遵守税法的有关规定，使税务机关难以掌握其真实情况，从而达到少纳税的目的。偷税的特征是非法性与欺诈性，偷税的手法也很多，如隐匿收入、乱摊费用、虚增成本、多列支出或费用、虚报亏损、造假账、拒绝申报、不如实申报、地下经营等。

避税是纳税人在不违反税法规定的前提下，利用税法的漏洞或意义不明确之处巧妙安排经营活动，以减少其纳税义务的行为。避税的合法与非法并无一个统一的标准，这取决于相关国家对于避税的态度。现实经济活动表明，有的避税行为虽然不违反税法规定，但是却会侵害国家的利益。税收法律制度不可能面面俱到，而且随着经济活动的不断复杂化，原有的法规难免落后于新的形势，因而各国的税法均有一定的不足之处被纳税人利用。

税收规划是在顺应税法意图，完全不违背立法精神的前提下，在两种或两种以上纳税方案之间进行优化选择，实现缴纳最少的税款，以达到税后利润最大化的行为。避税与税收规划虽然是合法的，但其采取的具体做法有本质上的差别。前者只针对税法上的某个漏洞，虽可取得税收利益，但无助于长期的经营与发展。因为漏洞一旦堵上，投资者可能陷于困境，严重的还要承担税收惩罚的风险。后者着眼于总体的决策和长期利益，谋取的利益是合法的、正当的。正确的税收规划不仅可以避免缴纳不该缴纳的税金，而且有助于合理安排支出，对于改善经营管理有好处。理想的税收规划是税后利润的最大化，或许纳税并非最少。税收规划由于符合国家的政策导向，是完全合法的，因而是国家给予鼓励和支持的。

7.2.2 税收规划的原则

税收规划应该遵循一定的原则，从税法的基本原则，即税收法定原则、社会政策原则和税收效率原则出发来定义税收规划的基本原则，应该遵循合法性原则、目的性原则和筹划性原则及综合性原则，这些原则赋予了税收规划本身及其区别于其他节税手段的最本质的特征。

（1）合法性原则，是税收规划最基本的原则。这是由税法的税收法定原则所决定的，也是税收规划与偷税漏税乃至避税行为区别开来的根本所在。合法性意味着它是在尊重法律，不违反法律法规和不恶意钻法律漏洞的前提下进行的。税法是规范征管关系的基本准则，纳税人具有依法纳税的义务，税务机关的征税行为也必须受到税法的规范。只有在税法规定的范围内，纳税人才可以选择合适的税负方案，最大限度地降低或减小税负，最大可能地获取利润或取得最大的收益。

（2）目的性原则，是税法基本原则中的税收公平原则所决定的。税收规划的目的就是节税，纳税人在税收规划时都具有很强的减轻税负、取得节税收益的动机，从而降低税收成本以达到总体效益的最大化。在合法性原则下这是完全合理的，也是纳税人最本质的目的。税收公平原则要求税收负担在纳税人之间进行公平分配，以纳税人拥有的财富数量来衡量其纳税能力从而进行征税；纳税人通过税收规划，或合理调整征税财产的比例以降低税负，或延迟纳税以获得资金的时间价值，符合了税收的公平原则，从而能够更有效地盘活资金，获得更高的投资收益。

（3）筹划性原则，是其最有特色的原则。这是由税收基本原则的社会政策原则所允许和引发的。国家贯彻社会政策，以促进国家经济发展和实现其社会目标，从而使用税收固有的调节经济的功能作为推进国家经济政策和社会政策的手段，所以税收的政策性和灵活性是非常强的。那么纳税人通过一种具有事先性的计划，设计和安排，在进行筹资、投资等活动前，把这些行为所承担的相应税负作为影响最终财务成果的重要因素来考虑，就可以通过趋利避害来选取最有利的方式。

（4）综合性原则，是指纳税人必须综合考虑规划以使纳税人整体税负水平降低。纳税人在进行一种税的税务规划时，还要考虑与之有关的其他税种的税负效应，进行整体规划，综合衡量，力求整体税负和长期税负最轻。

7.2.3 税收规划的步骤

1. 了解纳税人的个人信息及经济状况和要求

（1）了解纳税人的个人信息及经济状况。

1）出生年月。在有些国家，某些节税方法只适用于一定年龄之上或之下的个人，此时了解纳税人的年龄就可以更好地进行税收规划。我国现行法律中还未出现因纳税人年龄不同而出现纳税不同的情况，但年龄作为个人基本情况属于进行个人纳税规划业务需了解的范围。

2）婚姻状况。纳税人的婚姻状况会影响某些税种的扣除。在美国个人所得税法中就存在未婚个人申报和夫妻共同申报使用不同宽免额的法律规定，已婚夫妇亦可以选择单独申报或合并申报。我国个人所得税只针对个人，而不注重经济生活单位——家庭，这也是有待完善的地方。

3）子女及其他赡养人员。纳税人如果抚养子女或赡养其他人员，在很多国家可以享有一定的扣除、抵免或免税，从而会对纳税人的应纳税额产生影响。我国香港特别行政区个人所得税法就充分照顾了纳税人抚养子女的情况。我国内地于2018年个人所得税法修正案中，首次增加了子女教育支出及赡养老人支出作为专项附加扣除项目。

4）财务状况。只有在全面和详细地了解纳税人财务状况的基础上，才能制定出针对纳税人的税收规划并使其满意。纳税人的财务状况包括纳税人的收入情况、支出情况及财产情况。财产包括纳税人的动产和不动产。

5）投资意向。为了在投资中有效地节税，了解纳税人的投资意向就显得特别重要。纳税人的投资意向包括纳税人的投资方向和投资额，其与税收规划的投资方向、投资形式、投资优惠筹划、适用税率设计、风险分析等都有直接的关系。

6）对风险的态度。节税与风险并存，节税越多的方案往往也是风险越大的方案，两者的权衡取决于多种因素，其中包括纳税人对风险的态度。了解纳税人对风险的态度及对风险的承受程度，可以更好地按纳税人要求进行税收规划。

7）纳税历史情况。了解纳税人的纳税历史也往往会对目前的税收规划有所帮助。纳税人的纳税历史情况包括以前所纳税的税种、纳税金额以及减免税的情况。

（2）了解纳税人的要求。

纳税人的共同要求可能是尽可能多地节税。节税的目的是增加纳税人的财务利益，而在这一点上，不同纳税人的要求可能是有所不同的，这也是税收规划必须注意的一点。

1）要求增加短期所得还是长期资本增值。

纳税人对财务利益的要求大致有三种：一种是要求最大程度地节约每年税收成本，增加纳税人每年可支配的税后利润；另一种是要求若干年后因为采用了较优的纳税方案，而达到所有者权益的最大的增值；第三种是既要求增加短期税后利润，也要求长期资本增值，“鱼”和“熊掌”要兼得。对不同要求所进行的税收规划也是有所不同的。

2）投资要求。

有些纳税人只有一个投资意向和取得更大财务收益的要求，这时候纳税规划人可以根据纳税人的具体情况进行税收规划，提出各种投资建议。但有时纳税人对投资已经有了一定的意向，包括投资项目、投资地点、投资期限等，这时就必须了解纳税人的要求，根据纳税人的要求来进行纳税策划，提出投资建议或提出修改纳税人要求的建议。

3）根据纳税人的要求取得资料。

在纳税人明确了要求后，就可以通过各种渠道取得有关资料。税收规划人有时可以无偿取得税法和政策等资料，有时需要有偿取得。取得税收法规资料的途径有很多，下面简单介绍几种：

① 从征收机关得到寄发和主动索取的税收法规资料。

② 通过政府网站查询免费电子资料库。

③ 通过民间网站免费得到或有偿获取税收资料。

④ 通过图书馆查阅纳税资料。

⑤ 通过订阅和购买得到纳税资料。

⑥ 通过与税务机关的合作关系取得所需资料。

2. 熟练把握有关法律规定和法律的执行

（1）理解法律规定的精神。

理解法律精神，掌握政策尺度，是一项重要的税收规划前期工作。在着手进行税收规划之前，首先都应学习和掌握国家税法精神，争取税务机关的合作与帮助，尤其是实施跨国税收规划时，熟悉有关国家的税收法律环境更显得重要。对于承接业务的每一个具体的规划委托，税收规划人都应有针对性地了解所涉及的法律规定的细节。

（2）了解法律和国家机关对税收活动“合法和合理”的界定。

法律条文的权威性不容置疑，但税法的执法实践也对纳税人的纳税有着切实的引导作用。所以，全面了解财税机关对“合法和合理”纳税的法律解释和执法实践，是另一项重要的税收规划前期工作。税收规划是要合法和合理地节税，任何国家都从法律上保护合法和合理的行为。同时，不同国家对“合法和合理”的法律解释也是不同的。有些国家执法偏于宽松，没有明确禁止的即为合法和合理；有些国家执法偏于严格，主要侧重于法律规定应该如何，需要根据法律条文和法律实践做出判断。就中国的税法执法环境来看，因为欠缺执行税法的总原则，法律规定在操作性上也有某些欠缺，税务机关存在相当大的“自由裁量权”。所以，在中国，熟悉税法的执法环境非常重要，否则，根据法律条文闭门造车，效果可能会大打折扣。

首先要从宪法和法律上去了解税务机关的征税和司法机关对税务案件的审理，都必须以立法机关制定的宪法和现行法律为依据。所以税收规划人理解《中华人民共和国宪法》和《中华人民共和国民法典》《中华人民共和国行政法》的精神十分必要。

另一方面，从行政和司法机关对“合法和合理”的法律解释中把握尺度。这些行政法规更具体地体现了国家政策精神；司法机关依法审判税务案件，负责维护、保证和监督税收法律的实施，它们的判决使国家政策精神体现得更加明确、清晰。税收规划人可以从税务机关组织和管理税收活动及裁决税法纠纷中来理解税法的尺度。

3. 制订税收规划方案并实施

（1）首先制订税收规划方案。

制订税收规划方案的过程实际上就是一个操作过程，整个操作过程应包括以下内容：

1）分析纳税人业务背景，选择节税方法。对纳税人的个案进行具体分析，分析纳税人所处的行业和所从事的业务按法律规定应该缴纳哪种税，是否享受税收优惠待遇。根据纳税人所从事的业务和业务收入、业务费用的收支渠道确定可以节税的各种方法。

2）进行法律可行性分析。在制订节税方案的同时，搜集纳税涉及的可依据的法律、法规、政策，避免陷入法律纠纷。在具体问题把握不准的情况下，可以就具体问题咨询征收机关的意见。

3）应纳税额的计算。不同的纳税方案制订出来以后，分别计算出应纳税额。与应纳税额相对应，税收规划人应选择会计处理的方法。

4）各因素变动分析。对影响税收规划节税效果的那些相互影响的内部因素将来可能会发生的变动进行分析，以防止内部因素变动产生风险。

5）敏感分析。对影响税收规划实施的外部条件可能发生变化而引起税收规划节税效果变化的敏感程度进行分析，以防止外部因素变化产生风险。

（2）税收规划方案的选择和实施。

一个纳税人或一项纳税业务的纳税方案不止一个，在方案制订出来以后，下一步就是对税收规划方案进行筛选，选出一个最优方案。筛选时主要考虑纳税人的偏好，根据其偏好考虑以下因素：

1）选择短期内节减税收更多的或在比较长的一个时间段内股东可得到更大财务利益的纳税规划方案。

2）选择成本更低或成本可能稍高而节税效果更好的税务计划。

3）选择实施起来更便利或技术较复杂而风险较小的方案。

如果纳税人没有参与选择，还要征求纳税人意见。如果觉得满意，税务计划便可以付诸实施；如果纳税人并不满意，税务计划就需要进行修改，直至纳税人满意为止。

4. 控制税收规划方案的执行

税收规划实施后，税收规划师还需要经常、定期地通过一定的信息反馈渠道来了解方案执行的情况。反馈渠道可以是与纳税人保持沟通，比如半年或一年一次，在一起沟通情况。

当反馈的信息表明，纳税人没有按照税收规划方案执行时，应给予提醒，指出其可能产生的后果；当反馈的信息表明，税收规划师设计的税收规划有误时，应及时修订税收规划；当纳税人情况出现新的变化时，税收规划师应介入判断是否改变该税收规划。

7.3 税收规划的基本方法

税收规划的基本方法可以归纳为七种：利用免税的方法、利用减征的方法、利用税率差异的方法、利用扣除技术的方法、利用抵免的方法、利用缓税的方法和利用税收优惠政策的方法。在具体操作中，这七种方法不是一成不变的，而是可以相互转化的。

1. 利用免税的方法

免税是国家对特定地区、行业、企业、项目或情况给予纳税人完全免征税收优惠或奖励扶持或照顾的一种措施。免税一般分为法定免税、特定免税和临时免税三种。在这三类免税中，法定免税是主要方式，特定免税和临时免税是辅助方式，是对法定免税的补充。世界各国一般对特定免税和临时免税都有极严格的控制，尽量避免这类条款产生的随意性和不公正性。由于我国正处于转型时期，所以税法中存在大量的特定免税条款和临时免税条款。

免税实质上相当于财政补贴，一般有两类免税：一类是照顾性的免税，另一类是奖励性免税。照顾性免税一般是在比较苛刻的条件下取得的，所以税收规划不能利用这项条款达到节税的目的，只有取得国家奖励性质的免税才能达到目的。按规定比例缴付的住房公积金、社会保险费，单位和个人按规定缴纳的企业年金、职业年金，购买符合规定的商业健康保险产品，买卖上市公司股票的差价收入等项目均属于免税所得。㊀

运用免税的过程中，尽量注意做到以下两点：一是尽量使免税期最长化，在合法合理的情况下，尽量使其最长化，免税期越长，节减的税就越多；二是尽量争取更多的免税待遇，在合法合理的情况下，尽量争取免税待遇，争取可能多的免税项目。与缴纳的税收相比，免税越多，节减的税收也就越多。

2. 利用减征的方法

税收减征，是按照税收法律、法规减除纳税人一部分应纳税款，是对某些纳税人、征税对象进行扶持、鼓励或照顾，以减轻税收负担的一种特殊规定。与免税一样，也是税收灵活性与严肃性和结合制定的一项措施，也是各个国家尤其是中国目前采取的一种最普遍的措施。由于免税和减免在税法中经常结合使用，人们习惯上统称为减免技术。有下列情形之一的，经批准可以减征个人所得税：残疾、孤老人员和烈属的所得；因严重自然灾害造成重大损失的；其他经国务院财政部门批准减税的项目。

减税技术在使用时应注意把握两点：一是尽量使减税期最长化，在合理合法的情况下，尽量使减税期最长化。因为，减税时间越长，节减的税收越多。二是尽量使减税项目最多化，减税项目越多，节减的税收越多。

3. 利用税率差异的方法

利用税率差异是指在合理合法的情况下，利用税率的差异而直接节减税收的规划技术。个人可以利用税收中税率之间的差异来节减税收实现税收规划的目的。例如，甲地区的税率为33%，乙地区的税率为24%，丙地区的税率为15%，那么，在其他条件相似或基本相同的条件下，投资者到丙地进行投资，就比到甲、乙地区进行投资节减不少的税款。

税率差异在运用中应注意两点：一是尽可能地寻找税率最低的地区、产业，使其适用税率最低化，而且税率差异越大，个人的获利能力就越强；二是尽量寻求税率差异的长期性和稳定性，税率差异一般具有时间性和稳定性两个特征，但并不是一成不变的，随着时间的推移和税法制度的改变会发生变化，如政策的变化和享受优惠政策时间的到期，税率也就会发生变化，因此，应想办法使税率差异时间最长化和稳定化。

4. 利用扣除技术的方法

扣除技术即税前扣除技术，是指在计算缴纳税款时，对于构成计税依据的某些项目，准予从计税依据中扣除。扣除技术是税收制度的重要组成部分，许多税种对扣除项

㊀ 资料来源：《中华人民共和国个人所得税法》2018年修正版。

目、扣除多少都做了比较详细的规定。这些准予扣除的项目和扣除的范围，有些是对所有纳税人通用的，有些则只是对某些特定的纳税人或征税对象而设计的，应严格区分开来。

在运用扣除技术时，一般应注意以下三点：一是扣除金额最大化，在税法允许的情况下，尽量使各项扣除的项目按上限扣除，用足用活扣除政策，因为扣除金额的最大化，就意味着应交税基的最小化，扣除的金额越大，交税就越少；二是扣除项目最多化，个人应尽量按照税法将允许的扣除项目一一列出，凡是符合扣除的项目，都要依法给予扣除，因为扣除项目越多，计税基数就越小，节减的税收就越多；三是扣除最早化，在税法允许的范围之内，尽可能地使各种允许的扣除项目尽早得到扣除，因为扣除越早，缴纳的税金就越少，节省的税金就越多，相对节减的税收就越多。

5. 利用抵免的方法

抵免技术是指当对纳税人来源于国内外的全部所得或财产所得课征所得税时，允许以其在国外已缴纳的所得税或财产税税款抵免应纳税款的一种税收优惠方式，是解决国际所得或财产重复征税的一种措施。例如，某纳税人源于中国境外的所得为 100 000 元，已在境外缴纳的企业所得税为 21 000 元（该国适用企业所得税率 21%），按照我国税率 25% 计算应补缴的税款为 100 000×25%–21 000＝4 000 元。

抵免技术在运用时应注意以下两点：一是抵免项目最多化，在税法规定的可以抵免的范围内，尽可能地把能参与抵免的项目全部抵免，因为参加抵免的项目越多，就意味着节减的税收越多；二是抵免金额最大化，在税法允许的范围内，尽可能地使参加抵免的项目的金额最大化，抵免的金额越大，应纳税额就越小，因而节减的税收就越多。

6. 利用缓税的方法

缓税技术，又称延期纳税技术，是对纳税人应纳税款的部分或全部的缴纳期限适当延长的一种特殊规定。为了缓解某些纳税人因缺少资金或其他特殊原因造成的纳税困难，许多国家都制定了有关延期纳税的条款。有的是对某个税种规定了准予缓纳，有的则是对所有税种可以缓纳。尽管采用缓纳技术不能使应缴纳的税款免纳或少纳，但它使应该缴纳的税款可以向后推迟一段时间，而且不需支付任何报酬，这就相当于从政府手中拿到了一笔无息贷款，不仅节省了利息支出，还享受了通货膨胀的好处，变相降低了应纳税额。

缓税技术在使用中应该注意两点：一是缓纳时间最长化，在税法规定的时间内，尽量争取缓纳的时间最长，因为延长的时间越长，相对节减的税收也就越多；二是缓纳的项目最多化，争取在税法允许的范围内，找齐各种原因，经税务机关批准，使这些项目纳入缓纳项的行列，因为缓纳的项目越多，节税也就越多。

7. 利用税收优惠技术的方法

税收优惠是国家税制的一个组成部分，是政府为了达到一定政治、社会和经济目的，而对纳税人实行的税收鼓励。个人所得税规划可以通过合理设计，享受税收优惠带来的节税好处，主要应争取更多的减免税待遇，充分利用起征点、免征额、递延纳税时间、缩小纳税依据等税收优惠。

7.4 税收规划实务

7.4.1 纳税人身份设计的规划

居民与非居民身份的转换。个人所得税纳税义务人根据纳税人的住所和其在中国境内居住的时间，分为居民纳税义务人和非居民纳税义务人，并对这两种纳税人实行了不同的税收待遇。一般而言，居民纳税人应就其来源于中国境内、境外的所得缴纳个人所得税；非居民纳税人仅就来源于中国境内的所得缴纳个人所得税。同样，世界各国对个人所得税纳税义务人的界定也大都遵循了住所和时间的判定标准。因此，通过对住所和居住时间的合理规划，尽量避免成为居民纳税义务人，以实现减少纳税额的目的。

《中华人民共和国个人所得税法》规定："在中国境内有住所，或者无住所而一个纳税年度内在中国境内居住满一百八十三天的个人，为居民个人，其从中国境内和境外取得的所得，依照本法规定缴纳个人所得税。"

"在中国境内无住所又不居住，或者无住所而一个纳税年度内在中国境内居住不满一百八十三天的个人，为非居民个人，其从中国境内取得的所得，依照本法规定缴纳个人所得税。"

判断居民纳税人与非居民纳税人有两个标准：

第 1 个：有没有住所。有住所，则为居民纳税人。

第 2 个：无住所时，一个纳税年度内，即 1 月 1 日至 12 月 31 日，是否居住满 183 天。住满，即为居民纳税人，没有住满，则为非居民纳税人。

在中国境内"有住所"的个人，是指因户籍、家庭、经济利益关系而在中国境内习惯性居住的个人。所谓习惯性居住，是判定纳税义务人是居民或非居民的一个法律意义上的标准，不是指实际居住或在某一个特定时期内的居住地。如因学习、工作、探亲、旅游等原因在中国境外居住的，在其原因消除之后，必须回到中国境内居住的个人，则中国即为该纳税人习惯性居住地。例如，刘刚到美国去打球，即使当年在中国境内实际居住不满 183 天，也应当因户籍、家庭、经济利益关系判断为中国居民。

两者的交税范围：

（1）如果是居民纳税人，则需要就全球收入纳税，不仅仅来自中国的收入要缴纳个税，来自国外的收入也要缴纳个税。

（2）如果是非居民纳税人，则仅仅需要就境内所得部分缴纳税款，缴纳税额也会根据当月或当次收入占比来进行缴纳税款。

7.4.2 企业组织形式选择规划

随着经济的发展，个人收入水平不断提高，个人投资在经济生活中占有越来越重要的地位。作为投资者个人，选择不同的投资方式实际上也是选择了不同的税负水平。

目前，个人可以选择的投资方式主要有：个体工商户；成立个人独资企业；组建合伙制企业；设立有限责任制企业。这几种投资方式的税负是不一样的，一般来讲，在收入相同的情况下，有限责任制企业税负最重。个人独资企业、合伙制企业和有限责任制企业这三种形式的企业是法人单位，在发票领购、纳税人的认定等方面占有优势，比较容易开展业务，并且可以享受国家的一些税收优惠政策。

7.4.3　征税范围的规划

税法规定的个人所得税的征税范围，几乎包括了所有的个人收入项目，包括工资、薪金所得、个体工商户的生产经营所得，对企事业单位的承包、承租经营所得，劳务报酬所得，稿酬所得，特许权使用费所得，利息、股息、红利所得，财产租赁所得，财产转让所得，偶然所得及经国务院财政部门确定征税的其他所得等。因此，选择合理的收入支付方式，把部分收入项目通过福利设施、报销费用的形式予以提供，将其排除在个人所得税的征税范围之外，可取得减轻税负的税收利益。

（1）收入项目福利化。

由于个人所得税中的工资、薪金所得是就个人收入总额分档次课税的，对个人支出只确定一个固定的扣除额，这样收入越高支付的税金越多，故支付工资、薪金的单位为员工确定适当的而不是较高的名义工资，再以税法允许的各种福利补贴的方式保证员工的实际工资水平和生活水平，可以降低员工个人税负而不减少实际收入。若由企业免费或收取部分租金提供住房，而不是将住房费直接支付给个人，可以避免给个人带来更多的税收负担。

另外，由企业提供的各种福利设施，若不能将其转化为现金，则不会被视为工资收入，从而也就不必计算个人所得税。通过降低纳税人的现金收入水平，以降低应纳税所得额，从而减轻税负。

（2）收入项目费用化。

即通过增加报销一些费用支出的方法降低个人收入总额以达到减轻税负的目的，如纳税人可通过报销职工医药费、旅游费及资料费、交通费等形式使收入支付形式费用化，以减少应纳税所得额。

7.4.4　征税依据的规划

1. 工资、薪金所得的税收规划

税法中，在确定工资、薪金所得应纳税所得额时，国家根据不同的工资、薪金制度方式确定了不同的费用扣除方法。工资、薪金所得的税收规划主要是利用税率差异和利用扣除技术的方法进行。

（1）合理安排奖金发放金额。

按照税法的有关规定，在 2020 年 12 月 31 日前，个人一次性取得的奖金，不并入当年综合所得，以全年一次性奖金收入除以 12 个月得到的数额，确定适用税率和速算扣除数，单独计算纳税。如果奖金所得一次性发放，由于其数额可能相对较大，将适用比工资所得高的税率。合理安排工资与奖金发放金额，将部分奖金转换为工资，就可以降低适用税率，从而减轻税收负担。

（2）支付福利补助。

以福利形式进行部分补助的发放，在进行补贴收入发放时可以在税前将其扣除，从而免征个人所得税。通过合理应用该种方法能够在保障员工收入的同时实现个人所得税的有

效降低。在此过程中还可以进行各种津贴的合理支付。

2. 劳务报酬所得、稿酬所得、特许权使用费所得的税收规划

根据《中华人民共和国个人所得税法》规定，居民个人的综合所得，以每一纳税年度的收入额减除六万元以及专项扣除、专项附加扣除和依法确定的其他扣除后的余额，为应纳税所得额。其中专项扣除包括三险一金：基本养老保险、基本医疗保险、失业保险和住房公积金，专项附加扣除包括子女教育、继续教育、大病医疗、住房贷款利息或者住房租金、赡养老人。

由于劳务报酬所得、稿酬所得、特许权使用费所得都属于综合所得，根据《个人所得税扣缴申报管理办法（试行）》的规定，居民个人办理年度综合所得汇算清缴时，应当依法计算劳务报酬所得、稿酬所得、特许权使用费所得的收入额，并入年度综合所得计算应纳税款，税款多退少补。

《中华人民共和国个人所得税法实施条例》规定，居民个人取得劳务报酬所得、稿酬所得、特许权使用费所得，应当在汇算清缴时向税务机关提供有关信息，减除专项附加扣除。《个人所得税专项附加扣除操作办法（试行）》规定，纳税人未取得工资、薪金所得，仅取得劳务报酬所得、稿酬所得、特许权使用费所得需要享受专项附加扣除的，应当在次年 3 月 1 日至 6 月 30 日内，自行向汇缴地主管税务机关报送《扣除信息表》，并在办理汇算清缴申报时扣除。基于以上税收政策规定，纳税人未取得工资、薪金所得，仅取得劳务报酬所得的居民自然人纳税人的专项附加扣除时间只能在次年 3 月 1 日至 6 月 30 日内，办理个人所得税汇算清缴时进行扣除。

3. 个体工商户生产、经营所得的税收规划

对于查账征收的个体工商户的生产、经营所得，以每一纳税年度的收入总额，减除成本、费用、税金、损失、其他支出以及允许弥补的以前年度亏损后的余额，为应纳税所得额。这是采用会计核算办法计算得出的。同时，法律规定，个体工商户下列支出不得扣除：①个人所得税税款；②税收滞纳金；③罚金、罚款和被没收财物的损失；④不符合扣除规定的捐赠支出；⑤赞助支出；⑥用于个人和家庭的支出；⑦与取得生产经营收入无关的其他支出；⑧国家税务总局规定不准扣除的支出。因此，其税收规划可以有下列方法。

（1）增加费用支出。

降低应纳税所得额是个体工商户进行税收规划的主要方法。个体工商户可以利用的扩大费用列支节税的方法主要有：

1）尽可能地把一些收入转换成费用开支。因个人收入主要用于家庭的支出，而其中有些家庭支出同时又是经营支出，如水电费等，所以应尽量分开经营用的费用，在税前列支。

2）如果使用自己的房产进行经营，可以通过收取租金的方法扩大经营费用支出。虽然收取租金会增加个人的应纳税所得额，但租金作为经营费用可以减少个人的应纳税经营所得额。同时自己的房产维修和保养也可列入经营费用支出。而且一般说来，年租金的个人所得边际税率的变化不会超过个体工商户所得税所适用的边际税率。

3）通过给家庭成员支付工资的方法，扩大工资等费用支出。如果家人在企业工作，应该向其支付合理的工资报酬，这既是对其劳动的承认，又增加了税前列支的费用。

（2）合理选择费用的摊销方法。

由于个体工商户适用五级超额累进税率，因此规划的总体思路是在可以预见的若干年内合理安排有关费用，目的是防止利润进入较高税率档次而增加税收负担。

1）合理选择折旧方法。

①在盈利企业，由于折旧费用都能从当年的所得中税前扣除，即折旧费用的抵税效应能够完全发挥。因此，选择折旧方法时应着眼于使折旧费用的抵税效应尽可能早地发挥作用。

②在享受所得税优惠的企业，由于减免税期内折旧费用的抵税效应会全部或部分地被减免优惠抵消，应选择减免税期折旧少、非减免税期折旧多的折旧方法。把费用尽可能安排在正常纳税年度摊销，以减少正常纳税年度的应税所得，降低所得税负担。

③在亏损企业，选择折旧方法应同企业的亏损弥补情况相结合，选择的折旧方法，必须能使不能得到或不能完全得到税前弥补的亏损年度的折旧额降低，保证折旧费用的抵税效应最大限度的发挥。

④合理预计未来几年的收入情况，把尽可能多的折旧费用安排在收入较多的年份，以降低边际税率，充分享受低税率带来的税收利益。

2）合理选择折旧年限。

对于折旧年限，税法和会计法规都赋予较大的弹性空间，表现在税法只规定了各类固定资产的最低折旧年限，这为企业通过折旧年限的选择进行税收规划提供了可能。

①在盈利企业选择最低的折旧年限，有利于加速固定资产的回收，使计入成本的折旧费前移、应纳税所得额尽可能地后移，相当于取得一笔无息贷款。

②在享受所得税税收优惠的企业，选择较长的折旧年限，有利于企业充分享受税收优惠政策，把税收优惠政策对折旧费用的抵税效应的抵消作用降到最低。

③在亏损企业，确定最佳折旧年限必须充分考虑企业亏损的税前弥补规定。如果某一纳税年度的亏损额不能在今后的纳税年度得到税前弥补或不能完全税前弥补，则该纳税年度折旧费用的抵税效应就不能发挥或不能完全发挥，在这种情况下，纳税人只有通过选择合理的折旧年限，使因亏损税前弥补不足对折旧费用抵税效应的抵消作用降到最低。

3）选择合理的存货计价方法。

税法规定存货的计价应当以实际成本为准，其实际成本的计算可以在先进先出法、后进先出法、加权平均法、移动平均法等方法中任选一种，从税收规划的角度看，由于原材料存货的价格一般是上升的，因此以上四种成本计价方法中，纳税人采用后进先出法比较好。存货计价方法的选择应有利于本期多结转成本，以便使成本上升，从而减少利润，减少计税依据，减轻所得税税负。

4. 对企事业单位的承包、承租经营所得的税收规划

对企事业单位的承包、承租经营所得是以每一纳税年度的收入总额，减除必要的费用后的余额，为纳税所得额。纳税人因承包、承租经营企业而获得的承包、承租经营所得，可能出现有的月（年）份收入过高，有的月（年）份总收入过低等现象，在按月计算缴纳个人所得税的情况下，意味着个人在高收入的月（年）份被课以较高的税率。因此，合理安排收入的实现时间及每次获得收入的金额，使自己的收入尽可能在个人纳税期限内保持均衡，从而避免在某些月（年）份适用较高税率的现象。

5. 其他所得的税收规划

（1）财产租赁所得的税收规划。

财产租赁所得的税收规划方法同特许权使用费所得。

（2）财产转让所得的税收规划。

财产转让所得的规划方法可通过提高财产原值、加大转让过程中费用支出的方法以扩大费用扣除范围，降低应纳税所得额。

（3）利息、股息、红利所得的税收规划。

利息、股息、红利所得以个人每次取得的收入额为应纳税所得额，不得从收入额中扣除任何费用。其中，每次收入是指支付单位或个人每次支付利息、股息、红利时，个人所取得的收入。利息、股息、红利规划的主要方法有以下两种：

1）利润暂不分配。

对于个人因持有公司股票、债券而取得的股息、红利所得，可以通过利润暂不分配，以享受递延纳税的好处。如果个人对企业前景看好，就可以把本该领取的股息、红利留在企业，作为再投资，既避免缴纳个人所得税，又可获得更大的收益。

2）以企业的名义进行活期储蓄存款。

由于个人所得税是对个人征税的税种，其主体是个人，对企业资金账户的存款利息不征税，因此可以把个人的资金以企业名义存入金融机构，以达到免征税的目的。

7.4.5 税率的规划

利用税率进行规划，通过将高税率所得项目转换成低税率所得项目的方法，以实现少纳税款、减轻税负的目的。

1. 合理安排应税所得

个人所得税中，对工资、薪金所得，劳务报酬所得，稿酬所得，特许权使用费所得和个体工商户所得，承包、承租所得实行超额累进税率，因此可通过改变支付次数、收入均衡支付等方法，降低每次的应纳税所得额，避免因一次收入过高而适用高税率的情况。

2. 高税率项目转换为低税率项目

工资、薪金所得，劳务报酬所得，稿酬所得和特许权使用费所得适用 3%～45% 的七级超额累进税率；经营所得适用 5%～35% 的五级超额累计税率；利息股息、红利所得，财务租赁所得，财产转让所得和偶然所得适用 20% 的比例税率。由于相同数额的不同类型所得税率不同，因此利用税率差异进行税收规划是节税的一种重要方法。例如，在某些情况下，当股息转换为工资、薪金所得时会减轻税负。

3. 合理安排公益性捐赠支出

我国税法规定，个人将所得通过中国境内的社会团体、国家机关向教育和其他社会公益事业及遭受严重自然灾害地区、贫困地区的捐赠，可以从应纳税所得额中扣除，其扣除标准一般以不超过纳税人应申报纳税所得额的 30% 为限。根据上述规定，纳税人进行捐赠时应注意以下几点。

（1）避免直接捐赠。

我国税法规定，纳税人直接对受益人的捐赠不得在税前扣除。因此，纳税人应尽量避免直接性捐赠，可以选择通过中国境内的社会团体、国家机关等进行捐赠。

（2）合理选择捐赠对象。

我国税法规定，一般的公益性捐赠的扣除限额为 30%，但以下捐赠允许在计算个人所得税时全额扣除：

1）个人通过非营利的社会团体和国家机关向教育事业的捐赠。

2）个人通过非营利的社会团体和国家机关向红十字事业的捐赠。

3）个人通过非营利的社会团体和国家机关向公益性青少年活动场所的捐赠。

4）个人向慈善机构、基金会等非营利机构的公益性、救济性捐赠。

纳税人在进行捐赠时，可通过选择上述捐赠项目进行捐赠，以得到全额税前扣除。

（3）选择适当的捐赠时期。

纳税人对外捐赠出于自愿，捐多少、什么时候捐都是纳税人自己决定的。允许按应纳税所得额的一定比例进行扣除的前提是纳税人必须取得一定的收入。因此应尽量选择自己收入较多的时期进行捐赠，以获得较大的税收抵免。

7.4.6　税收优惠的利用

个人所得税的优惠政策主要包括免税项目、减税项目㊀及暂免项目㊁等。税收规划时，可以利用国家税收优惠政策，通过免征额、境外已纳税额的扣除规定，合理安排收入项目及收入次数，以实现节约税款的目的。

【例 7-2】保全财产巧节税

征收遗产税被认为是中国继开征利息税后税制改革的一项重要措施。利息税、遗产税、赠予税等个人所得税将成为中国的主要税种，能发挥收入再分配的重要作用，有利于实现市场经济的公平。

我国税法规定：人寿保险，生存给付，免缴利息税；人寿保险，生存给付，死亡给付，免缴个人所得税。按国际通则，人寿保险，无须扣除遗产税。

巧妙地运用人寿保险，除了人身保障外还可以保全财产的完整，将一生努力的成果转移给下一代。高额保险成为客户节税新方法。

假设 100 万元为起征点，税率为 60%，避税规划：

未转投资寿险前	（资产净额 300 万元 – 起征点 100 万元）× 税率 60%＝应交税额 120 万元 所剩资产 180 万元
转投资寿险后	若投资 50 万元于寿险，可获得 100 万元保障 （资产净额 250 万元 – 起征点 100 万元）× 税率 60%＝应交税额 90 万元 （250 万元 – 90 万元）＋免税寿险 100 万元＝所剩资产 260 万元

可见，运用保单做节税的工具，可有以下好处：

（1）同样 300 万元的财产，有规划与无规划相差 80 万元。

（2）保险有合法转移财产的免税优惠。

（3）保险有降低税金的功能。

（4）保险有以小钱预留免税的巨额现金财产功能。

㊀ 免税项目、减税项目见《中华人民共和国个人所得税法》有关规定。

㊁ 暂免项目见《财政部、国家税务总局关于个人所得税若干政策问题的通知》有关规定。

7.4.7 纳税申报及缴纳税款的安排

由于个体工商户、个人独资企业、合伙企业及分次取得承包、承租经营所得的纳税人，实行分月（次）预缴，年终汇算清缴制度，因此可通过合理预缴税款，以取得递延纳税的好处。这样做的关键在于如何做到合法地在预缴期间尽可能少预缴，特别是不要在年终形成多预缴需退税的结果。

（1）费用提前列支。

纳税人应合理安排年度内的费用支出，一些大额支出尽量安排在年度前期，尤其是按税法规定标准列支的项目支出，如工资等，在年度前期尽量多列支，从而减少应纳税所得额，获得递延纳税的收益。

（2）收入滞后确认。

收入的实现尽量滞后，使前期收入减少，进而降低前期所预缴的税款，尤其是在适用超额累进税率的情况下，前期应纳税所得额的降低还可带来降低税率的好处。分次获得承包经营所得时，可增加支付次数，尽量减少前期所得金额。

❖ 本章小结

1. 税收是国家为了实现其职能，凭借政治权力，按照法律规定，参与国民收入中剩余产品的分配，强制、无偿、固定地取得财政收入的一种形式。
2. 个人税收规划是个人或企业进行的旨在减轻税负的谋划与对策。税收规划的实质是节税，但其存在的前提是不仅不违反税法条文、会计准则等的规定，而且应符合立法意图。
3. 税收规划由于其依据的原理不同，采用的方法和手段也不同，主要可分为三类：避税筹划、节税筹划和转嫁筹划。
4. 税收规划步骤：了解纳税人的财务状况和要求、把握有关法律规定和法律的执行、制订税收规划计划并实施、控制税收规划方案的执行。
5. 个人税收规划的基本方法可以归纳为七种：利用免税的方法、利用减征的方法、利用税率差异的方法、利用扣除技术的方法、利用抵免的方法、利用缓税的方法和利用税收优惠政策的方法。在具体操作中，这七大方法不是一成不变的，而是可以相互转化的。

❖ 习题

单选题

1. 我国个人所得税适用于（　　）。

A. 定额税率　　B. 累进税率　　C. 比例税率　　D. 固定税率

2. 以下适用于累进税率的是（　　）。

A. 偶然所得　　B. 经营所得　　C. 红利所得　　D. 财产转让所得

3. 以下降低税负的措施不正确的是（　　）。

A. 将工资转为股息　　B. 将收入项目福利化

C. 合理利用税收优惠　　D. 将收入项目费用化

多选题

4. 以下哪些属于个人税收规划的方法？（　　）。

　A. 利用免税的方法　　B. 利用减征的方法

　C. 利用税率差异的方法　　D. 利用扣除技术的方法

5. 在给客户做税收规划方案时，要考虑以下哪些因素？（　　）。

　A. 出生年月　　B. 财务状况　　C. 历史纳税情况　　D. 投资意向

6. 为了降低税负，纳税人应该（　　）。

　A. 提前支出费用　　B. 推迟支出费用

　C. 提前实现收入　　D. 推迟实现收入

判断题

7. 在着手进行税收规划之前，规划师首先应学习和掌握不同国家和地区在不同时期的税法规定，争取税务机关的合作与帮助，尤其是对实施跨国税收规划者更为重要。

8. 转移住所也是减少税负的一种手段。

9. 在利用抵免技术进行税收规划时，要使抵免项目最多化、抵免金额最大化。

10. 个人税收规划，可以利用国家税收优惠政策，通过免征额、境外已纳税额的扣除规定，合理安排收入项目及收入次数，以实现节约税款的目的。

简答题

11. 税收规划的概念是什么？

12. 请列举5个在给客户做税收规划时要考虑的因素。

13. 简述什么是税收规划中的扣除技术。

习题参考答案

❖ 附录7A　工资薪金个人所得税税率表

	全月应纳税所得额		税率（%）	速算扣除数
	含税级距	不含税级距		
1	不超过1 500元的	不超过1 455元的	3	
2	超过1 500元至4 500元的部分	超过1 455元至4 155元的部分	10	105
3	超过4 500元至9 000元的部分	超过4 155元至7 755元的部分	20	555
4	超过9 000元至35 000元的部分	超过7 755元至27 255元的部分	25	1 005
5	超过35 000元至55 000元的部分	超过27 255元至41 255元的部分	30	2 755
6	超过55 000元至80 000元的部分	超过41 255元至57 505元的部分	35	5 505
7	超过80 000元的部分	超过57 505元的部分	45	13 505

第8章　PERSONAL FINANCE

退休规划

❖ 本章提要

本章首先明确了退休规划的定义，是指以个人退休生活需求为基础，为保证退休生活目标实现而进行的个人收入和资产管理的财务安排。其次讲解了我国目前的社会保障制度，养老金需求测算方法，以及如何应用投资组合或者房产资产完成退休规划，以实现“老有所依、老有所养”。

❖ 重点和难点

1. 退休规划定义
2. 养老金供应分析
3. 退休规划流程

❖ 引导案例

张建国先生养老金资产配置案例：退休规划

以本教材第1章、第10章案例为例，就张建国先生退休规划启发思考以下问题：

1. 如何诊断出张建国先生当前财务收支结构症结所在？
2. 理财师如何针对张建国先生养老金短缺问题，提出退休规划方案？

分析思路如下：

1. 诊断客户张建国当前财务收支结构症结时，主要注意以下内容：

（1）制作客户家庭资产负债表。

（2）制作客户家庭现金流量表。

（3）分析家庭财务比率。

- 流动资产 / 月支出 >3：维持因意外支出或收入中断的紧急预备金。
- 投资资产 / 总资产 >50%：将半数以上的资产投入具有生产力的资产。
- 负债本利支出 / 月收入 <30%，避免过重的财务负担。
- 储蓄率 >30%，维系后续投资能量来达成未来理财目标。

2. 银行理财师针对张建国先生养老金短缺问题，提出退休规划方案：

（1）依照客户财务安全需求算出保障缺口。

（2）依照客户的风险属性及内部收益率，算出可达成的理财目标与可接受风险的目标收益率。

（3）依照目标收益率与流动性需求做资产配置，按照配置来选择金融产品。金融产品和服务以本行可推荐的为主，但若最适合客户的产品本行当前还无法提供，仍应推荐其他理财机构产品。

（4）有信用风险的产品，应标示信用评级等数据。

（5）不要对所推荐的产品做任何收益上的保证，对于非保本型的产品不能做保本的承诺。客户应了解投资产品的风险由客户自行承担。

（6）理财规划书的内容必须根据个人状况或其他因素的变化定期修改。

本章将讲解退休规划。

8.1　概述

据《人口老龄化国情教育知识读本》报道㊀，2020 年前后，我国 60 岁以上的老龄人口达到 2.55 亿人，占人口总数 18.5%。预测 2035 年，老龄人口将达到 4.23 亿人，占人口总数 29.1%，养老压力较大。㊁发展趋势如表 8-1 及图 8-1 所示。

表 8-1　中国老龄化发展趋势预测

时间段	发展阶段	老年人口最高峰值	老龄化水平	80 岁以上的人口数占老年人口数比率
2001 年～2020 年	快速老龄化阶段	2.48 亿	17.17%	12.37%
2021 年～2050 年	加速老龄化阶段	超过 4 亿	30% 以上	21.78%
2051 年～2100 年	重度老龄化阶段	峰值 4.37 亿	稳定在 31% 左右	25%～30%

㊀ 资料来源：全国老龄工作委员会办公室《人口老龄化国情教育知识读本》。2018 年 12 月，华龄出版社。

㊁ 根据 1956 年联合国《人口老龄化及其社会经济后果》确定的划分标准，当一个国家或地区 65 岁及以上老年人口数量占总人口比例超过 7% 时，意味着这个国家或地区进入老龄化。1982 年维也纳老龄问题世界大会，确定 60 岁及以上老年人口占总人口比例超过 10%，意味着这个国家或地区进入严重老龄化。

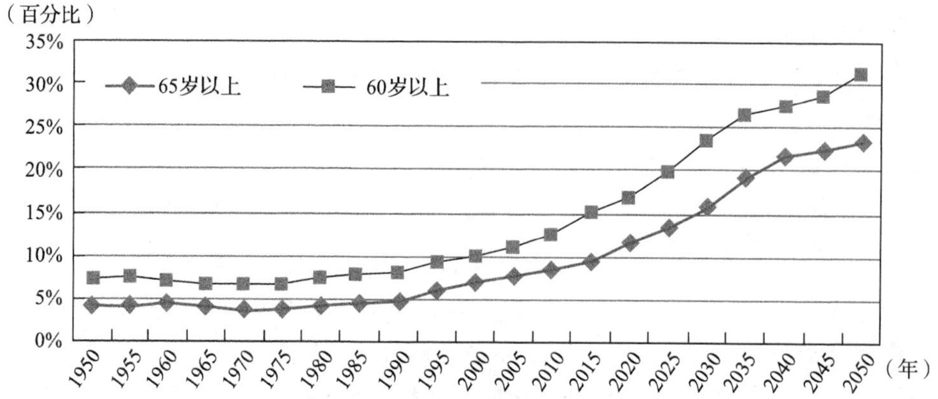

图 8-1 中国老龄人口数据趋势及预测

2019 年，中共中央、国务院印发《国家积极应对人口老龄化中长期规划》，明确提出要夯实应对人口老龄化的社会财富储备，从国家战略的角度明确了养老财富储备的重要性和发展方向。2020 年 10 月，十九届五中全会提出了以国内大循环为主题，国内、国际相互促进的新发展格局。这就要求我们将日益强大的国内市场视为战略资源，最大程度发展内需和加强创新的动力潜力。在此背景下，基金、银行、保险、信托等各个行业纷纷为个人养老财富储备有需求者提供第二支柱及第三支柱养老投资选择，这对逐步增强老百姓养老财富储备意识和提升养老理财能力意义重大。

退休规划，是指以个人退休生活需求为基础，为保证退休生活目标实现而进行的个人收入和资产管理的财务安排。重点探讨制度化的养老金资产，目标是通过制度安排积累养老资产，同时实现保值增值。具体而言，主要包括两方面的内容：一是养老金制度安排，旨在人口老龄化成为世界趋势、养老金制度体系面临越来越严峻的可持续性困境的背景下，通过政府、单位和个人责任分担，建立多支柱、风险分散的养老金制度体系；二是养老金资产管理，旨在保障养老金资产安全性的前提下实现收益最大化。工作期以养老为目标进行财富积累以及老年期进行养老资产的管理和消费，开发满足跨生命周期平滑消费需求的专业化金融产品，如银行业的养老理财产品、住房反向抵押贷款，基金业的养老目标基金，保险业的商业养老保险、住房反向抵押养老保险以及信托业的养老信托等。

8.2 养老金供应分析

目前，我国基本养老金供应由三支柱构成：第一支柱包含城镇职工基本养老保险制度和城乡居民基本养老保险制度两大制度，第二支柱包含职业年金和企业年金，第三支柱是个人养老保险金制度。[⊖]这是一般个人养老金供应的主要构成。

第一支柱，基本养老保障，即城镇职工基本养老保险制度和城乡居民基本养老保险制

⊖ 在 2019 年 1 月 12 日《建立中国特色第三支柱个人养老金制度》成果发布会上，中国社会保险学会发布了 2018 年度重点课题，认为我国已初步建立起三支柱（三层次）养老金体系。第一支柱包含城镇职工基本养老保险制度和城乡居民基本养老保险制度两大制度，第二支柱包含职业年金和企业年金，第三支柱是个人养老保险金制度，目前已经开始个税递延养老制度试点并将推广，标志第三支柱建立。第三支柱养老金通常采用个人自愿参加、基金完全积累并通过市场化投资保值增值的方式。不仅能提高国民养老金待遇水平，也能促进资本市场的完善和发展。《人民日报》《经济参考报》均有报道。

度两大制度。基本养老保险制度均实行社会统筹与个人账户相结合，其中社会统筹部分实施的是现收现付制㊀，目的在于通过养老保障基金在在职和退休职工之间的调剂促进社会再分配，个人账户部分则实施基金积累制，目的在于减轻人口老龄化带来的养老金危机，同时存在激励机制保持经济效率。

在基本养老保费缴纳层面，人社部规定企业缴费比例不超过工资的 16%，个人缴费比例为 8%，具体执行情况方面，当前各省市依然存在差异。当前基本养老保费的工资缴纳基数是根据个人去年在岗的平均工资结合上下限来确定，其中上限是该地区上年度城镇单位在岗职工月平均工资的 300%，下限为该地区上年度城镇单位在岗职工月平均工资和城镇私营单位从业人员平均工资加权平均值的 60%，各地对企业缴费比例并不统一，并且部分地区允许省内实行多层级的企业缴费比例规则。

我国 2017 年城镇职工养老金全国平均水平是 2 876 元 / 月，待遇水平能够基本保障老年人的生活，但是城乡居民养老金全国平均水平是 127 元 / 月，保障水平还相对有限，如图 8-2 所示。

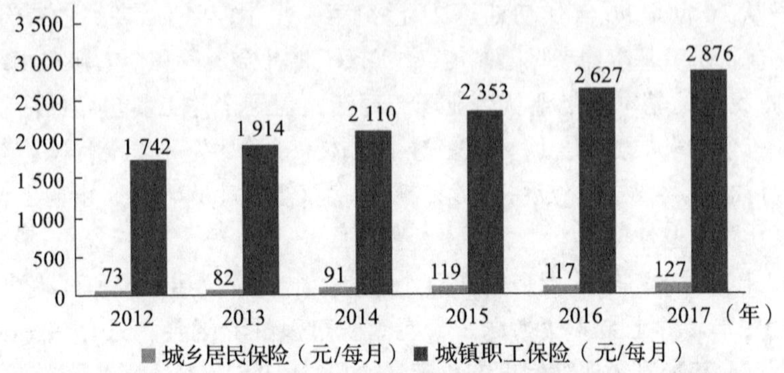

图 8-2　2012～2017 年我国城乡居民养老保障与城镇职工养老保障对比

资料来源：华经产业研究院整理。

第二支柱，补充养老保障，即职业年金和企业年金。职业年金，是指公职人员基本养老保险之外的补充养老保险。企业年金，是指企业及其职工在依法参加基本养老保险的基础上，自愿建立的补充养老保险制度，是多层次养老保险体系的组成部分，由国家宏观指导、企业内部决策执行。

到 2019 年年底，企业职工养老保险参保缴费职工是 30 104 万人，约占全国就业人员 77 586 万人的 38%。

第三支柱，个人养老保险制度。在 2019 年 1 月 12 日《建立中国特色第三支柱个人养老金制度》成果发布会上，中国社会保险学会发布了 2018 年度重点课题，认为我国已初步建立起三支柱（三层次）养老金体系。以个人税收递延养老保险㊁产品发布，标志我国

㊀ 中国实行以现收现付为主兼具基金积累制的统账结合模式，即工资的 8% 放到个人账户上，企业缴纳的 16% 用来现收现付，即用来统一支付给退休一代养老。但在实际操作中，因制度转型等原因，个人账户是空账，这部分钱用来支付给退休的一代，因此，目前的养老制度实际上是现收现付制的，不是严格的“部分积累制”。

㊁ 所谓个人税收递延型商业养老保险（简称“税延型养老保险”），是指由保险公司等机构承保、运营的一种商业养老保险。个人在购买商业养老保险时，支付的保费可在一定限额内予以税前列支，同时在资金投资运营阶段对累积收益进行免税，只在符合规定标准领取养老金时再缴税。

第三支柱建立。

目前保险机构、公募基金、商业银行等均开发了商业养老产品供选择。

8.2.1 我国养老金体系的发展

1. 中国养老保险体系的发展共经历了四个阶段

第一阶段始于1951年，《中华人民共和国劳动保险条例》的颁布标志着一个由单位发起的、非基金形式的养老金计划的建立，它覆盖了国有企业和集体所有制企业的职工。另外，还有一个独立的公务员养老体系，即机关事业单位职工养老保险。但农村人口没有任何正式的养老社会保险。

第二阶段从20世纪80年代中期持续至90年代初期。随着国有企业的改革和市场经济的深入推进，原先以单位为基础的养老保险体系严重阻碍了公平竞争和劳动力的流动。市县一级的养老金统筹制度应运而生，但整个体系依然保持了单位支持下的现收现付制。

第三阶段从20世纪90年代初期至21世纪第一个10年的后期。1997年，我国建立了统一的城镇企业职工基本养老保险制度[㊀]，实行了将社会统筹和个人账户相结合的方式[㊁]，并于2002年将我国的基本养老金从企业职工逐渐覆盖到个体工商户和灵活就业人员。中国正式建立了三个层次的养老保险体系。这个新体系被称为基本养老保险。其中，第一层是一个现收现付的制度，由单位承担；第二层是名义上的个人账户，由职工自己缴费；第三层则是自愿性质的退休储蓄。

1991年以来，我国基本养老金由基础养老金、个人账户养老金和过渡性养老金构成，即基本养老金 = 基础养老金 + 个人账户养老金 + 过渡性养老金。只有在《国务院关于建立统一的企业职工基本养老保险制度的决定》（国发〔1997〕26号）实施前参加工作，《国务院关于完善企业职工基本养老保险制度的决定》（国发〔2005〕38号）实施后退休，且缴费年限（含视同缴费年限）累计满15年的人员，才享有过渡性养老金，即在发给基础养老金和个人账户养老金的基础上，再发给过渡性养老金。

养老金替代率，是指劳动者退休时的养老金领取水平与退休前工资收入水平之间的比率。按照国家对基本养老保险制度的总体思路，基本养老保险目标替代率确定为58.5%。该指标是一个国家或地区养老保险制度体系的重要组成部分，是可以反映退休人员生活水平的经济指标和社会指标。养老金替代率通常是以“某年度新退休人员的平均养老金”除以“同一年度在职职工的平均工资收入”来获得，如2019年某一城市新退休人员领取的平均养老金为650元/月，而同年该城市在职职工的平均工资收入为1 100元/月，则2019年该市退休人员的养老金替代率为（650 ÷ 1 100）× 100% = 59.09%。决定替代率的

㊀ 《国务院关于企业职工养老保险制度改革的决定》（国发〔1991〕33号）规定：随着经济的发展，逐步建立起基本养老保险与企业补充养老保险和职工个人储蓄性养老保险相结合的制度。

㊁ 1997年，《国务院关于建立统一的企业职工基本养老保险制度的决定》（国发〔1997〕26号）中更进一步明确：各级人民政府要把社会保险事业纳入本地区国民经济与社会发展计划，贯彻基本养老保险只能保障退休人员基本生活的原则，为使离退休人员的生活随着经济与社会发展不断得到改善，体现按劳分配原则和地区发展水平及企业经济效益的差异，各地区和有关部门要在国家政策指导下大力发展企业补充养老保险，同时发挥商业保险的补充作用。

基本条件：一是社会经济的发展水平、基金的承受能力；二是养老金的计发办法；三是养老金的增长机制。养老金替代率一般应该保持在 80% 以上，可见我国目前的基本养老金替代率水平远远没有达到这一要求，也就是说如果企业职工退休后单单依靠国家发放的基本养老金来维持退休后的生活，那其退休后的生活保障水平较差。

第四阶段始于 2009 年，最大的特征就是将养老金的覆盖面拓宽至非国有企业。国务院在 2009 年发布了开展新型农村社会养老保险试点的指导意见，将个人缴费、政府补贴、集体补助相结合建立新型的农村社保制度。2010 年我国颁布了《中华人民共和国社会保险法》，该法案从 2011 年 7 月 1 日起开始实施，这部法案明确提出要建立并不断完善我国的城镇居民社保养老制度。从 2014 年 10 月开始机关事业单位养老保险制度改革。2017 年，党的十九大报告中提出，我国要“实施健康中国战略，积极应对人口老龄化，构建养老、孝老、敬老政策体系和社会环境，推进医养结合，加快老龄事业和产业发展”。党中央、国务院高度重视人口老龄化工作并出台了系列政策应对老龄化社会。

在 2019 年 1 月 12 日《建立中国特色第三支柱个人养老金制度》成果发布会上，中国社会保险学会发布了 2018 年度重点课题，认为我国已初步建立起三支柱养老金体系。第一支柱包含城镇职工基本养老保险制度和城乡居民基本养老保险制度两大制度，第二支柱包含职业年金和企业年金，第三支柱是个人养老保险金制度，目前已经开始个税递延养老制度试点并将推广，标志第三支柱建立。第三支柱养老金通常采用个人自愿参加、基金完全积累并通过市场化投资保值增值的方式，不仅能提高国民养老金待遇水平，也能促进资本市场完善和发展。2020 年 10 月，十九届五中全会提出了“十四五”时期经济社会发展主要目标之一是：健全多层次社会保障体系，实施积极应对人口老龄化国家战略。2020 年 12 月，中央经济工作会议首次提出“要规范发展第三支柱养老保险”，强调了规范发展第三支柱养老保险是 2021 年的重要任务之一，“十四五”时期，我国个人养老金将迎来最好的发展机遇。

2. 基本养老金的上调幅度

养老金的涨幅一般由国家统一确定。2005～2015 年，企业退休人员基本养老金的平均增长幅度超过 10%。2016 年开始，实施机关事业单位和企业退休人员统一调整，平均增长幅度为 6.5%。2017 年为 5.5%，2018～2020 年为 5%。2021 年经国务院批准，人力资源和社会保障部、财政部印发《关于 2021 年调整退休人员基本养老金的通知》，明确从 2021 年 1 月 1 日起，为 2020 年年底前已按规定办理退休手续并按月领取基本养老金的企业和机关事业单位退休人员提高基本养老金水平，总体调整水平为 2020 年退休人员月人均基本养老金的 4.5%。

3. 基本养老金的领取

基本养老金的领取，有三种不同类别的方法。

第一，以《国务院关于建立统一的企业职工基本养老保险制度的决定》（国发〔1997〕26 号）的发布为时点，在该规定发布之前就已经退休的，称之为“老人”，其养老金的领取按照国家原先的规定执行，并在此基础上进行调整。

第二，在该项规定发布以后参加工作的，称为“新人”。对于“新人”而言，当其累计缴费的年限达到 15 年，则可以在退休后按月领取养老金。其能够领取的养老金包括基础养老金和个人账户养老金两部分。基础养老金和个人账户养老金的计算公式为：

$$基础养老金=\frac{(统筹地上年度职工月平均工资+个人指数化月平均缴费工资)}{2}\times缴费年限\times1\% \tag{8-1}$$

$$个人账户养老金=个人账户储存额/计发月数 \tag{8-2}$$

在式（8-2）中，计发月数是根据城镇人口的平均预期寿命、职工的退休年龄，以及利息等因素确定的。

表 8-2 个人账户养老金计发月数表

退休年龄	计发月数	退休年龄	计发月数	退休年龄	计发月数
40	233	51	190	62	125
41	230	52	185	63	117
42	226	53	180	64	109
43	223	54	175	65	101
44	220	55	170	66	93
45	216	56	164	67	84
46	212	57	158	68	75
47	208	58	152	69	65
48	204	59	145	70	56
49	199	60	139		
50	195	61	132		

资料来源：《国务院关于完善企业职工基本养老保险制度的决定》(国发〔2005〕38 号)。

第三，在该项规定发布以前参加工作，但是在规定发布之后退休的，称之为“中人”，当其累计缴费的年限（包含视同缴费年限）达到 15 年，就可以领取养老金。视同缴费年限是指对于“中人”，将其已经参加工作但没有进行缴费的时间视作已经缴费，以解决其缴费年限不足的问题。其领取的养老金是在基础养老金和个人账户两者之和的基础之上，再增加一项过渡性养老金。这是因为“中人”由于在规定发布之前没有进行养老保险的扣缴，个人账户养老金较低，所以为了弥补这一不足而增加了此项补充。过渡性养老金的具体金额由各地分别测算制定。此外，对于那些在规定发布之后退休，但是缴费不足 15 年的，将无法领取基础养老金，只能够将个人账户储存额一次性取回。[⊖]

综上所述，在我国，作为养老金前两个支柱的国家基本养老金和企业年金并不能很好地实现老年人的退休目标。在此现状下，更多的家庭需要依靠第三支柱即个人账户及个人储蓄来实现养老金的补充。所以，如何能够在基本养老金和职业年金或企业年金之外，更好地通过家庭在退休之前积累的财产来实现退休后的生活保障，就成为退休规划必要性。

8.2.2 我国“社会统筹和个人账户相结合”的基本养老保险制度

2018 年 12 月修订的《中华人民共和国社会保险法》第十一条：基本养老保险实行社

⊖ 资料来源：《国务院关于完善企业职工基本养老保险制度的决定》(国发〔2005〕38 号)。

会统筹与个人账户相结合。基本养老保险基金由用人单位和个人缴费以及政府补贴等组成。第十五条：基本养老金由统筹养老金和个人账户养老金组成。这奠定了我国提出并实施的“基本养老保险实行社会统筹与个人账户相结合”的法律基础。

图 8-3 是根据国情，我国创造性地提出并实施的养老保险体系，这一模式必将成为世界基本养老保险史上的典型模式。

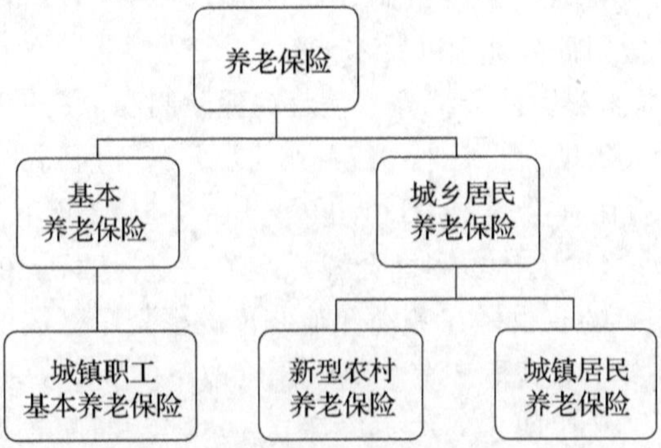

图 8-3　我国养老保险体系（2019）

1. 养老保险社会统筹[㊀]

社会统筹是指社会保险基金在大范围内由社会保险经办机构依法统一征收、统一管理、在属地范围内统一调剂使用。该制度在基本养老保险基金的筹集上采用传统型的基本养老保险费用的筹集模式。

改革开放 40 年以来，我国的养老保险全国统筹政策经历了三个阶段的演进，在“统账结合”框架下，先后提出了“基本养老金基础部分全国统筹”“基础养老金全国统筹”“基本养老保险基金全国统筹”“养老保险全国统筹”等多种政策表述方式，从不同角度阐明了养老保险全国统筹的口径和内容。全国统筹是我国社会保险统筹的最高层级。党的十九大报告明确提出了“尽快实现养老保险全国统筹”的政策目标，要尽快明确实施步骤。

2. 养老保险全国统筹的政策演进

如果以 1993 年我国养老保险制度改革正式确立“统账结合”的筹资模式和 2010 年《中华人民共和国社会保险法》（简称《社会保险法》）的正式颁布为界标，改革开放 40 年来，我国养老保险全国统筹政策演进的历程可以明确划分为如下三个阶段。

（1）劳动保险制度下恢复全国统筹机制的尝试（1978～1993 年）。

改革开放前，我国企业职工养老保险是劳动保险制度的有机组成部分。依据《中华人民共和国劳动保险条例》（简称《劳动保险条例》）的规定，“中华全国总工会为全国劳动保险事业的最高领导机关，统筹全国劳动保险事业的进行”，当时在全国范围内构建了包含养老保险在内的劳动保险统筹机制。

1958 年发布的《国务院关于工人、职员退休处理的暂行规定》，对劳动保险制度下的养老保险进行了修改和调整，直到“文化大革命”开始以前，劳动保险统筹机制运转正

㊀　岳宗福 . 养老保险全国统筹：政策演进、意涵辨析与目标厘定 [N]. 老龄金融，2019-06-09.

常；“文化大革命”开始以后，虽然《劳动保险条例》所规定的劳动保险待遇仍在执行，但是劳动保险正常的统筹机制已经遭到破坏，劳动保险亦由此蜕化为企业保险（或称为单位保险）。1978 年是我国改革开放元年，当年 6 月颁布实施的《国务院关于工人退休、退职的暂行办法》和《国务院关于安置老弱病残干部的暂行办法》(这两个文件被合称为 104 号文件）是对劳动保险制度下养老保险制度的重要调整。这次调整可以被看作劳动保险制度的延续和完善，但劳动保险的财务机制并没有被 104 号文件所恢复。这一缺憾在 1984 年全国范围内实行退休费用社会统筹以后才被弥补。

“退休统筹”或“退休费用社会统筹”是劳动保险制度下关于退休养老金统筹机制的习惯用语，其基本内涵大致类似于后来“统账结合”模式下所谓的“职工养老保险社会统筹”。改革开放后退休费用社会统筹的试点最早开始于 1983 年下半年，在全国范围内普遍推行则始于 1984 年。这种退休费用社会统筹改革一直持续到 20 世纪 90 年代初期，是与劳动保险制度一脉相承的，也是在劳动保险制度的框架下开展的。正如国务院在 1991 年 6 月发布的《国务院关于企业职工养老保险制度改革的决定》所指出：“我国企业职工的养老保险制度是 50 年代初期建立的，以后在 1958 年和 1978 年两次作了修改。近年来，各地区适应经济体制改革的需要，又进行了以退休费用社会统筹为主要内容的改革，取得一定成效。”

这种成效具体表现为：广东、福建、北京等 10 多个省、直辖市基本实现省（市）级统筹，集体企业统筹面已达 1 759 个市县，广东、福建等省已经开始在外企中方职工、私企职工、乡镇企业职工中试点退休费用社会统筹；截至 1993 年年末，全国 50 多万个企业参加退休费用社会统筹，涉及在职职工 7 500 多万人、退休人员 1 700 多万人。当然，学界对这一阶段退休费用社会统筹改革的认识并不统一，一种观点认为“可以被看作是对劳动保险原有财务（统筹）机制的修复”；另一种观点则认为并不是对“20 世纪 50 年代(劳动保险）做法的简单恢复”，其主要作用表现在“促进我国劳动保险制度改革、建立新的养老保险制度”上。但不可否认的是，这一阶段的退休费用社会统筹是此后推动“企业保险”迈向社会化保险并探索养老保险全国统筹机制的始发站。

（2）“统账结合”模式下养老保险全国统筹目标的提出（1993～2010 年）。

1993 年 11 月，中共中央十四届三中全会首次明确提出，城镇职工养老保险的资金“由单位和个人共同负担，实行社会统筹和个人账户相结合”。这是我国职工养老保险从现收现付向“统账结合”转变的标志，也是职工养老保险从“多险合一”的综合性劳动保险体制向“五险分立”的社会保险体制转型的关键步骤。此后，“养老保险社会统筹”替代此前的“退休费用社会统筹”，成为职工养老保险制度改革中的关键词，但两者的统筹口径和内容显然不可同日而语。1995 年 3 月，国务院对新型养老保险制度建设作出了具体部署，在“统账结合”模式下推出了两套改革方案，但对国务院 1991 年已确立的省级统筹目标并未明确坚持，同时将改革方案的选择权下放给了地、市（不含县级市）一级 。因此，我国“统账结合”模式下的养老保险社会统筹几乎是从低位重新起步，且统筹层次持续在低位徘徊，提高统筹层次成为长期困扰养老保险改革的难关。

1997 年 7 月，国务院明确提出职工基本养老保险要“逐步由县级统筹向省或省授权的地区统筹过渡”。劳动和社会保障部于 1998 年 3 月组建后，助推了职工基本养老保险实现省级统筹的进程。1998 年 8 月，国务院首次明确了达成省级统筹目标的时间表，即 2000 年在全国范围内基本实现省级统筹。至 2000 年年底，全国已有 10 个左右的省份实现了不同形式的省级统筹，但距离全国基本实现省级统筹的目标尚有距离。党的十六大以后，社会主义市场经济体制建设进入完善阶段，对养老保险改革也提出了更高的要求。

2003 年 10 月，党的十六届三中全会首次明确了全国统筹的方向和目标，并提出了一个分“三步走”、最终实现基本养老保险全国统筹的改革路线图：第一步是“完善市级统筹＋省级调剂”；第二步是在此基础上“逐步实现省级统筹”；第三步是在“条件具备时”实行“基本养老金的基础部分全国统筹”。

可见，这时提出的全国统筹尚没有一个具体的时间表，仅是一个“条件具备时”且没有设定时间表的愿景。2006 年 10 月，党的十六届六中全会对原来分三步走实现全国统筹的路线图有所调整，“市级统筹”不再是一个必经步骤，也不必先完善市级统筹再进行省级统筹，所以调整后的路线图只需分两步走，即在“省级统筹”的基础上，直接迈向“基本养老金基础部分全国统筹”。

2007 年 10 月，中国共产党第十七次全国代表大会在北京召开，党的十七大报告对于基本养老保险的统筹层次问题只是强调要“提高统筹层次”，并没有明确提高统筹层次的具体步骤，也未明确提出全国统筹的目标。人力资源和社会保障部于 2008 年 3 月组建后，省级统筹的步伐再次提速，同时“着手设计全国统筹方案”被纳入工作议程。2010 年 10 月，党的十七届五中全会建议在“十二五”（2011 ～ 2015 年）期间“实现基础养老金全国统筹”。由此开始，“基础养老金全国统筹”取代“基本养老金基础部分全国统筹”，在党和政府文件中成为一种更为凝练的政策表述，同时去掉了“条件具备时”的前提限制，表明全国统筹已经由一种愿景性目标进入了“条件已备”的操作性阶段。

（3）《社会保险法》框架下养老保险全国统筹目标的确立（2011 年至今）。

《社会保险法》于 2011 年 7 月 1 日正式实施，这是我国规范社会保险制度的第一部基本法。

《社会保险法》规定“基本养老保险基金逐步实行全国统筹”，首次在国家基本法框架下为基本养老保险基金设定了全国统筹的最高目标，当然，这一目标仍需逐步实行，具体的时间安排及实施步骤则交由国务院确定。2011 年 3 月发布的《中华人民共和国国民经济和社会发展第十二个五年规划纲要》重申了在 2011 ～ 2015 年期间“实现基础养老金全国统筹”的基本目标，这表明“实现基础养老金全国统筹”已经纳入党和政府“十二五”期间的工作议程。2011 年 6 月，《社会保障“十二五”规划纲要》对提高养老保险统筹层次作出了具体部署，明确将“全面落实企业职工基本养老保险省级统筹，实现基础养老金全国统筹”写入规划之中，并将“十二五”期末确定为“实现基础养老金全国统筹”的时间表。

2012 年 11 月，中国共产党第十八次全国代表大会在北京召开，“实现基础养老金全国统筹”正式写入党的十八大报告。这是养老保险全国统筹政策首次写入中国共产党全国代表大会报告之中。2013 年 11 月，党的十八届三中全会重申了“实现基础养老金全国统筹”的政策。

2014 年 3 月，中共中央、国务院在《国家新型城镇化规划（2014 – 2020 年）》中再次重申“实现基础养老金全国统筹”的政策。2015年10月，党的十八届五中全会提出了在“十三五”期间（2016～2020年）实现“职工基础养老金全国统筹”的建议，此建议被正式写入2016年3月发布的《中华人民共和国国民经济和社会发展第十三个五年规划纲要》当中。2016年7月，人力资源和社会保障部发布的《人力资源和社会保障事业发展“十三五”规划纲要》亦重申了“十三五”期间“实现职工基础养老金全国统筹”的政策，同时明确了落实该政策的具体内容是“研究制定职工养老保险基础养老金全国统筹经办规程、经办机构建设和经费保障制度”，至于这些制度在研究制定后何时能够实现却未明确具体的时间。

2017年10月，中国共产党第十九次全国代表大会在北京召开，“养老保险全国统筹”政策再次被写入中国共产党全国代表大会报告之中，但党的十九大报告并未沿用十八大报告中“实现基础养老金全国统筹”的政策表述，而是采用了新的政策表述方式，要求“完善城镇职工基本养老保险和城乡居民基本养老保险制度，尽快实现养老保险全国统筹”。关于养老保险全国统筹的政策表述如表8-3所示。

表8-3 养老保险全国统筹的政策表述及主要政策法规索引

时 间	文件名称	政策表述
2003年10月	《中共中央关于完善社会主义市场经济体制若干问题的决定》	建立健全省级养老保险调剂基金，在完善市级统筹基础上，逐步实行省级统筹，条件具备时实行基本养老金的基础部分全国统筹
2006年10月	《中共中央关于构建社会主义和谐社会若干重大问题的决定》	完善企业职工基本养老保险制度，强化保险基金统筹部分征缴，逐步做实个人账户，积极推进省级统筹，条件具备时实行基本养老金基础部分全国统筹
2010年10月	《中华人民共和国社会保险法》	基本养老保险基金逐步实行全国统筹
2010年10月	《中共中央关于制定国民经济和社会发展第十二个五年规划的建议》	完善实施城镇职工和居民养老保险制度，实现基础养老金全国统筹
2011年03月	《中华人民共和国国民经济和社会发展第十二个五年规划纲要》	完善实施城镇职工和居民养老保险制度，全面落实城镇职工基本养老保险省级统筹，实现基础养老金全国统筹
2012年06月	《社会保障“十二五”规划纲要》	全面落实企业职工基本养老保险省级统筹，实现基础养老金全国统筹
2012年11月	《坚定不移沿着中国特色社会主义道路前进 为全面建成小康社会而奋斗》	改革和完善企业和机关事业单位社会保险制度，整合城乡居民基本养老保险和基本医疗保险制度，逐步做实养老保险个人账户，实现基础养老金全国统筹
2013年02月	国务院批转发展改革委员会等部门《关于深化收入分配制度改革若干意见的通知》	全面落实城镇职工基本养老保险省级统筹，“十二五”期末实现基本养老金全国统筹
2013年11月	《中共中央关于全面深化改革若干重大问题的决定》	坚持社会统筹和个人账户相结合的基本养老保险制度，完善个人账户制度，健全多缴多得激励机制，确保参保人权益，实现基础养老金全国统筹
2014年03月	《国家新型城镇化规划（2014—2020年）》	完善职工基本养老保险制度，实现基础养老金全国统筹
2015年10月	《中共中央关于制定国民经济和社会发展第十三个五年规划的建议》	实现职工基础养老金全国统筹，建立基本养老金合理调整机制

（续）

时　间	文件名称	政策表述
2016年03月	《中华人民共和国国民经济和社会发展第十三个五年规划纲要》	实现职工基础养老金全国统筹
2016年07月	《人力资源和社会保障事业发展"十三五"规划纲要》	实现职工基础养老金全国统筹；研究制定职工养老保险基础养老金全国统筹经办规程、经办机构建设和经费保障制度
2017年10月	《决胜全面建成小康社会　夺取新时代中国特色社会主义伟大胜利》	完善城镇职工基本养老保险和城乡居民基本养老保险制度，尽快实现养老保险全国统筹
2018年05月	《国务院关于建立企业职工基本养老保险基金中央调剂制度的通知》	确保养老保险基金中央调剂制度顺利实施，同时抓紧制定养老保险全国统筹的时间表、路线图

资料来源：微信公众号"老龄金融"。

3. 养老保险全国统筹

在"统账结合"模式被确定为养老保险制度改革的新模式和新方向后，在党和政府的重要文件及法律文本中对于养老保险全国统筹的政策目标，先后采用了"实行基本养老金基础部分全国统筹""实现基础养老金全国统筹""基本养老保险基金逐步实行全国统筹""实现职工基础养老金全国统筹""实现养老保险全国统筹"等多种不同的政策表述方式。其中，"基本养老金基础部分""基础养老金""基本养老保险基金""职工基础养老金""养老保险"显然是对全国统筹"口径"的限定语。这些限定语从不同角度界定了全国统筹的口径和内容，辨明这些限定语的内涵，也就厘清了养老保险全国统筹的基本意涵。

（1）关于党的十九大报告中"尽快实现养老保险全国统筹"的释义。

党的十九大报告明确将"尽快实现养老保险全国统筹"确定为"加强社会保障体系建设"的一项重要内容。"尽快实现养老保险全国统筹"的政策表述，从制度设计与安排的角度阐明了养老保险全国统筹的口径和内容。众所周知，我国养老保险制度自改革以来，在约定俗成的语境下，养老保险均是指一个由政府统筹管理的基本养老保险、用人单位自愿建立的补充养老保险、个人（或家庭）积累的储蓄性养老保险（包括个人及家庭购买的商业性养老保险）等构成的多层次体系，其中由用人单位提供的补充养老保险和个人积累性储蓄或购买的商业养老保险不可能纳入政府统筹范围。因此，十九大报告提出的"养老保险全国统筹"，显然是"基本养老保险全国统筹"的简洁表达。由于我国社会保险制度改革起步于企业职工养老保险，所以当谈及"基本养老保险"的时候，很容易不自觉地将其等同于"职工基本养老保险"。

其实，《社会保险法》在第二章"基本养老保险"中规定了四项制度，即职工基本养老保险、公务员和参照公务员法管理的工作人员养老保险、新型农村社会养老保险（新农保）、城镇居民社会养老保险（城居保）。显然，"基本养老保险"的法律解释应该包含以上四项制度。2014年以后，随着城乡居民社会养老保险制度走向统一及机关事业单位养老保险制度改革的启动，原来的四项制度演变成了三项制度，即职工基本养老保险（职保）、机关事业单位工作人员养老保险（机关事业保）、城乡居民基本养老保险（城乡居保）。

养老保险全国统筹的口径是包括全部三项制度还是仅指其中的"职保"呢？如果考察

“全国统筹”的政策演进，就可知道养老保险全国统筹仅是指对“职保”的统筹；但如果从十九大报告关于“尽快实现养老保险全国统筹”前后逻辑表述来看，似乎应该理解为包括上文提及的“职保”和“城乡居保”两项制度，而没有包括“机关事业保”。实际上，我国在城乡居保的制度设计中，个人缴费、政府补贴、集体补助及其他缴费资助均纳入个人账户管理，不可能纳入全国统筹，基础养老金待遇则由中央政府确定并调整“全国基础养老金最低标准”，本质上已经实现了全国统筹。因此，真正需要“尽快实现全国统筹”的基本养老保险，其实还是指职工基本养老保险。

（2）“基本养老金基础部分”“基础养老金”“职工基础养老金”全国统筹释义。

“基本养老金基础部分”“基础养老金”“职工基础养老金”的全国统筹，从待遇给付和发放的角度阐明了养老保险全国统筹的口径和内容。我国在企业职工基本养老保险制度改革过程中率先确立了“统账结合”模式。与此相对应，企业职工的养老金待遇则被称为“基本养老金”，而“基本养老金”又分别由“基础养老金”和“个人账户养老金”两部分组成。在此语境下，“基本养老金基础部分”“基础养老金”与“职工基础养老金”三个概念并不存在实质性区别，都是指主要由用人单位缴纳基本养老保险费形成的“基本养老保险统筹基金”来负担的养老金，故《社会保险法》直接称之为“统筹养老金”。这表明养老保险全国统筹的口径和内容仅限于职工基本养老保险制度下的“统筹养老金”，并不包括职工的“个人账户养老金”。

但是，随着城乡居保制度的整合及机关事业保“并轨”的改革，我国城乡居保、机关事业保与企业职保同样被纳入“统账结合”的制度框架之下，其基本养老金同样由“基础养老金”和“个人账户养老金”两部分组成。在这种情况下，不做任何限定地讲“基础养老金（或基本养老金基础部分）全国统筹”，很容易被误解为全国统筹的口径和内容是要扩展为对包括企业职保、城乡居保、机关事业保在内的各项“基础养老金”全部实行全国统筹。为避免产生这种误解，我国在制定国民经济与社会发展“十三五”规划纲要的过程中，在“基础养老金全国统筹”前面均添加了“职工”二字，以明示“十三五”期间全国统筹的口径和内容仍然限于“职工基础养老金”，而不包含“城乡居保的基础养老金”，亦不包含“机关事业保的基础养老金”。

（3）《社会保险法》关于“基本养老保险基金逐步实行全国统筹”释义。

《社会保险法》确定了“基本养老保险基金逐步实行全国统筹”的法律目标，从基金筹集与管理的角度阐明了养老保险全国统筹的口径和内容。“统账结合”既是我国基本养老保险的制度模式，更是我国基本养老保险制度的筹资机制。依据《社会保险法》的规定，在“统账结合”的筹资机制下，基本养老保险基金由“用人单位、个人缴费以及政府补贴”等组成，其资金来源主要包括两大部分：一部分是“记入基本养老保险统筹基金”的用人单位缴纳的基本养老保险费；一部分是“记入个人账户”的职工个人缴纳的基本养老保险费。与之相对应的基本养老金也是由“统筹养老金”和“个人账户养老金”两部分组成（《社会保险法》直接用“统筹养老金”替代了惯常使用的“基础养老金”）。

综合《社会保险法》相关规定，不难得出如下推论：基本养老保险基金主要由“记入基本养老保险统筹基金”的资金和“记入基本养老保险个人账户”的资金两部分构成，但只有其中“记入基本养老保险统筹基金”的资金才需要“逐步实行全国统筹”，而“记入基本养老保险个人账户”的资金并不在“逐步实行全国统筹”的口径范围之内。

因此，“基本养老保险基金全国统筹”其实是指“基本养老保险统筹基金的全国统筹”，但接连出现两个“统筹”似乎又有同义反复之嫌。《社会保险法》同时把由“基本养老保险统筹基金”支付的“基础养老金”明确称为“统筹养老金”，进一步表明其所谓“基本养老保险基金逐步实行全国统筹”含义与“基础养老金全国统筹”的含义并无二致，只不过从不同侧面表述了“全国统筹”的口径而已，并不存在“将‘统账结合’的制度拆分开来，单独提出实行统筹养老金即基础养老金的全国统筹”问题。

4. 养老保险全国统筹的目标厘定

综上所述，改革开放 40 年来，提升养老保险统筹层次进而实现养老保险全国统筹是我国养老保险制度改革始终坚持的基本方向。从改革开放元年到“统账结合”的制度模式正式确立前，我国在劳动保险制度下进行了退休费用社会统筹的探索，尝试恢复劳动保险时代的全国统筹机制；在“统账结合”的制度模式正式确立后，我国劳动保险养老制度开始转向社会养老制度，但养老保险统筹层次持续在低位徘徊，为了提升统筹层次，党和政府明确了养老保险实行全国统筹的政策目标；《社会保险法》颁布实施后，养老保险全国统筹从党和政府的政策诉求进一步提升为国家的法律目标。

从 2003 年党的十六届三中全会到 2017 年党的十九大报告，实行基本养老保险全国统筹是党和政府始终不变的既定政策。这一政策的表述虽有变化，但其基本意义是一以贯之的，即：从制度安排方面来说，是指对职工基本养老保险制度实行全国统筹；从基金管理方面来说，是指对职工基本养老保险制度下“统筹基金”实行全国统筹；从待遇支付方面来说，是指对职工基本养老保险制度下由统筹基金支付的“统筹养老金”（基础养老金）实行全国统筹。概而言之，养老保险全国统筹的基本目标，在现阶段仅指对职保制度下的“统筹基金”及其对应的“统筹养老金”（基础养老金）实行全国统筹，既不包括对职保“个人账户资金”及其对应的“个人账户养老金”的统筹，也不包括对城乡居保、机关事业保制度下“基础养老金”的统筹。

按照《人力资源和社会保障事业发展“十三五”规划纲要》的安排，“十三五”是“实现职工基础养老金全国统筹”的关键期，“十三五”期末即全面建成小康社会的 2020 年，是“实现职工基础养老金全国统筹”的关键年。2018 年 5 月，在《国务院关于建立企业职工基本养老保险基金中央调剂制度的通知》中，明确要求人力资源社会保障部、财政部在“确保养老保险基金中央调剂制度顺利实施”的同时，要“抓紧制定养老保险全国统筹的时间表、路线图”。

其实，按照人力资源和社会保障部公开的时间表，早在 2016 年末就应该出台基本养老金全国统筹方案，之所以迟迟未能出台，是因为国家尚面临诸多现实的阻力与障碍。当前，如何在确保与中央调剂金制度有效对接的基础上，制定养老保险全国统筹的“路线图”，实际上是一个新的课题。

从历史经验来看，我国在劳动保险时期曾经建立过一种“顶层部分统筹”（劳动保险总基金，约占用人单位缴费的 30%）、“中层调剂使用”（劳动保险调剂金，主要由劳动保险总基金的“下补”资金和劳动保险基金的“上解”资金构成）、“基层兑付待遇”（劳动保险基金，约占用人单位缴费的 70%）相结合的全国统筹机制，这种机制本质上是一种“统筹调剂”机制，而不是“统收统支”机制。

目前，我国职工养老保险的社会统筹部分与劳动保险同样采用“现收现付”的筹资模式，如果以史为鉴，参照历史上曾经运行“秩序井然”的劳动保险统筹调剂机制，构建一种“中央部分统筹”(即在精算基础上将用人单位缴费的合理比例纳入全国统筹）与“地方兑付待遇”相结合的机制，或许不失为一条从企业职工基本养老保险基金中央调剂制度走向全国统筹的便捷进路。

当然，在中国特色社会主义迈入新时代的背景下，“实现职工基础养老金全国统筹”仅是现阶段的基本目标，也是实现养老保险全国统筹总体目标的第一步。根据党的十九大提出的战略部署，从 2020 年到 2035 年，我国将“基本实现社会主义现代化”，在此阶段应积极推进机关事业单位工作人员基础养老金及城乡居民基础养老金的全国统筹，这是实现养老保险全国统筹总体目标的第二步。从 2035 年到新中国成立 100 年，我国将“建成富强民主文明和谐美丽的社会主义现代化强国”，在此阶段应着力整合企业职保、城乡居保及机关事业保三项基础养老金，逐步缩减三项基本养老保险制度的待遇差距，最终构建“基础性养老保险金在全国范围内实现标准统一的制度”，这是实现养老保险全国统筹总体目标第三步，也是养老保险全国统筹的最终目标。

综上，我们可以将我国现行养老保险体系解读为由“三个支柱”构成：政府主导并负责管理的基本养老保险为“第一支柱”；政府倡导并由企业自主发展的企业年金和职业年金为“第二支柱”；个人养老金账户制度则为“第三支柱”。

当前我国养老金的三大“支柱”发展并不均衡：基本养老保险“一枝独大”，企业年金和职业年金发展迟滞，个人养老金账户制度尚未成形。“第一支柱”采取的现收现付模式易受人口老龄化的影响。“第二支柱”由企业主导，面临企业经营风险、金融市场波动和交易信用风险。相比之下，“第三支柱”可自愿参保、由市场主体运营、账户资金归个人，具有激励性强、透明度高、灵活性好等优点。“税收递延型商业养老保险”标志第三支柱起步。

8.3 养老金需求分析

8.3.1 影响退休规划需求的因素

1. 预期寿命的增长

科技进步显著延长了人的寿命已是一个不争的事实，而与此同时，人的退休年龄却没有明显延迟，现代人便有了一个更长的退休生活时期。当然，长寿固然是好事，但更长久的退休生活也意味着人们需要在退休之前有更多的储蓄、更好的规划。

2. 性别差异

尽管男女平等是社会进步的标志，但男性与女性在许多方面存在差异却是事实。一般来说，女性比男性要活得更长，但由于某些原因，女性的养老金状况却往往要比男性差。美国劳工部的数据显示，美国 46% 的男性拥有个人养老金计划，而女性仅有 39% 拥有这一计划。同时，55% 的男性退休者可以获得养老金收益，而女性仅为 32%。

3. 提早退休

有些人会因为种种原因而提前退休，例如，工作太过劳累，对工作产生了厌恶情绪，健康状况不佳，家庭问题或者干脆是为了提前享受等。此外，在某些情况（比如经济不景气等）下，雇主可能出于降低成本等考虑而推出提前退休计划鼓励员工提早退休。一般来说，各个国家在退休年龄方面都有不同的规定，有些国家是 65 岁，而有些国家则是 60 岁甚至是 55 岁。

4. 社会保障与退休资金

尽管新的劳动者队伍为社会保障和养老金计划提供着源源不断的资金，但在某些特殊的情况下，社会保障与养老金计划也有可能出现资金紧张。近年来在许多国家开始出现的人口老龄化趋势，也给社会保障和养老金计划带来了沉重的负担。对个人来说，可提供的满足退休需要的来源如下：

（1）社会保险基金。

（2）个人资产累计（如家庭带来收入的资产、个人账户养老理财产品 - 税延产品、储蓄等）。

（3）公司退休金计划。

（4）退休期间继续被雇用。

5. 医疗费用的增加

随着年龄的增加，身体机能衰退，体质减弱，各种疾病接踵而至。据统计，城市老年人中只有 1/3 身体健康状况较好，另外的 2/3 老年人身体健康状况不甚乐观。老年人口的患病率、发病率都高于其他年龄组，据测算，老年人消费的医疗卫生资源一般是其他人群的 3～5 倍。

6. 其他不确定因素

在人的一生中，需要面对许多的不确定因素，而其中总有一些因素会对退休生活带来影响，例如通货膨胀、个人和家庭成员的健康状况、医疗保险制度的变化、市场利率波动等。

制定退休规划的目的即是应对以上这些不利因素，保障客户退休生活的重要程序。退休规划即通过对客户个人可用财务资源的正确规划，满足客户在退休阶段的个人财务需要。退休规划是最重要的个人理财规划。一般来说，为了确保退休规划方案的成功，个人需要尽早开始考虑制定退休规划并且通过一套科学、系统的程序来保障退休资金的充分积累。制定退休规划是一个长期的过程，比财务规划中其他组成部分具有更强的前瞻性，且由于退休规划方案将给客户的当前和未来生活水平带来极大的影响，因此它更需要富有远见的财务规划师的规划。一旦退休规划制定得比较合理并且得到顺利的执行，客户便可获得对未来退休生活的保障乃至由此取得优厚的回报。

8.3.2　退休后的养老金需求构成

养老金的支出结构通常包括以下八个方面：

第一是基本生活支出，这是养老金支出中最基本和最主要的一项开支。这其中包括日常的吃穿住用行支出，如水电费、煤气费、物业费、通信费、交通费等。在退休后，由于不再工作，交通、通信等费用可能会减少，但是在其他方面的基本生活支出还是会维持在退休前的基本水准。

第二是医疗支出，在退休之后，除了基本医疗保险可以负担的医疗费用，个人还要有多余的准备以及其他老年相关护理等费用。在退休后，这部分的费用将会比退休前有明显的上升，也是最需要储蓄养老金的部分。

第三是回归费用，这部分支出的准备特指为老年人的医疗抢救和殡仪丧葬准备的专项应急款。这部分费用也是退休后养老金支出结构与退休前支出结构的较大区别之一。

第四是赡养父母的开支，随着人口寿命的增长，越来越多的退休家庭在退休之初还要继续承担赡养父母的重任，不仅自身的医疗开支逐渐增加，还要为更为年长的父母的医疗开支进行准备。

第五是抚养支出，这部分费用是指在退休之后仍会承担的子女教育费用以及日常抚养孙辈的支出。

第六是住房支出，在退休之后，很多老年人会选择重新装修住房或换房，这也需要提前准备资金，同时，目前由于房价的上涨，越来越多的新婚家庭难以在结婚之初就通过自身的收入购置房产，所以很多已退休的老年人还要承担子女的购房或偿还房贷的费用。

第七是旅行费用，越来越多的老年人将旅游当成退休后的一项娱乐休闲计划，而储备养老金的多少将会直接影响到这部分费用的大小，如果退休家庭将旅游作为退休后的一项必要活动，则需提早进行规划。

第八是娱乐费用等其他费用，例如退休之后老年人用于观看电影、音乐会或者参加老友聚会以及参加老年大学等开支，都属于这一范畴。

养老金的需求测算一方面可以对上述养老金需求的支出结构与退休前的各项支出进行对比分析，另一方面可以通过养老金替代率来计算。如果希望在退休后仍然保持退休前的生活水平不变，则养老金替代率至少应该在 80% 左右，如果退休后有其他的需要更多资金的规划，则这一水平要相应地提高。在此基础上，还要对余寿进行合理估计，在综合考虑各方面情况下，测算出退休规划的目标需求。

8.3.3 退休后的养老金需求计算

图 8-4 告诉我们，一个完整的退休规划，包括工作生涯设计、退休后生活设计及自筹退休金部分的储蓄投资设计。由退休生活设计引导出退休后到底需要花费多少钱，由工作生涯设计估算出可领多少退休金（企业年金或职业年金），退休后需要花费的资金和可受领的资金之间的差距，就是应该自筹的退休资金。自筹退休金的来源，一是运用过去的积蓄投资，二是运用现在到退休前的剩余工作生涯中的储蓄来累积。三项设计的最大影响因素分别是通货膨胀率、工资薪金收入成长率与投资收益率，而退休年龄既是期望变数，也是影响以上三项设计的枢纽。

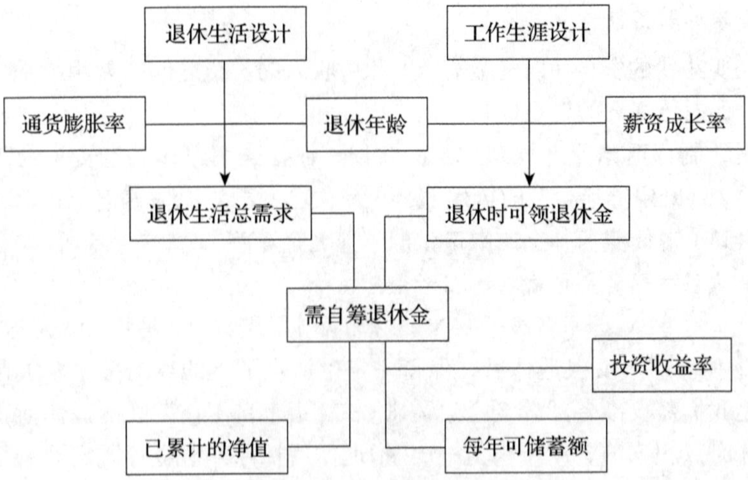

图 8-4　退休规划流程图

1. 退休生活设计

我们建议每个人都应该在 40 岁或最晚在预备退休前 10 年时，编写退休后的生活规划作为退休规划的第一步。只有尽量具体地把退休后的生活梦想写下来，才能开始退休生活设计，而这也是退休规划的第一个重要步骤。关于退休后的生活规划，如表 8-4 所示。

表 8-4　我希望在退休以后过什么样的生活——退休生活剧本

生活项目	一般人的选择范围
家庭生活	是否与子女同住并照顾他们的小孩 鳏寡者是否再婚，和新的伴侣共度余生 与配偶共同或各自活动
社交生活	是否需要参加退休人士的社团 是否更愿意积极地与亲朋好友联络
居住环境	是否办理移民到国外安享天年 是否愿意在退休后搬离城市回归自然 是否愿住养老院或换购小一些适合老人居住的住宅
运动保健	愿意从事什么休闲健身活动 是否每年做定期的全面体检
兴趣爱好	是否大力发展原来一直热衷却因缺乏时间一直搁置的兴趣爱好 是否愿意发掘新的兴趣爱好 限于自娱或有开发表会的计划
旅游活动	计划每年到国外旅游的次数 旅游的目的与地区 要求的旅游品质水平
进修阅览	是否想上老年大学或进修一些感兴趣的科目 是否愿意定期去图书馆阅读 是否有著书立说的计划
义工服务	是否愿意从事义工服务 愿意选择哪一类的义工服务机构 可奉献的时间与精力有多少

资料来源：中国金融教育发展基金会金融理财标准委员会组织编写的《金融理财原理》537 页。

2. 退休需求计算方法

退休后需要花费的资金（即资金需求）和可收入的资金之间的差距就是个人应该自筹的退休资金，即退休规划的资金缺口。

具体来看，制订退休养老规划方案的时候，往往先用退休养老资金的需求的折现值减去退休后收入（既定养老金）的折现值，再减去已经积累退休养老金在退休时刻的总价值，这样就得到了退休养老基金的缺口，即“养老金赤字”，如图 8-5 所示。

养老金赤字＝养老金总需求－养老金总供给

＝PV 退休需求－（FV 退休前资金积累＋PV 退休后既定养老金）

式中，“PV 退休需求”反映退休后在保持一定生活水平下的养老金总需求在退休时点的现值，也就是我们需要准备的养老金总需求；FV 指来自工作期间的退休前积累的储蓄和投资，到退休时点积累的资产未来值；PV 指退休后社保养老金等既定养老金在退休时点的现值，这两部分加起来即退休养老的总供给。

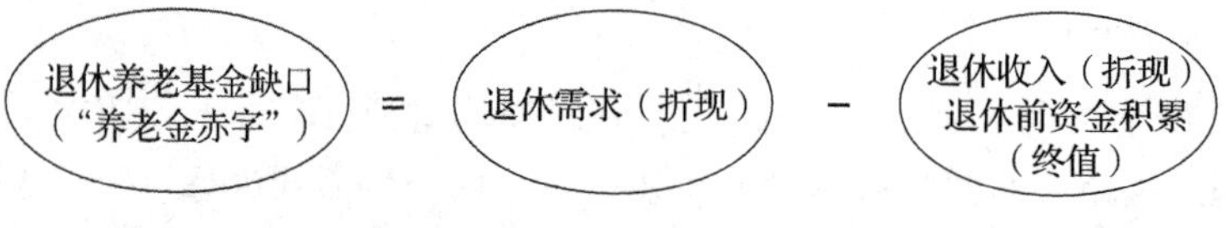

图 8-5　退休养老基金缺口的计算示意图

可以用替代率法、费用支出法计算个人退休所需。

（1）用替代率法计算个人退休所需。

退休以前的生活标准将是退休以后生活标准的决定因素。如果是接近退休的个人，这种方法会更容易建立目标。如果是年轻人，还要考虑到临近退休时工资可能的增长。一般来说，在制定退休规划时，替代率为个人税后工资的 70%～90%。例如，王先生退休前一年工资是 100 000 元，那么他退休第一年需要的数目就是 70 000 元。对于那些收入较低的人，这个比例就应该高一些。这种替代率方法适用于年轻夫妇，下一种方法使他们难以计算退休的费用。

（2）用费用支出法计算个人退休所需。

费用支出法的关键是预测个人退休后可能的消费情况。这本质上是一个长期的计划并且很难精确预测，需要考虑一个人在收入和支出上的变化及其生活方式，从而确定所需要的储蓄以便满足其退休目标。

退休者在有一些方面的消费要求会提高，而有些会降低。需要提高的包括：①公用事业和电话；②医疗、药物和健康保险；③房屋修理和维护；④娱乐、旅游、交际和吃饭；⑤捐赠和礼物。

需要降低的包括：①抵押付款；②食物和衣服；③纳税额；④交通费；⑤债务偿还；⑥家庭供给。

通过计算头一年的退休收入，退休时期所需数额就可以被确定下来。另外一项需要被考量的因素是现存的退休资金来源，个人现存的资产将被评估。投资方面例如股票、信托票据、财产以及保险保单，这些资产在退休的初期就应该被当作收入来源计算。

在确定了退休初期所需要的资金和可利用的资金来源之后，其短缺的部分可由所需资金数和可利用的资源的数额相减而得。当短缺额已经被确定之后，就可以制定相应的退休规划将这笔短缺在退休初期弥补。要解决货币的时间价值的基本问题，需要知道以下几个数据：①通货膨胀率；②税后的投资收益率；③有收入的年限；④还有多少年退休。

调整过的投资收益率可以由以下公式得出：

调整过的投资收益率＝[(1＋收益率)/(1＋通货膨胀率)－1]×100%

在这种情况下得出的收益是税后投资收益。

【例 8-1】调整过的投资收益率＝[(1＋税后收益率)/(1＋通货膨胀率)－1]×100%

当通货膨胀率是 3%，投资收益率为 10%，税率为 34% 的时候税后投资收益率为多少？

税后收益率为：0.10×(1－0.34)×100%＝6.6%

调整过的投资收益率＝[(1+0.066)/(1+0.03)－1]×100%＝(1.035－1)×100%＝3.5%

【例 8-2】王先生和夫人准备做个退休计划。王太太是个家庭主妇，王先生是一个公共部门的经理，年薪为 120 000 元，薪水以每年大概 4% 的速度增长。他们都已经 35 岁了，希望在 55 岁的时候退休。他们现在的资产总额大概价值 200 000 元，并且在他们退休前后，所有他们现在和将来的投资每年都期望能以 6% 的收益率增长（在去除所有的费用和税收后）。通货膨胀率为 2%。假设资产的置换率为 70%，并且他们的寿命为 75 岁，计算他们为了达到退休后的目标，需要每年完成多少的额外储蓄和投资。（这个问题建立的假设基础是他们并不希望在死后留下任何的资产）。计算过程及结果如表 8-5 所示。

表 8-5　计算退休的需求——替代率法

1. 计算退休后第一年的需要	
（1）包含增加收入在内的每年薪酬现值	120 000 元
到退休为止所能工作的年限	20
薪酬增加的比率	4%
计算退休之前的每年收入的终值	262 934.78 元
（2）运用替代率理论	
资产替代率	70%
退休后第一年的需要	
70%×262 934.78	184 054.35 元
2. 计算在退休之初所需要的退休基金总额	
连续支付的计算：	
所需支付的金额——从 1（2）得	184 054.35 元
到退休为止所能工作的年限	20
调整后的通货膨胀返还率	
[（1+0.06）/（1+0.02）−1]×100%	3.92%
在退休之初计算退休期间每年应付的一系列支付的现值	2 617 923.55 元（A）
（这是退休后用于提供所需收入需要一次付清的金额）	
3. 计算现有资产在退休之初的价值	
现有资产将来价值的计算：	
现有资产价值	200 000 元
到退休为止所能工作的年限	20
投资收益率	6%
计算现有资产的终值	641 427.09 元（B）

（续）

4. 计算为提供退休收入现在每年需要的额外储蓄额	
Ⅰ. 退休时退休基金的不足量（A–B）	1 976 496.46 元
Ⅱ. 用来弥补基金不足量的每年的储蓄额（包含折扣）：	
终值	1 976 496.46 元
到退休为止所能工作的年限	20
投资的收益率	6%
现在每年需要提供的用来补偿退休基金不足量的金额	53 730.18 元

王先生和夫人每年将不得不储蓄或投资额外的 53 730.18 元。

【例 8-3】张先生是单身，35 岁，并且将在 60 岁的时候退休。他的资产现值是 100 000 元。他每月的退休金将达到 4 000 元。假设通货膨胀率为 3%，投资收益率为 8%，张先生将活到 75 岁，计算为了达到退休目标需要每年储蓄或投资多少。计算过程及结果如表 8-6 所示。

表 8-6 计算退休需求——费用支出法

1. 计算退休第一年的退休需要	
年度费用计算：	
现值（4 000 × 12）	48 000 元
到退休为止所能工作的年限	25
通货膨胀率	3%
计算退休前年度费用将来的价值	100 501.34 元
2. 计算退休之初所需要的退休基金总量	
一系列支付的计算：	
支付（PMT）——从 1 得	100 501.34 元
退休的年限	15
调整后的通货膨胀返还率	4.85%
[（1+0.08/1+0.03）–1] × 100%	
在退休之初计算退休期间每年应付的一系列支付的现值	1 104 937.90 元（A）
（这是退休后用于提供所需收入需要一次付清的金额）	
3. 计算现有资产在退休之初的价值	
现有资产将来价值的计算：	
现有资产价值	100 000 元
到退休为止所能工作的年限	25
投资收益率	8%
计算现有资产的将来价值	684 847.52 元（B）
4. 计算为提供退休收入现在每年需要的额外储蓄额	
Ⅰ. 退休时退休基金的不足量（A–B）	420 090.38 元
Ⅱ. 用来弥补基金不足量的每年的储蓄额（包含折扣）：	
将来的价值	420 090.38 元
到退休为止所能工作的年限	25
投资的返还率	8%
现在每年需要提供的用来补偿退休基金不足量的金额	5746.32 元

❖ 本章小结

1. 我国已经进入老龄社会，老龄化速度快，老年人口规模大，随着社会经济的发展和人民生活水平的提高，中国人的平均寿命正在不断增长，加上目前中国劳动力的充沛供给造成平均退休年龄的提前，大家对退休规划的关注程度与日俱增。中国虽然有养儿防老的传统观念，但是随着计划生育的实施，子女负担越来越重，在赡养父母方面逐渐变得心有余而力不足。因此，如果想在退休以后安享天年，过上财务自主、独立、有尊严的生活，退休规划就应该受到足够的重视。

2. 一个完整的退休规划，包括工作生涯设计、退休后生活设计及自筹退休金部分的储蓄投资设计。由退休生活设计引导出退休后到底需要花费多少钱，由工作生涯设计估算出可领多少退休金（企业年金或团体年金），退休后需要花费的资金和可受领的资金之间的差距，就是应该自筹的退休资金。
3. 年金是商业人寿保险公司销售的一种投资产品，它可以在一定时期内周期性地（通常按月）给客户提供一系列的支付额。将年金纳入退休计划，是客户更积极地为自己规划未来退休生活的一种有效措施。
4. 在为客户制定退休规划的整个程序中，退休金计划更是占有举足轻重的地位。它是通过从个人正常工作时期的收入中提留一定比例，逐年积累下来形成基金，供退休后生活开支的一种方式。一般来说，在发达国家，劳动者可以根据自己的实际情况，从众多退休金计划中选出与自身情况相适宜的计划。
5. 为了保证制定退休规划的规范性和合理性，理财规划师在制定退休规划过程中，应当遵循一定的程序。制定退休规划主要有四个步骤：①确定退休目标；②确定退休收入目标；③预测退休收入；④找到差距并制定详细的退休规划。
6. 我国的养老保险由五个部分（或层次）组成：①基本养老保险；②企业补充养老保险；③个人储蓄性养老保险；④城市最低生活保障（没有参加养老保险计划的困难群体）；⑤新型农村养老保险。

❖ 习题

单选题

1. 某客户想要理财规划师为其制订一个退休计划，金融理财师制订了 5 个方案。当帮助客户选择方案时，金融理财师的以下陈述不恰当的是（　　）。
   A. “我们根据您目前的健康状况和生活习惯预测您退休后的寿命大概有 35 年。”
   B. “我们根据以往的和当前的经济数据，将未来的通货膨胀率设定为 4%，并以此计算未来需要的支出。”
   C. “5 个方案中的第三个方案加入了股票和债券投资计划，所以该方案的风险比较大，当然预期的未来理财收入也会高些”
   D. “我们希望您身体健康，所以我们不用考虑医疗保险的问题”
2. 以下根据生命周期理论做出的资产配置策略不恰当的是（　　）。
   A. 李先生刚刚退休，未来预期医疗支出会增加，所以现在需要将更多的资金投入股票当中以保持财富的增长性
   B. 小刘刚刚结婚，可以将一部分资金投入长期债券和股票中作为子女的教育基金
   C. 老马现已 70 岁高龄，打算卖掉所有股票，将资金存入银行以便随时支取

D. 蔡先生已年届 50，可以将更多的收入用来购买养老保险

3. 个人税收递延养老保险属于（　　）。

A. 第一支柱　　B. 第二支柱　　C. 第三支柱　　D. 以上都不是

4. 在给客户配置理财产品的时候，需要考虑客户的风险承受能力。关于客户的风险承受能力，下列说法错误的是（　　）。

A. 年龄越大，积累的财富越多，风险承受能力也就越强

B. 教育程度越高，风险承受能力越强

C. 新婚的双薪家庭中，夫妻双方的风险承受能力高于结婚前

D. 客户制定的理财目标弹性越大，其风险承受能力越强

多选题

5. 李氏夫妇打算通过购买个人养老保险来进行退休规划，对此，理财客户经理给出的下列评价恰当的是（　　）。

A. 由于储蓄利率下调，传统寿险的预期利率低于以往，所以，购买养老保险不是令人满意的选择

B. 养老保险的利率高于银行存款的利率，所以养老保险比银行存款更适合于退休规划

C. 证券投资基金的预期收益率高于养老保险，所以证券投资基金是更合适的退休规划工具

D. 购买养老保险是长期投资，并且不能承担过高的风险

E. 与分红型、投资连结型保险相比，传统型养老保险的优点是保障收益稳定，而且相对而言保费较低

6. 城乡居民养老保险目前主要是由以下哪些部分构成（　　）。

A. 个人缴费　　B. 集体补助　　C. 公司缴费　　D. 国家补贴

7. 退休规划主要包括哪两个方面的内容（　　）。

A. 养老金制度安排　　B. 养老保险安排

C. 养老支出设计　　D. 养老金资产管理

判断题

8. 退休规划中，要通过政府、单位和个人责任分担，建立多支柱分散风险的养老金制度。

9. 我国的城镇居民基本养老保险制度实行以现收现付为主兼具基金积累制的统账结合模式。

10. 职业年金是指公职人员的基本养老金。

简述题

11. 简述什么是退休规划。

12. 简述我国基本养老制度的三支柱。

习题参考答案

❖ 案例分析 个人理财规划

每个人对金钱和理财规划都有自己的看法。一些人认为赚钱的最终目的是消费，因此几乎没有什么储蓄。有些人掌握较多理财知识，非常了解储蓄、投资、税收、保险、退休养老等理财规划的必要性。

建立个人理财规划后，下一步应该是确定理财目标，人们可以建立短期和长期目标。也许你已经意识到不同年龄的人适用的理财规划目标是不同的。30 岁左右的人可能需要支付购房、购车等许多债务，而且必须为长期的理财安全考虑。50 岁以上的人需要对退休投资进行重新评估，然后要开始考虑自己晚年的生活和遗产传承。

问题：

1. 人们常常会犯哪些个人理财规划错误？
2. 目标确立如何能够帮助人们达到长期理财安全？
3. 哪些因素使不同年龄的人们，例如 30 岁、40 岁和 50 岁，采取不同的理财规划？

第9章 PERSONAL FINANCE

遗产规划

❖ 本章提要

本章首先明确了遗产规划的定义，是指当事人在其健在时通过选择遗产规划工具和制订遗产计划，将拥有或控制的各种资产或负债进行安排，从而保证在自己去世或丧失行为能力时尽可能实现个人为其家庭（或者他人）所确定目标的安排。其次要求掌握遗产继承相关知识和家族信托、家庭办公室、家族基金、慈善安排、人寿保险、税收递延保险等遗产传承工具，重点应用遗产传承工具完成遗产规划，以完成遗愿及其他相关遗产传承问题。

❖ 重点和难点

1. 遗产规划定义

2. 遗产继承：遗产继承相关法律、法定继承、遗嘱继承

3. 其他遗产规划工具：家族信托、家庭办公室、家族基金、慈善安排、人寿保险、税收递延保险

4. 遗产规划流程

❖ 引导案例

《中华人民共和国民法典》“继承编”八大亮点

《中华人民共和国民法典》于2020年5月28日通过，并于2021年1月1日起正式

实施。中国首部民法典第六编——“继承编”，有八大亮点。

亮点一：遗产是自然人死亡时遗留的个人合法财产。

这意味着只要是自然人合法取得的财产，都属于遗产。可以被继承的除了有形资产，还包括：网络财产、虚拟货币、游戏账号、微信号、抖音号、头条号，微博、虚拟货币等可能带来财产利益的虚拟账号。

亮点二：新增继承人丧失继承权的两种情形。分别为：

情形1：隐匿遗嘱。

情形2：利用欺诈、胁迫的手段影响被继承人遗嘱自由的。

亮点三：新增继承人宽宥制度，以及特定情形下丧失继承权的继承人恢复继承权的制度。

继承人如果有遗弃、虐待被继承人，伪造或者篡改遗嘱，以胁迫、欺诈手段影响被继承人遗嘱自由等情节严重的行为，但确有悔改表现，被继承人表示宽恕或者事后在遗嘱中明确将其列为继承人，该继承人不丧失继承权。

亮点四：代位继承人的范围扩大，兄弟姐妹的子女可以代位继承。

新设兄弟姐妹子女的代位继承权，将第二顺位的继承人中的兄弟姐妹的子女规定为代位继承人，扩大了代位继承人的范围，使侄子、侄女、外甥、外甥女等兄弟姐妹的子女及其晚辈直系血亲获得代位继承权，防止遗产无人继承。

亮点五：新增自然人可以依法设立遗嘱信托。

明确规定自然人可以依法设立遗嘱信托。这是遗嘱制度的一大突破：确立了遗嘱信托的合法性。

遗嘱信托可以解决很多难题，可以利用遗嘱信托实现财产的多样化传承。例如残障子女、未成年子女或者败家子女从父母处继承财产，由于他们没有管理财产的能力，他们所继承的财产很可能遭到侵占或损失。此时父母可以通过遗嘱信托的方式，指定所信任的人或机构担任受托人，随着子女的成年或思想成熟，逐步把财产交给子女管理。

亮点六：新增打印遗嘱和录像遗嘱。

（1）打印遗嘱。

首先，明确了打印遗嘱的合法性。

其次，明确了打印遗嘱的制作方法，即“打印遗嘱应当有两个以上见证人在场见证。遗嘱人和见证人应当在遗嘱每一页签名，注明年、月、日”。总结三个要点：两个见证人、每页都签字、日期要标明。

（2）录像遗嘱。

录像遗嘱和录音遗嘱规定为同一条，明确规定了录像遗嘱的形式制作要件，即“以录音录像形式立的遗嘱，应当有两个以上见证人在场见证。遗嘱人和见证人应当在录音录像中记录其姓名或者肖像，以及年、月、日”。总结三个要点：两个以上见证人、姓名或肖像、日期。

删除了公证遗嘱效力优先的规定。

亮点七：新增遗产管理人制度，规定了遗产管理人的产生办法、职责及权利等。

遗产管理人制度，包括遗产管理人的选任、指定、职责范围、报酬请求权以及赔偿责任。这些具体规定，增强了遗产管理人制度的可操作性。

亮点八：明确收归国有的无人继承遗产只能用于公益事业。

明确无主遗产只能用于公益事业，不能用作其他商业用途，牟取不正当利益。这样不仅可以最大化发挥无主遗产的利用价值，更为公益事业的发展添砖加瓦。

本章将讲解遗产规划。

9.1 概述

9.1.1 遗产和遗产规划的定义

1. 遗产定义

遗产指自然人死亡时遗留的合法财产。

2. 遗产规划定义

遗产规划，是指当事人在其健在时通过选择遗产规划工具和制订遗产计划，将拥有或控制的各种资产或负债进行安排，从而保证在自己去世或丧失行为能力时尽可能实现个人为其家庭（或者他人）所确定目标的安排。遗产规划可以帮助当事人实现遗产的合理分配，还可以减少其税收支出和增加遗产的价值，同时降低当事人亲友的心理和财务负担。

我国目前暂时没有对遗产实行征税，但随着个人拥有资产的增加，也对遗产规划越来越重视。遗产规划群体如表 9-1 所示。

表 9-1 遗产规划群体

家庭情况	首要关心的问题
有未成年孩子	如果在孩子成年之前发生了父母都去世的事情，需要为孩子提供人身和财务照顾
拥有多处财产	需要避免因为管理费用的增加而产生的遗产数额的减少
小企业主	引起家庭中年轻成员对商业的兴趣，如果拥有者的兴趣由于其退休或死亡而消失，还要保证其市场竞争能力
拥有足够多的财富，在其死后遗产要交税	保证遗产足够的流动性，以便可以在不出售遗产的情况下缴纳税款
要确定特定的财产（或是财产中特定的一部分）在其死后转交给受益人	当遗产不是按照遗嘱或是遗嘱的替代物分配处理时，需要避免按照政府指定的分配方法来处理遗产

9.1.2 遗产转移主要方式

遗产规划中的一个很重要的方面就是个人要作出决定是在去世前或是去世后来进行财产的转移。这个分配是被个人意愿和最小费用共同影响的。了解多种遗产转让的方式，才能获得最大的收益。

1. 去世转让

去世转让。这是一种在当事人活着时有效的转让，可以通过下列四种方式来进行：赠与、不可撤销信托、人寿保险及出售。

（1）赠与。

所谓赠与，是指财产所有人将自己的财产无偿地赠送给他人，经他人接收后发生所有权变更效力的行为。所赠与的财产包括动产、不动产以及其他以契约方式转移的财产或者财产权利。一旦把财产赠与别人，就不再拥有这份财产，而受让人就成了新的主人，该项财产不再出现在遗嘱条款中。

（2）为受益人创建不可撤销信托。

所谓不可撤销信托，是指信托创建者生前将信托财产转移给托管人，由托管人依据信托的内容，管理处分信托财产，并且信托创建者对信托条款不保留取消或者修正的权利。

赠与和不可撤销信托有相同的地方，就是财产所有人失去对这部分财产的控制权，是财产所有权的变更。

（3）为受益人购买人寿保险。

生前通过购买人寿保险单，指定保险受益人，同样可以实现遗产转移的目的。

（4）出售。

可以选择出售的方法处置一部分财产，并保留财产出售所获得的收益。

2. 临终转让

（1）遗产继承。

遗产继承是指自然人死亡后，其遗留的个人财产转移给他人所有的法律制度。遗留遗产的死者成为被继承人，依照法律规定或被继承人生前立下的合法有效遗嘱，有权获得遗产的人为继承人。遗产继承可分为遗嘱继承和法定继承两大类。

1）遗嘱继承是指由被继承人生前所立的遗嘱来指定继承人及其继承的遗产种类、数额的继承方式。遗嘱继承又叫“指定继承”。

2）法定继承又称无遗嘱继承，法定继承人是指由法律直接规定的可以依法继承被继承人遗产的人，其范围即在法律上规定可以继承遗产的人。

遗嘱继承的效力高于法定继承。

（2）遗赠。

遗赠是指自然人以遗嘱的方式将个人合法财产的一部分或全部赠送给国家、集体组织或法定继承人以外的人，并于遗嘱人死亡后生效的单方面民事法律行为。遗嘱人在遗赠中称为遗赠人，遗嘱指定接受遗赠财产的人称为受遗赠人，也称为遗赠受领人。

（3）遗嘱信托。

当自然人生前以立遗嘱的方式，把财产交付信托时，就是所谓的遗嘱信托。也就是自然人预先以立遗嘱方式，将财产的规划内容，包括交付信托后遗产的管理、分配、运用及给付等，详订于遗嘱中。等到遗嘱生效时，再将信托财产转移给托管人，由托管人依据信托的内容，管理处分信托财产。遗嘱信托的信托契约在委托人死亡后才生效。

9.1.3 遗产规划工具

目前国内理财机构已经普遍开始进行遗产规划的尝试和探索，主要服务形式包括传统的遗嘱、大额保险、赠与及近年开展的家族信托、慈善基金及家族办公室、税收递延保险等，相关比较如表 9-2 所示。

表 9-2 遗产规划工具比较表

	简单说明	优势	劣势
遗嘱	遗嘱人生前在法律允许的范围内按照法律规定的方式对其遗产或其他事务所做的个人安排，并于遗嘱人死亡时发生效力的法律行为	简单、为大众熟悉认可	遗嘱公证、执行耗时、昂贵，易失去家族事务的私密性和引发遗产纠纷；不少国家有遗产税，且最高达 50% 以上
人寿保险	在被保险人过世时向受益人提供财务补偿，补偿 = 保险公司承保的金额 + 独立账户收益	不缴纳遗产税，不需要公证和支付遗嘱执行费用；独立账户可投资于股票或其他收益较高的证券；可延迟缴纳可能的投资收益税	流动性不强，难以实现更多的功能，如抚养子女、事业传承等
税收递延保险	投资收益税可推迟缴纳的养老金账户	主要适用于设立了养老保险个人账户的国家。可指定受益人，可控投资分配状况	直到退休年纪才有流动性；节税效果有限
基金会	利用捐赠的财产，以从事公益事业为目的成立的组织	只要符合监管要求，可免于缴税，期限无限制	不能用于家族代际传承财富，缺乏流动性和灵活性
联名账户	两个人共同开设的账户，都可控制存取及投资	一方去世后，财产归另一方所有；不用遗产公证；简单易行	方式缺乏灵活性；不能节税；我国目前还没有联名账户
跨辈分贷款	上一辈给下一辈提供贷款或者担保	获取的净利润可规避遗产税和赠与税	缺乏灵活性，只能让下一辈人受益，不能惠及更远的后代
赠与	赠与人将财物给予受赠人，实质是财产所有权的转移	在一定限额内可免缴赠与税	在开征赠与税的国家，免税的赠与额度对富人而言远远不够。我国没有遗产税，不适用；必须考虑失去控制权问题

不同的家庭情况、财务状况和传承目标，都会影响具体传承工具的选择；情况复杂的家庭往往需要借助多种财富传承工具分配身后的财产，一两种工具不能完全满足他们所有遗产处置的需求。中国目前没有遗产税，所以在财富传承工具的选择和使用上与一些西方发达国家的做法也不一样。

9.2 遗产继承

9.2.1 遗产的分配原则和处理方式

1. 遗产的分配原则

（1）遗嘱优先于法律规定的原则。

法定继承和遗嘱继承是两种不同的继承方式，从效力上说，法定继承的效力低于遗嘱继承，遗嘱的效力优先于法律规定。如果留有遗嘱，首先应按遗嘱继承方式分割被继承人的财产。虽有遗嘱，但有下列情形之一的，遗产中的有关部分按照法定继承办理：①遗嘱继承人放弃继承或者受遗赠人放弃受遗赠；②遗嘱继承人丧失继承权；③遗嘱继承人、受遗赠人先于遗嘱人死亡；④遗嘱无效部分所涉及的遗产；⑤遗嘱未处分的遗产。

（2）法定继承中实行优先顺位继承的原则。

我国民法典明确规定了法定继承人的继承顺序，依照继承顺序的规定，前一顺序的继承人排斥后一顺序的继承人。当被继承人有第一顺序继承人存在时，先由第一顺序继承人继承，只有在没有第一顺序继承人或者他们全部放弃或丧失继承权时，第二顺序继承人方能继承。

（3）同一顺序继承人原则上平均分配的原则。

同一顺序的法定继承人在继承遗产时，一般情况下，应当按继承人的人数均等分配遗产数额。所谓“一般情况”是指同一顺序的各个法定继承人，彼此在生活状况、劳动能力以及对被继承人所尽抚养、扶养或赡养义务等方面，情况基本相同，条件大致相近。所谓“均等分配遗产”是指同一顺序的各个法定继承人所取得的被继承人遗产数额比例相同，没有明显差别。

（4）照顾分配的原则。

对生活有特殊困难又缺乏劳动能力的继承人分配遗产应当予以照顾。属于应予以照顾的继承人须同时具备两个条件：其一是生活有特殊困难；其二是缺乏劳动能力，而不是劳动能力不强。继承人虽生活有特殊困难（如发生天灾、意外事故等）但有劳动能力，或者虽因年老、病残等原因缺乏劳动能力但生活并无特殊困难，都不在照顾之列。

（5）鼓励家庭成员及社会成员间的扶助的原则。

2. 遗产的处理方式

继承开始后，遗嘱执行人为遗产管理人；没有遗嘱执行人的，继承人应当及时推选遗产管理人；继承人未推选的，由继承人共同担任遗产管理人；没有继承人或者继承人均放弃继承的，由被继承人生前住所地的民政部门或者村民委员会担任遗产管理人。对遗产管理人的确定有争议的，利害关系人可以向人民法院申请指定遗产管理人。

遗产管理人应当履行下列职责：

1）清理遗产并制作遗产清单。

2）向继承人报告遗产情况。

3）采取必要措施防止遗产毁损、灭失。

4）处理被继承人的债权债务。

5）按照遗嘱或者依照法律规定分割遗产。

6）实施与管理遗产有关的其他必要行为。

遗产管理人应当依法履行职责，因故意或者重大过失造成继承人、受遗赠人、债权人损害的，应当承担民事责任。遗产管理人可以依照法律规定或者按照约定获得报酬。

继承开始后，知道被继承人死亡的继承人应当及时通知其他继承人和遗嘱执行人。继承人中无人知道被继承人死亡或者知道被继承人死亡而不能通知的，由被继承人生前所在单位或者住所地的居民委员会、村民委员会负责通知。存有遗产的人，应当妥善保管遗产，任何组织或者个人不得侵吞或者争抢。继承开始后，继承人于遗产分割前死亡，并没有放弃继承的，该继承人应当继承的遗产转给其继承人，但是遗嘱另有安排的除外。

夫妻共同所有的财产，除有约定的外，遗产分割时，应当先将共同所有的财产的一半分出为配偶所有，其余的为被继承人的遗产。

遗产在家庭共有财产之中的，遗产分割时，应当先分出他人的财产。

有下列情形之一的，遗产中的有关部分按照法定继承办理：

1）遗嘱继承人放弃继承或者受遗赠人放弃受遗赠。

2）遗嘱继承人丧失继承权或者受遗赠人丧失受遗赠权。

3）遗嘱继承人、受遗赠人先于遗嘱人死亡。

4）遗嘱无效部分所涉及的遗产。

5）遗嘱未处分的遗产。

遗产分割时，应当保留胎儿的继承份额。胎儿娩出时是死体的，保留的份额按照法定继承办理。

遗产分割应当有利于生产和生活需要，不损害遗产的效用。

不宜分割的遗产，可以采取折价、适当补偿或者共有等方法处理。

夫妻一方死亡后另一方再婚的，有权处分所继承的财产，任何组织或者个人不得干涉。

自然人可以与继承人以外的组织或者个人签订遗赠扶养协议。按照协议，该组织或者个人承担该自然人生养死葬的义务，享有受遗赠的权利。

分割遗产，应当清偿被继承人依法应当缴纳的税款和债务；但是，应当为缺乏劳动能力又没有生活来源的继承人保留必要的遗产。

无人继承又无人受遗赠的遗产，归国家所有，用于公益事业；死者生前是集体所有制组织成员的，归所在集体所有制组织所有。

继承人以所得遗产实际价值为限清偿被继承人依法应当缴纳的税款和债务。超过遗产实际价值部分，继承人自愿偿还的不在此限。

继承人放弃继承的，对被继承人依法应当缴纳的税款和债务可以不负清偿责任。

执行遗赠不得妨碍清偿遗赠人依法应当缴纳的税款和债务。

既有法定继承又有遗嘱继承、遗赠的，由法定继承人清偿被继承人依法应当缴纳的税款和债务；超过法定继承遗产实际价值部分，由遗嘱继承人和受遗赠人按比例以所得遗产清偿。

9.2.2 法定继承

1. 法定继承丧失

法定继承人是指由法律直接规定的可以依法继承被继承人遗产的人，其范围即在法律上规定可以继承遗产的人。继承人有下列行为之一的，丧失继承权：

（1）故意杀害被继承人。

（2）为争夺遗产而杀害其他继承人。

（3）遗弃被继承人，或者虐待被继承人情节严重。

（4）伪造、篡改、隐匿或者销毁遗嘱，情节严重。

（5）以欺诈、胁迫手段迫使或者妨碍被继承人设立、变更或者撤回遗嘱，情节严重。

继承人有以上第三项至第五项行为，确有悔改表现，被继承人表示宽恕或者事后在遗嘱中将其列为继承人的，该继承人不丧失继承权。

受遗赠人有以上第一项至第五项行为的，丧失受遗赠权。

2. 法定继承人的范围及顺位

法定继承人是指由法律直接规定的可以依法继承被继承人遗产的人，其范围即在法律上规定可以继承遗产的人。

我国民法典将法定继承人的继承顺序分为了两个，具体顺序如下：

第一顺序：配偶、子女、父母以及对公婆、岳父母尽了主要赡养义务的丧偶儿媳和丧偶女婿。

夫妻关系是家庭关系的核心和基础关系。夫妻之间有着最密切的人身关系和财产关系，有相互扶养的义务。

无论从血缘关系上还是从抚养、赡养关系上看，子女、父母都应为第一顺序的法定继承人。

第二顺序：兄弟姐妹、祖父母、外祖父母。

继承开始后，由第一顺序继承人继承，第二顺序的继承人不能继承。只有在没有第一顺序法定继承人的情况下，才由第二顺序继承人继承遗产。

（1）配偶，即处于合法婚姻关系中的夫妻相互间的称谓。

男女双方依婚姻法的规定履行结婚登记手续，办理了结婚登记之后，即确立了互为配偶的夫妻关系。

夫妻是最初的和最基本的家庭关系。夫妻双方有相互扶养的义务，对夫妻共同财产有平等的权利，有相互继承遗产的权利。

（2）子女（包括婚生子女、非婚生子女、养子女、有抚养关系的继子女）。

父母子女有着极为密切的人身关系和财产关系。民法典规定父母子女有相互继承遗产的权利。

（3）父母（包括生父母、养父母和有抚养关系的继父母）。

父母子女之间具有最密切的人身关系和财产关系，父母有抚养教育子女的义务，子女有赡养父母的义务，父母子女有相互继承遗产的权利。

（4）兄弟姐妹。

包括同父母的兄弟姐妹、同父异母或同母异父的兄弟姐妹、养兄弟姐妹和有扶养关系的继兄弟姐妹。

（5）祖父母、外祖父母。

（6）对公婆尽了主要赡养义务的丧偶儿媳和对岳父、岳母尽了主要赡养义务的丧偶女婿。

3. 代位继承和转继承

（1）代位继承。

代位继承又称间接继承，是指被继承人的子女先于被继承人死亡时，由该先于被继承人死亡的继承人的晚辈直系血亲代替其位，继承被继承人遗产的一种法定继承方式。于继承开始前死亡的被继承人的子女称为被代位继承人，简称被代位人；代位继承被继承人遗产的继承人的子女的晚辈直系血亲为代位继承人，简称代位人。

代位继承不受辈数的限制，被继承人的直系血亲中的子女、子女的子女，即孙子女、外孙子女也可以代位继承。

被代位人需具有继承权。被代位人丧失继承权的，其晚辈直系血亲没有代位继承权。如该代位继承人缺乏劳动能力又没有生活来源，或对被继承人尽赡养义务较多的，可适当分给遗产。

（2）转继承。

转继承是指在继承开始以后，遗产分割前继承人死亡的，由其继承人继承其相应继承的遗产份额的一种法律制度。㊀

4. 法定继承的遗产分配

（1）法定继承的遗产分配原则。

在法定继承人为多人的情况下，会发生每个继承人应继承多少遗产的问题，这就涉及遗产的分配原则。我国民法典规定：

1）分割遗产，应当先将夫妻共同所有的财产的一半分出为配偶所有，其余的作为被继承人的遗产。

2）同一顺序继承人继承遗产的份额，一般应当均等。

3）对生活有特殊困难的缺乏劳动能力的继承人，分配遗产时，应当予以照顾。

4）对被继承人尽了主要扶养义务或者与被继承人共同生活的继承人，分配遗产时，可以多分。在被继承人生前对被继承人提供了主要经济来源或者在劳务方面给予了主要扶助的继承人，即尽了主要扶养义务。与被继承人共同生活的人，与被继承人在感情上更深厚，在经济上联系更紧密，而且与被继承人生活在一起的继承人一般是配偶、未成年子女或者年迈的父母，所以应当多分。

5）有扶养能力和扶养条件的继承人，不尽扶养义务的，分配遗产时，应当不分或者少分。

6）继承人协商同意的，也可以不均等。

（2）非继承人对遗产的取得。

对继承人以外的依靠被继承人扶养的缺乏劳动能力又没有生活来源的人，或者继承人以外的对被继承人扶养较多的人，可以分给他们适当的遗产。这一类人又称为继承人以外的遗产取得人，是可分得遗产的人。

9.2.3 遗嘱继承

遗嘱继承是指法定继承的对称，是指于继承开始后，继承人按照被继承人生前所立的合法有效的遗嘱进行继承的一种继承制度。自然人可以立遗嘱将个人财产指定由法定继承人中的一人或者数人继承。自然人可以立遗嘱将个人财产赠与国家、集体或者法定继承人以外的组织、个人。自然人可以依法设立遗嘱信托。

㊀《中华人民共和国民法典》第一千一百五十二条：转继承开始后，继承人于遗产分割前死亡，并没有放弃继承的，该继承人应当继承的遗产转给其继承人，但是遗嘱另有安排的除外。

1. 遗嘱的形式与见证

民法典规定，遗嘱的法定方式有以下几种：

（1）自书遗嘱。

自书遗嘱由遗嘱人亲笔书写，签名，注明年、月、日。

（2）代书遗嘱。

代书遗嘱应当有两个以上见证人在场见证，由其中一人代书，并由遗嘱人、代书人和其他见证人签名，注明年、月、日。

（3）打印遗嘱。

打印遗嘱，应当有两个见证人在场见证。遗嘱人和见证人应当在遗嘱每一页签名，注明年、月、日。

（4）以录音录像形式立的遗嘱。

以录音录像形式立的遗嘱，应当有两个以上见证人在场见证。遗嘱人和见证人应当在录音录像中记录其姓名或者肖像，以及年、月、日。

（5）口头遗嘱。

遗嘱人在危急情况下，可以立口头遗嘱。口头遗嘱应当有两个以上见证人在场见证。危急情况消除后，遗嘱人能够以书面或者录音录像形式立遗嘱的，所立的口头遗嘱无效。

（6）公证遗嘱。

公证遗嘱由遗嘱人经公证机构办理。

2. 遗嘱的效力

（1）下列人员不能作为遗嘱见证人。

1）无民事行为能力人、限制民事行为能力人以及其他不具有见证能力的人。

2）继承人、受遗赠人。

3）与继承人、受遗赠人有利害关系的人。

（2）遗嘱应当为缺乏劳动能力又没有生活来源的继承人保留必要的遗产份额。

（3）遗嘱人可以撤回、变更自己所立的遗嘱。

（4）立遗嘱后，遗嘱人实施与遗嘱内容相反的民事法律行为的，视为对遗嘱相关内容的撤回。

（5）立有数份遗嘱，内容相抵触的，以最后的遗嘱为准。

（6）无民事行为能力人或者限制民事行为能力人所立的遗嘱无效。

1）遗嘱必须表示遗嘱人的真实意思，受欺诈、胁迫所立的遗嘱无效。

2）伪造的遗嘱无效。

3）遗嘱被篡改的，篡改的内容无效。

9.3　家族信托

9.3.1　信托与家族信托定义

根据《中华人民共和国信托法》（简称《信托法》）规定：信托是指委托人基于对受托

人的信任，与受托人签订信托合同，将其财产所有权委托给受托人，由受托人按照委托人的意愿以自己的名义管理信托财产，并在指定情况下由受益人获得收益。

家族信托，家族信托是指个人作为委托人，以家族财富的管理、传承和保护为目的的信托，受益人一般为本家族成员，如图 9-1 所示。

家族信托是指委托人在信任受托人的基础上，将包括现金、不动产和股权等多种类型的财产全部或部分委托给受托人，由受托人在尊重委托人本人的偏好和需求的前提下，管理被委托的资产，并由委托人指定的受益人享有从被委托资产中所获的收益，从而实现对资产的保值增值、顺利传承、合理避税等一系列要求。家族信托的特殊架构使得家族信托有能力兼顾上述所有财富管理需求，所以这种财富管理手段受到了国内很多富裕阶层人士的欢迎。不仅有目的为有效保障家族财产的私益信托，也有聚焦公益事业，收益为公益事业所用的公益信托。

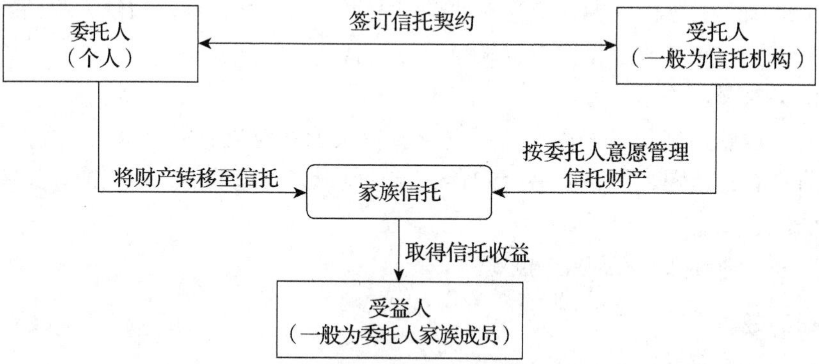

图 9-1　家族信托结构示意图

9.3.2　家族信托起源和发展

家族信托起源于古罗马帝国时期，当时为了规避外来人和解放自由人不能享有遗产继承权的规定，罗马人将自己的财产移交给其信任的第三人代为管理和处分以保障其家人的利益，从而间接实现遗产继承权。后来，这一有效的财富管理传承模式，被欧洲移民者带到了美国，并于 19 世纪末、20 世纪初在美国得到了长足的发展，如图 9-2 所示。家族信托的海外实践经验显示，家族信托在家族财富长期规划和风险隔离方面卓有成效，家族信托的风险隔离功能以及灵活性设计有时也被富人用来解决企业经营风险、子女过度消费和婚姻更替等潜在的财产损失问题。

美国从英国引进了信托制度，在二战后，随着美国的经济越来越发达，美国信托业也得益于经济的高速增长，从而得到了蓬勃发展的机会。在累积了一批十分注重财产增值、合理避税、财富传承的富裕阶层后，家族信托发展的时机日渐成熟。同时，家族信托也成为合理规避美国高额遗产税的有效工具。

亚洲地区中，日本最早引进西方的信托制度。引进之初，最先得到发展的是商业信托，个人信托业务相比之下并没有得到长足的发展。不过，随着日本老龄化程度加深，加之越来越多适宜家族信托发展的法律的颁布，越来越多的富裕阶层将家族信托作为自己财富管理的方法之一。

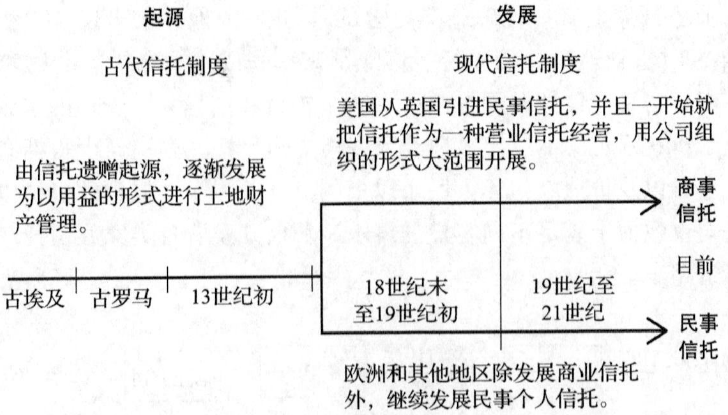

图 9-2　信托的起源与发展

中国香港地区引进信托制度是晚于日本的，不过家族信托的发展却是一派兴盛景象。有很多富裕阶层选择成立家族信托来对家族财富实现妥善的管理和传承。著名的港商杨受成都成立了家族信托。内地成立家族信托的企业家也不在少数。随着经济的进一步发展和适宜家族信托业务的环境越来越好，选择家族信托作为家族理财方式的高薪人士越来越多。

内地家族信托的发展开始得比较晚。由于《信托法》的规定，信托目前更多地偏向接受现金资产作为受托标的，而国外的家族信托则可以接受不同资产，包括现金、上市公司股票、不动产、非上市公司股权，甚至游艇作为受托标的。从目前内地家族信托的产品结构来看，产品的门槛一般是 2 000 万～5 000 万元人民币，委托期限一般在 30～50 年。综合来看，内地家族信托的资产规模比较小，而且由于发展时间较短，实际案例的数量不多。

早在 2009 年，华信信托便在探索内地家族信托业务发展的可能性。华信信托特地联系了多家有以家族为单位进行资产管理偏好的高净值人士，并根据这些高净值人士的理财需求为他们介绍多种形式的家族信托产品，如：有财富管理需求的，便有家庭资产管理信托与之对应；如家中有子女的，便介绍子女抚养信托满足其需求，此外，还有养老金信托和长辈赡养信托等各种类的家族信托，如图 9-3、图 9-4 所示。这些信托形式不一，但目标都很统一，就是实现受托人对其拥有的财富的保护、管理和传承的要求，使得家族亲人能拥有稳定富足的生活。[㊀]这次尝试也是中国家族信托即将正式发展的一个信号。

遗憾的是，此后几年内，家族信托业务再几乎没有任何进展。直到 2012 年，内地第一单家族信托概念的信托产品由平安信托成功发行。委托人是一位当时年逾 40 岁的匿名内地企业家，信托规模是 5 000 万元人民币，信托期限被设定为 50 年，而且当时委托人并未与受托人约定预期收益率。从已经披露了的信托合同内容里看，委托人与平安信托共同对资产进行管理，信托到期后，该笔受托财富将按合同所约定的方式返还给受益人。我们可以从其结构看出，该信托产品并不是通常意义上的家族信托，不过，这仍是我

㊀ 邬京京 . 中国家族信托财富管理模式研究 [D]. 浙江：宁波大学，2015.

国在家族信托业务开展上有里程碑意义的尝试。[一]此后内地开始出现各不相同的家族信托产品。2013 年，财富管理行业的先行者诺亚财富率先成立了名为歌斐的家族办公室。同年 5 月，招商银行与平安信托共同推出了一款由银行和信托共同管理的家族信托产品。该产品的门槛是 5 000 万元，不过，客户准入资格更为严格，客户至少得拥有价值 1 亿元人民币的金融资产，以及价值 5 亿元人民币以上的资产。除上述提到的机构以外，外贸信托等新兴信托公司也致力于满足不同客户的需求，积极开发着各类家族信托产品，以期在家族信托领域弯道超车。

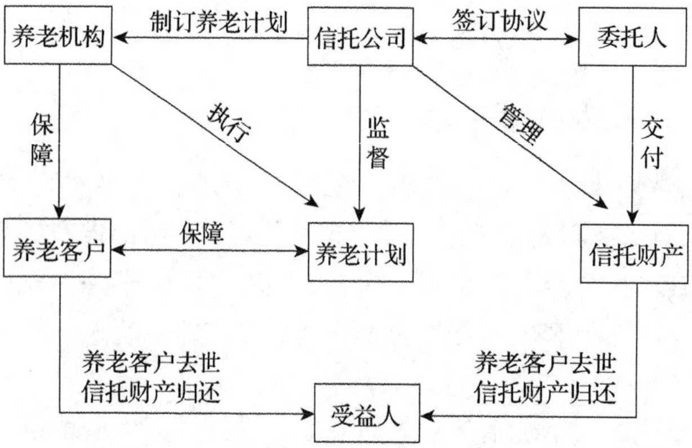

图 9-3 养老型家族信托架构图

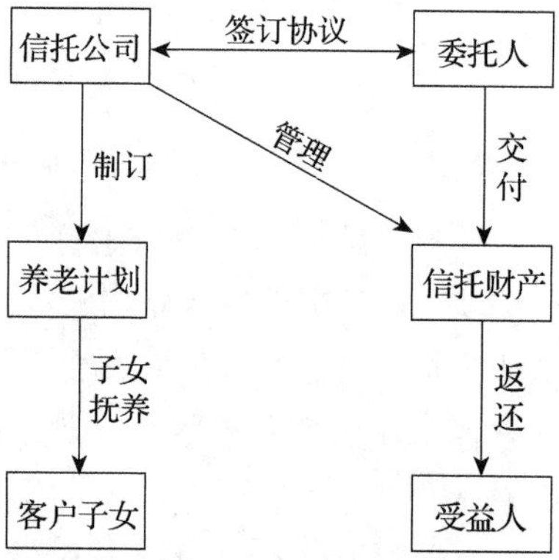

图 9-4 子女抚养型家族信托架构图

家族信托的发展也遇到了一些制度和现实的阻碍。第一是关于家族信托的法律法规不完善的问题。《信托法》规定了信托的公示制度，这显然损害了家族信托的私密性功能。而且国内还没有成形的官方信托登记机构，因此在将来的业务实践中无法抵抗善意第三人。我国还需在信托、信托税和信托登记等多方面健全法律。

第二是税收政策缺失的问题。家族信托中很重要的一个功能即是正常避税，规避代际传承不必要的财富损耗。而我国尚未开征遗产税，这就使得家族信托这种传承家族财富的手段的重要性没有被体现出来，对高净值客户的吸引力自然就没有那么大。另外，我国尚未明确规定信托财产该如何纳税。这种法律上的空白则有可能造成双重征税的后果，即当委托人把信托财产委托给受托人时需要纳税，信托财产再一次转移时需要对同一笔财产第二次缴税。[二]这无疑会降低家族信托作为理财手段的不可替代性。

第三个问题是家族信托的门槛过高，而家族信托的专业管理能力并不令人信服。因为我国的家族信托业务刚刚开始发展，目前主流受托资产只有现金及部分可交易性金融资产，不动产和股权等并未算在其中，这无形中加倍抬高了家族信托本就很高的门槛。与此同时，同样因为国内的家族信托业务刚刚开始发展，国内从事该方向的专业人才显得相对匮乏，管理经验也不充足。所以，专业人才的培养和运营资产的经验都需要随着家族信托业务的进一步发展来积累。

㊀ 李娜．家族财富传承的信托方案设计 [D]. 浙江：浙江大学，2016.

㊁ 王婷婷，张欢．关于中国式家族信托业务市场的开拓与发展研究 [J]. 宁夏大学学报，2016（1）：163.

9.3.3　家族信托的要素

设计家族信托需要考虑诸多因素，比如选择受托人（个人或机构），确定家族信托的设立地点、信托财产的存在形式等各个要素。

（1）委托人：委托人是信托的创立者，可以是自然人也可以是法人。委托人提供财产，指定和监管受托人管理和运用财产。家族信托的委托人一般是自然人。

（2）受托人：受托人根据信托合同承担为受益人管理、处置信托财产的责任。受托人必须对信托相关资料保密，履行尽责义务，遵照相关法律，为受益人的最大利益处理信托事务。机构和个人都可以单独成为受托人，也可以选择几个人或者机构共同担任。一般受托人都由独立的信托公司担当。

（3）受益人：由委托人指定，根据委托人意愿获得相关资金和收益的分配。委托人在某些条件下，也可称为受益人。在家族信托中，受益人一般是委托人的家族成员。

（4）监察人：为了使家族信托能够更好地依照委托人意愿执行，家族信托的委托人可以指定可靠的人作为家族信托的监察人，监察人被委托人授予各项权利，如变更或监管受益人。监察人可以是会计师、律师或第三方机构等。

（5）投资顾问：根据信托财产的类别，家族信托可以聘请不同的投资顾问打理信托财产，使信托财产保值增值。投资顾问可以是银行、资产管理公司等。

（6）信托财产：家族信托中可持有的财产没有限制，只要该信托财产的所有权能够被转移即可。可持有的资产可以是房产、保单、股票、家族企业的股权、基金、版权和专利等。

（7）家族信托设立地点：设立地点非常重要，境内和境外都能够作为信托设立地，由于我国目前家族信托财产登记制度的原因使得能接受的信托财产类别很少，所以，一般实操过程中都将家族信托设立在境外，尤其是全球著名的避税圣地，如英属维尔京群岛、开曼群岛等地。委托人应先清楚了解各地法律法规，再选择适合自己的地点。

9.4　家族办公室

9.4.1　家族办公室定义

家族办公室是一个由相关领域专家组成，专注于超高净值人士或家族的财富管理的私人公司或组织机构。家族办公室是比传统私人银行业务模式更为高端的财富管理模式，它以家族资产长期发展和财富代际传承为目标，通过组建专业的金融管家团队，依靠具有银行、信托、保险、财务顾问、律师、投资、证券交易等背景的各行业专业人才紧密合作，凭借丰富的从业经验为超高净值人士或家族提供定制化服务，全面管理和监控超高净值人士及其家族在税务咨询、财富转移、投资管理与公司治理、遗产规划、风险管理、合规管理、教育、沟通、理财教育等方面的事务[㊀]。家族办公室需以合理架构为家族提供以下四个维度的支持：

㊀ 任瑞媛，杨璇，王彦博．家族办公室中外差异 [J]. 银行家，2016（02）：85-86.

（1）企业传统——维护家族企业的基石、家族财富之源。

（2）金融资本——保障财富安全，维系财富延续之道。

（3）家族文化——家族的历史根源与未来发展方向。

（4）慈善传统——家族以合适的方式持续回馈社会之本。

家族办公室是为超高净值家族整合、协调、组织、规划财富管理事务；以财富为中心，凝聚家族成员，并为成员在多个领域发展提供长期规划；同时与律师、会计师、税务顾问、家族商业顾问等合作，制定持续保护和监督财富的战术策略，帮助家族各代实现财富保值、增值的目标。

9.4.2 家族办公室起源与发展

家族办公室最早可以追溯到古罗马时期的“大管家”制度与我国春秋战国时期的“家宰”（富人权贵家中的管家）制度。家族办公室最初的角色定位是为富裕家族进行行政管理，也就是古罗马时期家族主管（the major domus）的职责，后来在中世纪作为“大管事”（the major domo）而逐渐流行起来。文艺复兴时期，意大利有不少富裕商人试图通过管理自己家族的财富使其能长久保值增值，建立了家族办公室的雏形，开始发挥其财富管理职能。现代的家族办公室在19世纪中期逐步发展起来。美国的工业革命带来了长期的繁荣，创造了巨大的财富，其中大部分是家族企业创业成功的直接成果。现代家族办公室的发展历程，可以简单分为三个发展阶段。

第一个发展阶段，富裕的家族设立企业财务部内嵌的或者不一定是在企业内部但隶属于这个企业的办公室，为家族提供服务。这种模式的典型代表是美国的洛克菲勒家族办公室和菲普斯家族创立的贝西默信托公司。这些最早服务自己家族的家族办公室，逐渐发展成为今天的联合家族办公室。

第二个发展阶段，信托公司和经纪人的参与。在早期，信托公司一直是以信托和投资作为主要业务，经纪人提供交易的建议。之后，它们开始涉足家族办公室行业，参与推广家族办公室的商业模式。

第三个发展阶段，金融机构如高盛集团等通过其家族办公室部门为富裕客户提供超出产品之外的其他服务。专业人士从投资银行、信托公司、家族办公室脱离出来，成立自己的联合家族办公室。

第二阶段和第三阶段与家族资产的变现行为及财富来源的本质存在密切关系。需要成立家族办公室并管理其财富的一种情况是家族面临突然变现的资产。这些情形包括出售家族企业、资产证券化、IPO或其他重大财富转移事件创造出来的流动性。比如说，一个家族企业拥有一家控股公司和多家子公司，这个家族正在实施精简战略，出售旗下一些实体，从而退出某些市场，集中发展其他核心业务领域。如果核心业务无须追加投资，这时候家族需要考虑有一个平台管理这些突然变现的财富。

如果第一代成功的财富创造者或企业家将积累的财富视为一个崭新的商机而非家族的资产，他们可能会考虑创建一个以投资为核心的家族办公室。投资型家族办公室遵循极其严格的“财富增值”投资指令。这类机构聘请在直接投资或者在管理和运营私人或机构的投资组合方面拥有丰富经验的投资人士。他们的投资渠道多种多样，包括房地产投资、私募股权投资、直接投资、另类投资、传统的证券和债券投资、实体企业投资等。

9.4.3　家族办公室服务与特点

1. 家族办公室主要服务

目前功能齐全的家族办公室通常提供的六种基本服务：战略财富管理、投资规划、信托与遗产服务、慈善安排、家族传承与领导、税务与财务规划[㊀]。家族办公室服务概况如图 9-5 所示。

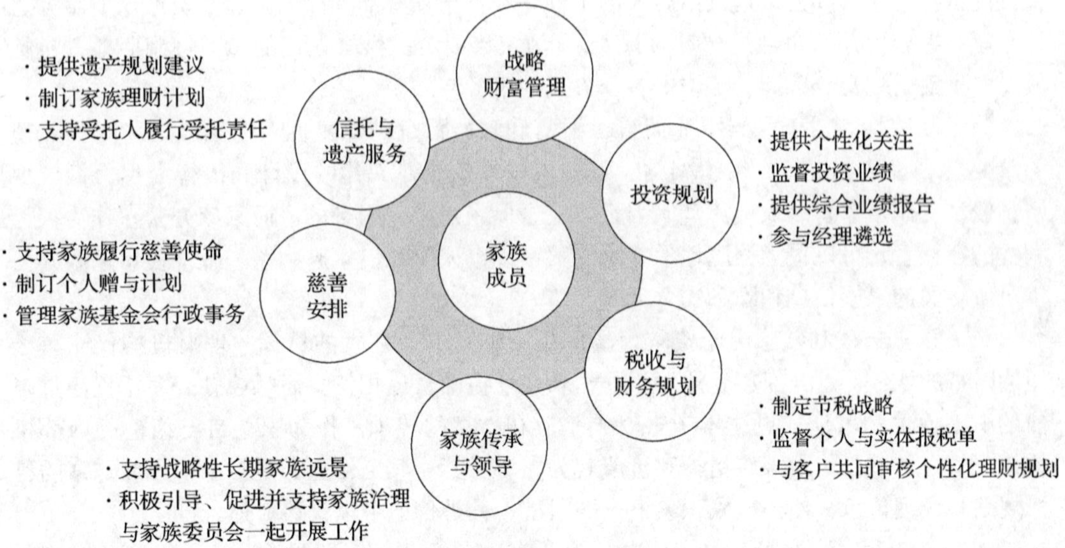

图 9-5　家族办公室主要服务

2. 家族办公室的特点

家族办公室是超富裕家族内外事务治理的中枢，完全站在家族的立场上，有效地管理家族多种需求。家族办公室以其独有的特点受到全球超高净值人群的广泛认可，家族办公室的数量在过去 10 年呈现了快速增长的态势。家族办公室的特点可以分为如下几点：

（1）集中管理，专业化运作。家族办公室通过整合家族资源，建立科学的运营组织机构，整合各团队的资源，使各团队协同工作，更加高效地发挥专业能力。与私人银行等第三方机构主要依靠理财专业人员不同，家族办公室的组成成员覆盖教育、移民、税务、法律、会计、职业经理、投资规划、信托、证券、保险、基金、银行等各个领域。通过各领域的专业人士分工合作，全面而高效地处理家族有关税务、财富转移、投资管理与治理、遗产规划、风险管理、合规、教育、沟通、理财教育和法律等方面的事务，确保家族基业的永续传承。

（2）多层次、多元化服务。家族办公室可以为客户提供更加多层次、多元化的资产配置投资服务。受限于各国法律规定，传统的金融理财机构在理财范围和投资种类上有着

㊀　资料来源：Family Office Exchange.《家族办公室入门》. 2013 年 .

严格而明确的限制，金融机构的理财自由度、品种和范围受到约束，降低了金融理财的投资价值和抗风险能力。因此，传统的理财模式并不能满足高净值家族个性化、全方位的投资需求。而家族办公室的法律限制相对较小，可以灵活选择投资标的和方式。家族办公室的投资范围往往覆盖保险、证券、信托、实体投资等各个领域，同时家族办公室可以更为便捷地在全球范围内寻找投资标的，从而保证资产可以以相对较低的风险取得较高的收益。

（3）定制化。与私人银行等金融理财机构的纯粹个人或家庭理财目标不同，家族办公室的服务范围涵盖了家族成员的家庭生活、个人成长、人际交往等各个方面。基于家族长青的目标，家族办公室提供给客户的个性化服务更加全面和深入。除了资产增值服务之外，家族办公室还可以通过“量体裁衣”，为家族成员提供全方位的私人订制服务，包括教育、生活、社交、医疗、工作等各个方面的事务。

（4）私密性。对于家族企业而言，财富和家族信息的保密性对于家族的持久发展至关重要。尽管私人银行在组织架构、管理流程以及企业文化的设计和执行上尽力做到保密，但是受制于监管、人员流动等因素，完全保密是十分困难的。而家族办公室作为家族利益的守护者，可以最大程度地保守家族秘密和个人隐私。家族利益一致性使得家族办公室对所涉及的家族信息和隐私安全无虞。

（5）注重长久利益。由于资本市场的压力和自身盈利性的目标，理财机构仅注重于短期财富的增值，这与家族企业对于财富长久增值的目标相悖。而家族办公室不仅注重眼前的财富保值和增值，更注重未来家族基业和财富的传承。作为家族自己组建的内部机构，家族办公室以传承家族精神和价值观为核心目标，其工作重心是对未来家族财富的科学规划和合理传承，使得家族积累下来的财富、精神价值可以代代传递。

（6）合法性。法律服务是家族办公室所有服务环节至关重要的一环，贯穿于家族办公室的所有工作。法律服务既需要在办公室内部可以明确各成员的分工和责任，为其他工作提供合法性确认和结果评估，也要在家族办公室外部使用法律手段维护家族利益。专业的法律人士通过对家族办公室的各项活动和行为进行评估并揭示存在的风险，设计科学合理的预防和应对方案，使得家族办公室的各项活动都能符合法律并以最优的模式运转和获取收益。

家族办公室作为家族利益守护和财富传承的最高组织形态，在家族决策中扮演了核心幕僚的作用。家族办公室是家族内外事务治理的中枢，完全以家族的立场有效管理家族各种事务，服务涵盖财务保值和增值、财富转移、投资管理与治理、遗产规划、风险管理、合规、教育等各个方面。家族办公室以其独特的作用帮助家族在没有利益冲突的安全环境中更好地完成财富管理目标、实现家族管理和传承。家族办公室已经成为家族长期发展中不可或缺的角色。

9.4.4 家族办公室模式

1. 基于客户财富管理水平划分

图 9-6 以客户财富管理水平为纬度，展示了基础支持型家族办公室、简化型家族办公室、配备 CIO（首席投资官）的家族办公室及全服务家族办公室四种常见的家族办公室

模式。

（1）基础支持型家族办公室。家族财富规模大约在 1 亿欧元以上。家族办公室主要负责家族的投资、税务及地产的管理，编制家族基础簿记和财务报告。同时，家族办公室会提供少量的运营支持，主要是作为对接外部供应商的联络人。

（2）简化型家族办公室。家族财富规模大约在 2 亿欧元左右。家族办公室主要提供全方位的运营支持，涵盖投资管理、税务和法务，编制财务报告。同时，部分家族办公室还会提供战略投资管理、慈善、风控等方面的服务。作为理财规划师，负责协调家族办公室与外部供应商的事务。

（3）配备 CIO 的家族办公室。家族财富规模大约在 3 亿～4 亿欧元及以上。家族办公室的职责包括两方面：提供财会报告和其他行政管理服务，涵盖所有理财板块；提供全方位的运营支持，包括内部掌握基础税务和法律专长的单独办公室。此外，部分家族办公室的服务会涉及税务、地产、慈善、风控等事务的战略规划。CIO 协助制定投资管理战略，协调外部供应商。

（4）全服务家族办公室。家族财务规模大约在 5 亿～10 亿欧元及以上。家族办公室提供全套家族办公室服务，包括专业理财服务以及税法咨询服务（外部供应商按需提供支持）。家族办公室的服务范围涵盖投资管理、税务、地产、慈善、风控等涉及家族长期发展的各个领域。

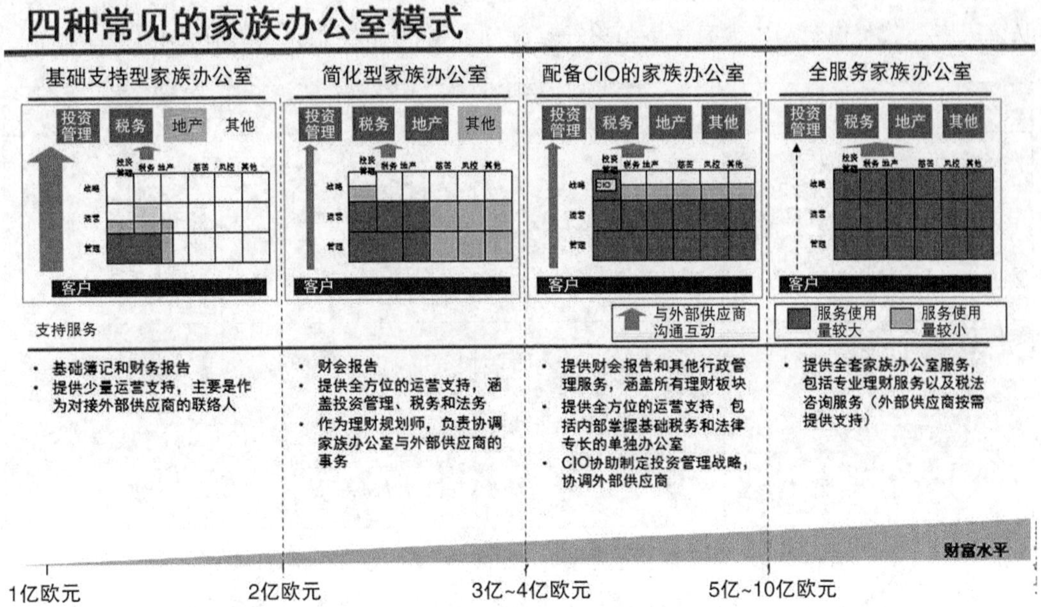

图 9-6　四种常见家族办公室类型

资料来源：Bruce Holley，John Rolander.《家族办公室工作》. 波士顿咨询公司 .

2. 基于服务对象划分

家族办公室按照服务对象可以分为两种基本类型：单一家族办公室（single family office）和联合家族办公室（multi-family office）。

（1）单一家族办公室。

单一家族办公室只为单个家族管理财务及生活方面的事务。一般情况下，设立单一家族办公室的家族可投资资产应该在1亿美元以上。资产规模只是从成本结构的角度考虑，如果将控制权、隐私性和定制化的优势考虑进去，单一家族办公室具备明显的优势，因为它能够完全匹配家族的价值观、信念、目标与商业实践。然而，由于薪酬结构和职业发展的限制，吸引和留住关键员工是单一家族办公室未来发展的重要挑战之一。

（2）联合家族办公室。

联合家族办公室是指服务于一个以上家族的家族办公室，至少应服务两到三个超高净值家族，至多可达500多个家族。相对于单一家族办公室，联合家族办公室一般提供多种专业技术方面的服务，其专业技能性更强，多项服务的费用更低。此外，联合家族办公室能够通过基础结构的规模效应、商业流程标准化，从而精简机构的运营流程，提高效率。联合家族办公室的顾问同时服务于多个家族，由于类似问题出现的频率较高，顾问可以在不同经历中积累丰富的经验，可以制定相应的战略，帮助各个家族处理不同的复杂事务。但是，联合家族办公室的缺点在于其过于注重利润和财富增值。如果说单一家族办公室是一个成本中心，那么联合家族办公室就是一个利润中心。客户在联合家族办公室不会享受到像单一家族办公室那样的控制权和“随叫随到”的个性化服务。

图9-7对单一家族办公室和联合家族办公室模式的优势、劣势、机会与威胁（strengths，weaknesses，opportunities，threats，SWOT）进行了分析。虽然有所不同，我们也能发现联合家族办公室模式当中含有诸多与单一家族办公室相同的优势，如图所示。

类型	优点	缺点	机会	威胁
单一家族办公室	控制权 量身定制服务 隐私权和保密性 匹配度和整合度 不存在竞争 家族优先	人才吸引力 成本控制 产品或服务多样性 家族连续性的维系 战略规划的紧迫感	开放式框架 共同投资 一流服务 协商 分担或精简成本 同行交流	管理范围 成本控制 薪酬挑战 世代相传 接班人规划 家族的认同
联合家族办公室	规模 综合型服务 精简、高效 资源的广度 顶级人才与留用 集中化数据管理	客户/顾问数量比 服务规范化 产品或服务的获取性 团体思维方式 定制式与个性化	服务更多，成本更低 学习曲线 一站式平台 分担特殊服务的成本 投资经理、产品和研究资源 思想领导力和创新能力	贪大求快 客户密切关系 过度承诺 人才留用与人员流动率 所有权和领导力匹配度 企业文化

图9-7 单一家族办公室和联合家族办公室模式的SWOT分析

资料来源：柯比·罗思普洛克.家族办公室完全手册：富豪家族及其顾问必备指南.John Wiley & Sons. 2014.

3. 基于功能划分

柯比·罗思普洛克博士将单一家族办公室按照功能分为以下五种类型。

（1）多代集中型。这种类型的家族办公室出现在规模不断扩大、结构复杂，具有代表着家族不同支系的家族成员结构的大家族。家族成员差异化的需求和期望的服务以及过于庞大的行政管理职能，往往给家族办公室的运营造成巨大的挑战。多代集中型家族办公室多出现在欧洲家族。这些家族已经发生几代传承，传承家族事业、资产，以及核心价值。家族办公室在财富转移和规划、家族成员教育、家族治理体系等方面的优势更明显。家族的连续性、凝聚力都是这种家族办公室的重要特征。

（2）投资型。家族办公室代表一个家族集中管理和执行该家族的投资事务。这类家族办公室通常投资于公开证券市场和私募股权投资市场。投资型家族办公室的宗旨在于提供统筹合理、管理规范、标准一致的投资解决方案，包括战略性的投资流程和战术性的资产配置策略。投资型家族办公室会强调税务考量和有效投资，关注资产配置和将投资方法与财产规划进行整合，经常根据短期和长期财富目标，专注于流动性需求的管理。投资型家族办公室可能以投资合作伙伴关系的形式开展部分投资项目。投资型家族办公室在北美更为普遍，这跟美国富人偏重于投资创富以及北美特别是美国有全球最完善的金融市场是密不可分的。戴尔电脑创始人麦克·戴尔的家族办公室是一个典型的投资型家族办公室。家族办公室以长期资产增值为首要目的，下设五个投资方向团队：股票、特殊机遇、不动产、私募股权和外部合作投资。

（3）行政与合规型。家族办公室强调对家族资产与财富规划需求的监管及记录。这类家族办公室是每位家族成员关键文档和信息的大管家，负责保管他们的资产信息以及法务、税务、会计文档。由于对合规、法规的监控力度不断加大，这类家族办公室经常承担降低风险、主动参与行政组织和成本控制的职责。行政与合规型家族办公室的投资功能一般外包出去，不属于办公室的工作重心。制作和提交合并税务报告、投资报告及业绩报告则是行政与合规型家族办公室的核心职能。此外，这类家族办公室还提供账单支付、生活方式管理、缴税、财产规划、文档管理等主要服务。它还可能提供物业管理、旅行服务、收藏品管理、馈赠协调、家庭职员聘用以及私人飞机购买等多种服务。

（4）以家族企业为中心型。通常，这种类型的家族办公室最初是设在家族企业的内部。随着家族企业的发展和额外流动性的增加，家族企业所有者面临是否要将财富管理与企业管理进行分离的选择。家族可以选择集中投资或独立管理各自的财富。如果所有或部分家族成员选择前者，他们需要构建一个以家族企业为中心的家族办公室。办公室的中心任务是应对财富转移和税务问题，为家族企业提供多元化业务，满足企业所有者的财富管理需求。以家族企业为中心的家族办公室可在所有权控制、股权回购、购销协议、债务与债权的管理、流动性创造等方面提供战略支持和指导；还能为家族企业重组、企业的部分或全部出售提供咨询，甚至成为其战略顾问；并且为其客户提供财务规划、现金流以及资本充足率分析，重点关注客户持有资产在法律结构、权益、税收规划方面的问题。

（5）遗赠与慈善型。这种类型的家族办公室的工作重点在于为家族财富的继承人和受益人做好准备，以达成财富顺利过渡目标。这类家族办公室主要关注慈善、遗产、财务、家族教育和治理规划，负责管理家族基金会或家族慈善基金及信托等重要资产。有关慈善赠与的监督、管理和咨询是这类家族办公室的核心服务。家族成员的教育、融入和领导力拓展也是其重要职责之一。投资管理一般不属于这类家族办公室的主要职责，所以通常会外包给其他供应商。

近几年来，国内的私人银行、信托公司、券商、私募、保险公司或第三方理财平台等都在尝试开展“家族办公室”模式，以便拓展其在财富管理市场的份额，分享家族财富管理的蛋糕。但这些机构设立的家族办公室离综合型家族业务的主导者尚有一定距离，更多扮演的是一个功能型家族办公室的角色。比如：私人银行的家族办公室扮演的是平台、中介角色，是服务提供商；信托公司设立的家族办公室强调家族信托在遗赠和传承上的功能；而券商和私募等资产管理机构的优势在于其强大的投资功能，突出其投资型家族办公室的服务。总体而言，已经具备强大资产管理能力的机构，下一步应该着力配套相应的服务团队，以提升其综合财富管理能力。而服务能力突出的则恰恰相反，需要想办法弥补自己在资产管理方面的缺失。因为能否吸引客户，并不是由产品本身来决定，而是由平台提供的整套解决方案来决定。这些解决方案一定是个性化、定制化的，而非标准化的。最终的发展演变情况可能有两种：一是每个机构都希望在自己的平台上配套所有的功能，使自己能提供更多更好的产品和特色服务，以便留住客户；另一种情况是，利用自身长期形成的某一优势，通过外包模式，服务其他机构的联合家族办公室。后者在保持其在某一领域的强势前提下，对外采购其他服务补充自身的缺陷。第一种模式的实现难度更大，第二种模式在共享经济的思维下更有可能成为市场的主流。

9.5 家族基金会和慈善安排

9.5.1 家族基金会

1. 定义

家族基金会又称私人基金会，通常是基于个人或家族成员捐赠或遗赠财产的方式设立的，目的是按照设立人的意愿对该财产进行运作、保存、管理和投资，并为一个或多个与设立人具有亲属和利益关系的“受益人”对该财产及其收益做有效安排的法人实体。家族基金会通常以其设立者或家族姓氏为名，如闻名世界的卡内基基金会、福特基金会、洛克菲勒基金会三大基金会。

家族基金会在欧美国家比较流行，在美国的近 10 万家基金会中，只有 1% 的社区基金会属于公共慈善机构（public charities），类似中国的公募基金会。企业基金会也只占 3%，其余 90% 以上均为私人和家庭出资建立的基金会，其中大部分为家族基金会。

比如洛克菲勒家族建有十多个基金会，最著名的有洛克菲勒基金会、洛克菲勒兄弟基金会和洛克菲勒家族基金会。100 年来，洛克菲勒家族慈善在教育、医学和公共卫生、社会福利、自然生态保护、文化艺术、经济发展和国际领域做了无数的好事，在促进人类文明进步中的贡献无与伦比。

我国属大陆法系，建立家族基金会的法律制度要比建立家族信托的配套法律制度容易得多。现在，在中国设立家族基金会，已经有了法律规范。2004 年颁布实施的《基金会管理条例》第二十条规定：“用私人财产设立的非公募基金会，相互间有近亲属关系的基金会理事，总数不得超过理事总人数的 1/3。”通过家族基金会传承家族财富特别是家族精神财富，将会成为越来越多中国财富家族的选择，家族基金会将迎来快速发展的机遇期。

中国第一家非公募家族基金会——老牛基金会于 2004 年末发起成立，是目前中国最大、最具影响力的公益慈善基金会之一，家族基金会第一品牌。设立人为牛根生，登记机关为内蒙古自治区民政厅，业务主管单位为内蒙古自治区人民政府金融工作办公室。其以“发展公益事业，构建和谐社会”为宗旨，业务活动主要方向是环境保护、文化教育、医疗卫生及救灾帮困等其他公益慈善事业。

2005 年 1 月，牛根生与其家人宣布全部捐赠持有的蒙牛乳业股份，并约定：在牛根生有生之年，该等股份红利所得的 51% 归老牛基金会，49% 归个人支配；待牛根生天年之后，该等股份的红利 100% 归老牛基金会，家人只领取相当于北京、上海、广州三地平均工资的生活费。牛根生自 2006 年后陆续辞去蒙牛集团职务，带领牛氏家族成员投身于公益慈善事业。

2. 特点

与公益基金会相比，家族基金会具有以下特点：

第一，建立目的不同。公益基金会的建立必须以参与公益事业为目的，而家族基金会则服务于设立者的亲属或者家族，以家族的发展和壮大为目的。

第二，资金来源不同。公益基金会可以采取公开募集的方式筹措资金，而家族基金会的资金则来源于创立者的捐赠或者创立者的遗产。

第三，受到政府监管的力度不同。由于公益基金参与公益事业并且部分资金通过面向社会公募而来，所以受到政府的严格监管。而家族基金会由于资金来源于特定主体而且服务于特定的家族成员，除了需向政府登记机构进行注册外，一般不受政府监管。

与家族信托相比，家族基金会具有如下四个法律特征：

第一，家族基金会具有独立的法律主体资格。家族信托只是一种管理家族财产和家族事务的制度设计，不具有独立的法人资格，是受托人旗下的资产或者事务管理计划。家族基金会是具有独立法律主体资格的法人，具有基金会章程所赋予的民事权利能力与行为能力，其民事权利能力与行为能力是通过基金会理事会实现的。

第二，家族基金会拥有所管理资产的最终所有权。家族基金会秉承大陆法系所有权的“一物一权”原则，一旦设立者将财产捐赠给家族基金会，该财产就不再属于设立者，基金会就享有了该财产的全部所有权。基金会不同于信托公司，没有股东，也就没有基金会之外的最终所有者。

第三，家族基金会可以永续存在。反永续存在是信托法的基本原则，到了一定的存续时间，信托资产要么被分配，要么被放置到另外一个信托中。但家族基金会是一个独立的法律实体，不需要做以上创新，只要保持注册状态就可以一直存在下去。

第四，基金会的法律职责是特定的。信托依据信托契约成立，对于财产托管人和受托人而言，享有较大的灵活性和自由度。但基金会一般要根据成文立法及章程设立，每一个基金会都有特定的职责和功能，基金会的全部法律职责要由基金会独立承担，除非基金会的章程有特殊规定，一般不能委托基金会以外的机构承担主要的财产管理职责，也不承担基金章程规定以外的职责。

基金会具有以上特殊的法律特征，所以成为与家族信托并驾齐驱的家族财富管理工具。但与家族信托相比，家族基金会需要登记，在家族财产私密性管理上略逊一筹。同时，私人基金会是独立法人，是独立的纳税主体，而家族信托不是独立的纳税主体，因而具有节税优势。

家族基金会另外一个鲜明的特点是对家族精神和价值观念的传承。从家族基金会角度来讲，要实现自身的发展，首先，必须明确并贯彻理想与价值观，价值观是家族基金会的灵魂所在。很多基金会的宗旨是既能推动公益事业的发展，又能促进社会的发展和进步。这使得家族的慈善理念与高尚价值观得以形成和延续，家族的品牌和荣誉得以世代相传。如果说“财富”是一种看得见的“显性”传承，那么从心里长期累积起来的美德、文化、文明等看不见的传承，则是一种“隐性”传承，而这往往是被人们忽略的一种珍贵的东西，家族基金会的传承会天然地附带这种“隐性”传承。

3. 主要参与人

家族基金会的主要参与人包括：基金会的设立人，基金会理事会，基金会的受益人以及基金会的保护人。

家族基金会的设立人是指将其财产捐赠给基金、设立基金的自然人，一般是家族事业的创办人或者家族财产的拥有人。一般情况下，如果设立人没有设定可撤销基金会章程的保留权，设立人设立基金后就没有任何权力了。对基金会理事会的监管以及基金会章程的修改权要由基金保护人行使。如果设立人设定了可撤销基金会章程的保留权，设立人即享有修改和撤销基金会章程的权力，也享有任命、添加或更换基金会理事会成员的权力。

基金会理事会是指对基金会享有控制和管理权的常设机构。一般而言，基金会理事会享有以下权力：第一，执行基金会章程并根据授权对章程进行修正；第二，根据章程规定指定和更换受益人；第三，分配、运作、处置基金会财产；第四，代表基金会对外签署相关契约。

基金会的受益人是指有权按照基金会章程规定享有一定的基金会财产收益权的人，一般情况下，受益人是基金会设立人的亲属或者和设立人有特殊关系的人。

基金会的保护人是指接受基金会设立人的委托或者指定，对基金会理事会进行监管，对受益人利益进行保护的自然人或法人。其权力如下：第一，对超出章程规定的基金会理事会行为进行授权；第二，添加和更换受益人；第三，监管基金会理事会并要求获得基金账户和财务信息。

9.5.2 慈善安排

在遗产规划中，离不开慈善事业。根据英美信托法理论的概括，慈善事业是指对社会有价值或有重要社会意义的事业，包括发展济贫、教育、宗教、医疗、体育、科学研究、文化艺术、市政建设等各方面的事业。近年来，我国高净值人群的慈善需求保持高速增长。高净值客户安排财富保全及传承的同时，关注并为其设计公益慈善性质的慈善信托以解决客户的慈善需求，具有非常重要的现实意义。慈善事业有许多可以探讨的话题，这里侧重讨论公益慈善和慈善信托两项内容。

1. 公益慈善

获得改革开放带来的创富机遇的高净值客户，有责任也有意愿在公益慈善事业方面多做一份贡献，既秉承了中国人乐善好施的传统美德，也有效地增进了不同社会阶层之间的沟通与理解，有利于和睦社会的建设。

慈善事业的执行载体绝大多数是以基金会的形式存在的。基金会一般指利用自然人、法人或者其他组织捐赠的财产，以从事公益事业为目的，按照相关法律法规成立的非营利性法人。

我国基金会的类型按照基金会建立和运作时的官民比例，可分为官办民助型基金会、官办民营型基金会、官助民办型基金会和民办民营型基金会四种。另外，按照基金会是否可向外界公开募款，又可将其分为公募基金会和非公募基金会。

基金会作为非营利组织的重要组成部分，其基本特征主要有非营利性、公益性、中介性、组织性，此外，独立性、志愿性、自治性等也是基金会具有的特点。

2. 慈善信托

（1）慈善信托定义。

2016 年 3 月颁布的《中华人民共和国慈善法》(简称《慈善法》) 中明确规定，慈善信托属于公益信托，是指委托人基于慈善目的，依法将其财产委托给受托人，由受托人按照委托人意愿以受托人名义进行管理和处分，开展慈善活动的行为。公益慈善实行的方式便是慈善信托。

在我国，公益信托的外延理论要大于慈善信托，即慈善信托只是公益信托的一种类型。尽管我国与境外对慈善信托的定义不同，但鉴于慈善信托与公益信托一致的公益性目的，学理上通常视慈善信托与公益信托为同义语。

（2）慈善信托参与者。

慈善信托参与者是指与慈善信托有直接利害关系或者权利义务关系的人，他们是实施慈善活动的主体，具体包括委托人、受托人、受益人和信托监察人等。

1）委托人。慈善信托委托人是基于社会慈善事业目的，具有完全民事行为能力的自然人、法人、政府或者依法成立的其他组织，可以委托慈善财产（捐赠的善款及实物）给受托人进行信托管理。

2）受托人。慈善信托受托人可以由委托人确定其信赖的慈善组织或者信托公司担任。慈善组织是面向社会以开展慈善活动为宗旨的非营利性组织，可以采取基金会、社会团体、社会服务机构等组织形式。信托公司是依法成立、受中国银保监会监管的非银行金融机构之一。受托人最根本的义务就是为受益人的最大利益处理信托事务。

3）受益人。受益人是在慈善信托中享有信托受益权的自然人、法人或者依法成立的其他组织。由于慈善信托受益人事先是不确定的，因此信托文件只能事先约定受益人的范围和产生的具体方法，并制定防止违背慈善信托的性质和目的的条款。

4）信托监察人。信托监察人对受托人的行为进行监督，依法维护委托人和受益人的权益。信托监察人如发现受托人违反信托义务或者难以履行职责，应当向委托人报告，并有权以自己的名义向人民法院提起诉讼。

3. 法律法规

信托的设立需具备三个必要条件，即三个明确性：一是信托目的明确；二是信托标的物明确；三是受益对象明确。就慈善信托的设立而言，也应当有明确的信托目的、明确的慈善信托财产以及明确的受益人范围。

根据《慈善法》和《信托法》的规定，设立慈善信托应当遵守以下规定：

一是必须遵守法律、行政法规，遵循自愿、公平和诚实信用原则，不得损害国家利益和社会公共利益。

二是必须有合法的信托目的，即符合《慈善法》规定的慈善目的，这一目的应当贯穿慈善信托的始终。

三是必须有确定的信托财产（包括财产权利），并且该信托财产必须是委托人合法所有的财产，慈善信托财产及其收益不得用于非公益目的。

四是应当采取书面形式，签订书面的慈善信托文件。

五是信托文件中应当明确约定受益人的范围。

六是应当在慈善信托文件签订之后向受托人所在地民政部门备案。

4. 慈善信托特点

（1）慈善信托的目的必须完全是实现社会公共利益。慈善信托的公益性质规定其信托财产及收益不得用于非公益目的，必须完全为了社会公共利益。

（2）慈善信托的受益人是不完全确定的。慈善信托的受益人只能是不特定的社会全体或多数成员，因此慈善信托的受益人不同于私益信托那样可以完全确定。

（3）慈善信托必须到主管部门备案或取得批准。由于慈善信托的公益性质，其在设立和确定受托人时，应当去有关公益事业的管理机构备案或取得批准。未经公益事业管理机构的批准，不得以公益信托的名义进行活动。

（4）慈善信托接受社会公众和国家有关机构的监督。强化慈善信托市场约束和社会监督，有利于树立慈善信托的品牌形象，保护慈善信托当事人的合法权益，促进公共利益的实现。

（5）慈善信托不得中途解除信托合同。慈善信托一经设立，不得中途解除合同，但受托人违反信托义务或者无能力履行其职责的，由公益事业管理机构变更受托人。慈善信托终止的，信托财产应用于与原公益目的相似的目的。

（6）慈善信托可以有效进行财富保全与财富传承。信托的财产隔离及资产管理功能使慈善信托可以将财产有效地保全、增值和传承。同时，委托人设立的慈善信托在其身故后不被认定为可继承遗产，可以合理地规避遗产税，并能够有效地传递家族的精神以及品格，对财富巨大及所在国家遗产税率较高的委托人是很好的资产配置方式。

5. 慈善信托模式

（1）家族信托＋慈善基金会。

在这种模式下，信托和基金会互相独立。其中，家族信托基金负责管理信托资产，保持资产增值，实现财富传承。不仅解决了慈善基金会对慈善财产投资的限制，而且资产收益捐赠给慈善基金会，可以起到减税功能。慈善基金会则专心负责慈善项目的实施和管理，不再承担慈善财产投资管理职能。必要时，慈善基金可以向信托基金索要收益开展慈善活动。美国的比尔·盖茨等慈善家都采用了这种模式开展慈善活动。

（2）家族信托 + 慈善信托。

虽然各国都要求慈善信托的财产全部用于公益目的，但对部分特殊的分割利益信托，也都给予了税收优惠待遇。兼具家族信托和慈善信托特征的分割利益信托是高净值人士喜爱的财富传承和慈善方式，具体又分有两类。

第一，慈善先行信托（charitable lead trust）。委托人先设立慈善信托，约定在一定期间把信托财产中的一定比例或者一定数额支付给慈善机构，到设定年限后，由委托人或者委托人指定的个人受领剩余的财产。

第二，慈善剩余信托（charitable remainder trust）。委托人设立慈善信托，在生前或信托文件约定的时间内，把信托财产所产生的部分收益支付给特定的受益人。委托人死亡或者信托期限届满后，剩余信托财产捐赠给慈善机构。

9.6 人寿保险

有关人寿保险的概念和特征等内容在前面相关章节进行了探讨，本节讲解人寿保险在遗产规划中的应用。

9.6.1 人寿保险概述

人寿保险是主要以人的寿命为保障对象的保险，以被保险人在保险期间生病或身故为给付保险金的条件，通常以指定受益人来完成保险合同约定。随着保险市场的发展，将人寿保险作为实现财富传承工具的情况变得愈发普遍。

《保险法》第二十三条：任何单位和个人都不得非法干预保险人履行赔偿或者给付保险金的义务，也不得限制被保险人或者受益人取得保险金的权利。

《保险法》第三十四条：按照以死亡为给付保险金条件的合同所签发的保险单，未经被保险人书面同意，不得转让或者质押。

《中华人民共和国民法典》（简称《民法典》）第五百三十五条：因债务人怠于行使其债权或者与该债权有关的从权利，影响债权人的到期债权实现的，债权人可以向人民法院请求以自己的名义代位行使债务人对相对人的权利，但是该权利专属于债务人自身的除外。

《个人所得税法》第四条："保险赔款"免纳个人所得税。

9.6.2 人寿保险在遗产规划中的作用

在财富传承中，人寿保险因其具有的独特功能得到了广泛的应用。

1. 人寿保险功用特征

（1）人寿保险赔款免纳个人所得税。

合理避税是现阶段高资产人群投保高额保单的驱动因素之一。在世界大多数国家和地区，投保寿险所取得的保险金不计入应征税遗产总额。

（2）人寿保险金不得用于偿还被保险人破产债务，债权人不能要求债务人变现还债；人寿保单未经被保险人书面同意，不得转让或者质押。

被保险人身故后，寿险的保险金直接归受益人所有，不属于被保险人的遗产，受益人无须清偿被保险人生前所欠的税款和债务，即通过合理安排为投保人及受益人构建了一层保护膜，从而让保额及保单里的现金值不被第三方随意侵占。

（3）人寿保险可实现遗嘱的部分功能。

保单可以指定多名受益人，同时还可以指定受益份额和受益顺序。即便被保险人离世时未留下遗嘱，也可在一定程度上避免家庭内部的纷争。

（4）人寿保险的给付可防止财产变现带来的损失。

保险理赔为现金，对于财产集中在流动性差的企业资产或不动产上的人群，人寿保险理赔的方式可有效减少因资产变现时发生减值所带来的损失。

2. 人寿保险注意事项

在利用人寿保险进行财富传承规划中，要注意人寿保险工具以下几个方面问题：

（1）遗产税暂行条例草案并未对保险金纳税比例详述。

国外的情况是：部分国家对所有寿险产品免征遗产税；但部分国家的遗产税免征范围仅限于意外险、终身寿险等保障型险种，而投资型保险产品（如万能险、投连险）中的收益部分则被视为个人所得须被征税，只有身故保障部分可免税。

（2）投保时须指定受益人。

根据国外经验，在寿险产品中，只有指定保单受益人，保险事故发生时（被保险人死亡），受益人取得的身故保险金才可不被视为被保险人遗产，一般不用缴纳遗产税。但若没有明确指定受益人而是法定受益人，那当被保险人死亡后，身故保险金将根据继承法进行分配，将被视为遗产进行征税。

9.7 遗产规划程序

9.7.1 遗产规划业务流程

遗产规划业务流程包含计算和评估遗产价值、确定遗产管理的目标、制订遗产计划。

1. 计算和评估遗产价值

进行遗产管理的第一步是计算和评估遗产价值，作用有以下几点：

（1）通过计算遗产价值，可以对资产的种类和价值有一个总体的了解。

（2）可以了解与遗产有关的税收支出。如，可能不熟悉遗产税的有关规定，客户最终的税收支出常常远高于其预期，且数额较大，影响到遗产计划的实施。所以，在制订遗产计划之前，有必要对纳税额进行计算，如表 9-3 所示。

表 9-3　遗产管理中遗产种类与价值的计算

资产		负债	
种类	金额（元）	种类	金额（元）
现金等价物		贷款	
银行存款		消费贷款	
储蓄账户		一般个人贷款	
货币市场账户		投资贷款（房地产贷款等）	
人寿保单赔偿金额		房屋抵押贷款	
其他现金账户		人寿保单贷款	
小计		小计	
投资		费用	
股票		预期收入纳税额支出	
债券		遗产处置费用	
共同基金		临终医疗费用	
合伙人投资收益		葬礼费用	
其他投资收益		其他负债	
小计		小计	
退休基金		其他负债	
		负债总计	
养老金（一次性收入现值）			
配偶 / 遗孤年金收益（现值）			
其他退休基金			
小计			
个人资产			
主要房产			
其他房产			
收藏品			
汽车			
家具			
珠宝和贵重衣物			
其他个人资产		资产总计（+）	
小计		负债总计（–）	
其他资产			
资产总计		净遗产总计	

（3）遗产的种类和价值是理财规划师在选择遗产工具和策略时需要考虑的重要因素之一。

客户的遗产种类和价值可以在理财规划师收集客户财务数据时获得，然后通过表 9-3 进行归纳和计算。

表 9-3 类似于一般的资产负债表，但在其基础上增加了一些和遗产管理相关的项目，如人寿保单赔偿金额、临终医疗费用、遗产处置费用和葬礼费用等。

理财规划师可以从表中的各资产项目了解到客户的遗产种类，然后将资产总额减去负债总额，就可以得到客户净遗产价值。最后，根据有关规定，计算出遗产的纳税金额。理财规划师和客户对有关的资产负债有了清晰的认识后，才能够决定客户的遗产管理目标。

在填写表 9-3 时，要注意以下两点：

第一，资产价值计算的是其目前的市场价值，而不是其被购买时的支付价格。这一点对于房地产资产的价值计算特别重要。房地产的价格每年都有较大幅度的变化，其市价和历史购价通常相差甚远。此外，对于股票、债券等投资也需要准确估计其价值和相关收益。

第二，不要遗漏某些容易被忽略的资产和负债项目。由于对自身的财务状况并不是十分了解，客户填写有关内容时容易遗漏掉一些重要的项目，从而高估或低估了其遗产价值。比如，资产项目中的个人无形资产（如著作权等），以及负债项目中的临终医疗费用等，都是容易被忽略的项目，但这些项目常常对客户遗产计划有着重要的影响。

理财规划师在进行遗产规划时，除了要求客户填写有关的个人资料外，还应该要求客户准备各种相关文件。这是因为，在客户去世时，如果这些文件齐全，将有利于其亲友办理有关的手续。一些常见的必需文件如下所示：

1）出生证明。

2）结婚证明。

3）姓名改变证明。

4）服役证明。

5）保险单据。

6）保险箱证明和记录。

7）银行存款证明。

8）社会保障证明。

9）有价证券证明。

10）房产证明。

11）汽车发票证明。

12）养老金文件。

13）遗嘱和遗产信托文件。

在这些文件中，最为复杂的是遗嘱和遗产信托文件。

2. 确定遗产管理的目标

在计算和估计了客户的遗产价值后，理财规划师对客户现时的遗产状况就有了大致的了解。下一步理财规划师要帮助客户确定其遗产管理目标，这可以通过请客户填写调查表的形式来完成。但由于遗产管理的特殊性，我们建议理财规划师采取与客户面谈的方式来了解其遗产管理目标。如果客户在表达自己愿望时有所顾忌，理财规划师应该做适当的推测，并征求客户的意见。

制定遗产规划的最终目标是帮助客户在其去世或丧失行为能力后分配和安排其资产和债务，并通过适当的方式使遗产的纳税额支出最小化。

下面是具体的遗产规划目标，对于大多数人来说，其中某些或者全部目标都是适用的。

（1）确定遗产所有者的继承人（或者受益人），以及每位受益人获得的遗产份额。

（2）确定遗产转移的方式。

（3）在与遗产所有者的其他目标保持一致的情况下，将遗产转移的成本降到最低。

（4）为遗产提供足够的流动性资产以偿还其债务。

（5）保持遗产规划的可变性。

（6）选择遗嘱执行人，并确定由其来清算遗产。

（7）计划慈善赠与。

理财规划师由于可以全面了解客户的目标期望、价值取向、投资偏好、财务状况和其他有关事宜，所以是为其进行遗产规划和制订计划的最好人选。

遗产规划目标和其他财务目标的区别在于，其他财务目标是客户仍健在时通过实施理财规划计划实现的，并且实现目标的预期时间也是在客户去世之前。而遗产规划目标只有在客户去世或丧失行为能力后才能实现，且该目标的实现需要在遗嘱执行人的帮助下进行。

客户的遗产规划目标首先要考虑其直接债务的偿还。如果客户突然去世，其债务不会因此解除，而是将其遗产或人寿保险的金额变现后用以偿还。其次，遗产规划的目标要包括客户的长期责任。长期责任是指在可以预见的将来，客户需要承担的义务以及支付这些义务带来的开支，同时这些开支应是可以估计和衡量的。

3. 制订遗产计划

（1）不同客户类型的遗产计划。

制订遗产计划是进行遗产规划的关键步骤。由于客户的具体情况不同，每个客户遗产计划中的工具和策略的选择也有着很大的差别。这里对几种不同客户类型的基本遗产计划做一个简单介绍。

1）客户已婚且子女已成年。

这类客户的财产通常是与其配偶共同拥有的，遗产计划一般将客户的遗产留给其配偶。如果其配偶将来也去世了，遗产则留给客户的子女或其他受益人。采用这一计划时要考虑两个因素：一是客户的财产数额大小；二是客户是否愿意将遗产交给其配偶。因为在一些国家，对于数额较大的遗产征税很重，所以如果客户很富有，则可以考虑采用不可撤销性信托或捐赠的方式以减少税收。如果客户不愿意遗产由其配偶继承，则应选择其他适合的方案。

2）客户已婚但子女尚未成年。

这类客户的基本遗产计划和第一类客户类似，但由于其子女未成年，所以在计划中要加入遗嘱信托工具。如果客户的配偶也在子女成年前去世，遗嘱信托可以保证有托管人来管理客户的遗产，并根据其子女的需要分配遗产。如果客户希望由自己来安排遗产在子女之间的分配比例，则可以将遗产加以划分，分别由几个不同的信托基金来管理。

3）未婚或离异客户。

对于这类客户，遗产计划相对简单。如果客户的遗产数额不大，而其受益人也已经成年，则客户直接通过遗嘱将遗产留给受益人即可。如果客户的遗产数额较大，而且他并不打算将来更换遗产的受益人，则可以采用不可撤销性信托或捐赠的方式，以减少纳税金额。如果客户遗产的受益人尚未成年，则应该使用遗产信托工具来进行管理。

（2）制订遗产计划的原则。

在制订遗产计划时，理财规划师需要注意以下几个原则。

1）保证遗产计划的可变性。

遗产计划的最主要特点是其可变性。客户向理财规划师征求遗产计划方面的财务意见，是为了在其突然去世或丧失行为能力时确保其财产有一个适当的安排。所以说，客户在制订遗产计划时也无法确定何时会执行该计划。如果客户身体状况一直良好，其遗产计划则可能在很长一段时间内不会被执行。而在这段时间里，客户的目标期望、价值取向、投资偏好和财务状况等往往发生变化，其遗产计划也应该随之加以改变。

例如，一个客户现年40岁，已婚并有三个子女，他计划将子女送往综合性大学接受教育。目前，他拥有的资产包括公司股权、投资基金股权和房产等，负债则有抵押贷款等。他的遗产计划目标是在偿还债务和保障妻子的生活水平后，将剩余财产留给子女作为其教育基金。这时理财规划师可以根据客户的需要将大部分的财产留给三个子女。然而，10年后，该客户身体健康，但已离婚并再婚，又有了新的子女。客户的财务状况也发生了变化，他已经结束了大多数的公司业务，现在主要持有各种基金股票和债券，但债务尚未偿还。这时他对前任子女的态度和40岁时也有所不同，并更疼爱其与现任妻子共同养育的儿女。显然，理财规划师需要根据客户的现时情况重新调整遗产计划中的内容。再过20年，该客户的子女已经成年，其原有的抵押贷款也已经还清，客户及其妻子退休在家。该客户此时最大的愿望是希望保证妻子的生活水平在其去世后不会改变。这样，理财规划师就需要再次修改该客户的遗产计划。

所以说，可变性是遗产计划中最重要的特点，理财规划师在为客户制订遗产计划时应该留有一定的变化余地，并且要和客户一起定期或不定期地审阅和修改遗产计划。

在下面三种情况下，遗产计划的可变性将会降低：

①遗产中有客户与他人共同拥有的财产。因为客户不是完全拥有此项财产，所以并不具备完全处置的权力，除非持有该财产的另一方授权于客户，否则客户不能独自改变原先的约定。

②客户将部分遗产作为礼物捐赠给他人。可以将财产作为捐赠物而不是遗产交于受益人。这样虽然能够降低税收支出，但是捐赠这种方式一旦被采用，就不可撤回，所以不能适应环境或客户意愿的改变。因此，客户选择遗产工具时，应该慎重考虑是否采用这种方式。

③客户在遗产计划中采用了不可撤销性信托条款。和捐赠一样，不可撤销性信托条款也可以减少客户的纳税金额。由于它是不可撤销的，所以也降低了遗产计划的可变性。然而，客户可以限制这一条款的适用范围，从而保留对有关遗产的部分处置权。

2）确保遗产计划的现金流动性。

由于个人遗产中有相当部分要用于支付遗产税，客户去世时，其家人还要为其支付有关的处置费用，如临终医疗费、葬礼费、法律和会计手续费、遗嘱执行费、遗产评估费等。在扣除应支付的这类费用并偿还其所欠的债务后，剩余部分才可以分配给受益人。

所以，如果客户遗产中的现金数额不足，反而会导致其家人陷入债务危机。要避免这种情况的发生，理财规划师必须帮助客户在其遗产中提供充足的现金以满足支出，即确保遗产计划的现金流动性。

遗产中现金收入的来源通常有以下几种：

①支付给客户配偶的社会保障金。

②银行存款。

③存单。

④人寿保险赔偿金。

⑤可变现的有价证券。

⑥职工福利计划收益。

⑦其他收益性资产。

为了保证遗产计划中现金的流动性，客户应该尽量减少遗产中的非流动性资产，如房地产、长期债券、珠宝和收藏品等。这些资产不仅无法及时提供所需的现金，还会增加遗产处置的费用。所以客户应该尽量将它们出售或捐赠给他人，从而降低现金支出。

3）减少遗产纳税金额。

多数客户都希望能够尽可能地留下较多的遗产，然而，在遗产税很高的国家，客户（尤其是遗产数额较大者）的遗产往往要支付较高的遗产税。而且遗产税不同于其他税种，受益人要在将全部遗产登记并计算和缴纳税金之后，才可以处置财产。因此，受益人必须先筹一笔现金，把税款缴清，才可获得遗产。所以，减少税收支出也是遗产计划中的重要原则之一。由于各个国家的税收制度有所差异，理财规划师需要根据不同客户的情况进行处理。一般而言，采用捐赠、不可撤销性信托和资助慈善机构等方式都可以减少纳税金额。

在未开征遗产税的国家，理财规划师在制订遗产计划时首先要考虑如何将遗产正确地分配给客户希望的受益人，而不是减少纳税额。即使在遗产税率较高的国家，理财规划师也不能过于强调遗产税的影响，因为客户的目标和财务状况在不断变化，如果为了降低纳税额而采用许多减少遗产计划可变性的遗产管理工具，可能会导致客户的目标最终无法实现。

（3）定期检查和修改。

客户的财务状况和遗产计划目标处于变化中，遗产计划必须能够满足其不同时期的需求，所以对遗产计划的定期检查是必须的，这样才能保证遗产计划的可变性。理财规划师应该建议客户在每年或每半年对遗产计划进行重新修订。下面列出了一些常见的事件，当这些事件发生时，客户的遗产计划常常需要进行调整。

1）子女的出生或死亡。

2）配偶或其他继承者的死亡。

3）结婚或离异。

4）本人或亲友身患重病。

5）家庭成员成年。

6）遗产继承。

7）房地产的出售。

8）财富的变化。

9）有关税制和遗产法的变化。

理财规划师需要按照以上四个步骤，同时结合有关遗产计划工具的内容，为客户的遗产计划提出合理的建议。

9.7.2 遗产规划风险与控制

相对于其他理财规划，遗产规划中的风险要低一些，但由于遗产规划的风险一般在客户去世后才发生，客户无法为此采取补救措施，所以在制定遗产规划时，就需要尽量避免这类风险的发生。

1. 遗产管理的常见风险

（1）客户没有留下遗嘱或遗嘱无效。

在这种情况下，将不得不由有关部门来负责处理和分配当事人的遗产。由于没有当事人在场，根据有关法律进行的分配，其处理结果很可能与当事人的目标和期望相背离。

（2）客户未将有效的遗产委托书授权于他人。

这一风险在客户突然生病或去世时常会发生。此时客户无法再签署有关文件，又没有人持有客户的遗产委托书，或者代理人持有的只是普通遗产委托书。在这种情况下，就没有客户信任的人选来为其处理遗产，客户原有的遗产规划目标将可能无法实现。

（3）遗嘱中未能反映客户实际资产的种类和价值。

由于客户的财务状况一直处于变化中，所以其遗嘱中对资产或债务的安排也需要定期修改。由于某些原因客户未能及时调整遗嘱。则可能无法满足客户原先的期望。

（4）客户购买的保单中，保险条款未能保障当事人的利益。

这里有两种情况。一是保单的赔偿条款过于严格，在当事人去世时赔偿金额低于期望，这将影响到遗产计划的实施；二是保单中对受益人的安排不恰，导致收益额的下降或是税收支出的增加。因此，当事人在指定保单受益人时应该慎重选择，决定是将赔偿金额直接交于接受者，还是先将该金额并入遗产中一起分配。

2. 遗产管理中的财产所有权问题

在遗产管理中，客户财产持有形式十分重要，因为对财产持有形式不同会直接影响到客户对遗产的分配权力。根据客户持有形式的不同，个人财产可分为个人特有财产和共同持有财产两种。

（1）个人特有财产。

在这种持有形式下，客户对该项资产拥有全部的所有权和处置权。无论客户希望何时或以何种形式安排该项财产，都受到法律的保护和认可。这类财产可以由其持有人作为遗产，也可不受任何他人限制，按自己的意愿分配给受益人或继承者。

但是，理财规划师需要帮助客户分清何种财产才是属于客户个人特有的。一般而言，如果财产的持有证明上只有客户一人的名字，则客户就可以被认为是该财产的独立持有者，该财产属于个人特有财产。但对于已婚客户，情况则有所不同。如果财产是在婚后取得的，并且取得时客户的固定居所是他与配偶的共有财产，即使持有证明上只登记了该客户的名字，客户也不是该财产的独立持有者，他只是共同持有人之一，和其配偶共同拥有该项财产。

（2）共同持有财产。

在共同持有形式下，客户拥有的财产又可分为三种：联合共有财产（joint tenancy）、共有财产（tenancy in common）和夫妻共有财产（community property）。下面分别介绍这三种类型的财产。

1）联合共有财产。

这是共同持有财产中最为常见的形式。在这种形式下，共同持有财产的双方对被持有财产拥有相同的管理权力；当一方去世后，该财产的所有权将无条件地归另一方所有。这意味着，如果将该资产作为遗产，则无须考虑当事人的遗嘱，也无须办理烦琐的转移手续和支付费用，就可以将其留给受益人。在许多遗嘱程序烦琐的国家，尤其是美国，这一点对客户十分方便，可以节约时间和大幅度地降低遗产处置费用。

在某种程度上，客户可以采用联合共有财产的形式来代替遗嘱的使用。但如果使用不当也会影响客户对财产的控制权，而且会增加受益人的纳税金额。各国法律对该工具的使用均有一定的限制。

2）共有财产。

共有财产是另一种共同持有财产的形式。它和联合共有财产的相似之处在于，持有财产的双方对被持有财产有相同的管理权力。区别在于，共有财产的一方去世后，他在该财产上拥有的权力不会无条件地转移给另一方，而是根据去世者的遗嘱进行处理。共有财产的持有人可以是两人或多人，而且各人在该财产上持有的份额无须相同。

共有财产适用于那些不愿意将财产转移给另一持有者的客户。例如，客户与他人共同拥有和管理公司，而他希望去世后能将公司的合伙份额留给配偶而不是合伙人。由于在对共有财产进行处置时要进行遗嘱检验并支付有关费用，所以如果客户愿意将共有财产留给持有的另一方，为减少遗产费用起见，就不应该选择这种工具，而应使用联合共有财产的形式。

3）夫妻共有财产。

与共有财产的处理方式类似，持有一方去世后，他在该财产上的所有权同样不会无条件地转移给另一方，也要根据去世者的遗嘱进行处理。与共有财产不同的是，夫妻共有财产的形式仅限于在客户与其配偶之间使用，而且双方各占有该项财产的一半。由于同样要涉及遗嘱检验和支付税金及手续费用，所以只有当遗产数额不大时，理财规划师才可以建议客户使用这种方式。对于遗产数额较大的客户，则可以考虑选择联合共有财产的形式。

客户在填写自己的财产数据时，应该将有关财产的性质加以说明，这样理财规划师才能充分了解客户的真实财务状况，从而在合理判断的基础上制订满足客户需要的遗产计划。

❖ 本章小结

1. 遗产就是一个人在去世时所拥有的全部资产和负债，资产可以包括所持有的现金、证券、公司股权、不动产和收藏品等，负债则包括消费贷款、抵押贷款、应付医疗费用和税收支出等。遗产规划，是指当事人在其健在时通过选择遗产规划工具和制订遗产计划，将拥有或控制的各种资产或负债进行安排，从而保证在自己去世或丧失行为能力时尽可能实现个人为其家庭（也可能是他人）所确定目标的安排。
2. 遗产转移主要方式有：终身转移（赠与、为受益人创建不可撤销信托、为受益人购买人寿保险）；死亡时的转移（遗产继承、遗赠、遗嘱信托）。
3. 遗产规划的主要工具有：遗嘱、遗产委托书、遗产信托、人寿保险及赠与。
4. 遗产规划程序，即遗产规划业务流程，包含以下程序：计算和评估客户的遗产价值、确定其遗产规划目标、制订遗产计划及对遗产计划的定期检查修改。
5. 遗产管理的常见风险有客户没有留下遗嘱或遗嘱无效、客户未将有效的遗产委托书授权于他人、遗嘱中未能反映客户实际资产的种类和价值，以及客户购买的保单中，保险条款未能保障当事人的利益。

❖ 习题

判断题

1. 遗产是指公民死亡时遗留的个人合法财产，包括不动产、动产和其他具有财产价值的权利。
2. 法定继承一般用于无遗嘱继承。
3. 如果被继承人生前一直照料着一位生活无法自理的孤寡老人邻居，则被继承人死后法定继承中，该老人可以分得一部分遗产。
4. 个人信托资产一旦转移进入家族信托，家族成员对其丧失了法律上的所有权，因此家族信托有避税的功能，不必缴纳所得税。

单选题

5. 以下说法错误的是（　　）。
   A. 遗嘱简单，为人所熟知
   B. 人寿保险无须缴纳遗产税
   C. 税收递延保险既可以节税，也有一定的流动性
   D. 联名账户不能节税，且我国还没有联名账户
6. 关于遗产继承中的原则，下列说法不正确的是（　　）。
   A. 法定继承中实行优先亲密继承的原则
   B. 同一顺序继承人原则上平均分配的原则
   C. 照顾分配的原则
   D. 鼓励家庭成员及社会成员间的扶助的原则
7. 关于家族基金和普通基金的异同，下列说法正确的是（　　）。

A. 二者建立目的不同，家族基金会服务于设立者的家属或者家族
B. 资金来源不同，家族基金会的资金来源于创立者的捐赠
C. 受到政府监管的力度相同
D. 家族精神和价值观念的传承不同

8. 以下关于慈善信托的说法正确的是（　　）。
A. 目的必须是完全为了社会公共利益
B. 慈善信托必须到主管部门备案或取得批准
C. 慈善信托的委托人可以中途解除信托合同
D. 慈善信托可以有效进行财富保全与财富传承

多选题

9. 以下哪些属于遗产规划工具（　　）。
A. 遗嘱　　B. 基金会　　C. 人寿保险　　D. 联名账户

10. 以下说法正确的是（　　）。
A. 基金会可以用于家族代际传承财富，不过缺乏流动性和灵活性
B. 我国 2018 年试点税收递延保险，是养老金第三支柱的标志
C. 人寿保险流动性不强，难以实现更多的功能
D. 遗嘱公证、执行耗时、昂贵，易失去家族事务的私密性和引发遗产纠纷

11. 以下哪些情况下遗嘱无效（　　）。
A. 无民事行为能力人或者限制民事行为能力人所立的遗嘱无效
B. 被篡改的遗嘱内容无效
C. 遗嘱人以遗嘱处分了不属于自己的财产的，遗嘱的这一部分内容无效
D. 遗嘱没有为缺乏劳动能力又没有生活来源的继承人保留必要份额的，对应当保留的份额的处分无效。

简述题

12. 什么是遗产规划？
13. 遗产继承有哪些特征？
14. 遗嘱的法定形式有哪些？

习题参考答案

第 10 章　PERSONAL FINANCE

综合理财案例：建行客户张建国先生养老金资产配置案例[㊀]

❖ 本章提要

1. 前面 9 章知识回顾

通过前面 9 章学习，我们理解了个人理财是通过个人财务分析[㊁]、个人风险属性分析[㊂]及货币的时间价值技术在个人理财中应用[㊃]，来完成投资规划[㊄]、保险规划[㊅]、税收规划[㊆]、退休

㊀ 本案例荣获“教育部首届金融专业硕士案例大赛优秀案例奖”，并入选案例库。（奖励批准号：AL2015014）

㊁ 个人财务分析：包括资产负债表、现金流量表、个人收支表、收支预算表的制作及财务指标分析等内容。参见第 3 章。

㊂ 个人风险属性分析：包括风险承受能力量化、风险容忍度量化及其他。参见第 5 章。

㊃ 货币的时间价值技术在个人理财中应用：参见第 4 章。

㊄ 投资规划：主要通过各种投资工具及资产配置服务，解决财富保值增值问题，是“开源”，增加收入以增加理财资金供应。特别提醒，保障本金安全是第一要求。

㊅ 保险规划：主要通过各种保险工具解决风险转移、补充保障（如世界银行提倡的，我国采纳的“三支柱”养老模式，其中一个模式就是商业医疗保险，近年来我国也发行了相关养老保险产品），以及保险具有的理财功能，如高净值客户需要的大额保险，以规避可能的遗产税。

㊆ 税收规划：主要在了解《中华人民共和国个人所得税法》及相关法规的前提下，在税法没有规定缴税的地方，减少税收支出。它是“节流”，减少支出以增加理财资金供应。它不是偷税等违法行为，而是“合理避税”。

规划[一]、遗产规划[二]等个人或者家庭一生的理财规划，目的在于降低家庭财务风险和财务隐忧，实现社会和谐和稳定。

个人理财的核心是根据客户的资产状况（第3章）、理财机构提供的产品和服务[三]与风险偏好（第5章）来实现客户的理财目标。实现客户理财目标的规范流程包括以下六个步骤：与客户建立联系、收集客户数据及决定目标与期望、分析客户现行财务状况、整合理财规划策略并提出理财规划计划、执行理财规划计划、监控理财规划计划的执行并适时调整（第2章）。

通过“客户张文和李静夫妻理财规划方案”（第1章）理解什么是个人理财和理财业务全貌。并且，针对不同客户可以提供不同的个人理财业务模式，掌握国际惯例的个人理财准则，掌握理财规划师应具备的核心知识。

2. 本章案例引导

本案例应用经济指标预测、参数设定、个人财务报表编制和分析、货币的时间价值、投资规划（客户风险属性分析、资产配置等）、养老规划（养老金分析、养老资金供应分析等）等个人理财流程及规划，对建行客户张建国先生家庭进行了理财规划并提供理财方案。

❖ 案例目录

[一] 退休规划：主要解决“老有所养，老有所依”的养老金问题。

[二] 遗产规划：主要解决怎么“划好句号”的财富传承问题。

[三] 个人理财也可以从理财资金供应和理财资金需求视角理解。各财务目标（如养老金、购房换房金、教育金）是理财资金需求；社会保障、员工福利、家庭过去投资及理财机构提供的贷款等是理财资金供应。当理财资金供应大于或者等于理财资金需求时，个人家庭理财目标就能实现（满意度可能增加）；反之，理财目标不能实现，需要进行调整。如，养老金短缺是全球都面临的严峻问题，解决方法理论上可以是：①增加收入。②减少支出，如我国2019年的个人所得税大幅度降低，就是为此。③推迟目标实现，如以60～65岁弹性退休方案应对可能的养老金短缺。④降低目标，如减少旅游。⑤提高投资收益率。收益率越高，风险越大。考虑提高收益率时，一定要把控风险，如养老金、教育金要求稳健投资，一定要把风险防控放在首位，不要贪利而“因小失大”。

10.1 养老金资产配置案例：以中国建设银行为例[㊀]

摘要：人口老龄化和养老金短缺是全球都遭遇的严峻问题。研究如何弥补养老金短缺具有较强的现实意义和理论价值。我国的养老金主要由三部分构成，即国家、企业及个人。国家方面，主要由基本养老保险、基本医疗保险、失业保险、住房公积金组成；企业方面，包括企业年金与员工持股计划两部分；个人方面，可以通过资产投资组合来补充养老金供给。当前，我国公共养老金和企业养老金不能够支撑公众整个老年生活所需资金，所以，金融机构针对退休前的个人养老金的私人财富管理就发挥了极其重要的作用，即合适的养老金管理可以弥补目前存在的养老金缺口，从而满足退休生活的财务需求，保障“老有所养”。而在养老金的财富管理过程中，资产配置是重中之重。

由于我国财富管理以商业银行为主，故本案例选取最具有代表性的商业银行——中国建设银行为例。本案例中的养老金规划方案是基于商业银行专业财富管理人员视角，以客户的财务状况、风险属性为基础，结合 Excel 函数中“规划求解”方法和金融理财学中的“生涯仿真法”形成最优资产投资组合，形成一套兼具时效性和可行性的，适合普通客户的退休规划方案，弥补养老金缺口，以实现养老金供需平衡，满足退休人群的养老计划与目标。

10.1.1 引言

21 世纪的中国社会，人口老龄化形势已经十分严峻，我们同世界上很多国家一样，将成为一个不可逆转的老龄社会。中国老龄事业发展报告[㊁]显示，自 2010 年起，我国老龄人口增长率将呈现递增趋势，人口老龄化水平增速远远超过其他国家。到 2050 年，我国老龄化水平将达到 30% 以上，如图 10-1 所示。我国的人口老龄化趋势将伴随 21 世纪始终，我国同时面临着人口老龄化问题凸显及人口总量膨胀的双重压力。

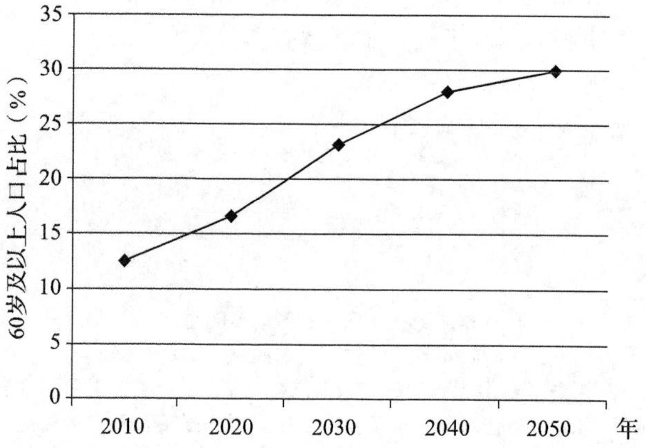

图 10-1　60 岁及以上人口比例图[㊂]

㊀ 本案例只供课堂讨论之用，无意对相关金融机构进行评价。

㊁ 吴玉韶 . 中国老龄事业发展报告 [R]. 北京：社会科学文献出版社，2013.

㊂ 数据来源：中国老龄事业发展报告（2013）。

我国还存在“未富先老”局面。“未富先老”通常是指由于社会经济和制度基础还比较薄弱，没有足够的能力应对老龄社会各种挑战，在经济实力、社会发展水平、社会公共政策上呈现出发展水平与实际需求不匹配的现象[㊀]。人口老龄化的加剧和“未富先老”现象的出现，以及“八－四－二－二”的家庭结构，使中国家庭的养老金短缺问题更加严峻，成为亟待解决的问题。

面对严峻的养老问题，我国政府及其他主体采取了一系列措施来保障老龄人群的基本生活。而在这些保障体系中，养老金的发放是其中最为重要的方法之一。我国的养老金主要由三部分构成，即公共部分、企业部分及个人部分。由于城市化发展步伐加快，企业员工数量增加，我国的企业职工基本养老保险制度出现了覆盖范围不够广泛、计发办法不够合理等问题。而相较于基本养老金，企业养老金的覆盖面更为狭窄，分配方式更具有偏向性，无法给员工提供强有力的养老金保障。在基本养老金和企业养老金都无法完全弥补退休养老金需求缺口的情况下，退休前的私人养老金财富管理就发挥了极其重要的作用，它能够为养老金拥有者提供较为自由而可控的养老基金投资环境，在一定程度上满足养老金支出，遗产的留存及其他支出需求的缺口弥补。对私人养老金进行投资研究，对现实有一定的指导意义。

养老金缺口的出现，在带来问题的同时，也为金融机构提供财富管理产品和服务创造了新机遇。据测算，到 21 世纪中期，我国的养老需求将达五亿元人民币之多。[㊁] 在众多的养老服务业务中，私人养老金的财富管理业务就是其中之一，养老金的财富管理业务给金融机构带来了新的发展机会，针对客户个人的专业化资产配置业务就成了重要的工具。随着世界老龄化趋势越发深化，养老金的财富管理业务作为个人理财业务中重要的组成部分，人们对其需求也会随之上升。该业务改变了金融机构传统盈利模式，受到各类型金融机构，特别是商业银行的高度重视并在业务条线中大力拓展“财富管理与私人银行业务”。可见，养老金财富管理是“客户、理财师、金融机构”共赢的业务，即：客户可以主动理财，解决“人还在，钱没了”的财务风险；理财师可以获得对等的薪酬；金融机构可以实现“客户关系管理”基础上的“顾问式”营销。

10.1.2　案例背景

张建国先生现年 42 岁，本科毕业，是某外企公司北京分公司的人事部职员，月薪（税前）1.6 万元，身体健康，预计寿命为 86 岁。妻子吴永平现年 38 岁，大专学历，在女儿出生后辞去工作在家做全职太太，预计寿命为 88 岁，无相应保障。女儿张小兰 2000 年出生，在某中学就读初中三年级。张建国及吴永平的父母均健在，且四人有退休收入。

张建国的三险一金[㊂]缴存额与社会一般水平保持一致，从 2002 年统一开始缴纳[㊃]，其账户余额中，养老金个人账户余额 50 000 元，医疗保险账户余额 9 000 元，失业保险无

㊀ 张晓红．中国“未富先老”现象面临的挑战及对策措施 [J]. 才智杂志，2008（12）：278.

㊁ 周程程．银发经济有望成朝阳产业 [J]. 证券之星 .http://stock.stockstar.com/JC2015030200002671.shtml.

㊂ 本文中，“基本养老保险＋基本医疗保险＋失业保险＋住房公积金”简称“三险一金”。

㊃ 养老金个人缴费率为 8%，基本医疗保险个人缴费率为 2%，失业保险个人缴费率为 1%，住房公积金个人缴费率为 8%，企业年金个人缴费率为 8%，企业年金部分公司按同样比例配款。

余额累积，由于张建国使用住房公积金还贷，故他的住房公积金账户未能留有余额，企业年金账户余额 20 000 元。

除去基本的三险以外，张建国还拥有企业年金作为补充。企业年金账户余额 20 000 元，按社会普遍的缴费办法计算，企业年金按月税前工资的 4% 缴费，且张建国的单位同比例配款，企业年金在退休时按 20% 缴税并一次性领取剩余金额。此外，由于张建国是单位的重要员工，他还参加了员工持股计划，目前他已持有 7 000 股公司股票，股票市价为 10.60 元 / 股，每年分配 1 000 股，股票价格增长率与经济增长率保持一致。[一]

张建国及其家庭财务信息如下：现有 50 000 元现金存于中国建设银行的活期储蓄中，另有 500 000 元现金存于中国建设银行的一年期定期存款之中。实物资产上，家庭拥有一辆价值 150 000 元的家用型轿车和位于北京市五环某小区的市值为 1 250 000 元的家庭住房一套，该住房还剩余 250 000 元贷款未能归还，这部分都使用住房公积金来还款[二]。除此之外，家庭月生活支出 10 000 元，支出成长率与 CPI 同步。支出的具体项目如表 10-1 所示。

表 10-1　张建国家庭支出汇总表　　（单位：元）

项目	月支出平均值	年支出平均值
食品	1 700.00	20 400.00
衣着	1 500.00	18 000.00
交通（含车险、燃油等）	800.00	9 600.00
物业费	450.00	5 400.00
水、电、暖、天然气	450.00	5 400.00
收视、电话、网络费	700.00	8 400.00
休闲活动支出	800.00	9 600.00
老人赡养（双方父母）	2 400.00	28 800.00
医疗保健支出（张建国除外）	700.00	8 400.00
其他杂项费用	500.00	6 000.00
生活支出	10 000.00	120 000.00

为保障退休生活的顺利进行，并满足在退休生活中的各类需求，张先生一家制订了如下计划，希望能通过合理的规划达到目标。

（1）基本生活保障：张先生的家庭希望在其退休后，生活支出水平能够达到退休前的 80%，并在一方离世后，生活支出降为前一年的 60%。

（2）子女生活保障：退休时给孩子准备 283 万元买房买车，其中，250 万元为买房准备，33 万元为张建国先生青睐的某款车型在退休时点上的预估值。

（3）休闲娱乐保障：张先生及太太希望能愉快享受退休生活，计划退休后的前五年每年都能旅游，每次约 50 000 元。

[一] 股票只有在张建国退休时或离开公司 5 年后才能卖出。

[二] 该公积金贷款利率为 3.87%。

（4）其他补充：如果资金充足，则可做其他补充。

为了达到以上设立的目标，张先生家庭每年都要投入资金用于投资与储蓄。经过张先生家庭商议达成共识，在不影响现今生活的前提下，他们决定拿出家庭定期存款 150 000 元做投资准备金，且每年投入自由储蓄额的 30% 做储备。

按照国际理财师协会《金融理财师执业操作准则》及《金融理财师职业道德准则》要求[㊀]，根据以上基本信息，可以为张先生及其家庭做一份完整的退休目标资产配置规划。根据张先生提供的基本信息，可得到表 10-2 的整理信息。

表 10-2　张建国家庭成员基本信息表

张建国先生资料	
年龄	42
职业	外企部门职员
学历	大学本科
健康状况	正常
保障情况	三险一金和企业年金
预计退休年龄	60
预期寿命	86
吴永平女士资料	
年龄	38
学历	大专
职业	全职太太
健康状况	正常
保障情况	无
预期寿命	88
其他家庭成员资料	
张小兰 15 岁，初中三年级	身体健康，学习优秀
双方父母	有退休收入

10.2　案例分析

10.2.1　家庭财务分析

1. 编制家庭资产负债表

分析张建国家庭资产负债情况，找出可用于退休规划的净资产。表 10-3 反映了客户张建国家庭目前的资产负债及收支储蓄的状况。

㊀ 中国于 2005 年 7 月加入国际 CFP 组织，成为准联属会员，并于 2006 年 4 月成为正式联属会员。从事金融理财业务时，要严格遵守这两个准则。

表 10-3 张建国一家资产负债表 （单位：元）

资产		负债	
现金资产	50 000	流动负债	0
流动性资产	50 000		
		投资负债	0
定期存款	500 000		
限制性股票	74 200	自用房产贷款	250 000
个人养老金账户	50 000	自用负债	250 000
医疗保险金账户	9 000	总负债	250 000
住房公积金账户	0		
企业年金	20 000		
投资性资产	653 200		
		净值	
自用住房当前市值	1 250 000	流动性净值	50 000
自用汽车当前市值	150 000	投资性净值	653 200
自用性资产	1 400 000	自用性净值	1 150 000
总资产	2 103 200	总净值	1 853 200

整合张先生及其家庭所有信息我们可以看出[㊀]：

（1）流动性资产：即现金及现金等价物，在资产配置时必须兼顾保本性与变现性，张建国先生及其家庭拥有流动性资产 50 000 元，流动性充足。

（2）投资性资产＝定期存款账户余额＋三险一金账户余额＋限制性股票。张建国家庭拥有投资性资产 653 200 元。

（3）自用性资产＝自用住房市值＋自用汽车市值，张建国家庭拥有自用性资产 1 400 000 元，总资产为三者之和，为 2 103 200 元。

（4）流动性负债 0 元，投资性负债 0 元，自用负债 250 000 元，总负债为三者之和，共 250 000 元。

（5）家庭净资产＝总资产－总负债＝1 853 200（元）

流动性净值＝流动性资产－流动性负债＝50 000－0＝50 000（元）

投资性净值＝投资性资产－投资性负债＝653 200（元）

自用性净值＝自用性资产－自用性负债＝1 400 000－250 000＝1 150 000（元）

2. 编制家庭现金流量表

分析张建国家庭的收支储蓄情况，找出每年可用于退休规划的现金流。收支储蓄表由三大部分组成，即收入、支出及储蓄。首先，我们要计算出张建国先生的家庭可使用收入，而该家庭可使用收入主要来源于张建国先生实发工资，如表 10-4 所示。

㊀ 参见附录 10D《财务诊断指标》。流动资产的合理范围为 3～6 个月的支出。

表 10-4　张建国实发工资计算表　（单位：元）

	月平均值	年平均值
税前收入	16 000.00	192 000.00
养老保险缴费	1 253.52	15 042.24
医疗保险缴费	313.38	3 760.56
住房公积金缴费	1 253.52	15 042.24
失业保险金缴费	156.69	1 880.28
所得税	1 375.72	16 826.64
企业年金缴费	640.00	7 680.00
实发工资	11 007.17	131 768.04

张建国先生的实发工资计算过程如下。

（1）首先需要计算出张建国的三险一金缴费额。

三险缴费额 = 缴费基数 × 各自相应的费率。缴费基数取当月税前工资与上年度当地月均收入的三倍中的较小值计入缴纳。具体对北京工作的张先生而言，北京月平均工资为 5 223 元 / 月㊀，其税费前工资 16 000 元 > 3×5 223 元，取 3×5 223 元＝15 669 元为缴费基数。

养老保险缴费额＝养老保险缴费费率 × 缴费基数＝8%×15 669＝1 253.52（元）

医疗保险缴费额＝医疗保险缴费费率 × 缴费基数＝2%×15 669＝313.38（元）

公积金缴费额＝住房公积金缴费费率 × 缴费基数＝8%×15 669＝1 253.52（元）

失业保险金缴费额＝失业保险金缴费费率 × 缴费基数＝1%×15 669＝156.69（元）

企业年金的缴费额与三项基本保险的缴费方式不同，企业年金不存在缴费基数的比较，企业年金缴费额＝税费前工资 × 企业年金费率。则张建国的企业年金缴费额为：

企业年金缴费额＝税费前工资 × 企业年金费率＝16 000×4%＝640（元）

（2）其次为各项税费的计算。

张建国先生及其家庭涉及了工资薪金所得的征税及限制性股票所得的征税，两种税均适用于个人所得税累进税率表。计算方法如下：

工资薪金所得税＝（缴费基数 − 三险一金缴费额 − 免缴税额）× 适用税率 − 速算扣除数

张建国工资薪金所得税＝（16 000 − 1 253.52 − 313.38 − 1 253.52 − 156.69 − 3 500）× 25% − 1 005＝1 375.72（元）

年工资薪金所得税＝月工资薪金所得税 ×12＝16 508.64（元）

限制性股票所得税＝每年发放股数 × 市值 /12× 适用税率 ×12

张建国限制性股票所得税＝1 000×10.6/12×3%×12＝318（元）

所得税＝工资薪金所得税 + 限制性股票所得税＝16 508.64 + 318＝16 826.64（元）

（3）计算实发工资。

月实发工资＝月税费前工资 − 月三险一金缴费额 − 月工资薪金所得税 − 企业年金缴费额

＝16 000 − 1 253.52 − 313.38 − 1 253.52 − 156.69 − 1 375.72 − 640＝11 007.17（元）

㊀ 数据来源：北京市人社局 2014 年公布的数据。

年实发工资＝月实发工资 ×12 – 限制性股票所得税

　　＝11 007.17×12 – 318＝131 768.04（元）

根据张先生的实发工资额，我们可以计算出张先生及其家庭收支储蓄表中的收入部分，如表 10-5 所示。

表 10-5　张建国一家收支储蓄表：收入部分　（单位：元）

	月平均值	年平均值
实发工资	11 007.17	131 768.04
养老金缴存	1 253.52	15 042.24
医疗保险金缴存	156.69	1 880.28
住房公积金缴存	2 507.04	30 084.48
企业年金缴存	1 280.00	15 360.00
可使用工作收入	16 204.42	194 135.04
利息收入	—	12 500.00
理财收入	—	12 500.00
可使用收入合计	16 204.42	206 635.04

可使用收入是家庭储蓄的基础，在家庭收支储蓄表中，可使用收入＝可使用工作收入＋理财收入。张建国先生的可使用收入计算如下所示。

（1）可使用工作收入的计算。

要计算可使用工作收入，先要计算出三险一金的缴存额。其中，张建国的养老金缴存额即为其养老金缴费额，表示为：

养老金缴存额＝养老金缴费额＝1 253.52（元）

医保缴费中的 50% 用于支付其医疗费用，剩下的 50% 存入医保个人账户，则：

医疗保险缴存额＝医疗保险缴费额 ×50%＝313.38×50%＝156.69（元）

住房公积金和企业年金缴存额包括张建国的个人与企业部分，且企业与个人配比相同，因此：

企业年金缴存额＝企业年金缴费额 ×2＝640×2＝1 280（元）

个人住房公积金缴存额＝住房公积金缴费额 ×2＝1 253.52×2＝2 507.04（元）

可使用工作收入＝三险一金缴存额＋实发工资额

　　＝11 007.17＋1 253.52＋156.69＋2 507.04＋1 280.00＝16 204.42（元）

（2）理财收入计算。

张先生及其家庭的投资十分保守，目前只有收益率相对较低的定期存款，则：

年利息收入＝银行存款 × 一年期定期存款利率＝500 000×2.5%＝12 500（元）

（3）可使用收入计算。

月可使用收入＝可使用工作收入＝16 204.42（元）

年可使用收入＝月可使用收入 ×12＋理财收入

　　＝16 204.42×12＋12 500＝206 635.04（元）

在得到张建国家庭的可使用收入后，我们可以根据前面给出的信息计算出张建国家庭的月支出平均值与年支出平均值，如表 10-6 所示。

表 10-6　张建国一家收支储蓄表：支出部分　　（单位：元）

	月平均值	年平均值
食品	1 700.00	20 400.00
衣着	1 500.00	18 000.00
交通（含车险、燃油等）	800.00	9 600.00
物业费	450.00	5 400.00
水、电、暖、天然气	450.00	5 400.00
收视、电话、网络费	700.00	8 400.00
休闲活动支出	800.00	9 600.00
老人赡养（双方父母）	2 400.00	28 800.00
医疗保健支出（张建国除外）	700.00	8 400.00
其他杂项费用	500.00	6 000.00
生活支出	10 000.00	120 000.00
保障性保费支出	0	0
利息支出	806.25	9 675.00
理财支出	806.25	9 675.00
支出合计	10 806.25	129 675.00

家庭储蓄为可使用收入与支出之差。计算出总支出，是家庭储蓄计算的重要步骤。家庭总支出由生活支出、理财支出两部分组成，计算过程如下。

（1）生活支出的计算。

张先生及其家庭每月生活支出均可以从其家庭记录的明细账薄中得到，月支出总额为各项明细支出的和。年平均生活支出为月平均生活支出的 12 倍，即

$$\text{年平均生活支出}=12\times\text{月平均生活支出}=12\times 10\,000=120\,000\ (\text{元})$$

（2）理财支出的计算。

年平均理财支出是年平均利息支出与保障性保费支出之和。在张先生的家庭投资中，并未有保障性保险存在，该项数值为 0。利息支出包括贷款利息等项目，在张先生的家庭中，以住房公积金还房贷，还贷利息计入理财支出。

$$\text{年利息支出}=\text{贷款余额}\times\text{公积金贷款利率}=250\,000\times 3.87\%=9\,675\ (\text{元})$$

$$\text{月利息支出}=\text{年利息支出}/12=9\,675/12=806.25\ (\text{元})$$

$$\text{年理财支出}=\text{年利息支出}+\text{保障性保费}=9\,675+0=9\,675\ (\text{元})$$

（3）总支出的计算。

家庭总支出是家庭生活支出与理财支出的总和。在张建国先生的家庭中：

$$\text{年平均总支出}=\text{年平均生活支出}+\text{年度理财支出}=120\,000+9\,675=129\,675\ (\text{元})$$

$$\text{月平均总支出}=\text{月平均生活支出}+\text{月均理财支出}=10\,000+806.25=10\,806.25\ (\text{元})$$

在得到可使用收入与家庭支出的各项数据后，我们就能得出家庭储蓄及自由储蓄的数据，其中，年家庭自由储蓄的 30% 作为家庭的养老准备金进行投资。家庭储蓄与自由储

蓄的具体数据如表 10-7 所示。

表 10-7 张建国一家收支储蓄表：储蓄部分 （单位：元）

	月平均值	年平均值
家庭储蓄	5 398.17	76 960.04
贷款本金	1 700.79	20 409.48
养老金强制储蓄	1 253.52	15 042.24
医疗保险金强制储蓄	156.69	1 880.28
住房公积金强制储蓄	0.00	0.00
企业年金强制储蓄	1 280.00	15 360.00
自由储蓄	1 007.168	24 268.010

年家庭储蓄＝年平均可使用收入－年平均支出＝206 635.04－129 675.00＝76 960.04（元）

由于张建国将全部的住房公积金缴存用于偿还剩余贷款，直至完全偿清，则：

月平均贷款本金＝住房公积金缴存－房贷利息＝2 507.04－806.25＝1 700.79（元）

年平均贷款本金＝月平均贷款本金 ×12＝1 700.79×12＝20 409.48（元）

月平均自由储蓄＝家庭储蓄－贷款本金－三险一金强制储蓄－企业年金强制储蓄

＝5 398.17－1 700.79－1 253.52－156.69－0－1 280＝1 007.168（元）

年平均自由储蓄＝年可使用收入－年支出＝24 268.01（元）

10.2.2 基本情况介绍

1. 客户风险属性评价

客户的风险属性评价包含两个指标，即客观风险承受能力和主观风险容忍度。风险承受能力与分析对象年龄大小，及其家庭和个人的具体情况息息相关，而风险承受态度与损失容忍程度和一系列心理因素有关。客户风险属性评价目的是为客户提供量身定制的资产组合配置方案，如表 10-8、表 10-9 所示。

表 10-8 张建国客观风险承受能力测试表

分数	10 分	8 分	6 分	4 分	2 分	客户得分
年龄	总分 50 分，25 岁以下者 50 分，每多一岁少 1 分，75 岁以上者 0 分					33
就业状况	公教人员	上班族	佣金收入者	自营失业者	失业	8
家庭负担	未婚	双薪无子女	双薪有子女	单薪有子女	单薪养三代	4
置产状况	投资不动产	自宅无房贷	房贷＜50%	房贷＞50%	无自宅	6
投资经验	10 年以上	6～10 年	2～5 年	1 年以内	无	6
投资知识	有专业证照	财经专业毕业	自修有心得	懂一些	一片空白	6
总分						63

表 10-9　张建国主观风险容忍度测试表

分数	10 分	8 分	6 分	4 分	2 分	客户得分
对本金损失的容忍程度	总分 50 分，不能容忍任何损失为 0 分，每增加一个百分点加 2 分，可容忍 25% 以上损失者为满分 50 分					35
首要考虑因素	短期价差	长期利得	年现金收益	抗通膨保值	保本保息	6
过去投资绩效	只赚不赔	赚多赔少	损益两平	赚少赔多	只赔不赚	4
赔钱心理状态	学习经验	照常过日子	影响情绪小	影响情绪大	难以成寐	4
目前主要投资	期货	股票	房地产	债券	存款	2
未来避免投资的工具	无	期货	股票	房地产	债券	8
总分						59

经过对张建国先生的风险属性分析，其风险承受能力得分 63 分，属于中高级风险承受者，主观风险容忍度得分 59 分，属于中级风险容忍度者。一般来说，风险承担能力越强，个人越能够承受高收益率带来的风险，则较高的收益率对于高风险承受能力者是合理的；个人的风险承受能力越弱，则根本无法接受高收益率带来的风险，说明高收益率并不适合低风险承受能力者。在做退休规划的资产配置时，可以此作为预期收益率的确定依据。

2. 基本数据及参数

为完整地做出退休资产配置规划，我们必须根据当今社会的经济形势及未来趋势对规划中出现的基本数据进行假设。

（1）中国居民消费价格指数 CPI。

张先生一家生活在北京地区，根据中国科学院预测科学研究中心的预测，2015 年中国居民消费价格指数 CPI 温和上涨 1.8% 左右[㊀]。但不能仅仅通过一年的数据判断，而是需要结合从 2005 年开始的十年的城市 CPI 数据进行分析，如表 10-10 所示，十年居民消费价格指数的平均值为 2.82%，将其作为规划制定的消费价格指数，为简化计算，取 3% 为计算标准。

表 10-10　2005～2014 年城市 CPI 指数

年份	CPI 指数
2005	101.60
2006	101.50
2007	104.50
2008	105.60
2009	99.10
2010	103.20
2011	105.30
2012	102.70
2013	102.60
2014	102.10
均值	102.82

数据来源：wind 数据库——经济数据库。

㊀ 林秀敏 . 中科院预测：2015 年中国 CPI 温和上涨 . 中国经济网，2015. http://intl.ce.cn/specials/zxxx/201501/23/t20150123_4417790.shtml.

（2）经济增长率。

对张先生及其家庭的未来养老规划是建立在较长的时间跨度上的，这就要求我们对中国的未来经济走势进行分析。虽然现阶段由于消费、出口、投资需求疲软，我国经济呈现出了下滑的趋势，但随着改革深化带来的红利增加及经济转型升级带来的巨大潜力，未来中国的经济仍将呈现平稳增长。中国社科院 2014 年 7 月 25 日发布的《经济蓝皮书夏季号：中国经济增长报告（2013～2014）》显示，中国经济增长步入结构调整的关键时期，未来五年增长率预期为 6.4%～7.8%。这个数据与国家统计局在 2015 年 1 月 26 日发布的《2014 年国民经济和社会发展统计公报》中显示的 2014 年 GDP 增长率 7.4% 相切合。为方便计算，我们取 6.4% 与 7.8% 的中间值 7.1% 为经济增长率参考值。

（3）工资薪金税率。

对于张先生工资薪金税的征收，需以工资、薪金所得适用个人所得税累进税率表为基础进行计算，其中，个人所得税的起征点为 3 500 元。具体的征收税率如附录 10B 所示。

（4）其他基本数据及假设。

北京市人力资源和社会保障局调查数据显示，2005～2014 年北京市企业职工平均工资增长的一般水平（未扣除物价因素）为 12% 左右[一]，扣除物价因素后，工资增长比率大约为 8%，但随着我国的劳动力市场的开发程度深化，工资上涨空间局限性增强，我国经济出现小幅度下滑的迹象越发明显，笔者认为，未来一段时间内，我国的社会平均工资增长率应略低于前十年的平均水平，在本案例中设为 10%，扣除物价因素后，为方便计算，将十年间工资的平均增长率设定为 6%。考虑到张建国先生现阶段的工资已处在高位水平，上涨难度增大，要在社会平均工资涨幅的基础上进行适当下调，假设为 5%。为方便计算，统一将养老保险、医疗保险、住房公积金的收益率确定在 2%，企业年金收益率要略高于各类保险的收益率，假设其为 4%，如表 10-11 所示。

表 10-11 基本数据及参数汇总表

居民消费价格指数（CPI）	3%
经济增长率	7.1%
企业年金中企业缴费适用税率	20%
张建国工资年增长率	5%
北京地区月社会平均工资（元）[二]	5 223
社会平均工资年增长率（扣除物价因素）	6%
一年定期储蓄利率[三]	2.5%
养老保险收益率	2%
医疗保险收益率	2%
住房公积金收益率	2%
企业年金收益率	4%

[一] 陈建. 企业职工平均工资 2014 年将普涨 12%. 中国新闻网，2014. http://www.bj.chinanews.com/news/2014/0613/39443.html.

[二] 根据北京统计局官方网站数据得出，http://www.bjstats.gov.cn。

[三] 根据 2015 年 3 月 5 日中国人民银行官方网站数据得出，http://www.pbc.gov.cn/publish/zhengcehuobisi/629/2015/20150428154611546712301/20150428154611546712301_.html。

10.2.3　退休供需分析

1. 退休需求分析

前文已经提到，张建国家庭规划资产配置的目的有三个，即养老金目标、医疗目标、住房目标，如何实现此三类目标是在张建国退休后亟待解决的问题，属于退休规划中的一部分。为此，我们需要计算出张建国的退休赤字，以该赤字为基础计算出投资的必要收益率，并进行资产的配置。其中，退休赤字＝退休需求－退休供给，我们首先需要知道张建国家庭的总需求，才能进行下一步的计算。张建国家庭退休规划需求，如表 10-12 所示。

表 10-12　张建国退休规划需求测算表　（单位：元）

退休规划总需求	8 451 559.25
基本生活支出	5 383 460.54
旅游支出	238 098.71
资助子女	2 830 000.00

上表为张建国家庭在整个退休阶段的总需求现值，即为养老金目标现值、医疗目标现值和住房目标现值之和，在计算中，以现值函数（NPV）为计算依据，通过以下步骤即可得到张建国家庭的整体目标需求现值：

（1）在假设中认为，生活支出和居民消费价格指数（CPI）同步增长，即

今年的生活支出＝上年生活支出 ×（1＋CPI）

如，2016 年的生活支出＝2015 年生活支出 ×（1+3%）＝120 000×1.03＝123 600（元）

（2）当张先生退休时，生活支出较前一年下降 20%[㊀]。所以，2033 年，当张建国 60 岁时，其家庭生活支出为：2033 年生活支出＝2032 年生活支出 ×（1＋CPI）×（1－20%）＝198 341.72×（1+3%）×（1－20%）＝163 433.58（元）

（3）当夫妻一方离世后，生活支出预期下降 40%。所以，2060 年生活支出＝2059 年生活支出 ×（1+CPI）×（1－40%）＝352 459.42×（1＋3%）×60%＝217 819.92（元）

（4）退休后生活支出净现值＝NPV（贴现率，退休后生活支出现金流）

（5）旅游支出净现值＝NPV（贴现率，旅游支出现金流）

根据以上步骤，得到客户张建国家庭各年度支出汇总表，如表 10-13 所示。

表 10-13　张建国家庭各年度支出汇总表　（单位：元）

年支出额					
时间	年 龄		年生活支出	旅游支出	资助子女支出
	张建国	吴永平			
2015	42	38	120 000.00		
2016	43	39	123 600.00		

㊀ 根据金融理财惯例，假设退休生活参数时，如客户未明确表示退休所需费用，可按退休前标准的 70%～80% 估计。

（续）

年支出额					
时间	年 龄		年生活支出	旅游支出	资助子女支出
	张建国	吴永平			
2017	44	40	127 308.00		
2018	45	41	131 127.24		
2019	46	42	135 061.06		
2020	47	43	139 112.89		
2021	48	44	143 286.28		
2022	49	45	147 584.86		
2023	50	46	152 012.41		
2024	51	47	156 572.78		
2025	52	48	161 269.97		
2026	53	49	166 108.06		
2027	54	50	171 091.31		
2028	55	51	176 224.05		
2029	56	52	181 510.77		
2030	57	53	186 956.09		
2031	58	54	192 564.77		
2032	59	55	198 341.72		
2033	60	56	163 433.58	50 000.00	2 830 000.00
2034	61	57	168 336.58	50 000.00	
2035	62	58	173 386.68	50 000.00	
2036	63	59	178 588.28	50 000.00	
2037	64	60	183 945.93	50 000.00	
2038	65	61	189 464.31		
2039	66	62	195 148.23		
2040	67	63	201 002.68		
2041	68	64	207 032.76		
2042	69	65	213 243.74		
2043	70	66	219 641.06		
2044	71	67	226 230.29		
2045	72	68	233 017.20		
2046	73	69	240 007.71		
2047	74	70	247 207.94		
2048	75	71	254 624.18		
2049	76	72	262 262.91		
2050	77	73	270 130.80		
2051	78	74	278 234.72		
2052	79	75	286 581.76		

（续）

时间	年龄		年支出额		
	张建国	吴永平	年生活支出	旅游支出	资助子女支出
2053	80	76	295 179.21		
2054	81	77	304 034.59		
2055	82	78	313 155.63		
2056	83	79	322 550.30		
2057	84	80	332 226.81		
2058	85	81	342 193.61		
2059	86	82	352 459.42		
2060		83	217 819.92		
2061		84	224 354.52		
2062		85	231 085.15		
2063		86	238 017.71		
2064		87	245 158.24		
2065		88	252 512.99		

上表列出了各年度张建国先生家庭的年生活支出、旅游支出及资助子女支出，为得到退休时点的退休总需求，利用 Excel 中的 NPV 函数，以退休后生活支出净现值为基础即可计算出 2033～2065 年的生活支出净现值。同理，从退休开始五年的旅游支出净现值也可以通过 NPV 函数求得。在求解出各项支出在退休时点的净现值之后，其和就是退休时点的退休总需求。

2. 退休供给分析

为满足退休后的各项需求，张建国家庭在退休前就要进行各项资产的储备。前文已经说到，在我国，主要由国家、单位及个人提供养老金的供给。国家方面，主要由基本养老保险、基本医疗保险、失业保险、住房公积金组成；企业方面，包括企业年金与员工持股计划两方面；个人方面，可以通过各项资产的投资来进行养老金供给储备。在张建国先生的家庭中，也存在着以上几种养老金供给方式。

（1）基本养老金供给。

我国的基本养老金是指，依据相关的法律和合同，在履行相关义务的条件下锁定至退休的资金，它是我国居民退休生活的基本保障。在现实中，通过一套完备的计算方法就可以将居民基本养老金的供给测算出来。以本案例中的张建国家庭为例，张先生的家庭中仅有张建国一人拥有基本养老保险，只需对张建国一人进行基本养老金供给测算。

养老金供给属于国家的基本保障，它与所在地区的月社会平均工资、缴费指数、工作年限及账户余额息息相关。退休前养老金储蓄的账户余额，属于国家强制性养老储蓄，类似于个人的储蓄投资，它将在退休后以养老金的形式返还。首先我们对张建国先生的养老金账户累计额进行测算：

养老金账户年底累计额＝上年年底累计额 ×（1＋账户收益率）＋年缴存额

式中，年缴存额＝月缴存额 ×12，月缴存额＝月缴费基数 × 费率，费率＝8%，只要能够确定月缴费基数的额度大小，就可以推算出在退休前张建国先生的养老金账户余额。

在养老金账户余额的测算中，本年度月缴费基数＝min（上年度税费前月均工资，3×上年度当地月平均工资），即取两者的较小值作为月缴费基数。为此，我们需要测算出张先生自2015年起18年的税费前工资额度大小，按照平均工资增长率5%测算，结果如表10-14所示。

表 10-14　张建国税费前工资汇总表　　（单位：元）

2015～2032 年税费前工资			
时间	年龄	月工资额	年工资额
2014	41	15 238.10	
2015	42	16 000.00	192 000.00
2016	43	16 800.00	201 600.00
2017	44	17 640.00	211 680.00
2018	45	18 522.00	222 264.00
2019	46	19 448.10	233 377.20
2020	47	20 420.51	245 046.06
2021	48	21 441.53	257 298.36
2022	49	22 513.61	270 163.28
2023	50	23 639.29	283 671.45
2024	51	24 821.25	297 855.02
2025	52	26 062.31	312 747.77
2026	53	27 365.43	328 385.16
2027	54	28 733.70	344 804.41
2028	55	30 170.39	362 044.64
2029	56	31 678.91	380 146.87
2030	57	33 262.85	399 154.21
2031	58	34 925.99	419 111.92
2032	59	36 672.29	440 067.52

在得出退休前张建国先生的平均工资增长率后，我们可以将本年度缴费基数（即上年度平均税费前工资）与上年度当地社会平均工资的3倍进行比较，根据前文对数据的假设，北京地区社会平均工资以每年度6%的速度上升，并得出2015～2032年间的缴费基数与缴费指数，见表10-15。

表 10-15 张建国退休前缴费基数表 （单位：元）

时间	年龄	社会平均工资	缴费基数	缴费指数
2014	41	5 223.00		
2015	42	5 536.38	15 238.10	2.92
2016	43	5 868.56	16 000.00	2.89
2017	44	6 220.68	16 800.00	2.86
2018	45	6 593.92	17 640.00	2.84
2019	46	6 989.55	18 522.00	2.81
2020	47	7 408.93	19 448.10	2.78
2021	48	7 853.46	20 420.51	2.76
2022	49	8 324.67	21 441.53	2.73
2023	50	8 824.15	22 513.61	2.70
2024	51	9 353.60	23 639.29	2.68
2025	52	9 914.81	24 821.25	2.65
2026	53	10 509.70	26 062.31	2.63
2027	54	11 140.28	27 365.43	2.60
2028	55	11 808.70	28 733.70	2.58
2029	56	12 517.22	30 170.39	2.55
2030	57	13 268.26	31 678.91	2.53
2031	58	14 064.35	33 262.85	2.51
2032	59	14 908.21	34 925.99	2.48
均值				2.69

其中，本年度缴费指数＝本年缴费基数 / 上年度社会平均工资，如 2015 年的缴费基数为：

min（2014 年税费前月均工资，2014 年当地月均工资 ×3）＝15 238.1（元）

则 2015 年度张建国的缴费指数为：15 238.1/5 223＝2.92

在得到每年的缴费基数后，我们就能根据缴费基数计算出张建国先生的养老金账户余额：

养老金账户年底累计额＝上年年底累计额 ×（1＋账户收益率）＋年缴存额

上表已经给出了月缴存基数，由此我们可以得到张建国先生的养老金账户累计余额，如表 10-16 所示。

表 10-16 张建国养老金账户余额表 （单位：元）

时间	年龄	月缴存额	年缴存额	年底账户余额
2014	41			50 000.00
2015	42	1 219.05	14 628.57	65 628.57
2016	43	1 280.00	15 360.00	82 301.14
2017	44	1 344.00	16 128.00	100 075.17
2018	45	1 411.20	16 934.40	119 011.07
2019	46	1 481.76	17 781.12	139 172.41

（续）

时间	年龄	月缴存额	年缴存额	年底账户余额
2020	47	1 555.85	18 670.18	160 626.03
2021	48	1 633.64	19 603.68	183 442.24
2022	49	1 715.32	20 583.87	207 694.95
2023	50	1 801.09	21 613.06	233 461.92
2024	51	1 891.14	22 693.72	260 824.87
2025	52	1 985.70	23 828.40	289 869.77
2026	53	2 084.99	25 019.82	320 686.99
2027	54	2 189.23	26 270.81	353 371.54
2028	55	2 298.70	27 584.35	388 023.32
2029	56	2 413.63	28 963.57	424 747.36
2030	57	2 534.31	30 411.75	463 654.06
2031	58	2 661.03	31 932.34	504 859.47
2032	59	2 794.08	33 528.95	548 485.62
养老金账户余额				548 485.62

由此，我们得到了张建国先生的退休前养老金账户余额，这是养老储蓄中非常重要的组成部分，影响着退休后国家基本养老金的数额。国家基本养老金的计算方式较为复杂，通过以下步骤即可得到张建国先生在退休后的国家基本养老金。

要确定张建国退休各阶段可获得的退休金，必须先得到在 60 岁刚退休的时点上的国家基本养老金额，并根据退休第一年的国家基本养老金及基本养老金年增长率确定随后 26 年的各阶段国家基本养老金数值。退休第一年的国家基本养老金计算方法如下所示：

$$\text{第一年国家基本养老金}=\left[\frac{\text{月社会平均工资}+\text{缴费指数}\times\text{月社会平均工资}}{2}\times\text{工作年限}+\text{个人账户余额}/139\right]\times 12$$

式中，退休时点的缴费指数是工作期间各年缴费指数之和与工作年限之比。

从退休时点的第二年开始，国家基本养老金会随着养老金增长率呈线性增长趋势，直至张先生去世。第二年后的基本养老金计算方法如下：

$$\text{年国家基本养老金}=\text{上年国家基本养老金}\times(1+\text{国家基本养老金增长率})$$

将退休后所有年份的国家基本养老金整理在一个 Excel 表中，我们就可以得到国家基本养老金在退休时点的净现值，其计算方法如下：

$$\text{国家基本养老金在退休时点的净现值}=\text{NPV}（\text{贴现率，国家基本养老金现金流}）$$

在张建国家庭中，我们以一年期定期存款利率为贴现率进行计算，并将基本养老金数值表示在表 10-17 中。根据表中数据的综合计算可以得出，张建国先生退休时点的基本养老金净现值为 4 301 267.17 元，如表所示。

表 10-17　张建国养老金退休时点净现值表　（单位：元）

基本养老金测算		
时间	年龄	基本养老金
2033	60	169 639.00
2034	61	173 031.78
2035	62	176 492.42
2036	63	180 022.27
2037	64	183 622.71
2038	65	187 295.17
2039	66	191 041.07
2040	67	194 861.89
2041	68	198 759.13
2042	69	202 734.31
2043	70	206 789.00
2044	71	210 924.78
2045	72	215 143.27
2046	73	219 446.14
2047	74	223 835.06
2048	75	228 311.76
2049	76	232 878.00
2050	77	237 535.56
2051	78	242 286.27
2052	79	247 132.00
2053	80	252 074.63
2054	81	257 116.13
2055	82	262 258.45
2056	83	267 503.62
2057	84	272 853.69
2058	85	278 310.77
2059	86	283 876.98
退休时点基本养老金净现值		4 301 267.17

（2）住房公积金账户余额。

住房公积金账户余额的计算方式与养老金相似，但需要注意的是，住房公积金账户的累计额由两部分组成：一部分是强制性的个人配款，另一部分是企业配款，且企业配款：个人配款＝1∶1。住房公积金的月缴存额计算方法为：

$$住房公积金月缴存额＝缴费基数×费率×2$$

在张建国的家庭中，还有250 000元的贷款未还清，使用住房公积金还贷可以享受较低的借贷利率。经过计算可以看出，张建国的公积金余额分为两个阶段：第一个阶段是2015～2022年，这个阶段中张建国用公积金贷款来归还房贷，张先生的家庭的剩余贷款还至2023年，即张先生50岁时才能还清；第二阶段是2023～2032年，这剩余的10年是公积金账户的纯收入阶段，作为公积金账户的累积存在。经过Excel计算可得，张建国及其家庭的公积金累计额为56 4876.18元，如表10-18所示。

表10-18 张建国住房公积金账户余额 （单位：元）

时间	年龄	月缴存额	年缴存额	剩余房贷额	年底账户余额
2014	41			250 000.00	0.00
2015	42	2 438.10	29 257.14	230 417.86	0.00
2016	43	2 560.00	30 720.00	208 615.03	0.00
2017	44	2 688.00	32 256.00	184 432.43	0.00
2018	45	2 822.40	33 868.80	157 701.16	0.00
2019	46	2 963.52	35 562.24	128 241.96	0.00
2020	47	3 111.70	37 340.35	95 864.57	0.00
2021	48	3 267.28	39 207.37	60 367.16	0.00
2022	49	3 430.64	41 167.74	21 535.63	0.00
2023	50	3 602.18	43 226.12	0.00	21 690.49
2024	51	3 782.29	45 387.43	0.00	67 511.73
2025	52	3 971.40	47 656.80	0.00	116 518.77
2026	53	4 169.97	50 039.64	0.00	168 888.79
2027	54	4 378.47	52 541.63	0.00	224 808.19
2028	55	4 597.39	55 168.71	0.00	284 473.06
2029	56	4 827.26	57 927.14	0.00	348 089.66
2030	57	5 068.62	60 823.50	0.00	415 874.96
2031	58	5 322.06	63 864.67	0.00	488 057.13
2032	59	5 588.16	67 057.91	0.00	564 876.18
公积金账户余额					564 876.18

（3）医疗及失业保险额。

医疗与失业保险也是基本保障中不可缺失的部分，其账户余额的计算方式与养老金相似，但也有所不同。医疗保险账户余额不会在退休后定期供给，而是以一定比例作为退休前医疗费用支出的补偿，退休时点全部提出后清零，而失业保险账户只能起到基本的保障作用，在张建国先生突然失业时才能使用，失业保险没有账户余额，在退休时点也无法提出。

根据规定，张建国先生的医疗保险年供款额的50%用于支付张建国自己当年的医疗支出，则在账户余额的计算上，要扣除当年已经使用的50%，即：

医疗保险账户余额＝上年度的账户余额×（1＋医疗保险账户收益率）＋当年供款额×0.5

具体数据如表10-19所示。

表 10-19　张建国医疗保险账户余额　（单位：元）

时　间	年　龄	月缴费额	年缴费额	年底账户余额
2014	41			9 000.00
2015	42	304.76	3 657.14	11 008.57
2016	43	320.00	3 840.00	13 148.74
2017	44	336.00	4 032.00	15 427.72
2018	45	352.80	4 233.60	17 853.07
2019	46	370.44	4 445.28	20 432.77
2020	47	388.96	4 667.54	23 175.20
2021	48	408.41	4 900.92	26 089.17
2022	49	428.83	5 145.97	29 183.93
2023	50	450.27	5 403.27	32 469.24
2024	51	472.79	5 673.43	35 955.34
2025	52	496.43	5 957.10	39 653.00
2026	53	521.25	6 254.96	43 573.54
2027	54	547.31	6 567.70	47 728.86
2028	55	574.67	6 896.09	52 131.48
2029	56	603.41	7 240.89	56 794.56
2030	57	633.58	7 602.94	61 731.92
2031	58	665.26	7 983.08	66 958.10
2032	59	698.52	8 382.24	72 488.38
医疗保险账户余额				72 488.38

医疗保险账户余额为 72 488.38 元，在退休时可以全部提出，作为退休规划的资金供给。虽然失业保险无法累积，但在后面计算家庭养老储蓄的计税环节时需要使用，将其用表 10-20 展示出来。

表 10-20　张建国失业保险缴费额　（单位：元）

时　间	年　龄	月缴费额	年缴费额
2014	41		
2015	42	152.38	1 828.57
2016	43	160.00	1 920.00
2017	44	168.00	2 016.00
2018	45	176.40	2 116.80
2019	46	185.22	2 222.64
2020	47	194.48	2 333.77
2021	48	204.21	2 450.46
2022	49	214.42	2 572.98
2023	50	225.14	2 701.63
2024	51	236.39	2 836.71

（续）

时 间	年 龄	月缴费额	年缴费额
2025	52	248.21	2 978.55
2026	53	260.62	3 127.48
2027	54	273.65	3 283.85
2028	55	287.34	3 448.04
2029	56	301.70	3 620.45
2030	57	316.79	3 801.47
2031	58	332.63	3 991.54
2032	59	349.26	4 191.12

（4）企业年金余额。

企业年金是企业为保障员工退休生活顺利进行而创造的福利，为员工享受退休生活提供了保证。一般来说，企业年金在员工退休时可以全部领取。在企业年金的配款中，企业与个人按等比例配款，其中：

$$企业缴费部分=企业年金个人账户余额\times 50\%$$

企业年金的缴费额与三险不同，企业年金并不需要进行缴费基数的比较：

$$企业年金缴费额=税费前工资\times 企业年金费率$$

则张建国的月度企业年金缴费额为：

$$企业年金缴费额=企业年金个人缴费额\times 2=税费前工资\times 企业年金费率\times 2$$

张建国的年度企业年金缴费额为：

$$年度企业年金缴费额=月度企业年金缴费额\times 12$$

企业年金在领取时，企业缴费部分与个人缴费部分征税情况不同。个人缴费部分不征税，企业缴费部分按股息、红利所得，征收 20% 的个人所得税，则

$$企业年金收入=个人缴费部分+企业缴费部分\times(1-20\%)$$

在扣除税费后，张建国的企业年金账户累计额为 670 306.12 元，具体计算如表 10-21 所示。

表 10-21 张建国企业年金累积表 （单位：元）

时 间	年 龄	年缴费额	年底账户余额
2014	41		20 000
2015	42	15 360	36 560
2016	43	16 128	54 881.6
2017	44	16 934.40	75 108.90
2018	45	17 781.12	97 396.55
2019	46	18 670.18	121 910.52
2020	47	19 603.68	148 828.83
2021	48	20 583.87	178 342.43
2022	49	21 613.06	210 656.04
2023	50	22 693.72	245 989.12

（续）

时　间	年　龄	年缴费额	年底账户余额
2024	51	23 828.40	284 576.87
2025	52	25 019.82	326 671.30
2026	53	26 270.81	372 542.39
2027	54	27 584.35	422 479.29
2028	55	28 963.57	476 791.62
2029	56	30 411.75	535 810.86
2030	57	31 932.34	599 891.85
2031	58	33 528.95	669 414.32
2032	59	35 205.40	744 784.58
企业年金总额（税后）			670 306.12

在 2032 年，企业年金账户余额为 744 784.58 元，是公司及个人配款的合计，所以在退休时点提取时，必须对公司部分进行征税，所以企业年金收入为：

企业年金收入＝个人缴费部分＋企业缴费部分×（1－20%）

＝744 784.58 / 2＋744 784.58 / 2×0.8

＝670 306.12（元）

（5）员工持股计划。

张建国参加了公司的员工持股计划，每年分配 1 000 股普通股，目前持有 7 000 股，股票市值 10.6 元 / 股，股价增长率与经济增长率相同，即为 7%。张建国持有的股票是他的资产，其持股收入为：

员工持股收入＝退休时点股票市值×持股额度

但与此同时也要注意到，限制性股票所得需要征收个人所得税，征税标准适用于工资薪金所得累进税率表，即：

限制性股票所得税＝（每年发放股数×市值 / 12×适用税率－速算扣除数）×12

则张建国的员工持股计划带来的净收入见表 10-22。

表 10-22　张建国员工持股计划净收益表　（单位：元）

时间	年龄	股票市值	年持股额度（股）	总额度（股）	年应纳税额
2014	41			7 000	
2015	42	10.60	1 000	8 000	318.00
2016	43	11.34	1 000	9 000	340.26
2017	44	12.14	1 000	10 000	364.08
2018	45	12.99	1 000	11 000	389.56
2019	46	13.89	1 000	12 000	416.83
2020	47	14.87	1 000	13 000	446.01
2021	48	15.91	1 000	14 000	477.23
2022	49	17.02	1 000	15 000	510.64
2023	50	18.21	1 000	16 000	561.28

（续）

时间	年龄	股票市值	年持股额度（股）	总额度（股）	年应纳税额
2024	51	19.49	1 000	17 000	688.77
2025	52	20.85	1 000	18 000	825.18
2026	53	22.31	1 000	19 000	971.14
2027	54	23.87	1 000	20 000	1 127.32
2028	55	25.54	1 000	21 000	1 294.44
2029	56	27.33	1 000	22 000	1 473.25
2030	57	29.25	1 000	23 000	1 664.57
2031	58	31.29	1 000	24 000	1 869.29
2032	59	33.48	1 000	25 000	2 088.34
员工持股计划净收益					837 086.03

（6）家庭养老储备额。

家庭的养老储蓄也是养老供给的重要组成部分。在张建国的家庭中，拥有 15 万元定期存款，该笔定期存款属于养老储蓄的初始累积额。从 2015 年到 2033 年张建国退休的过程中，只要张建国不失业且其工资按照假设的工资增长率增长，则每年都会有一笔收入以固定的比例用于家庭养老储蓄，且这笔收入的额度为：

年养老现金流 =（年实发工资 − 年生活支出）× 养老储蓄率

每年增加的养老储蓄现金流与上一年年底养老储蓄的现金流的现值之和，即为该年度的家庭养老储蓄累积额，累积额的计算用以下公式表示：

年底养老储蓄累积额 = 上年年底养老储蓄 ×（1 + 投资收益率）+ 年养老现金流

为计算年养老现金流，必须先知道年实发工资，而年实发工资是月实发工资的 12 倍。月实发工资的计算较为复杂，需要以月税前工资减去各项税费及保险缴存额作为应税基数，则税费的基础项应税基数可表示为：

月应税基数 = 月税前工资 − 三险一金缴费额 − 免征税额

应用工资薪金累积征税表的不同税率来计算出税额，税额的大小直接影响到实发工资的额度：

月实发工资 = 月税前工资 − 月三险一金缴费额—月工资薪金所得税 − 企业年金缴费额

根据以上计算方法，张建国家庭的纳税额及当期实发工资如表 10-23 所示。

表 10-23 张建国家庭纳税额及实发工资表 （单位：元）

时间	年龄	纳税		当期实发工资	
		月应税基数	月应纳税额	月实发工资	年实发工资[⊖]
2014	41				
2015	42	9 604.76	1 396.19	11 068.57	132 504.86
2016	43	10 260.00	1 560.00	11 528.00	137 995.74
2017	44	10 948.00	1 732.00	12 010.40	143 760.72

⊖ 年实发工资 = 月实发工资 × 12 − 员工持股纳税额

（续）

时间	年龄	纳税		当期实发工资	
		月应税基数	月应纳税额	月实发工资	年实发工资
2018	45	11 670.40	1 912.60	12 516.92	149 813.48
2019	46	12 428.92	2 102.23	13 048.77	156 168.36
2020	47	13 225.37	2 301.34	13 607.20	162 840.44
2021	48	14 061.63	2 510.41	14 193.56	169 845.54
2022	49	14 939.72	2 729.93	14 809.24	177 200.27
2023	50	15 861.70	2 960.43	15 455.70	184 907.18
2024	51	16 829.79	3 202.45	16 134.49	192 925.11
2025	52	17 846.28	3 456.57	16 847.21	201 341.40
2026	53	18 913.59	3 723.40	17 595.58	210 175.76
2027	54	20 034.27	4 003.57	18 381.35	219 448.93
2028	55	21 210.98	4 297.75	19 206.42	229 182.63
2029	56	22 446.53	4 606.63	20 072.74	239 399.67
2030	57	23 743.86	4 930.96	20 982.38	250 123.99
2031	58	25 106.05	5 271.51	21 937.50	261 380.70
2032	59	26 536.35	5 629.09	22 940.37	273 196.14

年实发工资是家庭养老储蓄的收入构成，但由于家庭还存在着生活支出，并不能将年实发工资全部用于储蓄，而是以家庭收入净值的一定比例纳入养老储蓄之中：

年养老现金流＝(年实发工资－年生活支出)×养老储蓄率

年底养老储蓄累积额＝上年年底养老储蓄 ×（1＋投资收益率）＋年养老现金流

张建国家庭的家庭养老储备累积额如表 10-24 所示。

表 10-24 张建国家庭养老储蓄累积表 （单位：元）

时间	年龄	年实发工资	年支出	年养老现金流	家庭养老储蓄累积额
2014	41				150 000.00
2015	42	132 504.86	120 000.00	3 751.46	157 501.46
2016	43	137 995.74	123 600.00	4 318.72	165 757.72
2017	44	143 760.72	127 308.00	4 935.82	174 837.48
2018	45	149 813.48	131 127.24	5 605.87	184 814.28
2019	46	156 168.36	135 061.06	6 332.19	195 766.83
2020	47	162 840.44	139 112.89	7 118.27	207 779.27
2021	48	169 845.54	143 286.28	7 967.78	220 941.53
2022	49	177 200.27	147 584.86	8 884.62	235 349.69
2023	50	184 907.18	152 012.41	9 868.43	251 101.86
2024	51	192 925.11	156 572.78	10 905.70	268 285.11
2025	52	201 341.40	161 269.97	12 021.43	287 013.67
2026	53	210 175.76	166 108.06	13 220.31	307 409.32
2027	54	219 448.93	171 091.31	14 507.29	329 601.84
2028	55	229 182.63	176 224.05	15 887.57	353 729.46

（续）

时间	年龄	年实发工资	年支出	年养老现金流	家庭养老储蓄累积额
2029	56	239 399.67	181 510.77	17 366.67	379 939.36
2030	57	250 123.99	186 956.09	18 950.37	408 388.22
2031	58	261 380.70	192 564.77	20 644.78	43 9242.70
2032	59	273 196.14	198 341.72	22 456.33	472 680.09
退休时点可用于退休规划的家庭储蓄					472 680.09

（7）退休总供给测算。

通过以上一系列的计算，我们得到了张建国一家的退休时点的各类供给情况，要得到张建国家庭的退休总供给，只需将各类供给加总即可，如表 10-25 所示。

表 10-25 退休规划总供给测算表 （单位：元）

退休规划总供给	6 918 703.98
基本养老金	4 301 267.17
公积金账户余额	564 876.18
医疗账户余额	72 488.38
企业年金	670 306.12
员工持股计划	837 086.03
家庭养老储蓄	472 680.09

综上可得，张建国家庭的退休规划总供给为 6 918 703.98 元。

3. 退休赤字测算及其分析

退休赤字是指退休需求与退休供给的差额。在张建国先生的家庭中，退休总需求大于退休总供给，具体差额如表 10-26 所示。

表 10-26 退休规划赤字 （单位：元）

退休规划总需求	8 451 559.25
基本生活支出	5 383 460.54
旅游支出	236 971.39
资助子女	2 830 000.00
退休规划总供给	6 918 703.98
基本养老金	4 301 267.17
公积金账户余额	564 876.18
医疗账户余额	72 488.38
企业年金	670 306.12
员工持股计划	837 086.03
家庭养老储蓄	472 680.09
退休规划赤字	1 532 855.28

上表说明，为了达到张建国的退休需求目标，在其退休的时点上，还存在 1 532 855.28

元的赤字需要弥补。利用 Excel 进行计算，可得到张建国从现在到预期寿命整个期间的年度养老现金流及年底养老储蓄累积额度，如表 10-27 所示。其中：

年养老现金流＝（年实发工资－年生活支出）× 养老储蓄率

年底养老储蓄累积额＝上年年底养老储蓄 ×（1＋投资收益率）＋年养老现金流

表 10-27　张建国无忧生存年龄测算表　（单位：元）

时间	年龄		年实际收入	年生活支出	特殊目标支出	年养老现金流	养老储蓄累积额
	张建国	吴永平					
2014	41	37					150 000.00
2015	42	38	132 504.86	120 000.00		3 751.46	157 501.46
2016	43	39	137 995.74	123 600.00		4 318.72	165 757.72
2017	44	40	143 760.72	127 308.00		4 935.82	174 837.48
2018	45	41	149 813.48	131 127.24		5 605.87	184 814.28
2019	46	42	156 168.36	135 061.06		6 332.19	195 766.83
2020	47	43	162 840.44	139 112.89		7 118.27	207 779.27
2021	48	44	169 845.54	143 286.28		7 967.78	220 941.53
2022	49	45	177 200.27	147 584.86		8 884.62	235 349.69
2023	50	46	184 907.18	152 012.41		9 868.43	251 101.86
2024	51	47	192 925.11	156 572.78		10 905.70	268 285.11
2025	52	48	201 341.40	161 269.97		12 021.43	287 013.67
2026	53	49	210 175.76	166 108.06		13 220.31	307 409.32
2027	54	50	219 448.93	171 091.31		14 507.29	329 601.84
2028	55	51	229 182.63	176 224.05		15 887.57	353 729.46
2029	56	52	239 399.67	181 510.77		17 366.67	379 939.36
2030	57	53	250 123.99	186 956.09		18 950.37	408 388.22
2031	58	54	261 380.70	192 564.77		20 644.78	439 242.70
2032	59	55	273 196.14	198 341.72		22 456.33	472 680.09
2033	60	56	2 314 395.71	163 433.57	2 880 000	−729 037.86	−244 540.76
2034	61	57	173 031.78	168 336.58	50 000	−45 304.80	−295 959.08
2035	62	58	176 492.42	173 386.68	50 000	−46 894.26	−350 252.32
2036	63	59	180 022.27	178 588.28	50 000	−48 566.01	−407 574.64
2037	64	60	183 622.71	183 945.93	50 000	−50 323.21	−468 087.22
2038	65	61	187 295.17	189 464.31		−2 169.14	−481 958.54
2039	66	62	191 041.07	195 148.23		−4 107.16	−498 114.66
2040	67	63	194 861.89	201 002.68		−6 140.79	−516 708.32
2041	68	64	198 759.13	207 032.76		−8 273.63	−537 899.66
2042	69	65	202 734.31	213 243.74		−10 509.43	−561 856.58
2043	70	66	206 789.00	219 641.06		−12 852.06	−588 755.06
2044	71	67	210 924.78	226 230.29		−15 305.51	−618 779.44

（续）

时间	年龄		年实际收入	年生活支出	特殊目标支出	年养老现金流	养老储蓄累积额
	张建国	吴永平					
2045	72	68	215 143.27	233 017.20		−17 873.92	−652 122.85
2046	73	69	219 446.14	240 007.71		−20 561.57	−688 987.50
2047	74	70	223 835.06	247 207.94		−23 372.88	−729 585.07
2048	75	71	228 311.76	254 624.18		−26 312.42	−774 137.12
2049	76	72	232 878.00	262 262.91		−29 384.91	−822 875.45
2050	77	73	237 535.56	270 130.80		−32 595.24	−876 042.58
2051	78	74	242 286.27	278 234.72		−35 948.45	−933 892.09
2052	79	75	247 132.00	286 581.76		−39 449.77	−996 689.16
2053	80	76	252 074.64	295 179.21		−43 104.58	−1 064 710.97
2054	81	77	257 116.13	304 034.59		−46 918.46	−1 138 247.20
2055	82	78	262 258.45	313 155.63		−50 897.18	−1 217 600.56
2056	83	79	267 503.62	322 550.30		−55 046.68	−1 303 087.25
2057	84	80	272 853.69	332 226.81		−59 373.11	−1 395 037.55
2058	85	81	278 310.77	342 193.61		−63 882.84	−1 493 796.33
2059	86	82	283 876.98	352 459.42		−68 582.44	−1 599 723.68
2060		83		217 819.92		−65 345.98	−1 705 062.75
2061		84		224 354.52		−67 306.36	−1 814 995.67
2062		85		231 085.15		−69 325.55	−1 929 696.11
2063		86		238 017.71		−71 405.31	−2 049 343.82
2064		87		245 158.24		−73 547.47	−2 174 124.89
2065		88		252 512.99		−75 753.90	−2 304 231.91

经过计算可以看到，2032 年，张建国 59 岁，吴永平 55 岁时，年底养老储蓄累积额度为 472 680.09 元。1 年之后，虽然在张建国退休时一次性领取了公积金累积额、医疗保险累积额、企业年金累积额，但由于子女买房买车需求量大，加之退休后出现的旅游费用需求，2033 年的年底养老储蓄累积额度变为 −244 540.76 元，出现赤字。由此我们可以确定，张建国的无忧年龄点位于 59 岁，远小于预期寿命，如图 10-2 所示。商业银行的理财人员可以根据张建国先生的风险属性与风险承受能力，优化资源配置来弥补赤字，使张建国及其家人的无忧年龄点与预期寿命重合，以完成其退休规划中的各项需求。

4. 必要投资收益率分析

由上一节的分析可以看出，张建国家庭由于退休时点上巨大的支出，使其退休需求远大于退休供给，无忧生存年龄小于预期寿命，在未理财的条件下根本无法完成其退休目标。在这种情况下，理财师需要通过适当的资产配置帮助客户完成其需求。经过对张建国先生的风险属性分析，其为中高型风险承受态度和中高型风险承受能力者。专业财富管理人员可以根据张建国当前的财务状况和风险属性设计新的投资策略，或调整他的家庭养老储蓄率，以弥补其退休规划赤字。由于张建国先生设定的 30% 的家庭养老储蓄率较为合理，我们仅针对第一种方案，即设计新的投资策略进行规划。

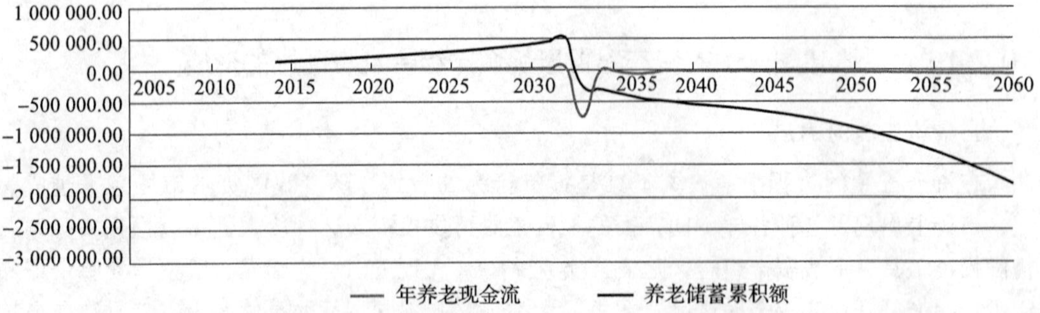

图 10-2 张建国家庭未经理财的无忧生存年龄图

根据张建国先生及其家庭的具体财务信息和退休规划需求供给信息，我们可以得到投资收益率与养老储蓄率的敏感性分析表。表中分别以投资收益率及养老储蓄率为单变量进行分析，说明了在这个变量产生变动的情况下，养老金的赤字余额是如何变化的。投资收益率与养老储蓄率的单因素变化敏感性分析，如表 10-28 所示。

表 10-28 投资收益率与养老储蓄率敏感性分析表 （单位：元）

赤字 / 盈余		所需的投资收益率		
		4.00%	4.50%	5.00%
养老储蓄率	20%	−199 534.31	−209 017.19	−218 329.36
	25%	−105 044.85	−108 482.59	−111 293.84
	30%	−10 555.39	−7 947.99	−4 258.32
	35%	83 934.06	92 586.61	102 777.19
	40%	178 423.52	193 121.21	209 812.71
	45%	272 912.98	293 655.81	316 848.23
	50%	367 402.43	394 190.40	423 883.75
		5.50%	6.00%	6.50%
养老储蓄率	20%	−227 133.77	−235 137.19	−242 080.98
	25%	−113 107.32	−113 593.11	−112 453.26
	30%	919.13	7 950.96	17 174.46
	35%	114 945.58	129 495.04	146 802.18
	40%	228 972.02	251 039.12	276 429.90
	45%	342 998.47	372 583.20	406 057.62
	50%	457 024.92	494 127.28	535 685.35

从敏感性分析表中可以看出，如果保持养老储蓄率为 30%，投资收益率需要达到 5.5% 才可弥补全部的退休赤字且仍有盈余。鉴于张建国家庭可能还有其他目标需求，为了保持良好的资金流动性，在规划时仍保证 30% 的储蓄率不变化。虽然张建国的风险承受能力较强，但考虑到退休时点的特殊性，我们将张建国家庭的投资收益率设定在 5.5%，

这样既能满足其退休规划的目标，又能在一定程度上控制风险，目标收益率与张建国先生的风险承受能力相匹配。

10.2.4 适合张建国先生的资产配置最优资产组合及其配比的形成

1. 投资工具的确定

在资产配置的过程中，投资工具是投资行为的载体。随着我国资本市场越来越成熟化，市场上出现了各种各样不同特征的投资工具可供投资人选择，人们可以根据实际情况搭配投资工具，形成资产组合。从资产类别来看，大致可以分为债券、股票、实物资产和衍生金融产品及众筹等金融产品，在每一大类下又有不同特征的具体的投资工具，各类工具的组合可以满足各类投资人的投资需求。

为了研究方便，本文将适合客户张建国先生的，弥补养老金需要的金融产品限定在银行存款、债券类产品、股票类产品和黄金类产品四类之间。银行存款作为无风险资产，其余资产作为风险资产。各个金融产品之间还有很多更为细致的分类，例如，债券类中，可以分为信用债和非信用债。信用债存在信用风险，但同时其收益高于非信用债，风险也随之升高。又如，在股票市场中，小盘股相较于大中盘股更有活力，收益率更高但风险大。具体的产品配置会依据张建国先生家庭财务及风险承受能力的实际情况来进行。

2. 投资工具研究对象样本的选取

为了获取相关数据，本书以中债财富总值为基础来计算债券收益率，以上证综合指数作为股票收益率的代表，同时，以黄金指数来代表投资黄金的收益情况。在获得各类资产投资收益率数据后，分别计算其年预期收益率和年预期收益率标准差及其他重要指标。由于黄金指数的统计区间最短，所以在计算相关指标时，以黄金指数起始点开始计算。由于统计横跨的时间范围较短，可能会降低结论的准确性，但随着时间推移和数据的充实，就可以真实而完善地反映各项资产的特征。

3. 投资组合模型自变量数值的确定

本书建立的投资组合模型有三个变量，即债券类资产收益率、股票类资产收益率、黄金投资收益率，和无风险收益率一个常量。因此求解最优投资组合，首先需要确定这几个自变量的数值。

（1）债券类资产收益率。

为明确资产配置的策略，我们将债券类投资产品简化为一个大类，该类资产的收益率由中债财富总值指数确定。具体的债券配置策略，会根据客户（张建国）的风险属性及财务状况具体确定。本书以中债财富总值指数为基础，根据该指数计算信用债的年度平均收益率，如表 10-29 所示。

表 10-29 2002～2014 年中债财富总值指数汇总表

日 期	开盘价（元）	收盘价（元）	收益率（%）
2002-12-31	100.03	103.77	
2003-12-31	103.71	104.67	0.87

（续）

日　期	开盘价（元）	收盘价（元）	收益率（%）
2004-12-31	104.91	102.14	−2.42
2005-12-31	101.95	112.92	10.55
2006-12-31	112.89	115.88	2.62
2007-12-29	115.91	113.78	−1.81
2008-12-31	113.85	130.72	14.89
2009-12-31	130.95	129.1	−1.24
2010-12-31	129.1	131.58	1.92
2011-12-31	131.77	139.11	5.72
2012-12-31	139.11	142.6	2.51
2013-12-31	142.52	139.6	−2.10
2014-12-31	139.53	155.28	11.23

资料来源：wind 数据库—中债财富指数。

（2）股票类资产收益率。

权益类资产可以分为很多种类，但考虑到投资的普及性和便捷性，我们主要选取股票类资产作为投资方向，具体的股票类资产投资会根据客户张建国的风险属性及财务状况具体确定。本书以上证综合指数为基础，根据该指数计算信用债的年度平均收益率，如表 10-30 所示。

表 10-30　1990～2014 年上证综合指数汇总表

日　期	开盘价（元）	收盘价（元）	收益率（%）
1990-12-31	96.05	127.61	
1991-12-31	127.61	292.75	129.41
1992-12-31	293.74	780.39	166.57
1993-12-31	784.13	833.8	6.84
1994-12-30	837.7	647.87	−22.30
1995-12-29	637.72	555.29	−14.29
1996-12-31	550.26	917.02	65.14
1997-12-31	914.06	1 194.1	30.22
1998-12-31	1 200.95	1 146.7	−3.97
1999-12-30	1 144.89	1 366.58	19.18
2000-12-29	1 368.69	2 073.48	51.73
2001-12-31	2 077.08	1 645.97	−20.62
2002-12-31	1 643.49	1 357.65	−17.52
2003-12-31	1 347.43	1 497.04	10.27
2004-12-31	1 492.72	1 266.5	−15.40
2005-12-30	1 260.78	1 161.06	−8.33
2006-12-29	1 163.88	2 675.47	130.43
2007-12-28	2 728.19	5 261.56	96.66

（续）

日 期	开盘价（元）	收盘价（元）	收益率（%）
2008-12-31	5 265	1 820.81	-65.39
2009-12-31	1 849.02	3 277.14	79.98
2010-12-31	3 289.75	2 808.08	-14.31
2011-12-30	2 825.33	2 199.42	-21.68
2012-12-31	2 212	2 269.13	3.17
2013-12-31	2 289.51	2 115.98	-6.75
2014-12-31	2 112.13	3 234.68	52.87

资料来源：wind 数据库—上证综合指数。

（3）黄金类资产收益率。

与债券类及权益类产品相似，黄金类资产也存在许多不同的形式。为降低配置的复杂性，我们选取纯黄金类资产为标的进行测算。以上海黄金交易所黄金指数为基础，根据该指数计算黄金投资的年度平均收益率，如表 10-31 所示。

表 10-31 2004～2014 年黄金指数汇总表

日 期	开盘价（元）	收盘价（元）	收益率（%）
2004-12-31	108.3	116.94	
2005-12-30	115	133.31	14.00
2006-12-29	138	159	19.27
2007-12-28	158.13	194.03	22.03
2008-12-31	196.12	190.5	-1.82
2009-12-31	192	242.59	27.34
2010-12-31	240.99	301.11	24.12
2011-12-30	302.5	319.49	6.10
2012-12-31	327.85	334.38	4.66
2013-12-31	332.8	237.31	-29.03
2014-12-31	239.2	240	1.13

资料来源：wind 数据库—上海黄金交易所黄金指数。

（4）无风险收益率的确定。

根据金融理财学原理的规定，投资者需要持有部分活期存款以备不时之需，活期存款即现金等价物的配比应为平均月支出的 3～6 倍[⊖]，活期存款的确定与个人消费等因素相关，在资产配置中不能随着预期收益率的变动而变动。由于活期存款的特殊性，本书假设“整存整取”的定期存款利率作为无风险收益率，且各种类型均匀分布。根据现实中不同年份定期存款的数据，进行简单的平均后可得无风险收益率，如表 10-32 所示。

⊖ 详见附录 10A。

表 10-32　无风险收益率

3 个月	2.10%
6 个月	2.30%
1 年	2.50%
2 年	3.10%
3 年	3.75%
5 年	4.75%
均值	3.08%

资料来源：中国建设银行股份有限公司官方网站。

4. 投资组合中风险资产数据特征

利用 Excel 中的均值与标准差计算，我们可以得到各类风险资产的平均收益率与标准差。具体数据如表 10-33 所示。

表 10-33　各类风险预期收益率及标准差

	中债财富总值	上证综指	黄金指数
预期收益率	3.56%	26.33%	8.78%
标准差	0.055 708 329	0.571 976 153	0.158 664 601

利用 Excel“数据分析”项下的相关系数及协方差计算，我们可以得到债券、股票、黄金间的相关系数与协方差数据，为最优资产组合分析提供了数据来源，是计算最优组合的必备要素。风险资产相关指标如表 10-34、表 10-35 所示。

表 10-34　风险资产收益率的协方差

相关系数	中债财富总值	上证综指	黄金指数
中债财富总值	1	−0.486 437 121	−0.138 684 814
上证综指	−0.486 437 121	1	0.478 243 059
黄金指数	−0.138 684 814	0.478 243 059	1

表 10-35　各类资产收益率的相关系数

协方差	中债财富总值	上证综指	黄金指数
中债财富总值	0.003 218 764	−0.016 219 376	−0.001 248 399
上证综指	−0.016 219 376	0.345 402 65	0.044 595 553
黄金指数	−0.001 248 399	0.044 595 553	0.025 174 455

5. 风险资产组合可行域的确定

在已知各项风险资产的预期收益率、标准差、协方差及相关系数的条件下，我们可以利用 Excel 中的 RAND 函数为各类风险资产随机配比，形成不同配比下的相应数值模拟。本书模拟出了 1 000 个证券组合点，各点在图中形成了 1 000 个资产组合点，这些组合点构成了一个可行域，如图 10-3 所示。

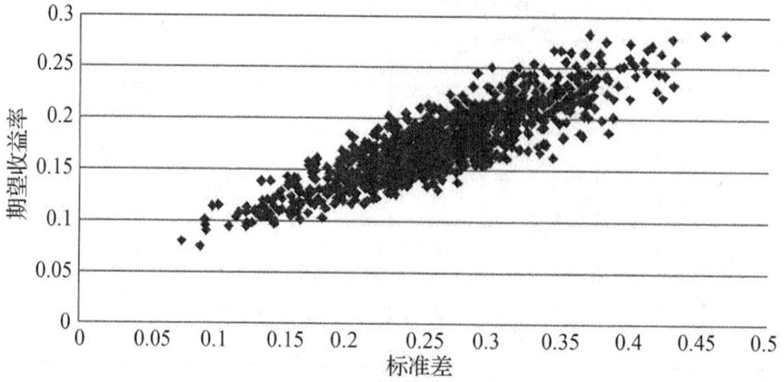

图 10-3　资产组合可行域图

6. 资产组合前沿曲线与切点组合的求解

证券组合的有效集包含于可行集之中，直观上看就是可行集最外层的点形成的一条曲线，具体来说，有效集满足以下条件：有效集上的点在预期收益率相同时方差最小，反之，方差相同时收益率最大。在得到任意权重下资产组合的预期收益率 - 标准差可行域之后，可以使用 Excel 中的“规划求解”法求解资产组合的有效集。所得结果如表 10-36 所示。

表 10-36　可行集上的特定收益率资产组合权重

特定收益率证券组合权重				
中债财富总值	上证综指	黄金指数	标准差	预期收益率
0.914 590 074	0	0.085 409 926	0.051 778 59	0.040 077 65
0.921 568 675	0.030 280 846	0.048 150 479	0.047 146 113	0.045 027 132
0.835 029 641	0.032 844 612	0.132 125 747	0.047 732 185	0.049 994 133
0.837 149 166	0.063 151 697	0.099 699 137	0.050 216 881	0.055 201 85
0.786 884 02	0.075 913 458	0.137 202 522	0.056 383 48	0.060 065 017
0.726 875 755	0.085 476 532	0.187 647 713	0.064 693 39	0.064 875 436
0.722 509 037	0.112 609 707	0.164 881 256	0.073 918 902	0.069 864 753
0.710 603 313	0.137 504 973	0.151 891 714	0.084 620 238	0.074 854 873
0.644 208 071	0.146 245 775	0.209 546 154	0.095 753 362	0.079 854 381
0.560 523 947	0.149 767 644	0.289 708 409	0.107 763 578	0.084 840 494
0.570 579 784	0.181 148 662	0.248 271 555	0.119 325 984	0.089 822 413
0.504 826 044	0.190 018 65	0.305 155 307	0.131 572 88	0.094 811 106
0.373 138 845	0.179 339 222	0.447 521 933	0.145 497 975	0.099 810 778
0.471 824 341	0.237 103 656	0.291 072 003	0.156 367 831	0.104 796 282

根据马科维茨投资理论，投资者在无风险资产和风险资产之间进行相应的配置时，最优风险资产组合点就是从无风险资产点出发，与可行域部分的切点。由于该切点与固定不变的无风险资产和投资市场的有效前沿相关，所以对于市场中的投资者而言是确定的。如图 10-4 所示。

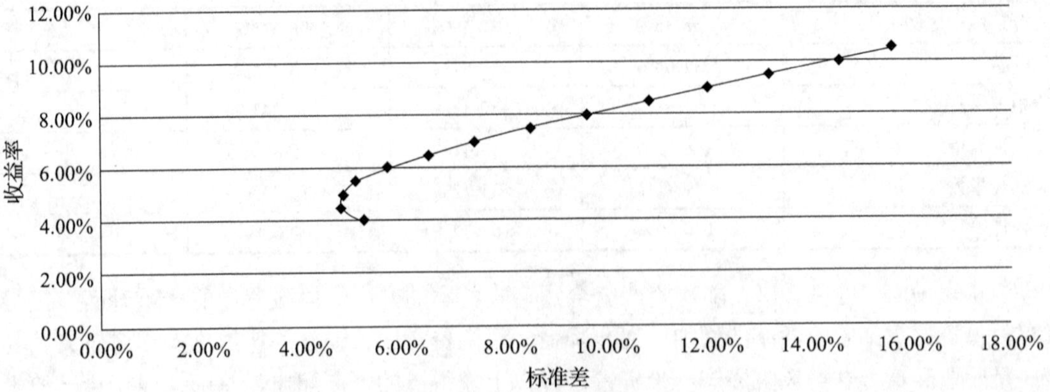

图 10-4　证券组合有效前沿图

切点位置是所有风险资产组合中夏普比率最大的点，即风险资产投资的最优点，在该点上的风险资产投资配比一定优于其他任何风险资产配比。用 Excel 的规划求解功能可以求得切点值的具体数据。切点值的具体信息如表 10-37 所示。

表 10-37　切点处资产组合权重

中债财富总值	上证综指	黄金指数	标准差	预期收益率	夏普比率
75.60%	10.19%	14.20%	6.68%	6.62%	0.53

上表求出的切点处的资产组合数值，代表在投资组合中全部投资于风险资产组合情况下的各类数值特征，即风险资产组合的权重值为 100% 时的配置。但是在资产配置中，风险资产的配比会随着投资风险偏好及周期波动等因素的不同而不同，影响最终的资产组合预期收益率及标准差。风险资产权重越大，最终形成的资产组合预期收益率越高，但风险同时也高；反之，风险资产权重越小，资产组合预期收益率则相对较低，但风险也同时降低。风险资产与无风险资产－银行存款所形成的资产组合如表 10-38 所示。

表 10-38　个人投资者有效的投资组合

预期收益率	3.50%	4.00%	4.50%	5.00%
标准差	0.79%	1.74%	2.68%	3.62%
无风险组合比例	88.13%	74.01%	59.89%	45.76%
资产组合比例	11.87%	25.99%	40.11%	54.24%
存款	88.13%	74.01%	59.89%	45.76%
中债财富指数	8.97%	19.65%	30.32%	41.01%
上证综指	1.21%	2.65%	4.09%	5.53%
黄金指数	1.69%	3.69%	5.70%	7.70%
合计	100.00%	100.00%	100.00%	100.00%
预期收益率	5.50%	6.00%	6.50%	
标准差	4.57%	5.51%	6.45%	
无风险组合比例	31.64%	17.51%	3.39%	

（续）

资产组合比例	68.36%	82.49%	96.61%	
存款	31.64%	17.51%	3.39%	
中债财富指数	51.68%	62.37%	73.04%	
上证综指	6.97%	8.41%	9.85%	
黄金指数	9.71%	11.72%	13.72%	
合计	100.00%	100.00%	100.00%	

从表 10-38 可以看出，随着资产组合预期收益率的升高，风险资产的比重升高，银行存款投资比重随着收益率的增加而逐步降低。风险资产中，债券的所占比例相对较大，其次是股票和黄金这类风险资产。投资者可以以上表得出的资产配比为基础，根据自己的投资偏好做出预期收益率范围决策，从而得出最优投资的风险资产配比。

具体到客户张建国及其家庭，根据前面计算得出的弥补退休赤字所需的投资收益率为 5.5%。在这样的必要收益率下的最优资产配比为：31.64% 为银行定期存款，51.68% 为债券类资产，6.97% 为证券类资产，剩下的 9.71% 为黄金类资产。这样的投资确保了安全性，又兼顾了收益性，是最适合张建国家庭的资产投资组合，符合养老金的资产配置需求。我们可以用饼状图把适合张建国家庭的资产大类配置表示出来，如图 10-5 所示。

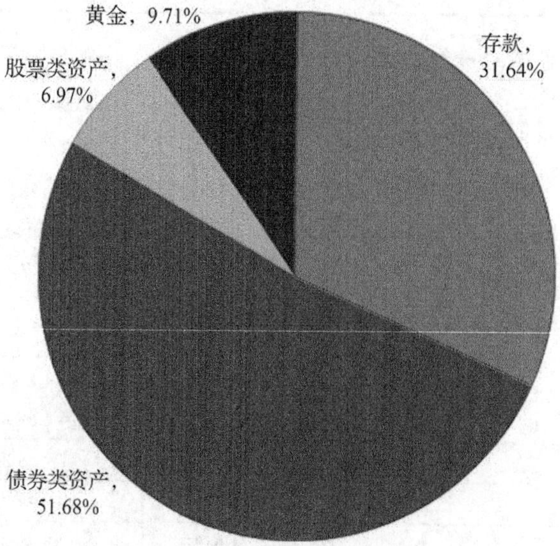

图 10-5　张建国家庭最优资产配置图

10.2.5　以中国建设银行为例的规划方案

以上只是针对养老金需求者做出了一个宽泛而笼统的资产配置，仅仅只有投资工具的配比是远远不够的，我们还需要根据养老金需求者的实际情况，结合具体的金融产品，为投资者规划出一份详细的理财计划，以达到养老金需求者的最终投资目标。为方便做更为详细的资产配置，我们通过调研和实习，以中国建设银行股份有限公司专业理财人员提供金融理财及财富管理服务为模拟背景，进行客户张建国的退休规划及资产配置。在配置时需要特别说明，虽然过往几年的数据可以给我们很好的参考作用，但是投资工具的收益率水平与波动率也在不断变化之中，在参考过往数据进行配置的同时也要根据现实情况，灵活机动地变化。下面我们就上文确定的各类投资工具进行具体的分析和配置，以期达到最适合张建国先生及其家庭的退休资产配置方案。

1. 无风险投资——定期存款工具的配置

由前面分析可以得知，适合张建国先生的最优投资组合的无风险的定期存款类产品比例为 31.64%。我们可以将这部分定期存款分为两部分，其中的一部分即为定期存款。为了达到既能保证收益率，又能提高定期存款流动性的目标，理财人员可以将资金平均投放于不同期间的定期存款之中：定期存款分为 3 个月、6 个月、1 年、2 年、3 年和 5 年六种期限，一旦遇到紧急情况，可以提取部分定期存款以做应急之用。第二部分可以为没有任何保险保障的吴永平购买两全型保险，这样既可以拥有一定的收益，又可以保障家庭生活的正常进行。在这两部分中，我们以 6∶4 的比例进行分配。

2. 债券型资产投资工具的配置

根据资产配置的具体分配比例可知，在该方案中，投资于债券的比例为 51.68%，债券因其相对于股票或基金类产品的低风险，以及相对于存款类无风险资产的高收益，成了养老金规划中的重要组成部分。债券类工具有不同的形式，如单纯的债券、债券型理财产品、债券型基金。在债券类工具的选择上，结合投资者个人养老金规划的目标及商业银行公司营销的目标，对不同的债券工具进行比较，如表 10-39 所示。

表 10-39　债券类产品多维度比较表

	债券	债券型理财产品	债券型基金
本金损失	如果持有至到期日，没有	分保本型与非保本型	如果债券价格下跌，有
投资分散化	不是，除非大量购买多种	是	是
容易买卖	不是，除了国债	是	是
定额利息	是	分固定型与浮动型	不是
专家管理	不是	是	是
起始金额	无限制	分无限制与有限制	无限制

根据上面的债券类投资工具比较，结合养老金投资规划的特殊性，我们选取保本固定型的债券型理财产品作为债券类投资工具的主要标的。保本固定型债券型理财产品不仅为客户提供了高于一般存款与国债的收益率，而且能够满足养老金投资风险承受能力较小的要求。在确定了投资工具种类之后，作为商业银行的理财人员，要从客户利益和公司营销两个角度为客户挑选适合他的具体投资产品。在本案例中，以中国建设银行股份有限公司为背景进行比较发现，中国建设银行在北京地区 2015 年发售的债券型保本固定型理财产品有两个品种，两者比较如表 10-40 所示。

表 10-40 建设银行北京地区保本固定型理财产品比较

产品名称	2015 年乾元货币市场（北京分行）第 021 期理财产品	2015 年“乾元 – 保本型”第 020 期理财产品（北京个人）
产品代码	LC150061D8.LC	LC15005E5A.LC
发行银行	中国建设银行	中国建设银行
投资币种	人民币	人民币
收益类型	保本固定型	保本固定型
预期年收益率	5.2%	5.10%～5.18%
保本比例	100%	100%
付息方式	到期支付	到期支付
业务模式	其他	其他
投资品种	债券	利率
委托期	182 天	89 天
收益率说明	5.2%	5.10%～5.18%
产品简介	债券资产 100%	以上产品募集资金已于产品成立日按照产品说明书约定投资于存放同业等基础资产

数据来源：wind 数据库—资讯理财产品比较浏览器。

根据上图中的信息，可以看出，两种理财产品的各类特征都十分相似，只是在委托期上有所不同。目前国内银行业债券型理财产品一般不提供提前赎回的交易模式，因此投资者的本金在一定时间内会固化在银行里，委托期限会影响资金的流动性。为了达到流动性与收益率的平衡，在资产配置时，可以通过预估利率的走势来确定长短期理财产品的分配比例。

2012～2014 年的国债收益率曲线呈现出陡峭化下行趋势，且未来经济增长下行压力使长期利率回落压力加大。[⊖]因此我们可以大胆预估，未来利率下调可能性仍然较大，在投资策略上应偏向于选择期限较长的债券类产品。具体到该案例中，由于分配到债券类产品的数额较大，为分散风险，我们选取国债与债券类理财产品进行投资。三种产品可以以 5∶3∶2 的比例进行分配：50% 投资于乾元货币市场（北京分行）第 021 期理财产品；30% 投资于“乾元 – 保本型”第 020 期理财产品；剩下 20% 投资于收益率较低但更有保障的国债型产品。

3. 股票型资产投资工具的配置

由于本方案目标的特殊性，所以在权益类金融产品的投资比例较低，我们在选择投资工具上同样需要注意风险的控制。商业银行理财人员在权益类资产的配置中，通常会选取股票、股票型基金、指数型基金等方式。虽然张建国先生的风险承受能力处于一个较高的水平，但考虑到退休规划目标的特殊性，基金类产品较之于股票市场投资工具，具有分散风险、费用较低、专业性强、更易操作等特点，所以在规划中主要选取股票型基金和指数型基金作为主要投资方向，表 10-41 对两类产品进行了比较。

⊖ 资料来源：南方财富网——2015 年市场利率走势预测及十大券商对决策略。http://www.southmoney.com/touzilicai/qita/201412/242175.html。

表 10-41　股票类产品比较表

	股票型基金	指数型基金
投资方式	主动型投资	被动型投资
资产组合流动性	低	高
费率	高	低
长期投资风险	高	低
业绩透明度	低	高
对基金经理能力要求	高	低
抗跌能力	高	低

由上表的分析可以看出，虽然主动型股票型基金创造高收益的可能性更大，且在市场下跌时，可以主动调控资产组合及其分配来减少损失，但其受基金经理的影响大，基金经理水平的高低直接影响该基金的收益，且业绩透明度较差，交易频繁所带来的费用也远远高出了被动型的指数基金。从长远来看，被动型指数基金的投资风险小、投资回报优，更适合于案例中的权益类资产配置。同样以该案例中的中国建设银行为背景，在权益类资产配置时，如上文所说，以市场上存在的指数型基金为主要配置，以股票型基金为辅助配置，各类指数型基金有表 10-42 的比较。

在 wind 指数类基金数据中可以看到，2014 年的市场中现存的指数类基金有 370 只，为达到收益与风险的均衡，我们需要以某一指标为标准来选择基金。夏普比率在一定程度上可以反映投资工具收益率与标准差，即收益与风险的关系，它是基金绩效评价的标准化指标之一。夏普比率[⊖]的表示方法如下：

$$\text{夏普比率}=\frac{E(R_P)-R_f}{\sigma_P}$$

在这里，我们选取夏普比率为指数型基金的绩效参考标准，来考察各指数型基金和各股票型基金的绩效表现，如表 10-42 所示。

表 10-42　指数型基金夏普比率排名表

证券代码	证券简称	单位净值	夏普比率
001015.OF	华夏沪深 300A	1.030 0	5.737 4
001016.OF	华夏沪深 300C	1.030 0	5.737 4
512990.OF	华夏 MSCI 中国 A 股 ETF	1.013 4	1.978 3
121007.OF	国投瑞银瑞福优先	1.003 0	1.602 2
000948.OF	华夏沪港通恒生 ETF 联接	1.021 0	0.789 2
000942.OF	广发中证全指信息技术 ETF 联接	1.098 4	0.787 5
160629.OF	鹏华中证传媒	1.304 0	0.652 0
000968.OF	广发中证养老产业	1.012 3	0.647 1
000950.OF	易方达沪深 300 非银 ETF 联接	0.988 9	0.579 0

数据来源：wind 数据库—指数型基金。

⊖ 夏普比率是衡量产品单位风险的收益水平的指标，该数值越大说明产品承担单位风险所获得收益越高。

上表显示出，以夏普比率为参考值，在 2014 年，华夏沪深 300A 基金在指数型基金类风险收益上的表现最优。在资产配置时，我们可以将华夏沪深 300A 基金作为指数型基金的代表进行投资。但与此同时也要特别注意，在风险承担范围内，为了达到预期的收益率，要适当配置收益能力较高的股票型基金作为补充，以满足投资收益目标的实现。用同样的方式在 824 只股票型基金之间进行比较，如表 10-43 所示。

表 10-43　股票型基金夏普比率排名表

证券代码	证券简称	单位净值	夏普比率
519975.OF	长信量化中小盘	1.014 0	7.153 6
001015.OF	华夏沪深 300A	1.030 0	5.737 4
001016.OF	华夏沪深 300C	1.030 0	5.737 4
000985.OF	嘉实逆向策略	1.054 0	2.720 5
000978.OF	景顺长城量化精选	1.034 0	2.489 4
512990.OF	华夏 MSCI 中国 A 股 ETF	1.013 4	1.978 3
121007.OF	国投瑞银瑞福优先	1.003 0	1.602 2
000996.OF	中银新动力	1.003 0	1.384 7
000971.OF	诺安新经济	1.015 0	1.075 1

数据来源：wind 数据库—股票型基金。

上表显示出，以夏普比率为参考值，在 2014 年内，长信量化中小盘基金在股票型基金类风险收益上的表现最优。在资产配置时，我们可以将长信量化中小盘基金作为股票型基金的代表进行投资。在指数型基金与股票型基金的比例上，为更好地控制风险，以 7∶3 的比例进行分配，这样既可以最大化地减少股票类资产的投资风险，又可以获得较高的收益，是最适合张建国家庭的股票类资产投资。

4. 黄金类资产投资工具的配置

黄金作为一种保值增值的投资工具，在资产配置中发挥着极其重要的作用。黄金类投资可以分为实物投资、账户投资等方式。在张建国的家庭中，更适合使用以账户代替实物交易的方法，因为这样操作更为便捷，且在控制成本方面更为优秀。建行的个人账户贵金属就为黄金投资提供了很好的投资渠道。客户在建设银行开立贵金属账户后，可按照建设银行提供的买卖双边报价，在规定的交易时间内对账户中的贵金属份额进行买卖。黄金类资产的投资比例为 9.71%。

5. 家庭退休规划及资产配置方案总结

结合之前已经得到的适合养老金需求者的资产配置分布，我们就可以得到具体的投资规划方案。该方案是以资产组合为基础，对当今金融投资工具进行分析，考虑张建国及其家庭的风险属性、财务状况、退休需求所做出的资产配置方案。虽然收益率和标准差会有所波动，但从一定意义上来说，这是最适合张建国及其家庭的退休规划的资产配置方案，如表 10-44 所示。

前面给出了在当今的经济形势下，适合张建国及其家庭财务状况及风险属性的一种资产配置方法。但要注意到，即使形成的退休规划方案是现阶段最适合张建国家庭的，但是也会因年龄、家庭情况、资产总额、投资偏好的变动而随之变动。这就要求专业理财人员要根据现实情况的变动灵活调整客户的退休规划及资产配置，以满足客户的各项要求。

表 10-44　资产配置产品分配比例

产品名称	配置比例
定期存款	18.984%
乾元货币市场（北京分行）第 021 期理财产品	25.84%
“乾元 – 保本型”第 020 期理财产品	15.504%
凭证式（三期）国债	10.336%
华夏沪深 300A 基金	4.879%
长信量化中小盘基金	2.091%
个人账户黄金业务	9.71%
龙胜福瑞 1 号两全保险（分红型）	12.656%
合计	100%

10.2.6　分析思路

（1）理财案例要针对客户的问题，对症下药，可提出数个替代性的方案，供客户选择。内容深入浅出，让客户听得懂，提供的产品建议在现实环境下可具体操作。

（2）定位客户张建国的风险属性，可以用以下两张表来测评，如表 10-45、表 10-46 所示。

表 10-45　主观风险容忍态度评分表

分数	10 分	8 分	6 分	4 分	2 分
首要考虑因素	短期价差	长期利得	年现金收益	抗通胀保值	保本保息
过去投资绩效	只赚不赔	赚多赔少	损益两平	赚少赔多	只赔不赚
赔钱心理状态	学习经验	照常过日子	影响情绪小	影响情绪大	难以成寐
目前主要投资	期货	股票	房地产	债券	存款
未来希望避免投资的工具	无	期货	股票	房地产	债券

注：其他 50 分为容忍资产下降的态度。能容忍金融资产下降一个百分点得 2 分。

表 10-46　客观风险承受能力评分表

分数	10 分	8 分	6 分	4 分	2 分
就业状况	公教人员	上班族	佣金收入者	自营事业者	失业
家庭负担	未婚	双薪无子女	双薪有子女	单薪有子女	单薪养三代
置产状况	投资不动产	自用住宅无房贷	房贷 < 50%	房贷 > 50%	无自宅
投资经验	10 年以上	6～10 年	2～5 年	1 年以内	无
投资知识	有专业证照	财经专业毕业	自修有心得	懂一些	一片空白

注：其他 50 分为年龄。25 岁以上，每增加一岁少 1 分。

（3）诊断客户张建国当前财务收支结构症结时，主要注意以下内容。

1）制作客户家庭资产负债表。

2）制作客户家庭现金流量表。

3）分析家庭财务比率。如：

- 流动资产 / 月支出 > 3：作为维持意外支出或收入中断后的生活水平的紧急预备金。
- 投资资产 / 总资产 > 50%：将半数以上的资产投入具生产力的资产中。
- 负债本利支出 / 月收入 < 30%：避免过重的财务负担。
- 储蓄率 > 30%：维系后续投资能量来达成未来理财目标。

（4）设定合理假设条件时，参照了以下方面。

1）展望当前经济形势，设定合理的经济成长率或通货膨胀率。

2）根据经济形势展望金融市场，设定各金融工具合理的投资收益率。

3）从客户职业与工作性质考虑，设定合理的收入成长率或增长额。

4）从客户年龄与过去支出习性考虑，设定合理的支出成长率或增长额。

（5）从假设条件经由科学的运算过程得出结果。

1）确定现况（资产与储蓄能力）与目标（何时达成与届时金额）。

2）假设通货膨胀率与投资收益率，用财务计算器或 Excel 设定财务函数运算，探寻理财目标实现的可能性。

3）改变投资收益率或储蓄率，做敏感度分析。

（6）银行理财师针对客户张建国最迫切的养老金短缺问题，提出可执行的资产组合方案。

1）方案是根据当前条件、理财目标与合理假设下，科学计算出来的。

2）方案的内容必须是容易理解的、明确的、可执行的。

3）方案的内容必须考虑到客户的税负、风险承受度与特殊需求。

（7）银行理财师针对客户张建国所采用的方案配置合适的理财产品。

1）依照客户财务安全需求算出保障缺口。

2）依照客户的风险属性及内部收益率，算出可达成理财目标与可接受风险的目标收益率。

3）依照目标收益率与流动性需求作资产配置，按照配置来选择金融产品。金融产品以本行可推荐的为主，但若本行当前还无法提供最适合客户的产品，仍应为客户推荐最适合的产品。

4）有信用风险的产品，应标示信用评级等数据，显示产品的风险贴水。

5）不要对推荐的产品做任何收益上的保证，对于非保本型的产品不能做保本的承诺。客户应了解投资产品的风险由客户自行承担。

6）理财规划书的内容必须跟着个人状况或其他因素的变化定期修订。

10.2.7 案例理论依据

1. 养老金相关理论分析

（1）生命周期理论。

本书针对的是适合养老金的资产配置研究，研究的是退休时点上的资产配置，需要引入生命周期理论作为本书的支持。

1）个人财务生命周期理论。

个人财务生命周期理论也被称为终生财务模型。在整个生命周期中，各个阶段的收入和支出、资产与负债情况各不相同，风险承受能力也随其变动。人生具有不同的财务阶段，依次对应着不同的年龄阶段，即青年（25 岁左右，收入 < 支出）、中年（25～50 岁，收入 > 支出）、老年（50 岁及以上，收入来自前期结余）三个阶段。为平衡收支，不同阶段之间具有互补关系，在资金充足期可以为短缺期留出准备资金，在短缺期可以利用这些准备资金做弥补。不同阶段的财务状况及其相互关系构成了个人的财务生命周期理论，如图 10-6 所示。

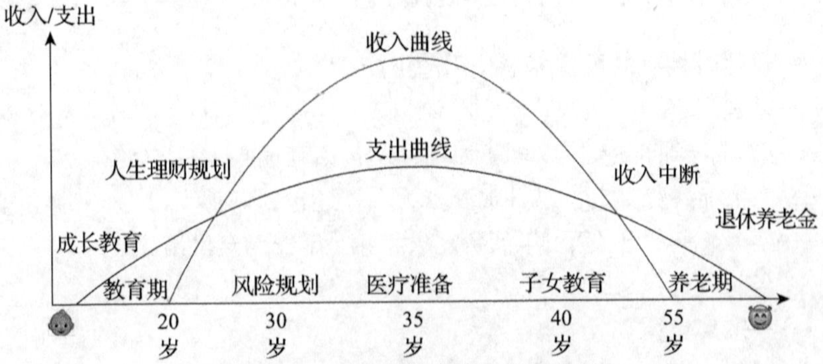

图 10-6　生命周期的收入支出曲线

由个人生命周期曲线可以看出：在整个生命周期内一直都有支出部分的存在，支出部分随着个人生命周期的变动而变动；但是收入却不具有连续性，且收入的波动性也大于支出的波动性。特别是在以理财收入为主的退休期间，由于支出不会有较大的波动，所以需要在中年期间提前准备，这也说明了退休规划的重要性。

2）家庭生命周期理论。

家庭生命周期理论以跨期消费的概念来论述储蓄和消费的关系，以家庭为单位，将家庭生命周期分为四个期间：形成期、成长期、成熟期、衰老期。不同的生命周期具有不同的风险偏好和收益要求。在资产配置的过程中，要以生命周期理论为依据，根据家庭生命周期的流动性、收益性和获利性需求做出资产配置建议。具体来说，不仅要考虑到当期资产负债、消费储蓄等基本情况，还要充分考虑到当期投资配置对未来家庭生活带来的影响，即要将整个生命周期作为一个整体进行考虑，不能割裂各生命期之间的相互关系。配置资产时的重点如表 10-47 所示。

表 10-47　不同家庭生命周期的理财重点

周期	形成期	成长期	成熟期	衰老期
夫妻年龄	25～35 岁	30～55 岁	50～65 岁	60～90 岁
保险安排	随家庭成员增加提高寿险保额	以子女教育年金储备高等教育金	以不同养老产品储备退休金	投保长期看护险，受领年金
信托安排	购房置产信托	子女教育信托	退休安养信托	遗产信托
核心资产配置	股票 70%	股票 60%	股票 50%	股票 20%
	债券 10%	债券 30%	债券 40%	债券 60%
	货币 20%	货币 10%	货币 10%	货币 20%
信贷运用	信用卡	房屋贷款	还清贷款	无贷款

资料来源：蔡重直，谢怀筑. 金融理财原理（上）[M]. 北京：中信出版社，2011：273-277.

（2）终生财务模型理论。

本书研究的是适合养老金的资产配置，即退休的前期储备需要满足退休生活的各项支出，以退休时点处养老金所需额度的资产配置为讨论基础，根据投资者的养老金需求额度判断他的要求收益率，并制定相应的资产配置规划。终生财务模型可以用式（10-1）表示。

$$W_x(1+k)^{n-x}+\sum_{t=x}^{n}(E_t-C_t)(1+k)^{n-t}=W_n=\sum_{t=n}^{D-1}\frac{C_t^*}{(1+k)^{t-n}} \quad (10\text{-}1)$$

式中　W_n——退休时拥有的可供养老使用的资产；

k——贴现率；

E_t——第 t 年当期收入，以薪酬为主，还包括其他收入；

C_t——第 t 年消费支出，以日常开支为主，还包括其他支出；

C_t^*——第 t 年净支出（第 t 年消费需求 – 第 t 年养老金供给）；

x——当前时点；

t——未来某年；

n——退休时点；

D——死亡时点。

终生财务模型涉及了整个生命阶段，强调了三个重要时点：一是决策时点下的当期资产状况和实际人力资本；二是退休时点下的预期资产状况与实际退休需求；三是预期寿命下的预期总体消费。本书研究养老金资产配置，重点关注在退休时点下的养老需求问题。因为老年时期的消费额度不会明显下降，而收入却大幅度减少，所以根据需求做出养老金资产配置十分必要。

终生财务模型针对整个职业生涯及退休后的生活进行了一个整体性规划，我们可以通过货币的时间价值把养老金需求和养老金供给折现到退休时点，从而得到养老金的赤字规模，即养老金需求额度，为退休规划的实施奠定基础。在确定了养老金需求额度之后，我们可以根据赤字的额度大小来确定其养老金资产配置时要求收益率的大小，并以资产配置的相关理论为基础制订与要求收益率匹配的具体的资产配置计划。

2. 资产配置相关理论分析

养老金的资产配置与其他类型的资产配置相似，都需要通过测算缺口并制订适合目标人群的资产配置方案。资产配置的相关理论为养老金资产配置提供理论基础。

（1）马科维茨投资组合理论。

马科维茨投资组合理论认为，最佳资产组合是有效前沿上对某一个特定投资者具有最大效用的资产组合，它的位置处于有效前沿与最高的效用无差异曲线的切点上。如果收益服从联合正态分布，投资者则可通过选择最优的均值和方差组合实现期望效用的最大化。其中，效用函数是在均值 – 方差框架下定义的函数，如果资产组合的预期收益为 $E(r)$，收益方差为 σ^2，U 为效用值，A 为投资者个人的风险厌恶指数，其效用函数为：

$$U=E(r)-0.005A\sigma^2 \quad (10\text{-}2)$$

方程中的 A 代表投资者个人对风险的厌恶程度。投资者对风险的厌恶程度越高，A 值越大，对投资风险的厌恶程度越大。在马科维茨的投资组合理论中，对于任何一个投资者，A 是确定的，且通常假定投资者是风险厌恶型的。给定 U 为常数，则无差异曲线是均值和方差的函数，可以形成投资者的一系列无差异曲线。

投资组合中所有资产均有两个特征：预期收益率与预期收益率的方差。预期收益率为：

$$E(R_P)=\sum_{i=1}^{n}W_iE(R_i) \tag{10-3}$$

㊀

式中，W_i = 资产在投资组合资金中的百分比；$E(R_i)$ = 资产 i 的预期收益率。

预期收益率方差计算公式为：

$$\sigma_P^2=\sum_{i=1}^{n}W_i^2\sigma_i^2+2\sum_{i=1}^{n}\sum_{j=1}^{n}W_iW_j\text{Cov}(r_i,r_j) \tag{10-4}$$

式中，$\text{Cov}(r_i, r_j)$ 为变量间的协方差㊁。

如果没有其他资产或资产组合在相同的风险水平下提供更高的预期收益率，或者在更低的风险水平下提供相同的预期收益率，那么该项资产或资产组合就被认为是有效的。有效前沿代表了那些在每一个给定风险水平下的最大化收益率，或每一个给定收益率水平下最小化风险的投资组合集合。最佳资产组合是有效前沿上对一个特定投资者具有最大效用的资产组合，它位于有效前沿与最高的效用无差异曲线的切点上。如图 10-7 所示，T 点为最优资产组合点。

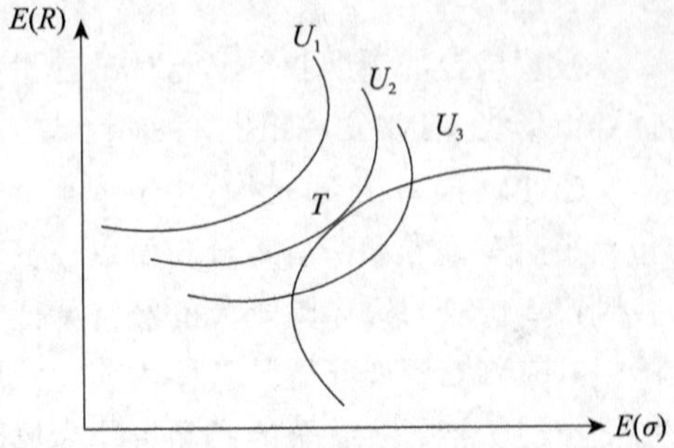

图 10-7　最佳风险资产组合有效边界图

马科维茨投资组合理论在资产配置中发挥重要作用。假设有 n 种资产类别。要求达到收益率为 $E(R_P)$ 的前提下，尽可能减少风险，则：

$$\min\sigma_P^2=\sum_{i=1}^{n}\sum_{j=1}^{n}W_iW_j\text{Cov}(r_i,\ r_j) \tag{10-5}$$

式中，$r_1, r_2, \cdots, r_n$ 为这 n 种资产类别的预期收益率；$w_1, w_2, \cdots, w_n$ 为这 n 种资产类别分配资金权重㊂。

又 $\text{Cov}(r_i, r_j)=\rho_{ij}\sigma_i\sigma_j$

代入后可得：

$$\sigma_P^2=\sum_{i=1}^{n}W_i^2\sigma_i^2+2\sum_{i=1}^{n}\sum_{j=1}^{n}W_iW_j\rho_{ij}\sigma_i\sigma_j \tag{10-6}$$

求解拉格朗日函数 L 最小值，可得风险资产的最佳比例：

$$L=\sum_{i=1}^{n}W_i^2\sigma_i^2+2\sum_{i=1}^{n}\sum_{j=1}^{n}W_iW_j\rho_{ij}\sigma_i\sigma_j+\lambda_1\left(1-\sum_{i=1}^{n}W_i\right)+\lambda_2\left(\lambda_P-\sum_{i=1}^{n}W_i\right) \tag{10-7}$$

㊀ 组合资产的预期收益是单项资产预期投资收益率的简单加权平均数。

㊁ $\text{Cov}(i,j)=E\{[R_i-E(R_i)][R_j-E(R_j)]\}$

㊂ $w_1+w_2+\cdots+w_n=1$，$w_1r_1+w_2r_2+\cdots+w_nr_n=r_p$

式中，λ_1、λ_2 为拉格朗日常数。

求解后所得到的资产配置比例，即为风险资产的最优组合，也就是前文所述的有效前沿与无差异曲线的切点。这与在相同的效用水平下得到的风险资产最优组合是一致的。

（2）资本资产定价理论。

资本资产定价模型，即 CAPM 模型，显示出在投资组合中，资产的预期收益率与衡量该资产的 β 值之间存在正相关关系。理论认为，在一定的假设下，投资理论证明所有投资者都持有无风险资产和市场组合。市场组合是由市场上所有的风险资产构成，且市场组合的构成及配比不随投资者的风险差异而变动。根据资产配置对象风险偏好的不同，持有市场组合风险资产的比例不同：喜好风险者利用杠杆借钱买入更多市场组合风险资产，风险厌恶者则可借出更多资金以减少杠杆。其中，风险资产 i 的收益率为：

$$E(R_i)=R_F+[E(R_m)-R_F]\beta_i \tag{10-8}$$

式中，R_F 为无风险收益率；R_m 为市场组合收益率；β_i 为衡量资产的市场风险的参数，$\beta_i=\dfrac{\mathrm{Cov}(r_i,r_m)}{\sigma_m^2}$；$\sigma_m$ 为市场组合标准差。

投资组合的预期收益率与标准差呈线性关系，被称为证券市场线（SML），如图 10-8 所示。

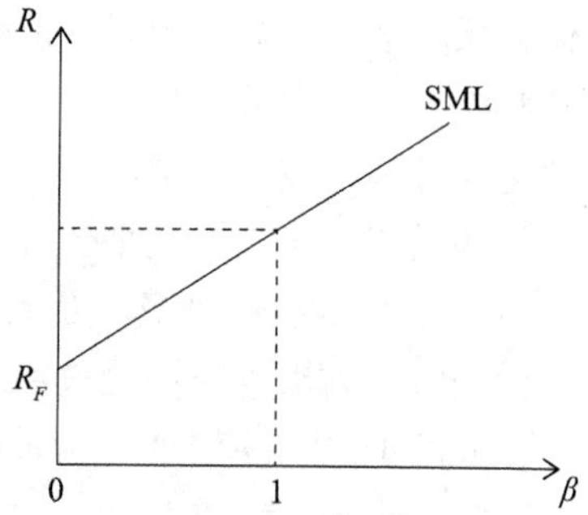

图 10-8　证券市场线

CAPM 模型在资产配置中发挥重要作用。证券市场线包括了所有证券和所有组合，所以在资产配置时，首先要找到市场组合与无风险资产的经济特征，并以投资者的风险偏好来判断资产配置的具体内容。一般来说，投资者持有的类似于指数式基金的产品可作为风险资产，只需要通过投资目标确定收益目标即可确定投资比例。投资目标所决定的收益目标随着投资者的风险偏好不同而不同，喜好风险者偏向于持有更多风险资产，所以他们要求的收益目标会高于风险厌恶者所要求的收益目标。

将马科维茨投资组合理论与资本资产定价模型结合起来，我们就可以确定投资组合最优化的步骤：首先，通过马科维茨投资理论确定风险资产的最优组合；随后，根据资产配置对象风险偏好的不同，确定其收益目标，并根据资本资产定价模型得出在该收益目标下的市场风险资产及无风险资产的配比，形成最终的资产优化配置。

3. 资产配置中绩效标准分析：夏普比率

在资产配置中，资产的选择至关重要。资产的选择不仅包括资产类型的选择，还包括了不同资产类型下产品的选择。有多种方法可以帮助选择具体的投资产品，如以系统风险为风险测量基准的特雷诺比率指标、以与无风险收益率的差值为风险标准的詹森指标等[㊀]。本书以更为直观且覆盖范围广泛的夏普比率指标作为衡量标准。夏普比率以标准差为风险基准，不仅包含了系统性风险的部分，也包含了非系统性风险部分，它可以代表投资工具所面对的所有风险，在一定程度上可以反映投资工具收益率与标准差的关系。夏普比率的

㊀ 北京金融培训中心 . 投资规划 [M]. 北京：中信出版社，2017：20-25.

表示方法如式（10-9）所示：

$$夏普比率=\frac{E(R_P)-R_F}{\sigma_P} \tag{10-9}$$

式中，$E(R_P)$ 为投资工具的预期收益率；R_F 为无风险收益率，一般可以用一年期定期存款利率代表；σ_P 为投资工具的标准差，代表了该工具的整体波动性。

夏普比率衡量某种金融产品单位风险的收益水平，该数值越大说明该产品承担单位风险所获得的平均收益越高。一般认为，在资产配置中，可以以夏普比率为标准对各种具体的金融产品进行排名，排名的结果可以在一定程度上代表金融产品的过往绩效表现。我们可以通过金融产品的绩效表现对未来进行预测并做出产品的选择。

综上，本案例关键点是在为客户制订养老金规划方案时，基于商业银行专业财富管理人员视角，以客户的财务状况、风险属性为基础，结合 Excel 函数中“规划求解”方法和金融理财学中的“生涯仿真法”形成最优资产投资组合，为客户量身定制“平衡客户一生收支”的综合金融解决方案。

教学中应用的关键知识点：客户财务状况分析、客户风险属性分析、《金融理财师执业操作准则》要求及《金融理财师职业道德准则》、货币的时间价值、资产配置、养老金供需计算及社会保障相关规定。

❖ 附录 10A　张建国家庭退休规划目标表

项　目	内　容	资金数量范围	目标规划期限
一、基本目标			
1. 养老金	生活水平不降低	退休前消费的 80% 左右，一方离世后家庭消费水平下降到 60%	2033～2065
2. 医疗	基本医疗保障	医疗保健支出占生活支出比率以每年 1% 速度增加	2033～2065
3. 住房	老有所居		2033～2065
二、个性化目标			
1. 旅游	退休后的前五年每年旅游	50 000	2033～2037
2. 资助子女	为子女出资买房买车	2 830 000	2033

❖ 附录 10B　工资薪金个人所得税税率表

	全月应纳税所得额		税率（%）	速算扣除数
	含税级距	不含税级距		
1	不超过 1 500 元的部分	不超过 1 455 元的部分	3	
2	超过 1 500 元至 4 500 元的部分	超过 1 455 元至 4 155 元的部分	10	105
3	超过 4 500 元至 9 000 元的部分	超过 4 155 元至 7 755 元的部分	20	555
4	超过 9 000 元至 35 000 元的部分	超过 7 755 元至 27 255 元的部分	25	1 005
5	超过 35 000 元至 55 000 元的部分	超过 27 255 元至 41 255 元的部分	30	2 755
6	超过 55 000 元至 80 000 元的部分	超过 41 255 元至 57 505 元的部分	35	5 505
7	超过 80 000 元的部分	超过 57 505 元的部分	45	13 505

❖ 附录 10C　建设银行北京地区理财产品发行情况汇总

序号	产品名称	委托期（天）	预期收益率（%）	收益类型	起始金额	发行对象
1	2015 年“乾元－私享型”第 32 期理财产品 ZH070415003081D27	81	5.00	浮动	500 500	个人
2	2015 年“乾元－开鑫享”第 12 期理财产品 ZH070415003063D28	63	5.20	浮动	50 000	个人
3	2015 年“乾元－共享型”第 49 期理财产品 ZH070415003070D33	42	4.80	浮动	50 000	机构，个人
4	2015 年“乾元－共享型”第 47 期理财产品 ZH070415003049D26	49	4.80	浮动	50 000	机构，个人
5	2015 年“乾元－开鑫享”第 11 期理财产品 ZH070415003272D25	120	5.30	浮动	50 000	个人
6	2015 年“乾元－共享型”第 46 期理财产品 ZH070415003034D24	34	4.80	浮动	50 000	机构，个人
7	2015 年“利得盈”第 15 期人民币（非保本）理财产品 ZH010220150301501	80	～4.90	浮动	50 000	个人
8	2015 年“乾元－私享型”第 31 期理财产品 ZH070415003157D23	157	5.25	浮动	500 500	个人
9	2015 年“乾元－共享型”第 45 期理财产品 ZH070415003122D22	274	5.30	浮动	50 000	机构，个人
10	2014 年“乾元－鑫满溢足”开放式资产组合型人民币理财产品		～	浮动	100 100	机构，个人
11	2011 年“乾元－日日鑫高”资产组合型人民币系列理财产品 ZH072011004000Y01		2.04～3.42	浮动	50 000	机构，个人
12	2011 年“乾元－日鑫月溢”开放式资产组合型人民币理财产品 ZH072011001000Y01		～3.60	浮动	100 100	机构，个人

❖ 附录 10D　财务诊断指标

家庭财务比率	定　义	合理范围
流动比率	流动资产 / 流动负债	2～10 倍
资产负债率	总负债 / 总资产	20%～60%
紧急预备金倍数	流动资产 / 月支出	3～6 倍
财务自由度	年理财收入 / 年支出	20%～100%
财务负担率	年本息支出 / 年收入	20%～40%
平均投资收益率	年理财收入 / 生息资产	3%～10%
净值成长率	净储蓄 / 期初净值	5%～20%
净储蓄率	净储蓄 / 总收入	20%～60%
自由储蓄率	自由储蓄 / 总收入	10%～40%

参考文献

[1] 张颖．个人理财教程 [M]. 北京：对外经济贸易大学出版社，2007.

[2] 苑得军，张颖．个人理财 [M]. 北京：中央广播电视大学出版社，2007.

[3] 王兆星，吴国祥，张颖．金融市场 [M]. 北京：中国金融出版社，2006.

[4] 中国银行业协会银行业专业人员职业资格考试办公室．个人理财（初级）[M]. 北京：中国金融出版社，2019.

[5] 中国银行业协会银行业专业人员职业资格考试办公室．个人理财（中级）[M]. 北京：中国金融出版社，2019.

[6] 薛瑞锋，殷剑峰．私人银行：机构、产品与监管 [M]. 北京：社会科学文献出版社，2015.

[7] 董克用，姚余栋．中国养老金融发展报告（2020）[M]. 北京：社会科学文献出版社，2017.

[8] 北京金融培训中心，北京当代金融培训公司．金融理财原理：上 [M]. 2 版．北京：中信出版社，2010.

[9] 北京金融培训中心，北京当代金融培训公司．金融理财原理：下 [M]. 2 版．北京：中信出版社，2010.

[10] 北京金融培训中心，北京当代金融培训公司．投资规划 [M]. 2 版．北京：中信出版社，2009.

[11] 北京金融培训中心，北京当代金融培训公司．个人风险管理与保险规划 [M]. 北京：中信出版社，2009.

[12] 北京金融培训中心，北京当代金融培训公司．员工福利与退休计划 [M]. 北京：中信出版社，2014.

[13] 北京金融培训中心，北京当代金融培训公司．个人税务与遗产筹划 [M]. 北京：中信出版社，2014.

[14] 邹亚生，张颖．个人理财：基于生命周期理论和现代理财理论的分析 [J]. 国际商务，2007(4)：48.

[15] 邹亚生，张颖．规范发展第三支柱养老保险，为养老财富储备有需求者提供投资选择：五中全会及 2020 年中央经济工作会议解读 [R/OL].（2021-01-13）[2021-02-02]. http://www.zgjrxx.cn.

[16] 张颖．行为金融理论与投资者行为个性化趋势 [J]. 中国金融，2006(5)：63.

[17] 张颖 . 投资者适当性：安全防火墙 [J]. 金融博览，2012(4)：18.

[18] 张颖 . 以案释法，聚焦车险理赔难 [J]. 金融博览，2012(6)：40.

[19] 张颖，粟坤全，袁野菁菁 . 投资者情绪对风险市场价格的系统影响：中美股票市场的比较 [J]. 国际商务，2013(4)：58.

[20] 史鲁芬 . 住房反向抵押试点 [J]. 中国金融，2016(24)：39.

[21] 莫开伟 . 从“以房养老”看养老金融产品创新的普适性 [J]. 金融经济，2016(19)：46.

[22] 孙祁祥 . 保险学 [M]. 6 版 . 北京：北京大学出版社，2017.

[23] 陈工孟，郑子云 . 个人财务策划 [M]. 北京：北京大学出版社，2003.

[24] 王素荣 . 税务会计与税务筹划 [M]. 7 版 . 北京：机械工业出版社，2019.

[25] 霍兰 . 私人财富管理（实践篇）[M]. 翟立宏，蔡栋梁，盛方富，译 . 北京：机械工业出版社，2015.

[26] 邦纳 B，邦纳 W. 家族财富 [M]. 穆瑞年，林凌，徐长征，译 . 北京：机械工业出版社，2014.

[27] 林鸿钧 . 全方位理财案例 [M]. 上海：立信会计出版社，2008.

[28] 林鸿钧 . 基金理财 [M]. 北京：机械工业出版社，2007.

[29] 韩良 . 家族信托法理与案例精析 [M]. 北京：中国法制出版社，2015.